国家自然科学基金项目"公共租赁住房项目可持续性的前摄性定量评价方法研究"(71301024)
江苏高校优势学科建设工程资助项目(CE03-2-20)
江苏高校品牌专业建设工程资助项目

公共租赁住房项目可持续性的定量评价方法研究

李德智　著

东南大学出版社
SOUTHEAST UNIVERSITY PRESS
·南京·

内容提要

分别界定公共租赁住房(简称公租房)项目、可持续性和公租房项目可持续性的概念,并从社会、经济和生态等视角,梳理新加坡、美国和英国等发达国家提高公租房项目可持续性的策略,提出提高我国公租房项目可持续性的建议。以公租房项目的社会风险逆向表征其社会可持续性,探究公租房项目社会风险的形成机理、评价指标体系和相应的物元可拓评价模型。以公租房项目的扩展净现值正向表征其经济可持续性,设计基于 BOO 的公租房项目新型建设模式,并构建该模式下公租房项目扩展净现值的定量评价模型。以公租房项目的碳排放逆向表征其生态可持续性,建立基于碳排放系数法和 BIM 技术的生命周期碳排放度量平台。从复合生态系统理论的视角,解析公租房项目可持续性系统的组成,建立公租房项目综合可持续性的评价指标体系和相应的定量评价模型。本书可供住房保障、可持续建设等领域的学者参考,也适合关心我国房地产业发展的各界人士阅读。

图书在版编目(CIP)数据

公共租赁住房项目可持续性的定量评价方法研究 / 李德智著. —南京:东南大学出版社,2016.12
ISBN 978-7-5641-6998-5

Ⅰ. ①公… Ⅱ. ①李… Ⅲ. ①住宅-社会保障制度-研究-中国 Ⅳ. ①D632.1

中国版本图书馆 CIP 数据核字(2016)第 322379 号

公共租赁住房项目可持续性的定量评价方法研究

出版发行	东南大学出版社	
出 版 人	江建中	
社　　址	南京市四牌楼 2 号	
邮　　编	210096	
网　　址	http://www.seupress.com	
经　　销	各地新华书店	
印　　刷	南京京新印刷厂	
开　　本	700 mm×1000 mm　1/16	
印　　张	22.25	
字　　数	431 千	
版　　次	2016 年 12 月第 1 版	
印　　次	2016 年 12 月第 1 次印刷	
书　　号	ISBN 978-7-5641-6998-5	
定　　价	56.00 元	

* 本社图书若有印装质量问题,请直接与营销部联系,电话:025-83791830。

现代工程管理丛书
编审委员会

主任委员：李启明　王卓甫
副主任委员：（以姓氏笔画为序）
　　　　　　王建平　成　虎　时　现　苏振民　张敏莉
　　　　　　周　云　杨　平　谭跃虎
委　　员：（以姓氏笔画为序）
　　　　　　王文顺　王延树　毛　晔　冯小平　孙　剑
　　　　　　汤　鸿　杨会东　沈　杰　张　尚　张建坤
　　　　　　李　洁　汪　宵　杨高升　佘跃心　陆惠民
　　　　　　陈　群　郑文新　赵吉坤　段宗志　徐　迎
　　　　　　夏保国　诸谧琳　黄有亮　龚德书　曾文杰
　　　　　　韩　豫

工程管理前沿研究子丛书
编写委员会

主　　编：李启明　王卓甫
副 主 编：成　虎　杨　平　苏振民
委　　员：（以姓氏笔画为序）

　　　　　毛　鹏　邓小鹏　朱建君　孙　剑　吴伟巍
　　　　　李　洁　杨高升　佘健俊　吴翔华　周咏馨
　　　　　袁竞峰　韩美贵　韩　豫　简迎辉

序言

近年来,我国商品房的价格持续走高,而经济适用房和廉租房等保障性住房面向特定人群,许多城镇中等偏下收入家庭、新就业人员和外来务工人员等既无力购买商品房,又不具备申购经济适用房或租赁廉租房条件,成为游离于传统住房保障制度之外的"夹心层"。根据《中华人民共和国国民经济和社会发展第十二个五年规划纲要》《关于加快发展公共租赁住房的指导意见》(建保〔2010〕87号)等政策文件,公共租赁住房(简称公租房)是我国保障性住房的发展重点和未来主体,是完善住房保障制度、解决"夹心层"群体住房困难的重要举措。2013年12月6日,住房和城乡建设部、财政部、国家发展和改革委员会联合发布《关于公共租赁住房和廉租住房并轨运行的通知》(建保〔2013〕178号),要求从2014年起各地公租房和廉租房并轨运行,统称为公租房,进一步强化了公租房在我国住房保障制度中的地位,使其上升为国家战略。

在中央政府的总体部署和大力推进下,许多地方政府积极开展公租房的探索和建设工作,催生了大量公租房项目。但是,许多公租房项目在社会、经济和生态等方面的可持续性都不容乐观,严重制约着公租房项目的可持续发展。譬如,由于选址偏远、集中建设、配套设施缺乏等原因,许多城市的公租房项目"遇冷",表明我国公租房项目存在不容忽视的现实或潜在社会问题;尚未充分调动起社会力量参与的积极性,公租房项目仍主要由政府直接或间接投资供应,财政压力巨大,不堪重负;虽然少数公租房项目采用或多或少的绿色节能技术,甚至达到国家绿色建筑的设计标准,但大多数仍采用传统技术设计和建造,生态环境影响严重。因此,探索公租房项目可持续性的提升路径,对于促进我国公租房项目在保障和改善民生方面发挥更大作用具有显著的现实意义。

由于公租房项目在我国的发展历史比较短,相关理论研究成果比较少,而且多侧重境外经验介绍、国内探索总结和相关制度完善,以及面向可持续的公租房设计和建设策略。具体至公租房项目可持续性方面,国内相关理论研究尚处于起步阶段,集中在经济可持续性的提升策略方面。相对而言，公租房项目在许多发达国家已经有较长的发展历史，在许多发展中国家也有不同形式和程度的探索，因此相关研究成果较多。在公租房项目的社会可持续性方面，国外学者重视定性描述或者理论阐释公租房项目的社会问题，并提出对策建议或者审视政府出台的相关政策，且多为后评价；在公租房项目的经济可持续性方面，国外学者重视评介区域层面公租房融资体系，或者探讨社会力量的引入模式；在公租房项目的生态可持续性方面，国外学者重视节能技术的效果评估、建筑运营期或城市层面的节能减排；在公租房项目的综合可持续性方面，国外学者主要是应用普通住宅可持续性的评价指标体系，或构建不同层级和数量的评价指标体系。总之，国内外已经产生了许多公租房项目相关理论研究成果，但是尚缺乏公租房项目社会、经济、生态等子系统和综合可持续性的前摄性定量评价方法。

为弥补前述研究不足，笔者于2013年3月向国家自然科学基金委员会提交了题为"公共租赁住房项目可持续性的前摄性定量评价方法研究"的申请书，于2013年8月获批，本书即为该课题的主要研究成果。除"第一章　绪论"和"第七章　结论与展望"之外，本书主要包括"第二章　公租房项目可持续性的概念和实践""第三章　公租房项目社会可持续性的定量评价方法""第四章　公租房项目经济可持续性的定量评价方法""第五章　公租房项目生态可持续性的定量评价方法"和"第六章　公租房项目综合可持续性的定量评价方法"，即重点探索公租房项目社会、经济、生态等子系统和综合可持续性的前摄性定量评价方法。本书应用物元可拓理论、社会网络分析（SNA）理论、实物期权、碳排放系数法、网络分析法（ANP）等理论和方法，分别以公租房项目的社会风险和碳足迹逆向表征社会可持续性和生态可持续性，以公租房项目的扩展净现值（等于传统净现值和期权溢价之和）正向表征其经济可持续性，从复合生态系统视角定量评价公租房项目的综合可持续性，从而将隐性、模糊和多元的公租房项目可持续性显性化与模块化，在定量评价的基础上提出公租房项目可持续性的提高策略。

除国家自然科学基金委员会之外，本书的出版得到学校、学院和系里许多领导和老师的关心，也得到江苏高校优势学科建设工程和江苏高校品牌专业建设工程的经费资助。同时，本课题的完成和本书的出版，得到课题组成员的大力支持，主要包括香港理工大学建筑及房地产学系Eddie Chi Man Hui（许智文）教授、东南大学土木工程学院欧晓星讲师，以及万欣、王效容、李俊杰、穆诗煜、肖婵、崔鹏、陈艳超、韩娱、朱丽菲、张波、谭凤、谢莉、郭凯、樊舒舒等硕博士研究生。其中，Eddie Chi

Man Hui 教授提供了许多海外公租房项目发展的资料,参与了多篇英文期刊论文的撰写和发表,并多次到笔者所在的东南大学交流、访问和指导;肖婵、崔鹏、陈艳超、韩娱等研究生的学位论文源自本课题,也是本书的重要组成部分;樊舒舒同学为本书稿的整理做了大量细致的工作。当然,本书的出版还要感谢东南大学出版社的编辑们,鼓励和帮助笔者完成此书。最后,笔者要感谢家人的长期支持和默默奉献,使得笔者有时间完成本课题并整理成册,谨以此书献给她们!

在课题的开展和本书的撰写过程中,参考了许多国内外专家学者的论著,向他们表示深深的谢意。只是,本书相关论著很多,文后的参考文献难免遗漏,谨表歉意!由于笔者水平有限,且时间紧迫等原因,本书难免有缺陷乃至错误之处,敬请广大读者批评指正,谢谢!

东南大学　李德智
2016/12/8

目录

第一章 绪论/1
  1.1 选题背景/1
  1.2 国内外相关研究现状/2
    1.2.1 国外相关研究现状/2
    1.2.2 国内相关研究现状/5
    1.2.3 相关研究现状评析/7
  1.3 研究目标与内容/8
    1.3.1 研究目标/8
    1.3.2 研究内容/8
  1.4 研究方案/9
    1.4.1 研究方法/9
    1.4.2 技术路线/10
  1.5 本章小结/11

第二章 公租房项目可持续性的概念和实践/12
  2.1 公租房项目的概念/12
    2.1.1 国外公租房项目的概念/12
    2.1.2 国内公租房项目的概念/15
  2.2 公租房项目可持续性的概念/20
    2.2.1 可持续性的提出/20
    2.2.2 可持续性的描述/21
    2.2.3 公租房项目的可持续性/22
  2.3 新加坡提高公租房项目可持续性的策略/23
    2.3.1 提高社会可持续性的策略/24
    2.3.2 提高经济可持续性的策略/25
    2.3.3 提高生态可持续性的策略/27
  2.4 美国提高公租房项目可持续性的策略/29
    2.4.1 提高社会可持续性的策略/29

2.4.2　提高经济可持续性的策略/30
　　2.4.3　提高生态可持续性的策略/32
2.5　英国提高公租房项目可持续性的策略/33
　　2.5.1　提高社会可持续性的策略/34
　　2.5.2　提高经济可持续性的策略/35
　　2.5.3　提高生态可持续性的策略/37
2.6　提高我国公租房项目可持续性的建议/38
2.7　本章小结/40

第三章　公租房项目社会可持续性的定量评价方法/41
3.1　以社会风险逆向表征社会可持续性/41
3.2　公租房项目社会风险的形成机理/42
　　3.2.1　公租房项目社会风险的定义/42
　　3.2.2　公租房项目社会风险的形成过程/43
3.3　公租房项目社会风险前摄性评价指标体系的构建/46
　　3.3.1　公租房项目核心利益相关者的识别/47
　　3.3.2　公租房项目社会风险前摄性评价指标的确定/54
　　3.3.3　公租房项目社会风险前摄性评价指标的结构层/61
3.4　公租房项目社会风险前摄性物元可拓评价及防控思路/63
　　3.4.1　社会风险评价的步骤与方法/64
　　3.4.2　公租房项目社会风险前摄性可拓评价/66
　　3.4.3　公租房项目社会风险防控策略研究/88
3.5　案例分析/91
　　3.5.1　项目概况/91
　　3.5.2　岱山公租房项目社会风险前摄性可拓评价/94
　　3.5.3　岱山公租房项目投入使用后的社会风险可拓评价/108
　　3.5.4　岱山公租房项目社会风险防控策略/118
3.6　本章小结/121

第四章　公租房项目经济可持续性的定量评价方法/122
4.1　以扩展净现值表征经济可持续性/122

4.2 公租房项目的现行建设模式及其困境/122
　　4.2.1 公租房项目现行建设模式/122
　　4.2.2 公租房项目现行建设模式的困境/127
4.3 公租房项目新型建设模式及其实物期权/129
　　4.3.1 社会力量参建公租房项目的驱动及阻碍/129
　　4.3.2 公租房项目新型建设模式构建/133
　　4.3.3 公租房项目新型建设模式的实物期权/135
4.4 公租房项目的开发价值评估/140
　　4.4.1 公租房项目扩展净现值/140
　　4.4.2 公租房项目传统净现值评估模型/140
　　4.4.3 公租房项目期权溢价评估模型/144
4.5 案例分析/150
　　4.5.1 项目概况/150
　　4.5.2 传统DCF投资决策方法分析/153
　　4.5.3 实物期权评价方法/154
　　4.5.4 敏感性分析/157
　　4.5.5 扩展净现值优化/161
4.6 本章小结/162

第五章　公租房项目生态可持续性的定量评价方法/163

5.1 以碳排放逆向表征生态可持续性/163
5.2 建筑物碳排放度量的研究现状/164
　　5.2.1 国外相关研究进展/164
　　5.2.2 国内相关研究进展/167
　　5.2.3 国内外现有研究评析/169
5.3 建筑物生命周期碳排放的度量方法及其因子/170
　　5.3.1 建筑物生命周期碳排放的度量方法/170
　　5.3.2 建筑物生命周期碳排放的因子/172
5.4 建筑物生命周期碳排放的度量平台/191
　　5.4.1 需求分析与系统简介/191
　　5.4.2 相关技术概述/193
　　5.4.3 建筑物生命周期碳排放因子库系统设计/197
5.5 案例分析/208
　　5.5.1 基本信息/208

5.5.2　材料使用情况/211
　　5.5.3　机械设备使用情况/213
　　5.5.4　运输距离情况/215
　　5.5.5　建筑物拆除与建材回收情况/217
　　5.5.6　计算结果与分析/218
5.6　本章小结/222

第六章　公租房项目综合可持续性的定量评价方法/223
6.1　基于复合生态系统理论的公租房项目可持续性系统/223
　　6.1.1　复合生态系统理论的简介/223
　　6.1.2　公租房项目可持续性系统/226
6.2　公租房项目可持续性系统评价指标体系/230
　　6.2.1　指标体系确定的原则/230
　　6.2.2　指标体系确定方法及依据/231
　　6.2.3　指标体系合理性判断/239
6.3　公租房项目综合可持续性的定量评价模型/240
　　6.3.1　评价方法的选取/240
　　6.3.2　ANP法及其支持软件/242
　　6.3.3　基于ANP法的公租房项目综合可持续性评价模型/245
　　6.3.4　指标评分标准及评价结果分级/259
6.4　案例分析/266
　　6.4.1　项目概况/266
　　6.4.2　项目评价/268
　　6.4.3　结果分析/271
6.5　本章小结/273

第七章　结论与展望/274
7.1　主要结论/274
7.2　主要创新/275
7.3　未来展望/276

- 附录/277
  - 附录1 公租房项目社会风险评价指标体系调查问卷/277
  - 附录2 公租房项目社会风险评价指标相对重要性评分表/281
  - 附录3 公租房项目社会风险特征值相对重要性评分表/285
  - 附录4 企业参建公租房建设的利益驱动与阻碍因素调查表/287
  - 附录5 借款还本付息表/290
  - 附录6 项目进度计划表/293
  - 附录7 全部投资财务现金流量表/293
  - 附录8 经营税金表/297
  - 附录9 损益表/300
  - 附录10 总成本估算表/302
  - 附录11 公租房项目可持续性评价指标体系调查问卷/304
  - 附录12 公租房项目可持续性评价指标相对重要性调查问卷/305
  - 附录13 南京市公租房管理办法（宁政发〔2011〕209号）/308

- 参考文献/318

第一章 绪 论[①]

1.1 选题背景

  衣、食、住、行是人类生存的基本权利,与每个人的生活都紧密相关。自 20 世纪 90 年代以来,土地交易市场化使原本社会承担的住房责任转嫁给了市场。近年来,随着宏观经济的持续高位增长和城镇化进程的不断加快,房地产业发展迅速,商品房价格居高不下,许多城镇中低收入群体面临住房困难。因此,我国不仅针对房地产市场出台了严厉的宏观调控政策,也相继颁布了《经济适用房管理办法》、《城镇最低收入家庭廉租住房管理办法》等加强住房保障的多个政策文件。但是,经济适用房和廉租房等传统保障性住房通常仅面向特定人群,广大城镇中等偏下收入家庭、新就业人员和外来务工人员等既无力购买商品房,又不具备申购经济适用房或租赁廉租房的条件,成为游离于现行住房保障制度之外的"夹心层"(胡晓龙和王雪珍,2012)。

  为满足"夹心层"群体的住房需求,由住房和城乡建设部牵头,我国七部委联合制定了《关于加快发展公共租赁住房的指导意见》(建保〔2010〕87 号),指导意见提出大力发展公共租赁住房(以下简称公租房),是完善住房供应体系、培育住房租赁市场、满足城市中等偏下收入家庭基本住房需求的重要举措,是引导城镇居民合理住房消费、调整房地产市场供应结构的必然要求。《中华人民共和国国民经济和社会发展第十二个五年规划纲要》等多个政策文件也明确要求,公租房是我国保障性住房的发展重点和未来主体,是完善住房保障制度、解决"夹心层"群体住房困难的重要举措。在中央政府的总体部署和大力推进下,许多地方政府积极开展公租房的探索和建设工作。譬如,《关于印发〈北京市"十二五"时期住房保障规划〉的通知》(京建发〔2012〕26 号)拟将公租房供应数量提高到保障性住房的 60% 以上;江

[①] 本章核心内容已经发表于《建筑经济》2013 年第 9 期和《现代城市研究》2014 年第 2 期。

西省、广东省等地方政府甚至宣布停建经济适用房,建立以公租房为主要保障方式的新型住房保障制度等。为了便于群众申请和政府管理,住房和城乡建设部、财政部、国家发展和改革委员会于 2013 年 12 月 6 日联合公布了《关于公共租赁住房和廉租住房并轨运行的通知》,要求从 2014 年起各地公租房和廉租房并轨运行,并轨后统称为公租房。

在公租房上升为"国家战略"的时代背景下,公租房项目在全国各地呈爆炸式增长。但是,目前公租房项目在社会、经济和环境等方面的可持续性都不容乐观。譬如,由于公租房项目选址偏远、集中建设、配套设施缺乏等原因,许多城市的公租房项目"遇冷"(林素刚,2012);大多数公租房项目仍采用传统技术设计和建造,生态环境影响严重(赵杰等,2011);公租房项目的建设尚未调动起社会力量的积极性,仍主要由政府直接或间接投资供应,财政压力巨大,难以持续(贾康和孙洁,2011;李德智等,2012)等。这些问题严重制约着公租房项目的可持续发展。因此,探索如何科学表征公租房项目的可持续性,以综合视角定量评价公租房项目的可持续性,对促进我国公租房在保障和改善民生方面发挥更大作用有重要意义。

1.2　国内外相关研究现状

1.2.1　国外相关研究现状

国际上公租房的相关概念比较多,如公租房(public rental housing)、公共住房(public housing)、社会住房(social housing)、社会租赁住房(social rented housing)、可支付住房(affordable housing)等,且基本上是混用的,故本书不严格区分。以这些概念及"sustainability""energy""environmental impact""sustainable""social""stratification"等可持续相关词语为篇名,在 Elsevier、Web of Science(SCI/SSCI/AHCI/CPCI)、Taylor & Francis、Sage、Springer 和 EI 等数据库中,主要针对 *Habitat International*、*Housing Studies*、*Urban Studies*、*International Journal for Housing Science* 等学术期刊,检索 2005 年以来国外公租房项目的相关研究成果,并运用 Endnote X6 加以整理和分析。结果发现,目前国外主要从生态可持续性、经济可持续性、社会可持续性和综合可持续性等四个方面进行公租房项目可持续性的相关研究,具体研究进展如下文所述。

1) 生态可持续性
(1) 设计和施工技术方面

Matteis 等(2005)强调节能技术和节能设备的应用要深度融合在公租房项目

的设计过程中。Mohamed 等(2009)提出应在公租房项目的设计中加强自然通风并合理增加植被,减少对空调的依赖,降低热效应和对空气的污染。此外,Dubina(2010)发现公租房项目的设计必须结合当地的地质及气候特点,才能整体表现出鲁棒性和可持续性。Goulart 等(2011)研究了公租房项目围护结构中土壤的使用对其可持续性的影响。Wallbaum 等(2012)建立了一个存储公租房项目施工技术信息的数据库,筛选了 75 种施工技术(包括钢结构、预制砌块墙、木结构、夯土墙等),评估了其中的 46 项,发现公租房项目通过多种施工技术组合建造后整体质量更优,认为确保公租房项目生态可持续的方法是选择不同施工技术组合。

(2) 能源效率方面

公租房项目建设过程中,Matteis 等(2005)提出采用光伏电池、太阳能加热装置、光干预等绿色能源手段来提高能源效率,并把能源效率作为公租房项目可持续性的评判标准。Chikamoto 等(2013)发现在公租房项目中引入潜热回收型热水供给机、节水型便器系统和淋浴套件等,可以将住户的水、电、燃气消耗量减少 10% 以上。另外,为了在公租房项目使用过程中提高能源效率,减少碳排放,许多国外学者开始关注现有公租房项目能源系统的创新和改造。譬如,为了实现减碳目标,Jenkins(2010)通过假设应用减碳技术(目前居民还不愿意花费高价而使用)预测了英国燃料匮乏地区公租房项目翻新的碳减排成本及价值,Reeves 等(2010)情景分析了英国伦敦公租房项目的碳减排措施及其效果。Hoppe(2012)通过调查荷兰八个大规模公租房项目,明确了能源系统改造中的影响因素,包括各参建方之间缺乏信任、法律许可程序繁琐、缺乏可借鉴经验、对项目进度和财务可行性方面考虑不周全等。Paulsen 等(2013)认为,在公租房项目的整个生命周期内,提高能源效率、减少围护材料能耗的最有效途径是加强可持续围护材料的使用。

(3) 居民方面

居民自身的行为和意识也是影响公租房项目生态可持续性的一大因素。譬如,Chikamoto 等(2013)利用统计方法对比公租房项目重建和翻新前后节能性能的改善时指出,居民自身的环保意识和公租房项目节能效率之间存在相关性,因此提高居民环保意识是加强生态可持续的潜在动力。Langevin 等(2013)通过半结构化访谈方式调查表明,居民自身的影响因素还包括居民对于舒适的定义、能源费用的负担方式(自付或他付)以及居民能源效率教育等。

2) 经济可持续性

(1) 营利组织参加建设方面

Urmi(2006)、Arku(2009)、Abdul-Aziz 和 Kassim(2011)、Ibem(2011)、Vanegas(2012)分别定性提出鼓励私营机构通过公私合作模式(PPP)参建印度加尔各答市、马来西亚和加纳等地区公租房项目的政策建议(包括政府零成本供地等)。

Bossink(2007)对公租房项目建设过程中政府和营利组织之间合作关系进行了调查,提出了它们之间如何组织和制定合作进程。Norris 和 Coates(2010)总结了爱尔兰公租房项目的建设经验,建议利用国家发放的住房补贴为私营部门筹资建设公租房项目,并由私营部门进行租赁经营。

(2) 非营利组织参加建设方面

Sedhain(2005)探究了非营利组织在满足尼泊尔贫困居民住房方面的潜力。Hanlon(2010)调查了美国公租房项目建设过程中非营利组织与公共部门、私营部门之间的合作关系。为了制定促进非营利组织参建公租房项目的政策,Ganapati(2010)总结了瑞典、印度和美国对非营利组织制定和实施的政策。Herbst(2010)比较分析了所有权式、租赁合伙式、抵押贷款式、建设还贷式等住宅合作社在印度的发展现状和前景。

(3) 国家政策方面

为了积极解决中低收入群体的住房问题,各国政府部门也提出了相应的政策。譬如,德国实行了"租房补助"政策,直接给予目标群体金钱上的支持,其资金来源于联邦政府(Johann,2002)。英国提供了三种方式的租房补贴,分别是通过税收抵免来增加住房困难群体收入、给予住房困难群体限用于住房的补贴(如住房代金券)和给予供给者住房补贴(David & Alan Murie,2006)。美国政府提供了公租房项目运营补助,使用了能够改善居民住房环境和就业机会的租房券,为公租房项目建设提供了分类财政补贴拨款、免税债券融资等激励政策(Alex,2011)。新加坡政府则设法使85%左右的国民居住于政府建设的组屋内,并较好地实现了族群融合(Wong,2013)。

3) 社会可持续性

(1) 居民生活状况方面

Mohit 等(2010)通过5大类45个变量评价了公租房项目中居民的满意度。Aratani(2010)探讨了公租房项目对居住在其中的未成年人的影响,表明居住在公租房的未成年群体在成年后经济状况相对较差。Schwartz 等(2010)调查了居住在公租房项目中未成年人的教育问题,发现学校资源方面差别不大,但在标准化考核中这类学生的表现比其他学生更差。Monk 等(2010)认为,和普通住房居民相比,公租房项目中居民整体的健康状况和教育环境不佳,且存在更多的反社会行为。Ibem & Aduwo(2013)利用调查问卷的方式,对居民生活条件满意度的情况作了调查。

(2) 社会问题调查和解决方面

调查分析公租房项目中存在的社会问题,并找出解决办法,是提高其社会可持续性的重要途径。国外学者已经有了许多相关研究,使用的相关术语包括社会融合、社会孤立、种族隔离、社会后评价、社会歧视等,如Lemanski(2006)分析了南非小型公租房项目中种族隔离问题对社会可持续性的影响。Ha(2008)建议在韩国首尔建设专门的公租房项目小区,并通过减少周围社区对公租房项目的排斥等社会偏见来改善公租房小区的社会可持续性。Griffiths和Tita(2009)利用社会孤立的概念解释了公租房项目中居民中暴力事件多发的原因。Patulny和Morris(2012)调查了政府出台的社会融合政策对于公租房项目社会可持续性方面的作用。McCormick等(2012)探讨了公租房项目中居民所承受的社会污名对其社会可持续性的影响。Cooper等(2014)指出,为了减少公租房社区居民贫穷、自卑心理等问题,美国需要注重居民的身心健康,并对公租房项目的居民结构进行重新安排。

4) 综合可持续性

许多学者已经认识到综合评价公租房项目社会、经济和环境等子系统可持续性的必要性,试图构建公租房项目多个子系统的综合可持续性评价指标体系,或者探讨普通住宅可持续性评价指标体系在公租房项目中的适用性。譬如,Carter等(2007)认为在评价英国公租房项目的可持续发展中,没有对环境、经济和社会三个方面合理赋予权重,未能反映出政府所提倡的可持续发展政策。McManus等(2010)介绍英国《可持续住宅标准》促进社会住房实现可持续性的潜力以及资金和技术障碍,Muazu和Oktay(2011)利用社会经济指标和环境指标定性评价尼日利亚约拉市4个可支付住房计划的可持续性,Wallbaum等(2012)构建可支付住房建设技术可持续性评价指标体系(包括单位面积建设成本、建设过程对工人的要求所需时间和规模经济程度等),Coimbra和Almeida(2013)从经济和环境两个角度评价葡萄牙可持续合作社住房的挑战及益处,Sharifi和Murayama(2013)批评现存主流住区可持续性评价工具(如LEED-ND、ECC、BREEAM Communities、CASBEE-UD、Ecocity、SCR)中的大部分评价指标不全,权重、评分和排序方面存在模棱两可等缺陷,而且CASBEE-UD未提供公租房相关评价指标。

1.2.2 国内相关研究现状

由于公租房是我国近年来的研究热点,因此相关研究成果很多。以"公租房""公共租赁住房"及"可持续""节能""绿色"等为主题词,在中国知网中检索了近五年来公租房项目的相关研究成果,发现公租房可持续性方面的研究成果集中在生态、社会、经济和综合可持续性等四个方面。除在每一章开始时标注本书作者团队发表的相关论文外,国内公租房可持续性相关研究成果主要如下文所述。

1) 生态可持续性

国内近几年关于公租房项目生态可持续性的研究主要关注因地制宜的节能策略。譬如,李建硕(2009)分析了重庆的地理气候特点,提炼国内外节能设计案例,并结合大量实地调研,总结得出了针对重庆主城区公租房项目节能设计的一系列策略。刘然(2010)对西安市公租房项目进行了大量的实地调研,充分了解这类住房现有的节能现状并结合西安市的气候地域特点,对现存的被动式节能措施进行了改进,有针对性地提出了规划和建筑层面的技术性举措。杨兆奇(2011)提出了适合重庆地理气候条件和城市发展方向的公租房项目生态设计策略。阳建华和史津(2012)通过对天津地区公租房项目保温节能设计中的耗热量指标、经济性、安全性等方面的优化分析,进行了公租房项目保温节能设计的优化研究,得出在不同建筑设计阶段的优化方案。此外,也有学者对公租房项目建筑设计和生态评价方面进行了研究。譬如,赵杰等(2011)用传统环境影响评价的方法实证研究公租房项目建设的生态环境影响。张万金(2012)提出整合建筑遮阳、太阳能利用、隔墙通风等节能技术,模块化运用在公租房项目设计中。曾珍等(2014)利用改进引力模型评价了重庆公租房项目空间布局的适宜性。

2) 经济可持续性

目前,国内学者在公租房项目的经济成本分析、相关政策和融资模式等方面都有所关注并取得了一些研究成果,如实证分析了公租房项目的经济可行性(宋祥来,2011),建立了公租房项目成本分析与控制机制(李道明,2011),提出了综合解决公租房项目建设融资的一揽子方法(田秋生和李嘉莉,2011)等。此外,韩林(2011)将 ABS(资产证券化)融资模式引入到公租房项目,来支持公租房项目的建设和发展。为推进 PPP 在公租房项目中的顺利实施,何寿奎(2012)提倡建立公租房项目成本提示机制、租金形成机制、风险补偿机制和冲突协调机制。王琨(2012)基于企业的风险偏好、融资能力、总体实力、政策和金融市场的完善程度等视角给出支持企业参与公租房项目建设运行的制度政策和激励措施。郑晓丹等(2012)就企业与政府合作采用 PPP 模式进行公租房项目建设时,如何保证项目在运行过程中的净现金流量进行探究,探讨在 PPP 模式下的公租房项目的资金运作方式及其关键问题。王林和付维维(2014)构建了公租房项目全寿命周期成本模型,剖析了租房成本中租金、租期和交通成本等对居民租房决策的影响。李德智等(2012)总结了我国中央和地方政府近年来激励社会资本参建公租房项目的土地、财税、金融、行政审批等优惠政策,分析了其局限和不足,提出了社会资本参建公租房项目的激励政策及建议。

3) 社会可持续性

近几年来,关于公租房项目社会可持续性的研究,主要集中在目前公租房项目所出现的社会问题和相应改善措施方面。譬如,彭小兵和符桂清(2012)以公租房项目的居民和居委会为视角,指出公租房项目存在居民归属感差、与社区融合程度较低等问题,提出应针对现有问题探索新的管理方式。曹培引(2012)指出公租房项目在一定程度上正在向贫民窟转化,应该完善准入退出机制等。夏志伟和杨茜(2012)根据住宅社会学理论,从重庆公租房项目建设的实际情况出发,分析了重庆公租房项目建设面临的社会问题,并提出了相应对策。刘渊(2012)对我国公租房项目政策公平性缺失的原因及对策做了定性分析。闫建(2014)对重庆市公租房社区的公共服务满意度进行了调查分析,发现租户对公租房社区的总体环境比较满意,影响居民满意度的主要因素有居民结构多元化、需求差异化及社区服务数量不足等。

4) 综合可持续性

国内关于公租房项目综合可持续性的研究比较少,仅见杨轲(2011)利用模糊数学综合评价法构建了公租房项目可持续性后评价模型,并开展实证研究。

1.2.3 相关研究现状评析

国外公租房项目发展时间较长,现今大部分处于对已有项目的改造阶段。对公租房项目可持续性的研究也取得了比较丰富的成果。其中,对生态可持续性方面的研究主要集中在设计施工方面、能源效率方面和居民自身行为方面;对经济可持续性的研究主要集中在营利组织和非营利组织参与公租房项目建设的合作方式及相关政策;社会可持续性的研究主要集中在调查目前公租房项目居民存在的社会问题并探讨解决措施。对公租房项目生态、社会和经济可持续性方面的单方面研究成果均比较丰富。

我国尚处于公租房项目发展初期,发展迅速,公租房项目作为我国保障性住房的发展主体和建设重点,将在保障和改善民生方面发挥重要作用。目前国内对公租房项目相关理论研究主要多偏于经济可持续性方面的研究,包括公租房项目的经济可行性、融资形式、成本分析及控制机制、相关融资政策研究等内容。对公租房项目生态和社会可持续性研究较少,其中生态可持续性多强调因地制宜策略,社会可持续性则集中在对公租房项目出现的社会问题和解决措施方面的研究。对公租房项目综合可持续性的研究则处于起步阶段,主要停留在国外相关经验介绍,系统性的定量评价研究非常少。

纵观国内外公租房项目的发展可见,国内外相关研究均侧重公租房项目的单方面可持续性研究,对综合可持续性方面的研究关注较少。但是,公租房项目在单方面满足可持续性并不能使其真正实现持久,只有公租房项目满足综合可持续性,才能实现可持续发展。因此,国内外急需公租房项目综合可持续性的系统性研究成果。

1.3 研究目标与内容

1.3.1 研究目标

以公租房项目的可持续性为研究对象,以公租房项目的决策与设计阶段为研究时点,以构建公租房项目可持续性的前摄性定量评价方法为研究目标,致力于解决下列问题:

(1) 什么是公租房项目的可持续性?它是怎么形成的?
(2) 如何前摄性地定量评价公租房项目的社会可持续性?
(3) 如何前摄性地定量评价公租房项目的经济可持续性?
(4) 如何前摄性地定量评价公租房项目的环境可持续性?
(5) 如何前摄性地定量评价公租房项目的综合可持续性?
(6) 如何有效地提升我国公租房项目的可持续性?

1.3.2 研究内容

为实现上述研究目标,拟采用"总—分—总"的研究思路,即总体上剖析公租房项目可持续性的概念和实践之后,分别建构公租房项目社会可持续性、经济可持续性和生态可持续性的定量评价模型,并开展相应的实证研究,最后总体上展望未来的研究方向。具体而言,除"第一章 绪论"之外,本书主要内容包括以下几个方面:

(1) 在明确公租房项目、可持续性等基本概念的基础上,界定公租房项目可持续性的概念,总结新加坡、美国和英国提高公租房项目可持续性的策略,分别提出对提高我国公租房项目可持续性的启示。需要说明的是,新加坡、美国和英国等发达国家的保障房都是混合建设,不单独设置公租房住区,故本书的总结亦保留当地对保障房的用词。

(2) 定义社会风险和公租房项目社会风险的概念,分析公租房项目社会风险的形成机理,识别公租房项目的核心利益相关者,构建公租房项目社会风险前摄性定量评价的指标体系,建立公租房项目社会风险的物元可拓评价模型,以公租房项目的社会风险逆向表征其社会可持续性,并对岱山保障房项目进行实证分析。

(3) 梳理了现阶段我国公租房建设的主要模式及其现实困境,提出吸引社会资本参与的"建设—运营—持有"模式,分析这一模式中蕴含的实物期权,构建延迟期权溢价的定量评估模型,将期权溢价与传统净现值之和的"扩展净现值"作为公租房项目投资的投资价值,以正向表征公租房项目的经济可持续性,并以岱山某公租房项目进行实证研究。

(4) 总结国内外建筑物碳排放度量研究现状,发现碳排放系数法是最常用的方法,碳排放因子是该方法的核心,进而搜集能源、建材、交通运输和施工机械等碳排放因子,建立建筑物生命周期碳排放的度量平台,使用户可以轻松查询各类碳排放因子并对其进行修改、添加与删除,并对南京某保障房建筑物进行实证研究。

(5) 基于复合生态系统理论,剖析公租房项目可持续性系统的组成要素(包括社会子系统、经济子系统和自然子系统)和耦合方式(通过物质循环、价值流动和信息流动等方式),建立公租房项目可持续性系统的评价指标体系,建立公租房项目综合可持续性的定量评价模型,并对岱山公租房项目(含 8 栋公租房和 1 个地下车库)进行实证分析。

1.4 研究方案

1.4.1 研究方法

1) 文献分析法

应用此方法,总结新加坡、美国和英国等发达国家提高公租房项目可持续性的策略,初步识别出公租房项目的核心利益相关者,以及公租房项目社会风险前摄性评价指标。

2) 问卷调查法

应用此方法,得到公租房项目利益相关者之间的关系强度、公租房项目社会风险的前摄性评价指标和评价指标间的相对重要性、房地产开发企业参建公租房的利益驱动和阻碍因素、公租房项目可持续性评价指标体系中各指标的重要程度,等等。

3) 社会网络分析法

应用此方法,识别公租房项目的核心利益相关者,即社会网络中影响力较大的节点,为公租房项目社会风险及相应的社会可持续性定量评价奠定基础。

4) 物元可拓理论

应用此理论,建构公租房项目社会风险的前摄性定量评价模型,提出公租房项目社会风险的管控策略,实现公租房项目社会风险及相应社会可持续性的评价和管控。

5) 实物期权理论

应用此理论,评估社会资本在投资公租房项目灵活决策中的期权溢价,建立公租房项目的投资价值评估模型,以全面评价公租房项目的经济可持续性。

6) 碳排放系数法

应用此方法,界定公租房建筑物碳排放的系统边界和空间边界,建立公租房项目碳排放的度量模型,以逆向表征公租房项目的生态可持续性。

7) 复合生态系统理论

应用此理论,建构公租房项目的"社会—经济—自然复合生态系统",提炼出公租房项目综合可持续性的评价指标体系,为定量评价公租房项目的综合可持续性奠定基础。

8) 网络分析法

应用此方法,考虑公租房项目可持续性系统评价指标之间的非线性互动关系,建立公租房项目综合可持续性评价模型,评定公租房项目综合可持续性的等级。

9) 案例分析法

应用此方法,验证第三章至第六章分别建立的公租房项目社会可持续性、经济可持续、生态可持续性和综合可持续等评价模型的适用性,探寻相应的提升路径。

1.4.2 技术路线

本书将定性分析和定量分析相结合,系统性地开展经验研究、理论研究和实证研究,拟采用的技术路线如图1-1所示。

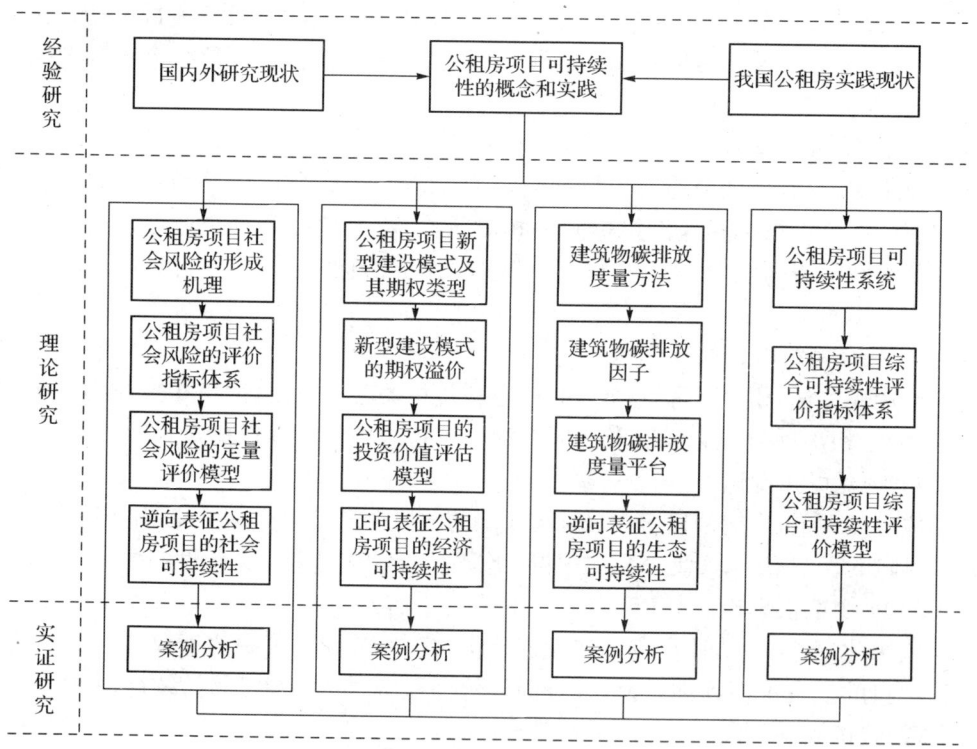

图 1-1 技术路线图

1.5 本章小结

本章概述了本书的选题背景,总结了国内外公租房项目的研究现状,指出目前公租房项目可持续性方面研究中存在的不足之处,进而确定了本书的研究目标和研究内容。最后,确定了本书的主要研究方法和拟采用的技术路线。

第二章 公租房项目可持续性的概念和实践[①]

2.1 公租房项目的概念

2.1.1 国外公租房项目的概念

公租房项目在美国、英国、荷兰、韩国、新加坡、中国香港等发达国家或地区已有几十年甚至上百年的实践历史，近年来也逐步被印度、马来西亚、尼日利亚、墨西哥等发展中国家采用。为明确国外公租房项目的概念并借鉴发达国家公租房项目发展的经验，本节将以美国、英国、法国、韩国为例，介绍公租房项目的概念及内涵[②]。

1) 美国

1961年，美国肯尼迪政府开始关注家庭收入高于申请公共住房规定标准但又不足以在私人市场购买合适住房的这一类家庭，即收入不高于地区平均收入80%的家庭。联邦政府决定与私有机构合作，为营利性开发商和私人投资者提供优惠（低息贷款、资金划拨等）政策，鼓励它们开发面向这一类家庭的廉租房。但是，仍有一部分人难以支付廉租房的租金。为此，联邦政府还为有限数量的低收入家庭提供额外更多的房租补贴（称为"补充性房租"）。美国廉租房政策实施后，建设了大量的廉租房项目。按照城市中低收入所处的不同收入水平，房租也略有差异。对一般贫困家庭，收取其家庭收入三分之一的房租，而对收入略高的家庭，收取略高于三分之一的房租（欧阳婉毅，2009）。

随着廉租房项目的发展，美国政府于1972年开始将其统一由住房与城市发展

[①] 本章核心内容已经发表于《工程管理学报》2014年第6期和2016年第2期、《城市发展研究》2015年第11期。

[②] 注：下文中将对国外用于租赁的保障性住房进行介绍，项目具体名称依据各个国家原始名称，不统称之为公租房。

部管理运营,提供廉租房的修缮或拆除、准入、分配、社区服务等事务(马泽发,2012)。除了日常的管理,美国政府也相应地给租户经济上提供支持,如为低收入的廉租房机构提供运行资金,并且给超过 200 万的低收入家庭直接的租金补助(Langevin,2013)。

2) 英国

19 世纪后期,随着工业经济的快速发展,英国城市地区的人口迅速膨胀,不仅促使城市地价上涨,还引发了一系列的社会问题,例如疾病传染、失业、环境污染等。与此同时,各地政府对市政基础设施进行改造和整治,强制拆除了大量老旧房屋,加上城市地价的上涨,使得人们对住房的需求变得日益强烈。1919 年,英国第一次将为低收入群体提供住房作为地方政府的法定责任(汪建强,2010),由此社会住房项目开始出现。多年来,英国社会住房项目的运营管理等方面不断地发展变化,具体内容如表 2-1 所示(唐天啸,2014)。

表 2-1 英国社会住房项目相关内容

发展阶段	时间	社会住房项目相关内容
萌芽期	1919 年到 20 世纪 20 年代末	①产权:政府; ②运营方式:政府通过贫民窟改造、旧房私房收购与修缮、建立专项基金建造等途径获得社会住房,保障人群以低于市场平均价格的租金租赁社会住房; ③保障群体:低收入家庭
过渡期	20 世纪 30 年代到 40 年代中期	①产权:政府; ②运营方式:地方政府通过财政拨款,提供更多的公共土地、大量建造社会住房、对贫民窟的大规模改造等; ③保障群体:低收入家庭
发展期	20 世纪 40 年代中期到 70 年代	①产权:政府; ②运营方式:政府直接出资建造住房,再以租赁的形式提供给保障群体;通过房租补贴保证低收入者能够租赁社会住房; ③保障群体:低收入家庭
改革期	20 世纪 70 年代末到 90 年代	①产权:政府、协会、个人; ②运营方式:为减少财政支出,政府开始严格限制社会住房方面的资金支出,并减少其建造数量;把现存住房以优惠价格出售给租户或转让给住房协会来减少社会住房存量,降低维修成本和运营成本; ③保障群体:低收入家庭
成熟期	20 世纪 90 年代末至今	①产权:政府、协会、个人; ②运营方式:政府提供政策支持,通过宏观经济手段来吸引私营开发商参与社会住房的建造,降低银行用于社会住房建造的借贷利率等;政府通过财政补贴,支持低收入人群购买和租住社会住房,鼓励住房私有化; ③保障群体:中低收入人群

3) 法国

法国的社会住房制度是在20世纪50年代中期开始建立的。当时第二次世界大战结束不久,法国急需大量劳动力来满足国内建设的需要,于是大批移民涌入法国本土。随着时间的推移,移民及家属不断增加,政府盖起了所谓的"社会住房",这些住房的房租一般为市场价格的一半或三分之一。几十年来,尽管执政党更迭,但这项住房政策却始终没变。如今,只租不卖的低租金住房的受益者已经扩大到法国广大的低收入家庭。

在法国,不同的地区低租金住房的申请条件也不完全一样。如首都巴黎,对可申请低租金住房对象的收入规定就高于其他地方,且申请者要经过很长时间的等待。法国设有专门的低租金住房管理部门,每隔一段时间,管理部门会定期重新审核低租金住房居民的收入状况,杜绝滥用现象。

低租金并不是劣质的代名词,法国对低租金住房建设有严格的质量规定。譬如,在电力配备方面,低租金住房的标准要高于普通住房。同时,为了避免开发商因此而遭受的经济损失,承建低租金住房的开发商一般可以享受政府的各种优惠政策。当然,开发商在享受这些政策的同时,必须保证廉租房的质量,否则将受到法律制裁(一鸣,2012)。

4) 韩国

20世纪60年代,由于城镇化的快速发展,韩国的住房市场出现了严重的短缺,大量的低收入群体只能居住在棚户区中。同时,随着韩国经济的快速发展,中等收入群体的住房需求也日益增大。20世纪80年代,韩国政府开始增加公共住房用地的供应,并对大量的棚户区进行重建,以缓解中产阶级和低收入群体的住房需求。1988年汉城奥运会前后,韩国房价开始暴涨,大量中低收入群体根本无力支付高昂的房价。1989年,韩国政府开始在大都市周边新建新城镇,并正式开始供应永租房,标志着韩国保障性住房政策正式走上历史舞台(Ha,2008)。受历届政府政策的影响,韩国的公共住房项目每五年都会有一定的变化,如表2-2所示。

表2-2 韩国公共住房项目发展历程

时间	公共住房名称	相应政策	新建套数
1988—1992	永租房	作为棚户区改造的备选方案	190 150
1993—1997	50年期公租房	减少永租房供应,目标群体收入等级高于永租房目标群体	75 644
1998—2002	国租房	在任期后半段实行大众营销计划,以缓解住房问题	136 261
2003—2007	国租房(先租后售)	将国租房作为积极福利政策,供应量最大	472 971
2008—2012	国租房(先租后售)	减少国租房,增加分期销售房屋的供应量	281 311

5) 国外公租房项目概念界定

通过前文对各国公租房项目的介绍可以发现，国外对公租房没有一个严格统一的定义，但是公租房项目具有以下几个特征：

①由政府投资或政府资助建造；

②保障人群为住房困难家庭；

③住户都利用租赁的形式获取住房；

④政府针对建设单位或租赁方都有一定的政策优惠。

2.1.2 国内公租房项目的概念

1) 公租房项目的概念

随着我国住宅商品化的提出与房价的快速上涨，保障中低收入群体的住房需求显得尤为重要。1992年，政府明确提出了保障性住房的概念，并于1994年颁布《国务院关于深化城镇住房制度改革的决定》（国发〔1994〕43号），提出要建成以中低收入家庭为对象，具有社会保障性质的经济适用房体系和以高收入家庭为对象的商品房供应体系。1998年，《国务院关于进一步深化城镇住房制度改革加快住房建设的通知》（国发〔1998〕23号）中明确指出"停止住房实物分配，逐步实行住房分配货币化"，我国逐渐构建了高收入家庭购买商品房、中低收入家庭购买经济适用房、低收入家庭租赁廉租房的住房供应模式。2007年，为了保障城市中低收入住房困难家庭，国务院发布《国务院关于解决城市低收入家庭住房困难的若干意见》（国发〔2007〕24号）文件，提出构建以"限价房、经济适用房、廉租房"为主体的住房保障体系。这在一定程度上缓解了中低收入群体的住房压力。然而，随着社会经济的快速发展，城镇化速度的不断加快，城市与城市之间的"移民"、乡村人口不断涌向大城市、大量大学生毕业后选择留城等因素，使城市出现了超负荷的状态，也使房价飓风般地上升且居高不下。由于这些人群收入较低，基本的住房问题无法解决，给住房保障体系施加了很大的压力。

虽然限价房、经济适用房、廉租房在一定程度上改善了人们的居住环境，但使得既买不起商品住房，又不符合廉租住房、经济适用住房申请条件的人们游离在保障性住房的门槛之外，形成所谓的"夹心层"群体。基于此，政府为实现"人人有居所"的民生目标，在总结前期住房政策存在缺陷的同时，专门针对这部分人群提出了具有开拓性意义的保障性住房制度——公租房制度。2012年住建部第84次部常务会议审议通过的《公共租赁住房管理办法》明确表示，公租房项目是指限定建设标准和租金水平，面向符合规定条件的城镇中等偏下收入住房困难家庭、新就业无房职工和在城镇稳定就业的外来务工人员的保障性住房。曹小琳（2011）认为，公租房是指政府提供政策支持，以低于市场价或者承租者（新就业职工、大学毕业生及外来工作人员)能承受的价格出租的公共住房。夏志伟和杨茜(2012)认为,公租房是保障性住房的一种,主要面向无力购买商品房又不在廉租房和经济适用房保障范围内(或符合经济适用房申请条件但暂时无力购买)的群体。陈芳(2013)认为公租房是在政府的主导和扶持下,积极调动一切社会力量提供政策和资金支持,所有权由政府或公共机构所有,限定套型面积,以低于市场价格或承租者能承受的价格,向符合条件的家庭长期供应的保障性住房。根据政府相关文件和上述学者对公租房的定义可知,我国公租房项目具有以下基本特征:

(1) 公益性。公租房是保障性住房的一种,主要是政府投入一定的社会资源,被保障人群受益,这决定了公租房项目具有公益属性。

(2) 租赁性。公租房只用于租赁,在管理运营过程中产权不发生转移。这是公租房项目的核心特征,也是它区别于经济适用房等其他保障性住房的一个显著特征。

(3) 政策支持性。公租房项目是政府为解决部分困难家庭住房问题而产生的,不属于市场发展的产物。所以,在公租房项目发展过程中,会有很多土地、税收等方面政策优惠。

(4) 限制性。公租房的保障性属性决定了公租房项目的户型、面积、租金和面向人群都有一定的限制。

2) 公租房项目的保障人群

2014年以前,公租房项目的保障群体只针对既买不起商品住房,又不符合廉租住房、经济适用住房申请条件,游离在保障性住房的门槛之外的"夹心层"群体。自2014年1月公租房与廉租房并轨后,保障对象范围也随之扩大,除了"夹心层"群体以外,还包括低于最低生活保障标准且住房困难的家庭。

在国家和各地区优惠政策(如附录13中南京公租房项目的政策支持)的鼓励下,我国公租房项目迅速发展。中央及各地方政府相应地出台了不同的公租房政策文件,各文件中公租房项目的保障对象界定不尽相同。为了更好地界定公租房项目的保障人群,本研究总结了我国部分省市地区的公租房项目的保障对象以及具体要求,具体见表2-3所示。

表2-3 部分省市公租房项目保障对象的具体要求

地区	保障对象	具体要求
北京	"三房"[①]轮候家庭	无需再次申请,只要到户籍所在地街道或乡镇住房保障管理部门登记
	其他具有本市城镇户籍家庭	家庭人均住房使用面积15平方米(含)以下,或3口及以下家庭年收入10万元(含)以下,或4口及以上家庭年收入13万元(含)以下

① 注:"三房"指廉租住房、经济适用住房、限价商品住房。

续 表

地 区	保障对象	具体要求
北京	外省市来京家庭	1. 来京连续稳定工作一定年限,具有完全民事行为能力; 2. 有稳定收入; 3. 能够提供同期暂住证明、缴纳住房公积金证明或参加社会保险证明; 4. 本人及家庭成员在本市均无住房的人员
	产业园区	主要用于解决引进人才和园区就业人员住房困难,具体申请条件由产业园区管理机构确定并报区县人民政府批准后实施
上海	符合具体要求之一即可	具有本市常住户口,且与本市单位签订一年以上(含一年)劳动合同
		1. 持有"上海市居住证"达到两年以上("之前持有"上海市临时居住证"年限可合并计算"); 2. 在沪连续缴纳社会保险金达到一年以上,且与本市单位签订一年以上(含一年)劳动合同
		1. 持有"上海市居住证"或"上海市临时居住证"; 2. 在沪缴纳社会保险金,与本市单位签订两年以上(含两年)劳动合同,且单位同意由单位承租公租房的; 3. 申请人在本市人均住房面积应低于15平方米,且未享受本市廉租房、共有产权保障住房政策
广州	申请人上一年家庭年可支配收入或家庭资产净值符合具体要求	1. 申请人上一年家庭年可支配收入:1人户低于24 795元;2人户低于45 458元;3人户低于61 989元;4人及以上家庭低于74 388元; 2. 家庭资产净值:1人户低于13万元;2人户低于24万元;3人户低于33万元;4人及以上家庭低于44万元
	住房条件符合具体要求的申请人	1. 在广州市无自有产权住房,或者自有产权住房人均建筑面积低于15平方米;租住的直管房、单位自管房人均建筑面积低于15平方米(或人均居住面积低于10平方米); 2. 申请人及共同申请的家庭成员须在申请之日前5年内在广州市没有购买、出售、赠与、受赠、离婚析产或自行委托拍卖过房产
深圳	本市户籍无房家庭	1. 申请人具有本市户籍,年满23周岁; 2. 申请人参加本市社会保险,累计缴费3年以上; 3. 申请人及共同申请人在本市未购买过准成本房、全成本房、社会微利房、全成本微利房、经济适用住房、安居型商品房等政策性住房,未享受过购房补贴政策; 4. 申请人及共同申请人提出申请时在本市未租住任何形式的保障性住房,正在本市领取低收廉租货币补贴、低收入或人才租房货币补贴的,可以申请公租房,但在其签订公租房租赁合同后,应当立即停发租房货币补贴; 5. 申请人及共同申请人在本市未拥有任何形式的自有住房,且在申请受理日之前三年内未在本市转让过或者因离婚分割过自有住房; 6. 申请人及共同申请人无违反国家计划生育政策超生子女的行为

续 表

地 区	保障对象	具体要求
深圳	市人才安居扩大试点企业及市属机关事业单位人才	1. 申请人在扩大试点企业工作,与企业签订了劳动合同,或是市属机关事业单位在编在岗工作人员; 2. 获得学士以上学位或副高以上职称,且符合以下年龄条件:①正高级职称且未满46周岁,副高级职称且未满41周岁;②国内外全日制高校毕业,博士未满36周岁,硕士未满31周岁,学士未满26周岁。①、②款所列年龄条件,以2013年1月1日为审查、判断时点
武汉	困难家庭	1. 申请人具有本市城镇常住户口,共同申请人具有本市城镇常住户口或持有本市居住证; 2. 有稳定工作,家庭上年度人均月收入低于3 000元,单身居民低于3 500元; 3. 无房户或人均住房建筑面积低于16平方米; 4. 申请人与共同申请人有法定赡养、抚养或者扶养关系
	新就业职工	1. 申请人及共同申请人具有本市城镇常住户口或"武汉市居住证"; 2. 申请人大中专及以上学历,且毕业未满6年; 3. 申请人及共同申请人上年度人均月收入低于3 000元,单身居民低于3 500元; 4. 申请人已与用人单位签订一年(含)以上期限的固定劳动聘用合同,且正常缴纳社保或住房公积金; 5. 申请人和共同申请人在本市范围内无房且未承租公房
天津	"三种补贴"家庭	"三种补贴"(廉租住房实物配租补贴、廉租住房租房补贴及经济租赁房租房补贴)资格证明有效且尚未领取租房补贴的家庭;"三种补贴"资格证明有效且房屋租赁备案到期后未再租赁住房的家庭;"三种补贴"资格证明有效且申请公共租赁房时房屋租赁备案期在本年内届满的家庭
	低收入住房困难者	1. 上年人均年收入3万元(含)以下; 2. 人均住房建筑面积12平方米(含)以下; 3. 尚未享受其他住房保障政策的家庭
杭州	城市低收入住房困难家庭	1. 符合规定要求的杭州市区经济适用住房申请条件; 2. 申请人及家庭成员无房
	大学毕业生、创业人才	1. 具有市区常住城镇居民户籍,或已办理居住登记,并持有相应证件; 2. 申请人具有全日制普通高校本科(含)以上学历,或中级(含)以上职称,或高级(含)以上职业资格证书; 3. 申请人与市区用人单位签订一年(含)以上劳动合同,并连续缴纳住房公积金或社会保险金12个月以上; 4. 申请家庭上年度人均可支配收入低于24 177.6元(该标准为2009年度城镇居民人均可支配收入的90%); 5. 申请人及家庭成员在市区无房

续表

地区	保障对象	具体要求
南京	新就业人员	自大中专院校毕业不满5年,在本市有稳定职业的从业人员
	城市中等偏下收入住房困难家庭	1. 属于本市行政区域范围内; 2. 家庭人均年收入低于上年度人均可支配收入的80%; 3. 人均住房面积在保障标准以下
	外来务工人员	在本市有稳定职业,非本市户籍的从业人员
郑州	中等偏下收入家庭	1. 具有本市市区常住户口,且家庭成员中至少有1人取得本市常住户口3年以上; 2. 家庭无自有住房且未租住公有住房; 3. 家庭人均月收入符合规定标准
	新就业职工	1. 具有本市市区常住户口; 2. 已与用人单位签订劳动(聘用)合同(人社部门规范的合同文本); 3. 月收入符合规定标准; 4. 在本市市区范围内无自有住房且未租住公有住房
	来郑务工人员	持有郑州市居住证1年以上;2~4同上
济南	中等偏下收入住房困难家庭	1. 本市市内六区和高新区常住居民户口(仍保留承包地、宅基地的除外)、家庭成员在市级(含)以下单位就业或自主择业(含无业)的家庭,单身的需年满40周岁; 2. 收入标准方面:家庭成员人均年可支配收入低于2.5万元(含); 3. 家庭住房困难标准:人均住房建筑面积8平方米(含)以下,年满40周岁的单身住房困难标准为无房
	单身职工申请	1. 市级(含)以下单位的正式职工或与单位签订1年(含)以上劳动(聘用)合同的; 2. 在本市市区无住房
青岛	符合所有具体要求者	1. 申请廉租住房保障的家庭或年满35周岁单身人员应具有市区常住户口,其中至少一人达5年以上,人均月收入不超过760元;家庭人均住房建筑面积不超过13平方米;家庭财产不超过家庭年收入标准上限的4倍; 2. 申请经济适用住房和公租房的低收入住房困难家庭(含年满35周岁单身人员),应具有市区常住户口,其中至少一人达5年以上,人均月收入不超过1864元,人均住房建筑面积不超过13平方米;家庭财产不超过家庭年收入标准上限的6倍
沈阳	满足具体要求的本市人员	1. 申请人应具备完全民事行为能力;具有本市城市户籍,并在本市居住; 2. 申请人或共同申请人有工作单位或稳定收入且具有租金支付能力; 3. 申请家庭人均可支配月收入按上年全市人均可支配月收入的标准测算确定,并适时调整公布; 4. 单身家庭申请人须年满28周岁; 5. 申请家庭成员人均住房建筑面积低于16平方米(住房面积指家庭成员在本市已有的房屋面积、承租公有住房面积)

续表

地 区	保障对象	具体要求
沈阳	外来务工人员	外来务工人员不受户籍限制,满足上述条件且在沈连续缴纳社会养老保险满1年以上
	新就业全日制普通高校毕业大学生	新就业全日制普通高校毕业大学生(原籍非本市)不受户籍和收入限制,毕业三年内且在沈无房的,可以申请

总结表2-3可以发现,我国各地区具体规定虽不尽相同,但基本都是从以下几个方面对保障人群进行描述界定:(1)居住年限或户籍;(2)人均收入或可支配收入;(3)人均居住面积;(4)家庭资产;(5)是否已享受政府住房;(6)新就业大学生或人才引进。根据各地区的不同要求,满足其中的部分条件即可申请公租房。

2.2 公租房项目可持续性的概念

2.2.1 可持续性的提出

我国早在三国时期开始,人们就潜意识地运用了可持续性的概念,如当时人们会定期封山育林,以便保护森林和动物的持续存活,这是人们有意识地去维持自然界的可持续性。在国外,二战结束后,西方资本主义国家开始大力调整与重建,消耗了大量的自然资源,破坏了自然环境,资源节约和环境保护逐渐引起全世界的广泛关注,可持续发展的呼声越来越强烈。在19世纪和20世纪,为了保证自然资源能够持续地供应,国外开始在林、渔业可持续产量问题的研究中强调可再生性,在这一时期,可持续性理论得到了较快发展。随着人们对可持续性理解的深入,生态学家开始把这个概念应用到整个生态系统,社会、土木、交通等学科的专家学者也开始借鉴可持续性概念。从此,可持续性开始出现在社会、生态和经济等诸多领域。2002年全球报告倡议组织(GRI)在南非约翰内斯堡的世界可持续发展峰会上,对第一代《可持续发展报告指南》进行了修订,正式发布了第二代《可持续发展报告指南》,对可持续发展产生了重大的国际影响。在我国,可持续性理论也取得了一些研究成果。譬如,《中国土木工程可持续发展指南》(以下简称《指南》)中指出,应将可持续性与传统标准中的安全性、适用性、耐久性和经济性并列成为检验工程质量的标准,来评价工程对资源的使用情况、节约程度以及工程在全寿命周期内对自然生态环境的保护和恢复程度。该《指南》对可持续性应包括的要点进行了详细解释,如可再生资源的利用、对生态环境的影响、对社会稳定相关问题的影响等(白建国,2012)。

2.2.2 可持续性的描述

可持续性是一种可以长久维持的状态,是对可持续发展水平的描述。因此,要界定可持续性的概念必须首先明确可持续发展的概念。根据对可持续发展描述的角度或范围等不同,可以总结为以下几个定义。

1) 广泛性定义

世界环境及发展委员会在1987年发表的布伦特兰报告书中阐述了可持续发展的广泛性定义,认为可持续发展是既满足当代人的需求,又不危害后代人需求的发展。它们是一个密不可分的系统,既要达到发展经济的目的,又要保护好人类赖以生存的大气、淡水、海洋、土地和森林等自然资源和环境。可持续发展与环境保护既有联系,又不等同,其中环境保护是可持续发展的重要方面。可持续发展的核心是发展,但要求在严格控制人口、提高人口素质和保护环境、资源永续利用的前提下进行经济和社会的发展。发展是可持续发展的前提,人是可持续发展的中心体,可持续长久的发展才是真正的发展。

2) 科学性定义

由于可持续发展涉及自然、环境、社会、经济、科技、政治等诸多方面,所以研究者所站的角度不尽相同,对可持续发展所作的定义也就不同。大致归纳如下:

(1) 侧重于自然方面的定义

"持续性"一词首先是由生态学家提出来的,即所谓"生态持续性",意在说明自然资源与其开发利用程序之间的平衡。1991年11月,国际生态学联合会和国际生物科学联合会联合举行了关于可持续发展问题的专题研讨会。该研讨会的重要成果是发展并深化了可持续发展概念的自然属性,将可持续发展定义为"保护和加强环境系统的生产和更新能力",强调可持续发展是不超越环境、系统更新能力的发展。

(2) 侧重于社会方面的定义

1991年,由世界自然保护同盟(INCN)、联合国环境规划署(UNEP)和世界野生生物基金会(WWF)共同发表《保护地球——可持续生存战略》,将可持续发展定义为"在生存于不超出维持生态系统能力的情况下,改善人类的生活品质"。

(3) 侧重于经济方面的定义

爱德华在其著作《经济、自然资源不足和发展》中,把可持续发展定义为"在保持自然资源的质量及其所提供服务的前提下,使经济发展的净利益增加到最大限度"。皮尔斯认为,"可持续发展是今天的使用不应减少未来的实际收入""发展能够增加当代人的福利,同时也不会使后代的福利减少"(刘杨,2012)。

(4) 侧重于科技方面的定义

斯帕思认为,"可持续发展就是转向更清洁、更有效的技术,尽可能接近零排放或密封式,工艺方法尽可能减少能源和其他自然资源的消耗"(张秦,2013)。

3) 综合性定义

江泽民曾指出,"所谓可持续发展,就是既要考虑当前发展的需要,又要考虑未来发展的需要,不要以牺牲后代人的利益为代价来满足当代人的利益"。1989 年联合国环境发展会议专门对"可持续发展"的定义和战略进行了讨论,并通过了《关于可持续发展的声明》,认为可持续发展的定义和战略主要包括四个方面的含义:走向国家和国际平等、有支援性的国际经济环境、合理使用并提高自然资源基础、在发展计划和政策中纳入对环境的关注和考虑。

总之,可持续发展就是建立在社会、经济、人口、资源、环境相互协调和共同发展的基础上的一种发展,其宗旨是既能相对满足当代人的需求,又不能对后代人的发展构成危害。而且,在空间上,可持续性是一个综合概念,它涉及生态环境、经济、社会等诸多方面;在时间上,可持续性是一个动态的平衡和适应演化过程,它是一个使用和管理的过程,以便保证经济发展和自然生态环境的平衡;在程度上,根据对自然环境的影响程度不同,可持续性有由强到弱的持续标准水平之分。

另外,可持续性也可以是具体的概念。譬如,林业可持续性主要是指森林能够永续利用;化工生产的可持续性主要强调经济利益的循环产生;城市发展的可持续性强调社会、生态和经济的综合可持续性(潘家华和周宏春,2001)。上述系统的可持续性还涉及可持续性程度的问题,即是以强可持续性为准则还是以弱可持续性为准则。这两者的不同在于强可持续性认为人造资本与自然资本是不可替代的,即不能以牺牲环境的代价来发展经济和社会;弱可持续性认为人造资本和自然资本是可以替代的,即可以以牺牲环境来换取经济的发展,只要最终结果是整个系统总体可持续性提升。从长期来看,如果环境遭到破坏,经济和社会的可持续性根本无从实现,同时,按照强可持续性的观点,对环境采取极端保护,不进行任何开发,这显然也是不可行的。因此,应当综合考虑两个概念,并结合实际情况加以运用。要实现"既满足当代人的需要,又不损害后代人满足需要的能力",就需要从社会、环境、经济等方面不断地努力(赵文哲,2014)。

2.2.3 公租房项目的可持续性

根据前文对公租房项目及可持续性概念和内涵的梳理,本书对公租房项目可持续性的概念定义为"公租房项目在满足当代中低收入群体住房需求的同时,不对后代中低收入群体的住房需求造成危害的发展水平"。

在空间上,公租房项目可持续性应包括公租房项目所涉及的生态(如公租房项目的生命周期中资源能源投入以及垃圾废弃物排放对生态环境的影响)、经济(如公租房项目的投资价值、财务状况)和社会(如公租房项目的社会治安、住户的社会网络、族群关系、社会认同、社区凝聚力)各个方面。从时间上看,公租房项目可持续性要有合理的建设开发、管理运营方式,如健全的准入退出机制、合理的租金补贴制度等。从程度上看,公租房项目可持续性要平衡强可持续性和弱可持续性,不能极端地保护自然资源而忽略社会和经济,更不能肆意利用自然资源为社会和经济谋取利益,应该合理地开发和利用自然资源,以达到经济、社会和自然综合可持续性。因此,研究具体公租房项目可持续性,要对其可持续性进行综合考虑,也就是要全面考虑公租房项目的空间、时间和程度方面的可持续性。

进一步地,考虑到公租房项目可持续性的隐性和复杂性,为定量评价公租房项目可持续性,需要确定适当的表征指标,将其解构和显性化。在本书中,以公租房项目的社会风险逆向表征其社会可持续性,以公租房项目的扩展净现值表征其经济可持续性,以公租房项目的碳排放逆向表征其生态可持续性,具体的定量评价过程分别如后文的第三章至第五章所述。至于公租房项目的综合可持续性,本书应用复合生态系统理论解构公租房项目可持续性系统,并建立相应的定量评价模型,详见后文的第六章。

2.3 新加坡提高公租房项目可持续性的策略

新加坡作为一个土地资源匮乏、人口密度高的城市国家,通过其富有特色的保障性住房——组屋,为超过八成的居民提供了可支付的品质住所,成为世界上住房问题解决得最成功的国家之一(纪颖波,2011),是许多国家解决住房问题时争相效仿的蓝本(Green Prospects Asia,2012;刘静,2012)。同时,新加坡是华人为主的国家,与我国文化相近,其提高保障性住房项目可持续性的策略较英美等西方发达国家提高保障性住房项目可持续性的策略对我国更具有借鉴价值。虽然近年来国内引介和借鉴新加坡保障性住房方面的研究较多,但是这些研究大多侧重其住房政策或制度(张昕,2011;刘静,2012;Wang,2012),也有少量聚焦于其住宅工业化(纪颖波,2011)、翻新策略(Teo & Lin,2011)、族群融合(Wong,2013)等可持续性相关议题,缺乏系统性总结新加坡提高保障性住房项目可持续性策略的研究成果。因此,从社会、经济和生态等方面,系统地总结新加坡提高保障性住房项目可持续性的策略,并提出对我国的启示,具有重要的现实意义和理论价值。值得一提的是,新加坡的组屋涵盖我国公租房范畴的租赁性质保障房,且租赁性质保障房占比较低,故此处并不严格区分,保留组屋的称谓。

2.3.1 提高社会可持续性的策略

1) 建立精干的管理队伍

新加坡政府全面负责组屋事务的机构是建屋发展局(Housing and Development Board,以下简称 HDB),它成立于 1960 年 2 月 1 日,是新加坡国家发展部(Ministry of National Development,以下简称 MND)下辖的法定机构[①]。其主要职责是清理土地,改造市区,建设和管理组屋。HDB 由建设部、地产部、公司部组成,其中建设部执行建设和升级改造计划;地产部负责制定和实施组屋政策和计划,为组屋分配和管理提供服务;公司部负责建设学习型机构,激发 HDB 职员的创造力,使他们全力工作。新加坡政府一直注重 HDB 工作人员的选拔、晋升和监管等方面的管理,保证有能力人才的及时输入,并尽量减少腐败,维护和提升 HDB 的透明、廉洁、高效的社会形象(崔晶和 Jon,2011)。此外,HDB 的领导层非常重视信息化建设,通过其官网(www.hdb.gov.sg)为居民购买、出售、租赁、维护和更新改造组屋等提供详尽信息,甚至提供许多在线办理服务,有助于简化办事流程,提高办事效率,增加透明度和精简办事人员。同时,HDB 的许多领导人经常通过微博等网络平台与市民互动,了解市民的多样需求,关注其切身利益,不断改进组屋计划,赢得市民的信赖和尊重。

2) 强调和推行大家庭观

自 1965 年 8 月新加坡共和国建立以来,新加坡政府一直强调东方儒家的家庭观,并体现在组屋的申购中,即申请时应以家庭为单位,一个完整的家庭只能同时拥有一套政府组屋,单身者只能购买二手组屋。2013 年 7 月,HDB 才开始允许年满 35 岁、月入不超过 5 000 元的单身者直接申购非成熟组屋区的二房式组屋,并允许订婚的男女一起申请组屋,但两人必须在收房之后 3 个月内向 HDB 提交结婚登记书。此外,新加坡政府非常强调大家庭的观念,1978 年以来颁布的多个法令都鼓励多代同居,规定子女和老人同住的家庭可优先申请组屋,也鼓励已婚子女和父母邻近居住,如果子女和父母住在一起或者在一定距离内可获得三万新加坡元的补助。1981 年,新加坡政府颁布法令,允许子女为"靠近父母的居住地"的原因换房。2013 年 9 月,为鼓励更多年轻夫妇跟父母同住或住在靠近父母家,HDB 改进了"多代同堂优先计划""已婚子女优先抽签计划"等多项亲家庭的组屋计划,提高这些计划的吸引力,得到购房者的积极响应。

3) 促进种族多元及和谐

首先,新加坡政府积极调整组屋政策,以鼓励生育和保持国民活力。在要求

[①] 法定机构是受新加坡政府委托,经议会批准,为了替政府分担某些特定的公共职能而设立拥有法人地位的半官方机构。

HDB尽量建造新组屋,并让新组屋的价格稳定在人们负担得起的水平的同时,优先分配组屋给已为人父母的首次购屋申请者,租赁组屋给等候分配组屋的夫妇。其次,新加坡政府还利用组屋政策鼓励稳定移民,因为新加坡法律规定申请组屋的首要条件是夫妻双方均为新加坡永久居民,或者一名新加坡公民和一名新加坡永久居民。最后,新加坡政府非常重视多种族的和谐共生。新加坡政府自1989年开始,废除以族群聚居地划分界限的做法,推行"种族居住比例计划",规定任何新的政府组屋区(邻里)种族比例上限是华人84%、马来西亚裔人22%、印度裔人10%。为了适应新加坡的人口变化,2010年3月HDB又对这一政策进行修改,实行组屋永久居民配额,将印度裔人在公屋中的比例提升至12%。另外,为避免许多永久居民同居一处,难以融入本地社会,在一个邻里及一座组屋的非马来西亚裔的永久居民不得超过5%及8%。

4) 建设具有凝聚力的社区

为了实现"建设有凝聚力的社区"这一重要使命,HDB在50余年的发展历程中采取了诸多措施。首先,在组屋社区附近批地建设私人住宅、工厂大厦、商业建筑等,为组屋居民提供就业机会和降低居民出行的交通成本,并建设高速公路、地铁等公共交通连接组屋社区与城市中心区,使组屋社区成为可支付的高品质宜居社区,而非"贫民窟"。其次,在组屋社区内,往往建设中小学校、托儿所、购物中心、社区活动俱乐部、菜市场、公园、儿童游乐场、教堂、庙宇等配套设施,便于住户间的社会交往(张昕,2011)。再次,新加坡组屋的第一层一般都是架空的,往往设置神龛、桌椅、洗手池、厕所、储藏室等,方便居民举办婚丧嫁娶等各种集体活动。最后,通过市镇理事会、公民咨询委员会、居民委员会等组织机构,让居民参与组屋管理,并举办各种喜闻乐见的社区活动,强化社群关系和居民的归属感,如2012年5月发起的年度"社区周(Community Week)""青年嘉年华会(Heartland Youthoria!)""分享邻里精神(Share in Neighbourliness)""邻里大使"社区走访活动等。

2.3.2 提高经济可持续性的策略

1) 满足不同购买力的多样性户型

在新加坡建国初期,面对严峻的住房短缺问题,HDB大量建造低成本、高层的一、二、三房式套房,出租给低收入家庭,并鼓励居民购买。20世纪70年代,随着住房短缺问题的逐步解决以及居民收入水平的不断提高,HDB开始兴建四房式组屋。之后,新加坡政府不断地提高购买组屋的收入上限,建造面积更大、质量更高的组屋,以帮助更多的人解决住房问题(刘静,2012)。为满足收入超过购买组屋的上限,但又没有能力购买私人住宅的"夹心层"的住房需求,新加坡政府曾于20世纪70年代和80年代推出18栋中等入息公寓。根据需求变化,新加坡政府在20

世纪 80 年代末停建中等入息公寓,并于 1995 年开始允许私人开发商建造和销售设计水平与配套设施都与私人住宅相当,但 5 年内不能出售的"执行共管公寓"。1998 年,HDB 还引入专门为 55 岁以上老年人生活需要而设计的小型乐龄公寓(张昕,2011;刘静,2012)。现有的组屋类型及数量如图 2-1 所示,较好地满足了不同收入购买力人群的住房需求。

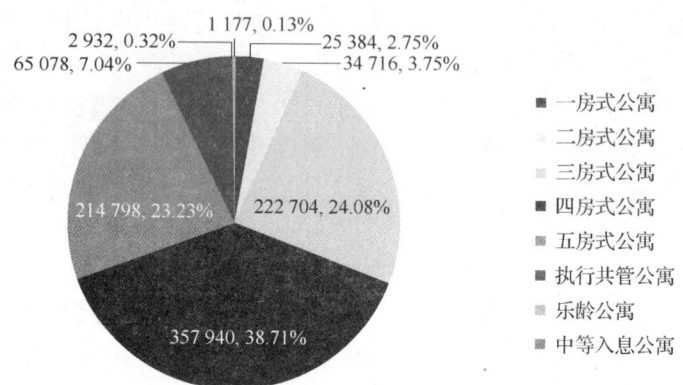

图 2-1　HDB 管理的组屋类型及数量

注:数据源自 HDB Annual Report 2012/2013,作者自绘。

2) 多渠道降低组屋的建设成本

首先,新加坡实行土地强制征用政策,规定组屋等公共目的所用土地可以强制征用,价格通常比市场价低 20% 左右,而且组屋建设通常与新市镇建设相结合,使 HDB 可以低价甚至无偿获得开发建设用地。其次,HDB 是新加坡最大的住房开发商,拥有自己的设计和建设队伍,并设有自己的砖厂、沙石场等下属工厂,以降低组屋的建设成本和实现规模经济(张昕,2011;刘静,2012)。最后,HDB 积极引入社会力量,利用其资金和建管经验,提高组屋的供应效率和降低组屋的建设成本,例如 1995 年引入私人开发商建造的"执行共管公寓"。2005 年 3 月,HDB 为刺激建筑需求的增长和满足追求较高档次组屋人员的需求,又开始实施典型的带资承包模式——"设计—建造—出售计划",即由私人开发商设计和建造,并以介于转售组屋和私人住宅之间的价格出售给符合组屋条件的较高收入家庭。

3) 多途径筹集组屋的建购资金

一方面,通过出售组屋给符合条件的居民来回笼部分建设资金。1964 年,新加坡政府改革之前主要是出租房屋给低收入居民的做法,推出"居者有其屋"计划,鼓励居民购买组屋。1968 年,新加坡政府推出"公共住房计划",允许公民动用中央公积金(Central Provident Fund,以下简称 CPF)的储蓄支付首付款和房贷。其中,CPF 是新加坡一项强制性的保障制度,雇主和雇员每月都要按一定比例(从

1955 年的 5%,1971 年的 10%,1996 年的 20%,上升到现在的 23%)向雇员的 CPF 账户缴费(崔晶和 Jon,2011)。另一方面,新加坡政府为 HDB 提供全方位的财政支持,主要包括:①将 HDB 的财政预算纳入国家计划,每年拨付专项津贴以补贴 HDB 由于以低于市场价格出售组屋而带来的政策性亏损,其中 2009/2010、2010/2011、2011/2012 和 2012/2013 财年补贴的亏损分别为 9.07 亿新元、1.43 亿新元、4.43 亿新元和 7.97 亿新元;②提供低息贷款(一般比商业银行贷款低 3～4 个百分点)给 HDB,用来兴建组屋及进行附属业务活动的住宅发展,以及用于购房者的抵押金融贷款,最高限额为组屋售价的 80%(崔晶和 Jon,2011;张昕,2011);③为 HDB 提供担保,使其在金融市场发行公开债券(崔晶和 Jon,2011)。

4) 提高组屋使用的成本—效益

首先,经过 20 余年的积极探索,新加坡政府已经建立起完善的组屋质量保障体系,包括对新组屋 5～10 年内出现屋顶漏水、外部的水渗流、混凝土剥落等特定问题的免费维修,并通过"再创我们的家园"等翻新计划,系统性地改善旧组屋区的硬件设施(张昕,2011;刘静,2012)。其次,通过 2003 年 6 月推出的"家庭式办公室计划(Home Office Schem,HOS)",及其在 2008 年的改进版(主要是将批准的有效期从 3 年延长至 5 年),允许组屋所有者利用住宅进行小规模的营利性商业活动,深受从事 IT 咨询、网页设计、房地产服务和广告等业务的居民欢迎(刘静,2012)。再次,通过 2009 年 HDB 推出的"屋契回购计划",使得那些居住在小组屋的年长低收入屋主可以更容易地将组屋套现成现金,以供养老(张昕,2011)。最后,HDB 于 2012 年 7 月推出最高 95%津贴的"乐龄易计划",在 2013 年 11 月之前已经帮 1.8 万户家庭在家中安装扶手、防滑地砖等亲乐龄设施,让年长组屋居民的生活更安全和幸福。

2.3.3 提高生态可持续性的策略

1) 设计可持续的市镇和组屋

独立以来,新加坡政府一直注重城市环境保护与经济建设的协调发展,其座右铭从"花园城市(Garden City)"逐步演进至"城市绽放在花园中(City in a Garden)",绿色都市主义的营造理念贯彻到组屋在内的城市发展建设各个环节当中。HDB 在 2004 年成立了专门的委员会,探讨建造可持续市镇和组屋区的策略。2005 年 1 月新加坡建设局(Building & Construction Authority,以下简称 BCA)代表政府推出了"绿色建筑标志计划(Green Mark Certification Scheme,以下简称 Green Mark)",评定非居住类新建建筑、居住类新建建筑、既有建筑、办公室内环境、独立住宅、基础设施和区域规划等类型绿色建筑的等级,分为合格、金奖、超金奖、白金奖。之后,BCA 代表新加坡政府宣布从 2007 年 4 月 1 日起所有新建或进行大规模装修工程的公共建筑物（含组屋）必须获得 Green Mark 认证。2007 年 3 月，HDB 推出首批"绿色组屋"——绿馨苑（在新市镇榜鹅内），被新加坡政府授予绿色建筑标志"白金奖"，也是首个获得环保鉴定的生态邻里社区。2009 年 4 月，新加坡政府宣布到 2030 年新加坡 80%的建筑物要获得 Green Mark 认证，面广量大的组屋自然被计入其中。2010 年 1 月，HDB 宣布将榜鹅打造为新加坡的第一个生态邻里，并开始积极探索新市镇的环境友好型设计策略。

2）可持续地建造和翻新组屋

近年来，为节约资源和能源，减少施工现场的湿作业，降低组屋建设的环境影响，HDB 积极探索工业化的建造方式，主要经历了三次尝试：1963 年，采用法国 Barats 大板预制体系，以失败告终；1973 年，尝试采用丹麦 Larsen & Nielsen 大板预制体系，由于资金问题被迫终止；1981 年和 1982 年，与澳大利亚、法国、日本、韩国和新加坡的承包商签订了六个合约，并分别要求采用预制梁板、大型隔板预制、半预制现场现浇墙板和预制浴室及楼梯、大型隔板预制、累积强力法（现场现浇梁板及用预制轻重量混凝土隔墙）和半预制（现场现浇墙、板及用预制垃圾槽）等 6 种不同的建筑系统。通过及时评估，并结合新加坡国情，HDB 决定采用预制混凝土组件，配合使用机械化模板系统（纪颖波，2011）。经过三十年左右的发展，新加坡预制混凝土组件已经逐步实现标准化、系统化和规模化，形成一整套成熟的产业链，并广泛应用于组屋建设中。此外，HDB 在 2009 年 9 月成立其下属的建筑研究院（Building Research Institute），以探求适宜翻新和新建组屋的可持续建筑科技。

3）普及可持续组屋生活理念

作为检测组屋适宜绿色技术的"生活实验室"，绿馨苑采用自然采光、遮阳、立体绿化、太阳能发电、雨水收集、"一水两用（洗手水收集以后冲马桶）"等绿色技术，为翻新和新建组屋的绿色化积累经验（Green Prospects Asia, 2012）。2011 年至 2013 年，新加坡 HDB、能源市场管理局（Energy Market Authority，以下简称 EMA）、经济发展局（Economic Development Board，以下简称 EDB）与日本松下公司合作开发新加坡组屋的总体能源解决方案。2012 年第三季度，HDB 在 40 个组屋区实施 2 MW 的太阳能光伏租赁计划，使绿馨苑组屋区的太阳能发电完全满足其公共服务（包括走廊和楼梯照明、电梯、水泵等）的用电。2012 年 8 月和 10 月，HDB 分别推出"为了更好组屋生活的酷点子（Cool Ideas for Better HDB Living）"展览和"绿色家园计划（HDB GreenPrint）"，强化组屋居民的可持续生活理念。2014 年 1 月，新加坡国家发展部宣布将为所有的新组屋配备环保设施，包括装置动作感应器的 LED 电灯、带洗手盆的马桶等，并增设中央再循环物垃圾槽、脚踏车停车位等鼓励居民参与回收、低碳出行的举措。

2.4　美国提高公租房项目可持续性的策略

美国联邦政府自20世纪30年代开始组织提供保障房,先后通过"公共住房计划""一揽子拨款基金计划""住房选择优惠券计划"以及"低收入住房税收优惠券计划(LIHTC)"等帮助中低收入群体解决住房问题。经过80多年的积极探索,美国形成了相对完善的住房政策体系(Chen et al, 2013),也越来越重视住房质量、社区规划及建筑节能等可持续问题(吴伟和林磊,2010)。因此,有必要总结和借鉴美国提升保障房项目可持续性的策略。虽然近年来国内外关于美国保障房的研究较多,但是这些研究大多侧重美国保障房政策演变(李莉,2008;崔江涛,2012)和"希望六"计划解读(吴伟和林磊,2010;孙鸿和侯小伟,2010;Fraser et al, 2013),也有一些关于"精明增长"和"新城市主义"等可持续性相关议题(侯景新和刘莹,2010),尚缺乏系统性总结和借鉴美国提高保障房项目可持续性策略的研究成果。因此,从社会、经济和生态的视角总结美国提高保障房项目可持续性的策略,并据此提出对我国的启示,具有重要的现实意义和理论价值。值得一提的是,与新加坡类似,美国强调不同收入阶层和住房类型混居,租赁性质的保障房属于保障房社区的组成部分,故此处并不严格区分,保留保障房的统一称谓。

2.4.1　提高社会可持续性的策略

1) 建立机动灵活的管理队伍

一方面,各级政府配合管理各类保障房计划。美国联邦政府中负责保障房计划、统筹、管理和运行的核心机构是1965年建立的住房与城市发展部(HUD),具体事务由其下辖的3 300个地方住房局(PHA)完成(马泽发,2012)。PHA一般设有专门、独立的行政机构,实行分权与集中相统一的管理模式(秦萍,2013),负责"公共住房计划""一揽子拨款基金计划""住房选择优惠券计划"等在各地的具体落实。另外,美国国税局(IRS)和国家住房金融机构也参与保障房的管理,负责"LIHTC"计划的实施,倡导各州自主制定分配标准、设定优先级别(Chen et al, 2013)。另一方面,私营公司和居民团体等也参与美国保障房的管理。1986年推出的"LIHTC"计划支持开发商通过辛迪加组织与投资者合作,参与保障房项目的开发和运营管理(Deng, 2005);1987年修订的《住房和社区发展法》为居民团体参与保障房社区管理提供财政和立法支持(马泽发,2012);1993—2007年推出的"希望六"计划鼓励私营公司参与保障房项目的物业管理。社会力量参与管理不仅降低了政府经营成本,而且改善了社区服务效果,对政府管理做了很好的补充。

2) 促进社区多元化及和谐度

20世纪80年代末,种族隔离、社会分层、暴力犯罪等现象在美国很多保障房社区屡有发生。从90年代开始,美国政府加强保障房社区的社会可持续建设。第一,激励混合社区的构建。主要途径包括:①保障房类型多样化。HUD在"希望六"计划的宏观指导下积极构建政府资助型、异地重置型、低收入居民租房券型、市场利率型等多种保障房,满足不同的住户需求(崔江涛,2012)。②吸引白人入住保障房社区,支持低收入群体入住中产阶级社区。1998年《住房质量与工程责任法》和2003年《美国梦购房首付款法案》均提到相应政策(Popkin et al,2004)。③减少保障房领域的种族歧视。1968年出台《公平住房法》等反对居住隔离(李莉,2008)。第二,改良保障房的规划设计。主要途径包括:①改善保障房的形象。"希望六"计划加大对保障房项目的资金投入,提高保障房质量并改良其外观(崔江涛,2012)。②合理规划保障房社区。新型社区遵循"新城市主义"的设计理念,并根据"精明增长"的规划理念制订保障房供应计划,在空间上分散中低收入群体(李莉,2008)。第三,加强社区不稳定因素的治理,例如分别于1988年、1996年、2004年推出"消除毒品计划""一次即驱逐"及"管理安全住房"等计划。

3) 增加人性化的社区支持性服务

长期以来,美国很多保障房社区存在公共服务设施不足、社区服务不到位等问题,"希望六"计划专门划拨一定比例的资金用于社区服务计划及支持性服务,有效缓解了这些问题(Popkin et al,2004)。第一,提供就业协助。在亚特兰大的世纪广场、芝加哥的西普尔曼等很多大型城市的保障房社区中,设有独立的就业培训部门和专项基金(Sink & Ceh,2011)。第二,提供健康保障。有劳动能力的低收入居民在就业协助下纳入公共医疗保障体系,社区服务中心的卫生服务站则为无劳动能力的居民提供优惠或免费医疗服务,并设有心理咨询师为居民提供咨询服务(崔江涛,2012)。第三,增加教育支持。社区服务中心为社区内的所有儿童设立档案跟踪卡,根据社区儿童数量和年龄结构设立托儿所和社区小学(崔江涛,2012);纽约市教育局在2007—2008学年实施了公平学生基金的预算分配办法,给予低收入家庭的学生额外补助(Schwartz et al,2010)。第四,日常生活服务。在保障房社区设立休闲场所,社区服务中心会按要求检查维护相关设施,并注重管理社区流动人员;1995年推出的"邻里网络联邦行动计划"为保障房社区居民提供日常生活所需的技术支持(吴伟和林磊,2010)。

2.4.2 提高经济可持续性的策略

1) 满足不同购买力群体的住房需求

一方面,结合国情调整保障力度和范围。表2-4列出了20世纪美国根据国情调整住房保障力度的相关策略。20世纪末21世纪初,针对很多保障房严重衰败的情况,美国推出"希望六"计划,要求PHA和开发商利用社区发展基金、私人债券等不同类型的资金,建造各种类型的保障房,满足了更多中低收入居民的住房需求(孙鸿和侯小伟,2010)。另一方面,美国推出的住房计划准入门槛多样,兼顾不同购买力的群体,具体如表2-5所示。在实际分配中,各保障房计划均在计划收入界定以内优先考虑收入低者(Chen et al,2013;McClure,2006)。另外,"LIHTC"计划与"住房选择优惠券计划"相结合可以帮助到极贫困的人。由此,这些计划下的项目相互配合可以服务于各层次的收入群体。

表2-4　20世纪美国对住房保障力度的策略调整

时间	国情	保障力度和范围调整
30年代	经济危机导致严重的住房短缺	政府为中低收入群体投资建造低成本、限价、限标的低租金住房
60年代	经济、种族隔离严重	《1968年公平住房法》规定了新建保障房在中低收入家庭、低收入家庭中的分配比例
70年代	各城市陷入严重的财政危机	"租金证明计划"向租住非公共住房类住宅的低收入家庭提供房租补贴
80~90年代	住房支付力危机	"租金优惠券计划""住房选择优惠券计划"延续需求补贴导向,被补贴群体在住房标准、区位选择上更具灵活性

来源:作者自绘。

表2-5　美国主要保障房计划的收入门槛及附加要求

住房计划名称	住户收入门槛（不高于地区平均收入的百分比）	附加要求
公共住房计划	80%	无
一揽子拨款基金计划	80%	至少有40%的新住户收入低于地区平均收入的30%
住房选择优惠券计划	50%	无
LIHTC计划	50%~60%	至少有75%的住房选择券提供给收入低于地区平均收入的30%的住户

来源:作者根据Popkin等(2004)修订。

2)多中心协同分担保障房的建设成本

在美国保障房发展之初,政府主导建设运营的方式使得政府财政不堪重负,所以政府采取多种渠道来分散保障房的建设成本。第一,放宽土地征用的权限。

《1949年住房法》支持地方政府"定点清除"衰败的住宅区、工厂区(李莉和王旭,2007),允许政府通过出让土地吸引私人开发商参与保障房建设(李莉,2010)。第二,吸引私人开发商的资本来分担建设成本。"LIHTC"计划为保障性租赁住房项目的投资者提供一定比例税收抵免(柳德荣,2010;闫妍和朱晓武,2009),2008年甚至允许开发商用未出售的税收抵免份额换取直接开发补贴(Chen et al,2013)。此外,1961年的"低于市场利率计划"(BMIR)、1974年的"第八款计划"等也提到相应的支持政策(Chen et al,2013;Ganapati,2010)。第三,引入私人住房拥有者资本分担建设成本。1965年《住房和城市发展法》允许PHA购买、租赁、修缮私人房屋并将其转化为保障房,2003年颁布的《美国梦购房首付款法案》亦提到相应的支持政策(李莉和王旭,2007)。

3)提供经济支持,全面激活保障房体系

美国联邦政府采用多种经济手段激活各保障房计划下住房项目的全生命周期,来保持保障房体系的活力。第一,为保障房的管理提供资金支持。联邦政府会定期给HUD拨建设专款,分配给各PHA进行落实(秦萍,2013)。2008年,HUD还给保障房机构提供运行资金(Langevin et al,2013)。第二,促进保障房的建设流通。首先,通过税收减免等优惠政策激励私人开发商和非营利组织参与保障房的建设或修复。其次,通过资金补贴、税收优惠等方式为中低收入群体租房、购房提供经济支持。第三,兼顾保障房的运营维护。美国联邦政府每年都会支出大量资金用于维护各保障房计划下的存量住房,例如2010年支出47亿美元的运行费和25亿美元的资本基金来维护"公共住房计划"项目,大约90亿美元用于"一揽子拨款基金计划"项目。"希望六"计划投资了超过61亿美元来复兴全国衰败最严重的保障房(Chen et al,2013)。

2.4.3 提高生态可持续性的策略

1)注重保障房社区的合理化规划

20世纪中期以来,美国郊区化日益严重,引发了环境恶化、绿色空间减少、交通堵塞、传统文化丧失等问题。为遏制这种无序扩张,1998年克林顿政府提出"精明增长"计划,倡导为低收入群体提供多样化保障房的同时,提倡节能建筑,重建现有社区,重新开发废弃、污染工业用地,并重视绿色空间的保护(刘莉莉,2006)。1993—2007年,"希望六"计划将"新城市主义"作为社区设计的指导原则,推崇传统的社区模式,比如房屋与街巷有良好互动关系、设置必要的人行道方便居民购物和停车、街道形成网格系统等,来构建更加和谐宜居的保障房社区(吴伟和林磊,2010)。HUD在社区设计领域还提出了"防御空间"的概念,比如在高层住房下面设置公共出入口和人行通道,使得公共和私人领域划分得更加明晰,社区居民可以更好地管理、维护私人领域的环境、安全(吴伟和林磊,2010)。2003年12月颁布的《美国梦购房首付款法案》预留部分"希望六"计划的未来资金,用于资助具有主街振兴项目的小型社区,以较好地保留传统文化,促进老商业区的繁荣。2009年,奥巴马政府提出"选择性邻里",将"希望六"计划的可持续理念推向普通住房社区(吴伟和林磊,2010),在中低收入群体可以选择市场住房的背景下,具有重要意义。

2) 激励保障房社区的节能行动

一方面,注重培养保障房社区居民的节能习惯。1998年提出的"精明增长"计划强调以公共交通和步行交通为主的开发模式,倡导保护绿色空间以维持清洁的空气水源,将各级政府和居民个人纳入到宜居和谐的社区建设中(刘莉莉,2006)。另一方面,促进保障房领域节能理念落实。1986年税法改革提出的"低收入住房税收优惠证计划"在近年来衍生出一些创新模式,包括利用税率杠杆更有效地鼓励建造节能环保、设计新颖的廉租房(闫妍和朱晓武,2009)。HUD每年将大量的税收用于帮助解决住户能源问题,美国政府从2008年起推出"恢复和再投资计划"来减轻HUD在保障房能源支持上的经济负担(Langevin et al,2013)。此外,"整体房屋节能改造帮助服务计划"、能效抵押贷款、账单融资等也是此类促进建筑节能的激励政策(Bird & Hernández, 2012)。

3) 推广绿色建筑技术的应用

一方面,注重倡导绿色建筑理念并设立高评价标准。美国绿色建筑委员会1998年推出在全世界有很高认知度的"能源与环境设计先锋"绿色建筑评价标准(简称LEED)。进而,美国政府出台"绿色建筑规范",对于含保障房在内的所有新建筑提出更高能源标准,并推出"低收入租赁规定",针对低收入群体住房提出更高的能源标准(Bird & Hernández, 2012)。另一方面,倡导绿色保障房项目的建设。这些项目注重将节能环保理念贯穿于建筑全生命周期中。设计前期,倡导公众参与保障房规划设计;建筑设计上,兼顾光伏电板、呼吸窗等高科技生态建筑技术和对流通风、外遮阳设计、环保材料等节能细节;建设过程中,合理安排施工进度实现成本节约;项目建成维护过程中,注重节能激励,例如一些绿色保障房社区会发放公交卡鼓励使用公共交通,或者与医务部门携手维护环境质量,提升社区健康水平等(姚栋,2011)。

2.5 英国提高公租房项目可持续性的策略

英国是最早实施住房保障政策的国家,在1919年颁布的人类历史上第一部城市规划法——《住房与城镇规划法》中,首次将为"劳动阶层"提供住房确定为地方政府的法定责任(唐天啸,2014),从此开启了政府全面关注低收入人群住房问题的

先河。经过近一百年的发展与改革,英国不仅基本解决了住房问题,而且通过完善的社会、经济和生态措施实现了保障房的可持续发展。相对英国而言,我国保障房发展历程短,保障房项目的可持续性普遍较低,因此有必要借鉴英国的成功经验。目前,国内引用和借鉴英国保障房方面的研究虽然较多,但是这些研究大多侧重其住房政策或制度(徐军玲和谢胜华,2012;王兆宇,2013;唐天啸,2014),也有少量涉及共有产权计划(王兆宇,2013;刘朝马,2007)等可持续性相关议题,缺乏系统性地总结英国提高保障房项目可持续性策略的研究成果。因此,本书拟在总结英国保障房发展历程的基础上,从社会、经济和生态等方面,系统地梳理和总结英国关于提高保障房项目可持续性的策略,并提出对我国保障房项目发展的启示,具有重要的现实意义和理论价值。

2.5.1 提高社会可持续性的策略

1) 建立紧密协作的管理队伍

英国保障房的保障机构由三部分组成:社区与地方政府部、住房与社区局、住房协会。其中,社区与地方政府部代表中央政府处理与社区和住房发展有关的政策制定等相关事务,并通过下设住房公司,负责新建保障房的建设、规划、投资、分配和管理。住房与社区局隶属于社区与地方政府部,主要职责是投资新建保障房,改善现有保障房,收购空置住房,监管住房协会等住房供应商,以及制定保障房的管理标准,为住户提供良好服务。作为当前英国保障房的最大供给方,住房协会是按照市场化原则运营的非营利民间组织,主要工作是建设保障房,出租或出售给符合条件的居民,并对出租房屋进行管理(杨赞和沈彦皓,2010)。在这些管理机构的紧密协作下,英国保障房得以稳定发展。

2) 提供差异性保障房

根据保障房的租售性质,英国保障房主要分为两类:一是社会租赁住房,由住房协会和地方政府供给和管理,只租不售;二是过渡性住房,包括过渡租赁住房、打折出售房和共有产权房。其中,过渡租赁住房的租金介于社会租赁住房和商品房之间,只出租给无力购买或租住商品房的关键工作者(主要是医疗、教育、警署等公共部门工作人员);打折出售房,是以一定折扣出售的住房;共有产权房,是分次出售住房产权的住房(王兆宇,2013)。同时,根据保障房的结构类型,英国保障房主要分为独立住房和公寓两类,其中独立住房占比较大,多位于距离市中心较远的近郊区,适合有一定支付能力特别是有小孩的家庭;公寓类一般位于城市中心,适合单身群体和无小孩家庭租住。不同供应主体的住房结构类型和住房户型差异较大。具体而言,住房协会供应的住房主要以独立住房和三居室及以上的户型为主;地方政府提供的住房中,以一居室、两居室为主,独立住房和公寓类所占比例相当

(卓佳和孙宇，2013）。不同住房类型、结构和户型的保障房供应，使居民可以选择更为适合自己居住需求的保障房。

3）促进不同群体间的混居和融合

在保障房的发展期，英国政府将住房建造数量作为首要目标，采取将中低收入人群集中在一起的住房规划模式。这种模式在一定程度上将社会不同阶层隔离在不同空间，不仅阻碍了不同层面居民的交流，还引发了高犯罪率、社区衰败等社会问题。譬如，建于1963年的艾尔斯伯里住宅区，面积仅28.5公顷，却容纳了约1万名住户，犯罪频率极高，平均每4个小时就会发生一起犯罪事件（惠丝思，2013）。为了解决因为隔离而产生的社会问题，英国提出建立混合型住宅区，使不同收入和不同家庭结构的居民同住一个社区：(1) 政府通过住房政策的干预，影响混合社区的所有者和租户的混住比例；(2) 利用住房的分配制度，影响租户的种族和社会经济结构，实现不同文化与不同收入群体的混居；(3) 政府通过规划手段强制要求新建项目中必须有一定比例的中低收入居民住房，或是由开发商建好后以市场价的70％卖给住房协会或地方政府，或是在开发商取得项目时就将一部分位置较好的土地以较低价格卖给住房协会或地方政府进行住房的建设，以达到阶层混住的目的（卓佳和孙宇，2013）。

2.5.2 提高经济可持续性的策略

1）多主体参与保障房的供给

英国政府不仅为住房协会提供注册资本、法律支持、税收减免等优惠，使其逐渐发展为保障房的供应主体（Stephens，2013），还采取各种措施吸引或强制规定私营开发商参与保障房的供应，以减轻政府的财政压力和提高住房供给效率。例如，从土地供应着手，政府允许私营开发商先开工建设保障房，后支付土地购买费用（王兆宇，2013）；要求开发商只有将开发项目的15％～20％以成本价出售给地方政府或住房协会作为保障房，才能获得政府的规划许可（杨赞和沈彦皓，2010）。另外，通过对保障房租赁制度的改革，提高保障房的流通率，间接增加保障房的供给。譬如，英国政府于2010年11月终止"终生租住政府公屋"政策，并制订了"保障房交换计划"，允许租户因现有住房不能满足需求等原因，换取英国任何地区任意供应主体的保障房。南巴克斯等地方政府还推行"现金激励项目"，即如果居民愿意搬去更小但依然能满足需求的保障房或不再占有保障房，政府会根据卧室数量给以现金奖励。一般情况下，一个卧室可得到3 000英镑的现金奖励，以及500英镑的家具搬迁费和1 500英镑的新房装饰费[①]。由此，政府可将空出的房屋提供给其

[①]http://www.southbucks.gov.uk/tenantcashincentivescheme

他需要的居民,满足更多人的住房需要。

2) 多途径筹集保障房的建购资金

英国主要依靠地方政府、住房协会、金融机构三大主体解决保障房的建购资金。其中,地方政府一方面依靠中央政府的直接拨款、保障房的出售和租赁收入来直接建设、管理和维护住房;另一方面,通过对开发商的低息贷款、对金融机构的贷款贴息和私人主动融资等方式吸收社会资本的参与(杨赞和沈彦皓,2010)。住房协会建设资金主要来自中央政府的住房保障预算资金拨付、地方政府的补贴和低息贷款、房屋租金和销售收入、发行债券等,亦可吸收保障房股东的股金和居民的零散存款(Stephens,2013)。金融机构主要是借助利率低、偿还期较长(一般是15~25年,最长可达30年)、贷款率高(可达80%)的住房抵押贷款,为中低收入人群购买保障房提供有利条件。此外,金融机构还将住房抵押贷款与定期人寿保险相结合,借款人只需定期缴纳人寿保险费和抵押贷款的利息,到期后的人寿保险收入可冲抵抵押贷款(徐小凤,2012)。

3) 多样化提供保障房补贴

英国政府主要提供三种补贴方式,以保证中低收入人群能够租赁或购买到满足需求的保障房。一是供应补贴,如中央政府的拨款,直接用于保障房的建设和运营等,并向保障房的房东提供住房补贴,从根本上降低保障对象的租赁或购买压力。二是需求补贴,向住房需求者提供财政补贴。一方面,政府规定保障房的租金必须低于市场租金的80%。另一方面,政府于2013年4月开始对租赁保障房的工薪阶层征收"卧室税",即根据卧室的空余数量减少支付给房东的相应补贴。例如,有一个空余卧室的住房,补贴减少14%;若有两个或以上的,则减少25%[①]。三是低收入人群和适龄工作而无工作的居民可申请"通用信贷"[②]。通用信贷是将住房补贴与低收入补助、就业支持津贴等工作相关的五种补贴综合成单一形式直接支付给租户的一种福利措施。虽然随着收入的增加,住房补贴会逐步减少,但是这五种补贴会增加,以这种方式刺激申请者寻求工作或更好地工作以提高收入。

4) 鼓励保障房的私有化

为了缓解政府和住房协会的管理压力,英国政府制定了对通过抵押贷款购买保障房的房产税减免、放宽抵押贷款的条件和租户优先购买权等多项优惠政策鼓励中低收入人群购房。其中,租户优先购买权是租住保障房达到一定时间的住户和关键工作者有权优先、优惠购买其所住的住房,优惠折扣由所租住房的时间、类

---

① http://england.shelter.org.uk/get_advice/housing_benefit_and_local_housing_allowance/changes_to_housing_benefit/bedroom_tax

② https://www.gov.uk/universal-credit

型和市场价确定,但是所购住宅只能作居住用。具体而言,承租独立住房和公寓累计满5年的住户,可分别得到住房市场价35%、50%的折扣优惠,且租住期每增加一年,折扣分别增加1%、2%,但最大不超过70%或7.7万英镑。若购房者在购房后5年内出售该住房,必须退还部分或全部优惠价款,其中,购买当年转售须退还全部优惠,第二年转售退80%,第三年转售退60%,以此类推[①]。在"优先购买权"政策下仍然无力购买的住户,可通过共有产权的方式获取部分产权,剩余产权属于住房协会或地方政府。购买者可分次购买产权,直至获得全部产权。以优惠价购买现有住房部分产权的,须至少购买25%的产权,剩余部分仍以租金计,每年的支付标准是剩余产权的3%。对于购买产权不属于住房协会或地方政府的保障房,购买者必须购买至少75%的产权,剩余的由售房人提供上限为5万英镑的无息贷款。若购房者出售该住房,必须归还贷款,归还额根据产权贷款比例按房屋出售的市场价格计算(刘朝马,2007)。

2.5.3 提高生态可持续性的策略

1) 设计可持续的保障房

在1947年,英国政府就宣布设置"住宅设计奖",颁发给保障房在内的优秀住宅产品。目前,该奖项已成为英国行业内最具权威的住宅建筑设计奖(惠丝思,2013)。在1980年,英国开始关注被动式建筑设计,并在2011年开始应用于保障房。譬如,位于英国西南部埃克塞特市的"罗文公寓"[②],已成为保障房的被动式建筑示范性标杆。2007年4月,英国政府颁布《可持续住宅规范》,作为保障房在内的所有新建住房的设计参照标准。该规范通过能源(碳排放)、污染、水资源、健康和幸福感、材料、管理、地表水径流、生态和废物等9个评价指标,将住房划分为6个星级(McManus et al, 2010)。在6个星级中,能源(碳排放)和水资源均设置了最低标准,属于强制性评价指标,如一星到五星的能源消耗(碳排放量)必须在2006年建筑法规的基础上分别减少10%、18%、25%、44%和100%(在供热、热水、通风和照明实现零碳),六星是最高标准,即完全零碳(所有能源的碳排放量为0);其余7个评价指标按其达到的评分标准得分。自2008年5月开始,英国政府强制要求保障房必须达到三星标准,至2013年必须达到四星标准,2016年必须达到六星标准(Richard,2007)。

2) 建造可持续的保障房

《可持续住宅规范》同样也是英国保障房的建造标准,要求建造过程中的碳排

---

① https://www.gov.uk/right-to-buy-buying-your-council-home/discounts
② http://www.ecodesign.co.uk/projects/residential/rowan-house

放量、水资源使用等必须满足规范要求(McManus et al,2010),这就迫使建造商必须选择低碳节能的材料和对环境影响较小的施工工艺,从而提高保障房的可持续性。英国的保障房多采用预制单元式建造体系、预制面板建造体系、预制混合建造体系、预制部件装配体系及现场制造体系等工业化的建造方法(Stephens,2013)。与传统建造方式相比,上述工业化的生产方式,不仅能够缩短建设时间,提高施工质量,还能实现更好的保温隔热和隔音效果。在2000年,英国开始尝试建设生态镇解决住房问题,以此带动保障房的可持续发展。为了规范生态镇的规划和建设,英国政府在2009年颁布了《规划政策指引》,要求生态镇必须是零碳排放(不包括交通产生的碳排放);提供不少于30%的保障房;所有住房都必须达到可持续住宅规范的四星标准;建筑结构要高效节能并使用清洁能源(刘星光等,2014)。

3)面向可持续的保障房翻新

英国政府不仅对新建保障房的"能源和碳排放"做了最低标准限定,而且对既有住房也设立了减排目标,即2020年含保障房在内的既有住房的碳排放量在2008年基础上减排29%(Walker et al,2014)。因此,占既有住房比重达20%的保障房就成了英国政府施行住房翻新的首要对象。为实现减排目标,英国政府采取了多种措施用于提高既有保障房的能源利用率和降低其碳排放量。其一,依靠技术手段翻新保障房,主要措施有:(1)在阁楼和墙体空隙中填充绝缘材料或直接更换成绝缘材料,防止热量散失;(2)在屋顶安装风力机或太阳能电池,利用风能或电能供热供电;(3)加厚窗户玻璃或更换成双层或三层玻璃,提高保温隔热性能;(4)更换高耗能的电气设备(Shepherd,2009)。其二,积极改变居民的固有习惯,提高其节能意识。例如,在住宅中安置互联网监控系统,通过记录该住房的能源消耗量,并将其转化成二氧化碳排放量,实时地反馈给住户,以便居民能更好地控制和调整能源消耗(Babaj & James,2007)。

2.6 提高我国公租房项目可持续性的建议

如前文所述,公租房是我国新型的保障房,仅有5年左右的历史,被定位为我国保障房的发展重点和未来主体,其可持续性意义重大。虽然我国各级政府非常重视公租房项目建设,但是总体而言可持续性急需提升,新加坡、美国、英国等发达国家提高公租房项目可持续性的策略值得借鉴。因此,本书基于我国公租房项目建设现状,借鉴发达国家的成功经验,提出如下提高我国公租房项目可持续性的对策建议。

1)提高我国公租房的社会可持续

首先,近年来我国很多地区已经建立了统一的公租房管理机构,如重庆市在国土资源和房屋管理局下设立的公共租赁住房管理局。虽然管理主体得到确认,但是仍存在责权不对等、统筹不够等问题。因此,我国可效仿英国从中央到地方的分散式管理方式,中央政府制定与住房有关的政策和发展策略,下设独立部门分别负责政策的实施、监督及地方政府的管理,地方上设立专门部门负责建设、运营和维护公租房,并通过签订合同与私人公司、居民团体等长期合作,引导多方社会力量参与公租房管理,提升相关部门的社会形象,提高管理效率。其次,虽然我国已基本形成了经济适用房、公租房、廉租房等多种形式的住房供应体系,但是总体建设数量仍严重不足,而且整个体系的发展不均衡,经济适用房的建设规模远远超过租赁性住房。因此,应该根据不同居民的需求,调整各类保障性住房和同一类型中各种户型的结构比例,拓宽保障房的选择范围,满足不同群体的需要。最后,我国的保障房大都成片建设,造成中低收入人群过度集中,基础设施、文化建设等远远落后商业住宅,造成与其他群体的隔离。因此,可仿效英国,在商品房的开发中配建公租房等保障房,构建混合性社区,如北京市就要求普通商品住宅中配建保障性住房比例一般不低于30%,加强不同社会阶层的交流,为低收入者带来更多的机会,共同使用公共资源,减少社会问题,促进公租房社区居民的社会网络建立,建设有凝聚力的公租房社区。

2) 提高我国公租房的经济可持续

首先,与英国的住房协会相比,我国的住房合作社起步较晚,而且因为住房商品化发展、缺乏政府的有力支持及本身制度缺陷已经基本退出历史舞台。目前,我国保障房主要由政府供应、管理、维护和修缮。随着保障性住房的大量建设,这种供应体系必定会为政府带来巨大的压力。在这种情况下,政府可以借鉴英国的做法,大力发展住房合作社等非营利组织,与其合力担起住房供应的重担,并逐步形成以住房合作社为核心的供应体系。其次,我国多数地区的保障房建设很大程度上依赖于政府的财政拨款,社会参与度低,这种单一的投资体系难以填补保障房建设等的资金缺口。因此,我国应该出台激励政策对公租房项目的全生命周期进行激励,积极调动各种社会资本,多途径募集建设资金,如长沙高新区的公租房建设工作采取归集与新建"双轮驱动",引导管委会、社区及私人资本共同参与公租房建设运营,重庆市则在通过国有企业融资平台争取商业金融机构贷款的同时,借助住房公积金贷款建设保障房,及开征房产税等举措,拓宽保障房建设资金来源的渠道。最后,推出多样化的住房政策和计划,建立多层次的保障房供应体系,为不同的被保障群体提供适当的保障房,改变我国长期以来备受诟病的超大面积经济适用房户型、公租房租金远超被保障群体支付能力等问题,包括从需求入手对中低收入群体实行货币补贴,如北京市根据申请保障性住房家庭的收入给予不同档次的租金补贴,满足不同购买力中低收入群体的住房需求,保障中低收入人群能够购买或租赁到住房。

3）提高我国公租房的生态可持续

首先，节能热水系统、光导照明等先进技术已经开始在我国上海、大连等地区的保障房（含公租房）中得到应用，并取得不小成就，预示着节能环保是我国保障房的发展趋势。因此，应借鉴英美等国的成功经验，从公租房的设计出发，通过以下措施从根本上解决公租房的生态可持续发展问题。第一，合理设计公租房社区，注重社区与街巷的互动性，增加社区的绿色空间，将生活区规划得更人性化以及邻里空间划分得更加明晰等，可以有效改善社区环境。第二，制定标准化的绿色公租房设计标准，奠定公租房可持续发展的基础。在设计标准的指导下，结合项目所在地的地域特征和气候条件，采用被动式的设计方式，减少建筑物的能源消耗，同时降低人工对自然环境的影响。第三，注重公租房领域节能激励政策及相关节能标准的制定，并配合一定的能源补贴，在满足绿色公租房的设计标准的同时降低节能措施的成本，有效提高我国公租房能效。其次，我国公租房大多采用集成化程度低、粗放型、大量湿作业、耗能量高的建造方式和施工技术，可持续性较差。因此，可效仿英国的工业化建造方式，总结远大住工、万科等房地产开发企业通过产业化方式供应公租房的经验和教训，加快公租房的产业化进程，既能提高生产效率，又能节约能源。再次，鼓励在公租房中采用被动式设计策略，配备太阳能热水器、中水和雨水回收利用系统、垃圾减量和分类回收系统等低成本环保设施，鼓励和引导面广量大被保障群体的低碳生活方式，以降低使用阶段的生态环境影响。最后，在住房翻新方面，也可借鉴英国的做法，在新建公租房的同时注重对既有公租房的节能改造，以提高住房的能源利用效率。

2.7 本章小结

本章基于国内外公租房项目和可持续性的概念，界定公租房项目可持续性的概念，分别总结新加坡、美国和英国提高公租房项目可持续性的策略，并分别提出对我国的启示。

第三章 公租房项目社会可持续性的定量评价方法[①]

3.1 以社会风险逆向表征社会可持续性

大规模的公租房建设催生了大量公租房项目,开始多方位地影响我国社会经济的发展。我国经济适用房、廉租房等传统保障性住房项目仅由于选址问题就已经衍生出贫困集中、社会阶层分隔等社会问题(郑思齐和张英杰,2013),加剧了社会风险,而建设规模更大、利益相关者更多的公租房项目在生命周期内更易诱发社会风险,具体包括:

(1) 公租房项目本身存在的保障性特点使得项目利益空间狭小,参与建设的开发商常常只看重项目带来的短期利益,不会以长期受益者的身份对项目未来的发展进行监督和管理,这就导致目前公租房项目大多选址偏远、建设集中、配套设施缺乏(林素钢,2012),严重影响保障对象的居住体验,容易引发社会问题。

(2) 作为近几年才出现的住房保障形式,公租房在确定供给对象、装修标准、租赁价格和准入退出机制等方面的工作还很不到位,公众对此存在着不同程度的质疑,这导致许多城市的公租房项目"遇冷",即公租房没能真正发挥其功能。

(3) 各级政府在公租房项目的决策与设计阶段多重视其立竿见影的开工和竣工套数、面积等短期目标,相对忽视住房本身的户型、质量等问题。这些问题如果不能被及时重视和研究,将会引发住户的不满情绪,从而可能造成恶劣的社会影响,影响我国住房保障发展的可持续性。

同时,如前文所述,近几年来关于公租房项目社会可持续性的研究,主要集中在目前公租房项目所出现的社会问题和相应改善措施等方面,侧重住户满意度和社区凝聚力。因此,本书以公租房项目的社会风险逆向表征其社会可持续性。

[①] 本章核心内容已发表于《工程管理学报》2015 年第 2 期、《建筑经济》2016 年第 2 期。

3.2 公租房项目社会风险的形成机理

公租房项目社会风险形成机理的研究就是从一般意义上系统地、深层次地剖析公租房项目社会风险形成的主体、因素(客体)和过程,以便更好地预防和控制社会风险,降低损失,维护社会稳定(蒋焕,2014)。本书认为要想更好地对公租房社会风险进行评估以及研究后续的治理对策,首先应该了解公租房项目社会风险的形成机理。换而言之,社会风险形成机理的研究是评估社会风险的基础,更是治理社会风险的前提。

3.2.1 公租房项目社会风险的定义

1) 社会风险的定义

据考证,"风险"一词最早出现于现代早期的航海贸易和保险业。在早期的用法中,风险被理解为客观的危险,体现为自然现象或者航海遇到礁石、风暴等事件(陈远章,2009)。但发展到现在,风险的意思已不是最初的"遇到危险",而是指实际结果与预期存在偏离,从而造成损失的可能性,其具有不确定性和损失性的特征。

作为社会与风险的组合,"社会风险"既具有风险的一般特征,又具有"社会"的独特属性。众所周知,社会有广义与狭义之分,广义的社会是相对于自然界而言的人类社会,指的是包括政治、经济、文化等子系统的巨型复杂系统,而狭义的社会是指与政治、经济、文化等子系统相并列的一个子系统,是一个由人类生活构成的整体。因此,本书认为社会风险也可以从狭义和广义两个角度来理解。狭义的社会风险指的是与经济、环境和文化等社会子系统风险相并列的一种风险;而广义的社会风险除了指人类社会因素所造成损失的不确定性,还包括经济、政治、环境等诸多领域造成社会动荡和损失的可能性。本书所讨论的社会风险指的是广义的社会风险,并将其定义为社会、经济、环境等领域在风险事件发生后使社会产生冲突因而造成社会不稳定的可能性。

2) 公租房项目社会风险的定义

公租房是指政府提供政策优惠,限定套型面积和出租价格,按照合理标准建造,主要面向中低收入住房困难家庭出租的具有保障性质的住房(姚程成,2012)。其特点包括了公共性、非营利性和政府干预性(杨洁,2012)。这些特点的存在决定了公租房项目从建设到运营的各个环节都会对城市、周边居民以及入住对象造成各种社会风险。譬如,公共性说明了公租房项目的人员构成复杂、流动性大,将有可能影响小区的入住环境;非营利性说明了政府迫于建设成本的压力,只能将大部分公租房项目建设在城市偏远地带,而这将有可能导致城市发展不平衡以及保障对象的生活存在不便等问题;政府干预性决定了其相关政策如准入退出机制、租金定价原则等受政府影响较大,无法惠及所有人群,势必会引起部分群体的不满,从而导致社会不稳定。

由此可知,对于公租房项目而言,造成其生命周期内各种社会风险的影响因素并不是单一的,可能来源于各个方面。同时,公租房作为一个人类活动较为密集的区域,其中包含了社会、经济、环境和文化各种因素。因此,本书借鉴马世骏和王如松(1984)在20世纪80年代初提出的社会—经济—自然复合生态系统理论,将公租房项目看作是一个社会—经济—自然复合生态系统,并由此将可能导致社会风险的因素分为社会、经济和环境三个方面。此外,公租房作为一种保障性住房,其人员流动性大、构成复杂且文化素质参差不齐,不同文化、生活习惯之间的碰撞也极易产生各种冲突,从而形成社会风险。因此,本书将公租房项目的社会风险定义为公租房项目的建设运营各环节在社会、经济、环境和文化等方面存在的对社会和居民影响面大、持续时间长并容易导致较大社会冲突或社会危机的可能性。

3.2.2 公租房项目社会风险的形成过程

1) 公租房项目社会风险形成的必要条件

(1) 公租房项目社会风险的制造主体

社会风险的发生是由个人或社会团体的反叛社会行为引起的,而公租房项目社会风险的发生则是由与公租房项目有利益关系的个体或群体的反叛社会行为引起的(蒋焕,2014)。这些个体或群体被称为公租房项目的利益相关者即在项目建设、运营各环节中受到或对其施加重要影响的群体,包括政府相关部门、保障对象、被征地居民、周边群众、建设单位、施工单位等。这些目标群体又可分为正影响的相关者和负影响的相关者。正影响相关者指的是能在公租房项目的建设运营中受益的部分群体,如公租房能改善保障对象的住房条件、增加政府的工作业绩。负影响相关者指的是公租房项目的建设运营会损害其利益的部分群体,如公租房公共性的特点会影响周边居民的生活稳定性,公租房建设偏远的特点会降低保障对象工作和生活的便利性。但需注意的是,在公租房项目的全生命周期中并没有绝对的正影响相关者和负影响相关者,例如公租房在解决一部分人住房问题的同时也可能导致他们生活不便(王亮,2011)。

政府建设公租房项目的目的是提高全社会的住房保障水平,改善中低收入居民的住房条件。但随着建设、运营各环节的逐步深入,公租房项目出现了很多建设前未能预料到的利益群体,导致项目实施效果无法按照事先的规划进行。由于公租房项目的建设,这些群体的部分利益受到影响,当他们的利益诉求无法得到满足时，就往往会成为项目的负影响相关者，即公租房项目社会风险产生的主体，也可以认为是社会风险的主要制造者和责任人。

(2) 公租房项目社会风险的影响因素

风险影响因素是指促进和引起风险事故发生的因素，以及风险事故发生时，导致损失增加、扩大的条件（钱明辉，2001）。社会风险影响因素是社会风险发生的导火索，一旦被激发，则极有可能导致社会风险事件的产生，从而影响整个社会的可持续性。由于潜藏或隐匿的社会风险影响因素是社会风险产生的根源，因此对这些因素进行分析是研究社会风险形成机理的必要过程。参考 3.2.1 节对公租房项目社会风险的定义，本节将从经济、环境、社会和文化四个子系统对公租房项目社会风险影响因素进行分析。

①经济子系统影响因素：公租房项目的建设运营无论是对政府还是保障对象抑或是周边群众，其最受关注的问题就是对他们经济利益的影响。各方利益相关者在该过程中都会追求自身利益的最大化，这势必会造成社会冲突的产生。因此，经济子系统中的影响因素是社会风险影响因素中的主要因素，主要体现为保障对象生活水平下降、公租房与周边小区贫富差距过大、周边居民就业机会减少、区域性物价上涨等。

②环境子系统影响因素：公租房项目公共性的特点导致其住户流动性较大，其保障性的功能又决定了入住对象的构成复杂、受教育程度和综合素质大多偏低。这些事实可能导致的结果就是保障对象会将公租房当成一个临时的过渡房，缺少保护公租房和小区环境的意识，最终与其他住户以及小区周边居民之间产生矛盾，进而形成社会风险。环境子系统影响因素主要体现为住房卫生问题突出、小区环境遭受破坏、施工噪声污染、粉尘污染、小区周边卫生水平下降、破坏周边原有的自然环境等。

③社会子系统影响因素：公租房项目的建设会使得原有住户搬离该区域，之后的运营又会导致一批又一批新住户源源不断地入住。在这个过程中，无论是对原有居民还是新入住对象，他们的社会关系和人际网络都会受到破坏。如果保障对象之间、保障对象和周边居民之间无法建立较好的社会网络关系，则会出现一系列社会问题，最终可能造成社会风险。其社会子系统影响因素主要体现为征地拆迁纠纷、居民融合度较差、保障对象被边缘化等（周文彬，2007；李强，2007；杨洁，2012）。

④文化子系统影响因素：公租房项目的入住对象无论是受教育程度还是收入水平与周边居民都存在一定的差距，这将会导致他们的生活方式、风俗习惯以及思维观念存在冲突。同时，公租房项目的建设运营对该地区居民生活环境的破坏也会使这种冲突加剧。一般而言，接受教育的层次越低，面对冲突时，风险爆发的概

率越高(杨洁,2012)。因此文化子系统影响因素主要体现为原居住区文化被破坏、保障对象之间以及保障对象和周边居民之间生活方式存在冲突、风俗习惯不同和文化教育存在差异等。

(3) 公租房项目社会风险制造主体的申诉渠道

公租房项目的利益相关者之所以会成为社会风险的主体,其根源在于他们的利益受到了影响,这是社会风险爆发的根本原因。但需要注意的是,利益受到侵害并不意味着就一定会产生社会风险。换句话说,社会风险主体的利益受损是公租房项目社会风险产生的必要条件而非充分条件。

社会风险的爆发除了因为主体利益受到影响,另外一个必不可少的原因就是他们的利益申诉渠道受阻。利益申诉指的是利益主体面对其利益受到影响而通过一定的方式和途径向相关部门和组织表达自己的利益诉求,以争取和维护自身利益的行为(蒋焕,2014)。利益申诉渠道就是指利益主体实施这一行为的途径或媒介。社会风险主体的利益申诉效果与获取申诉渠道的难易程度和畅通程度密切相关,即如果利益申诉渠道越丰富、越畅通,那么利益申诉效果就越好,反之则不好。

在我国,利益申诉的渠道通常有两种,一种是国家法律、规章和制度等官方文件认可、支持的利益申诉渠道,如信访制度、听证制度等,这些被称为常规利益申诉渠道;另一种是国家法律、规章和制度等官方文件不认可、不支持的利益申诉渠道,如非法上访、暴力攻击等行为,其被称为非常规利益申诉渠道(蒋焕,2014)。当常规利益申诉渠道受阻或成本过高,或是通过常规渠道无法实现利益主体的申诉目的时,他们便会选择非常规利益申诉渠道,从而导致矛盾冲突的出现。

(4) 公租房项目社会风险事件

风险事件是指造成生命、财产损失的偶发事件,它是造成损失的直接原因。只有通过风险事件的发生,才能导致损失,这也就意味着风险的可能性转化成了现实性。在公租房项目中,社会风险事件导致的社会损失是指公租房项目在生命周期中致使社会陷入短暂的混乱状态,即社会失序或社会混乱,同时也包括利益相关者的生命、财产等损失。

公租房项目社会风险影响因素的出现很大程度上会导致社会风险主体的利益受损,而当常规利益申诉渠道受阻时,利益主体便会选择非常规渠道来表达其利益诉求,在此过程中就会产生社会风险。一般而言,社会风险只是一种潜在的危险,而风险事件的发生则会使潜在的危险转化成为现实的损失。从这个意义上来说,社会风险事件是社会损失的媒介,也是导致社会风险爆发的直接原因。

2) 公租房项目社会风险的形成

由上文可知,公租房项目社会风险发生的必要条件包括社会风险的制造主体、影响因素、申诉渠道和社会风险事件。其中影响因素是公租房项目所固有的客观、物的因素。公租房在建设和运营过程中,这些客观因素不可避免地会损害到项目周边群体(即风险主体)的已有或未来利益,但其本身并不会造成社会风险。社会风险制造主体是项目社会风险的直接制造者和责任人,是人的因素。当公租房项目社会风险因素损害到利益主体的利益并使其感受到这种威胁时,利益主体就会发挥主观能动性,介入项目并对其进行干预。换而言之,当物的因素与人的因素相结合,社会风险事件才具有发生的可能性,即社会风险制造主体和风险影响因素是导致社会风险发生的必要前提和基础。另一方面,常规利益申诉渠道受阻或低效是导致社会风险发生的关键。因为在公租房项目的建设和运营过程中,虽然各种社会影响因素不可避免地会损害公租房项目自身的保障对象、周边部分群体的已有或未来的利益,但是若存在一个足以保证他们能申诉自身利益的渠道和对象,那么这些影响因素也不会对社会造成很大的破坏。只有当他们的申诉渠道受阻,风险主体转而通过非常规利益申诉渠道,采取反叛社会等"闹事"的行为,发动风险事件,这时才标志着社会风险的产生,即意味着原有的社会秩序被打破,社会开始进入失序状态。

综上所述并借鉴蒋焕(2014)研究工程建设项目社会风险时提出的思路,公租房项目社会风险的具体形成过程可用图3-1表示。

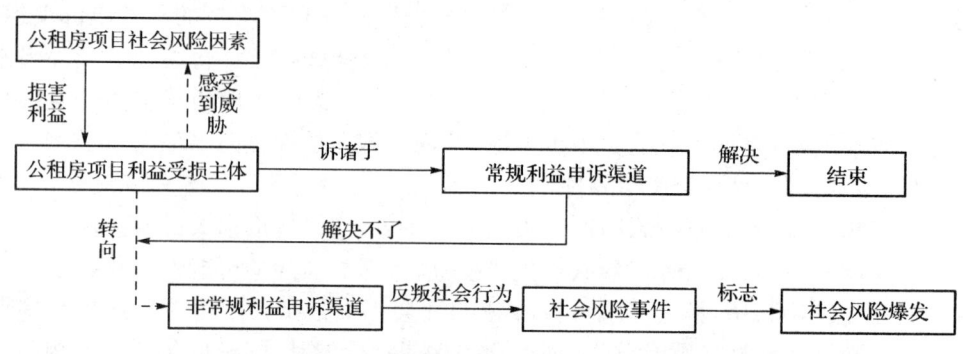

图3-1 公租房项目社会风险形成过程

3.3 公租房项目社会风险前摄性评价指标体系的构建

作为兼具保障性与租赁性的复杂综合体,公租房项目从建设到运营各个环节的涉及面、影响范围都很广(王龙,2013)。在开发前若不能全面考虑到未来可能产生的社会风险,那么当社会风险产生时则不能从容应对,从而影响公租房项目的开发效果,甚至破坏社会的和谐发展。因此,政府在进行公租房项目开发前,有必要对项目可能达到的社会风险等级进行初步估量,以便对公租房项目进行全面系统的监控。

根据前文 3.2.2 节中社会风险的形成过程可知,社会风险影响因素是社会风险发生的必要条件。在社会风险前摄性定量评价中,评价指标一定程度上反映的就是社会风险影响因素。因此,如何全面且准确地构建出社会风险前摄性评价指标在整个社会风险评价过程中显得尤为关键。本章拟采用文献分析和问卷调查相结合的方法确定公租房项目社会风险指标。为了使问卷调查结果更为准确,本书拟选择能对公租房项目建设和运营效果产生较大影响的参与方即核心利益相关者作为问卷调查的对象。因此,基于文献分析法和 SNA 识别出公租房项目核心利益相关者,之后再结合文献分析法和问卷调查法找出社会风险前摄性评价指标,并最终构建出了公租房项目社会风险前摄性评价指标体系。

3.3.1 公租房项目核心利益相关者的识别

从近几年的实施效果来看,公租房在建设运营的多个环节出现很多问题,如社会力量参与少导致的融资瓶颈、施工企业偷工减料导致的质量风波等,究其原因都与各参与方即利益相关者有关。作为不同的利益主体,公租房利益相关者们在追求各自利益最大化的同时势必会侵占到其他利益相关者的利益,而这种利益冲突的存在最终将有可能导致公租房项目社会风险的产生,进而严重影响到公租房项目的可持续发展。此外,这些利益相关者在公租房的生命周期内往往同时扮演着影响者和受影响者的角色,即在造成公租房项目社会风险的同时也会受到这些社会风险的影响。

由于公租房项目利益相关者众多且各方立场不同,因此若对全体利益相关者进行问卷调查可能会出现以下问题:(1)无法准确找出所有利益相关者;(2)各利益相关者所理解的社会风险评价指标之间存在矛盾。为避免上述问题的产生,同时又能达到尽可能找全社会风险评价指标的目的,本书拟找出众多利益相关者中的核心利益相关者,对他们进行问卷调查,并将调查结果作为评价指标的选取依据之一。

3.3.1.1 基于文献分析法的核心利益相关者识别

目前国内外识别利益相关者的方法主要有 Mitchell 三维属性分类法、三维角度法和多维细分法等,缺乏普遍认可或较有说服力的方法(韩娱,2015)。相对而言,在公租房领域,丁荣贵提出的三维角度法被较多引用,如张琦(2012)运用该方法识别出了重庆公租房的利益相关者。除此之外,更多学者则是主观地通过利益相关者的定义(王蕊,2008)、参考相关文献(李晓寒,2013)以及专家访谈(孙华,2011)等方式来确定公租房的利益相关者。不同方法的使用也导致众多学者对我国公租房利益相关者的识别结果不尽相同。由于目前学者对公租房和保障房利益相关者的研究都处于初级阶段，相关文献较少，同时考虑到公租房是保障房的一种且大多是政府投资住房，所以为了保证利益相关者的全面性，本节首先对近五年相关文献中的公租房、保障房或政府投资建设项目的利益相关者识别结果进行了搜集，统计出各利益相关者被提及的频数，具体如表3-1所示。

表3-1 公租房项目利益相关者识别结果及频数统计

文献来源 利益相关者	[172]	[178]	[341]	[330]	[211]	[323]	[97]	[118]	[295]	累计频数
政府	√	√	√		√	√	√	√	√	8
政府职能部门					√		√			2
建设单位	√	√	√	√	√	√	√	√	√	9
承包商	√	√		√	√	√	√		√	7
咨询单位	√			√	√		√	√	√	6
勘察设计				√	√	√		√	√	5
监理单位	√	√				√		√	√	5
融资机构	√			√		√	√	√		5
审计单位				√		√		√		3
质检部门								√		1
供应商				√	√	√	√	√	√	6
保障对象	√			√	√	√		√	√	6
运营单位								√		1
社会公众	√			√	√	√	√	√	√	6
环保组织					√					1
非政府组织		√								1
各级人大		√								1
新闻媒体						√			√	2
保险公司								√		1

由频数累计可看出，政府、建设单位、承包商、供应商、保障对象、社会公众和咨询单位这七个利益相关者在9篇文献中被提及的次数分别为8次、9次、7次、6次、6次、6次和6次，即超过2/3的文献均认为这七个利益相关者是公租房或保障房

建设中必不可少的利益相关者。因此,据此结果可以暂且认为利用文献分析法所识别出的核心利益相关者为政府、建设单位、承包商、供应商、保障对象、社会公众和咨询单位。

3.3.1.2 基于 SNA 理论的核心利益相关者识别

1) SNA 理论

社会网络分析(Social Network Analysis,SNA)是一种基于图论、概率论和几何学的社会学研究方法,它将社会看成一个有很多节点的网络,节点与节点之间通过被称为具有社会联结的线段相连。节点可以是个人、组织、国家等各种研究对象,社会联结既可以指朋友关系、亲戚关系,也可以指各种节点之间的互动关系。在该理论中,社会网络是社会行动者(social actor)及其关系(ties)的集合,由多个点(即社会行动者)和各点之间的连线(即行动者之间的关系)组成(吴仲兵,2013)。SNA 主要研究社会行动者之间的关系,是对社会关系的结构及其属性加以分析的一套规范和方法。其核心要点是:社会行动者是嵌入于一个由正式或非正式关系构成社会网络之中,社会行动者的行为及行为结果受其所嵌入的社会网络的影响,因此对于其行为与行为结果的研究需要放置于特定的社会网络之中。考虑到公租房项目各利益相关者之间的关系也能构成相应的网络模型,因此对于利益相关者(即网络中的各个点)的研究可以借鉴目前社会网络分析理论的相关方法。

目前学者对社会网络主要从三个角度进行分析:整体网(Whole Network)、局域网(Partial Network)和个体网(Ego Network)(王亮,2013)。其中,整体网作为由所有节点及其之间的关系构成的网络,主要是针对整体关系网络的规模、密度和网络中成员之间的距离进行研究,能揭示整体网络的结构特征,但看不到个体网络的各种特征(刘军,2009)。局域网表示的是整个网络中的一部分,是节点和与其存在关联的其他节点组成的小团体。局域网分析有助于项目管理者清楚地明白小团体对整体利益的影响情况,及时采取相应的策略应对,保证项目总体目标的实现。个体网是指个体成员(节点)和与之直接相连的个体构成的网络,主要是研究网络中节点的中心性情况。中心性是反映个体或组织在关系网络中的影响力或中心地位的指标,包括度数中心性、接近中心性和中间中心性。三种中心性测量的结果相差不大,但也有可能出现不一致的结果,因此在实际研究中可以同时计算出几种中心性指数来做对比分析(王亮,2013)。

由于本节是运用社会网络分析理论识别公租房项目的核心利益相关者,即主要目的是找出社会网络中影响力较大的节点,因此只需要进行个体网分析。那些在社会网络中处在有利位置的个体拥有较多的机会,同时作为其他个体尊重和注意的焦点,他们在交换中具有更强的谈判能力和更大的影响力(刘兴智,2011)。对于公租房项目利益相关者来说,在社会网络中居于中心地位、影响力较大的即可被视为核心利益相关者。

2）公租房利益相关者社会网络模型构建及分析

本节首先分析了模型中各要素的组成，再通过问卷调查得出利益相关者之间的关系强度，据此构建邻接矩阵。之后，借助加州大学欧文（Irvine）分校的一群网络分析者编写的一种功能强大的社会网络分析软件[University of California at Irvine NET work(Ucinet)]建立利益相关者关系的社会网络模型，并对定性模型进行定量分析，最后找出其中的核心利益相关者。

（1）模型要素

①组织（节点）

公租房利益相关者众多，不同的建设模式下参与方即利益相关者不尽相同。本书在3.3.1.1节中通过文献分析法较全面地识别出目前公租房的利益相关者，但通过频数统计也发现，一些利益相关者虽然被相关文献提及过，可是次数较少，明显属于边缘性利益相关者。因此，本书在构建社会网络分析模型时选取了表3-1中频数大于或等于5（以总频数9的60%为界）的文献提及过的利益相关者作为社会网络中的节点，包括政府、建设单位、承包商、咨询单位、勘察设计、监理单位、融资机构、供应商、保障对象和社会公众，并据此进行核心利益相关者的识别。

②关系（线）

公租房项目是通过多方参与者共同建设完成的，参与者之间通过合约、信息、信任等建立起复杂且相互制约的市场交易关系，且不存在孤立的组织和拥有绝对权力的组织。这些关系在社会网络模型中就体现为各种节点之间的连线。关系强度指的就是社会网络中各节点之间的联系程度，其大小对于SNA至关重要，是构建社会网络模型和计算中心性的基础。

由于公租房项目也具有一般建设项目的特征，因此本书参考乐云等（2010）在研究一般建设项目时所提出的利益相关者之间的关系分类，并结合公租房项目特点，将本模型网络节点关系分为以下5种：

①协调关系。协调是指一方为另一方提供便利或对其工作进行配合，如建设单位为承包商提供良好的环境或条件，政府为建设单位开发公租房提供政策方面的支持等。公租房项目建设程序复杂，涉及部门广泛，因此利益相关者之间良好的协调关系对保证项目的顺利进行尤为重要。

②合同关系。合同是发生在当事人之间的一种法律关系。公租房项目建设数额大，期限长，不确定因素多，容易出现利益纠纷。合同关系是以法律条款为依据明确规定各利益相关者的权利和义务范围，很大程度上能避免纠纷产生。因此，公租房项目中利益相关者之间的联系大多数属于合同关系，如建设单位与监理单位之间的监理合同、建设单位与供应商之间的供应合同等。

③信息交换关系。利益相关者之间的项目信息沟通和信息交换是公租房项目建设成功的关键。这种以信息交流为目的和内容的组织间关系称为信息交换关系,如建设单位告知承包商其建设要求、承包商告知建设单位项目难点及相关进展情况等。

④绩效激励关系。绩效激励关系是社会网络中经济关系的重要类型,主要用于解释参与方在公租房项目实施过程中行为的变化(Sim,2003),如政府会对公租房运行良好的建设单位在之后的土地开发中提供优惠和便利、建设单位会与表现良好的供应商建立长期合作关系等。

⑤指令关系。公租房项目各利益相关者之间存在上传下达、上行下效的制约性关系,即指令关系,如建设单位对承包商提出相关的工程要求、承包商对供应商提出材料的质量要求等。

(2) 公租房利益相关者关系强度确定

关系强度的大小对于 SNA 至关重要,是构建社会网络模型和计算中心性的基础。考虑到普通的问卷调查无法使被调查者准确理解这 5 种关系类型的含义,最终可能导致调查结果准确性较低,而深度访谈能使访问员与被调查者在公租房项目及其利益相关者关系方面进行深入的面对面结构式交流,加深被调查者对利益相关者的理解,从而提高对关系强度打分的准确性。因此,本书选择通过深度访谈来进行关系强度的调查。笔者选取了 10 位工作或研究领域与公租房有关的专家和教授,包括政府人员、公租房项目负责人和高校教师。通过深度访谈,让他们依据上文所列的 5 种关系类型对利益相关方两两之间存在的关系程度进行打分(无关系则分数为 0,有 n 种关系则分数为 n($n\leqslant 5$),且打分不考虑 5 种关系重要性的不同)。

由于各利益相关者之间的联系众多,关系复杂,为清晰表达出利益相关者之间的关系程度,以及便于后文利用软件进行分析,本书将专家打分的结果用矩阵表示。参考 1-模网络的概念,矩阵中行和列都代表行动者集合的"社会行动者",那么矩阵中的要素代表各个行动者之间的"关系"(刘军,2009)。在本书所构建的矩阵中,第一行和第一列代表完全相同的利益相关者,且排列的顺序相同,其余位置则代表利益相关者两两之间的关系程度。这种表示顶点之间相邻关系的矩阵被称为邻接矩阵(刘军,2009)。根据专家调查结果构建的邻接矩阵如表 3-2 所示。

表 3-2 公租房项目利益相关者关系强度的邻接矩阵

	政府	建设单位	承包商	咨询单位	勘察设计	监理单位	融资机构	供应商	保障对象	社会公众
政府	0	5	3	2	2	2	2	2	3	3
建设单位	5	0	5	4	5	5	4	5	3	2

续 表

	政府	建设单位	承包商	咨询单位	勘察设计	监理单位	融资机构	供应商	保障对象	社会公众
承包商	3	5	0	3	2	2	3	5	0	1
咨询单位	2	4	3	0	1	0	0	1	0	0
勘察设计	2	5	2	1	0	1	0	1	1	0
监理单位	2	5	2	0	1	0	0	1	0	1
融资机构	2	4	3	0	0	0	0	0	0	0
供应商	2	5	5	1	1	1	0	0	0	1
保障对象	3	3	0	0	0	0	0	0	0	1
社会公众	3	2	1	0	0	1	0	0	1	0

(3) 公租房利益相关者社会网络模型构建

Ucinet软件可以用来计算大量的网络分析指标,如中心性、二方关系凝聚力测度、位置分析算法等。该软件可以将节点的中心性程度通过节点图表的大小不同来表示,找出网络中的主要节点,即用在本书中可以找出公租房项目的核心利益相关者。

根据前文内容可知,社会网络分析中的中心性包括度数中心性(Degree Centrality)、中间中心性(Betweenness Centrality)和接近中心性(Closeness Centrality)(Valença & Bonates, 2010)。其中,度数中心性指的是与节点直接相关的点数。在公租房项目中,利益相关者的度数中心性越高,则说明与之存在直接关系的利益相关者越多,因而影响力就越大。中间中心性测量的是节点位于其他利益相关者"中间"的程度,体现了一个人作为媒介者的能力。由于实际公租房项目中不存在直接工作关系的两个利益相关者可以通过中间的媒介者来进行互动和联系,因此一个利益相关者的中间中心性越高,说明与其存在联系的利益相关者越多,该利益相关者就显得越重要。接近中心性测量的是节点与网络中其他节点的距离。如果一个节点与其他人的"距离"都很短,说明与其他节点的关系都比较密切,不容易受到其他节点的控制,即接近中心性较高。

从这三种中心性的含义能够看出,它们反映的都是每个节点与其他节点之间的关系程度,因而模型结果也会相同。对此,本书将上文构建的邻接矩阵输入Ucinet6.0软件,并从中选择中间中心性为确定节点大小的依据进行中心性分析,最终得到公租房项目利益相关者的社会网络模型(图3-2)(刘军,2009)。由该图易知,政府、建设单位和承包商在社会网络模型中居于中心地位,与其他利益相关者联系最多,影响力最大。

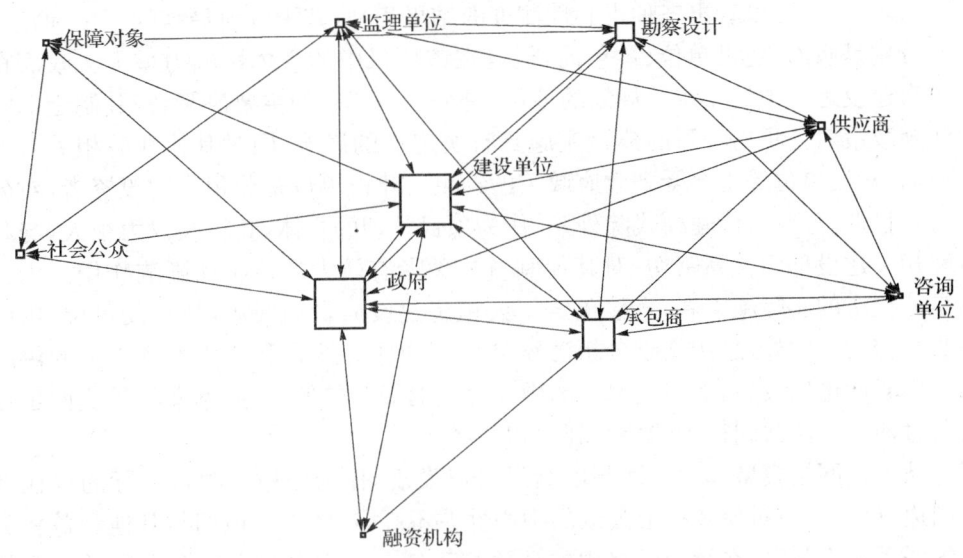

图 3-2 公租房项目利益相关者的社会网络模型

(4) 模型定量分析

社会网络模型只能定性看出各节点的影响力大小情况,若要准确对比各节点中心性的大小,还需要通过软件定量计算出各节点的度数中心性、接近中心性和中间中心性。在 Ucinet6.0 软件中的计算过程为 Network-Centrality-Multiple Measures,最终得到标准化的中心性测度,结果如表 3-3 所示。

表 3-3 中心性测度结果

利益相关者	度数中心性	接近中心性	中间中心性
政府	100.00	100.00	11.99
建设单位	100.00	100.00	11.99
承包商	88.89	90.00	7.36
咨询单位	55.56	69.23	0.00
勘察设计	77.78	81.82	3.80
监理单位	66.67	75.00	1.25
融资机构	33.33	60.00	0.00
供应商	66.67	75.00	0.56
保障对象	44.44	64.29	0.56
社会公众	55.56	69.23	1.39

从表 3-3 可以看出三种中心性测度的结果相同，其中分值最高的三个利益相关方分别是政府、建设单位、承包商，他们在该项目中的个体影响力最大。政府在公租房建设运行中处于统筹规划的地位，是公租房建设的主要决策者，其制定的相关法规政策对公租房项目的建设实施具有决定性的影响，同时其他利益相关者如承包商、建设单位等也会受到政府政策的约束。建设单位是公租房的投资者，对公租房项目拥有产权（代建模式除外）。作为项目管理的主体，其行政权力很大，与政府和相关建设部门关系密切，对其他利益相关者有较大的控制和影响作用。承包商是公租房的实际施工者，直接决定了公租房建设质量的好坏，与建设单位、供应商联系密切。此外，采用文献分析法统计得到的作为核心利益相关者之一的供应商的中心性也比较高，而咨询单位的中心性相对而言较低，因此本文将供应商也作为通过两种方法共同得到的核心利益相关者。

从社会网络模型和中心性测度结果可以发现，作为公租房项目实际的居住者和周边群众，保障对象和社会公众的中心性并不高，这体现了他们与其他利益相关者的联系并不紧密，在社会网络中的话语权不够。他们在整个社会中仍处于弱势地位，无法对公租房项目的建设、运行产生太大的影响。但是可以想象，公租房项目日后若产生各种社会问题，他们其实是这些社会问题的直接受害者和社会风险的直接制造者。因此，虽然保障对象和社会公众在社会网络中的中心性并不高，但是要想全面深入地研究公租房项目的社会风险问题并找出相应的解决办法，就必须要对他们的意见和行为进行考虑。

综合 3.3.1.1 中运用文献分析法识别出的核心利益相关者和 3.3.1.2 中运用社会网络理论识别出的核心利益相关者，本书认为公租房项目核心利益相关者包括政府、建设单位、承包商、供应商、保障对象和社会公众。本书在接下来研究公租房项目社会风险评价指标时将会以这六个核心利益相关者为对象进行问卷调查。

3.3.2 公租房项目社会风险前摄性评价指标的确定

3.3.2.1 指标确定原则

公租房项目社会风险的前摄性定量评价是对公租房项目在全生命周期内可能出现的各种社会问题进行预测的一种定量评价手段。其中社会风险评价指标指的是能够表示公租房项目社会风险的各种影响因素，它的合理确定是进行社会风险评价的前提条件。因此，为保证公租房项目社会风险评价的准确性，本书在确定评价指标时遵循以下原则：

1) 全面性

公租房项目的建设运行在经济、环境、社会和文化这四个子系统方面都会产生各种社会问题并最终发展成社会风险。对其中任一方面考虑不全面都会影响到整体评价结果的准确性。因此,作为评价的第一步,要全面考虑到公租房项目各方面的社会风险影响因素,保证所确定的影响因素能全面客观地体现公租房项目可能产生的各种社会风险。

2) 代表性

由上文对指标全面性原则的分析可知,公租房项目社会风险涉及经济、社会、环境和文化四个子系统,指标众多,定量评价的工作量较大,同时并不重要的指标可能还会对最终评价结果的准确性造成影响。因此,为了简化过程从而使评价具有可操作性,本书确定的社会风险评价指标必须是具有代表性的因素,能反映社会风险的典型特征。

3) 可操作性

社会风险评价指标的确定是为了最终能对公租房项目进行社会风险评价,因此任何评价指标都必须切实可行、具有可操作性,否则对其确定将毫无意义。

3.3.2.2 基于文献分析法的社会风险前摄性评价指标的确定

通过查找近几年公租房项目的相关文献可以发现,目前学者对公租房项目社会风险方面的研究数量有限。与3.3.1.1节基于文献分析法识别公租房项目核心利益相关者的方法类似,本书考虑到公租房项目是保障性住房的一种,其在经济、社会、环境和文化子系统方面存在诸多相同或相近的影响因素,同时它们大多属于政府投资的工程建设项目,其产生的经济、社会等问题也会存在一定的共通之处。因此,为了满足社会风险前摄性评价指标的全面性原则,本书将分析涉及公租房项目、保障房项目和政府投资建设项目社会风险问题的相关文献,最终总结出较为全面的公租房项目社会风险前摄性评价指标。初步的文献分析及指标整理结果如表3-4所示。

表3-4 公租房项目社会风险前摄性评价指标文献分析

序号	文献来源	社会风险评价指标	指标整理及归类
1	[232]	规划选址、土地利用、土地征用的补偿标准、安置方案、工程技术方案、环境污染、绿化景观、地质沉降、生活成本变化、收入影响、对周边房屋价值的影响、文化生活习惯、交通、公共配套服务、水电通信等管线基础设施、社会治安、施工安全、工程质量、媒体舆论导向及其影响	①经济子系统:征地拆迁补偿标准、拆迁群众安置方案、土地利用率、保障对象生活成本、保障对象收入变化情况; ②社会子系统:规划选址、交通状况、基础设施完善度、社会治安情况、施工安全性、住房质量、媒体舆论导向性; ③环境子系统:人均绿地占有率、地质沉降程度; ④文化子系统:风俗习惯差异度

续 表

序号	文献来源	社会风险评价指标	指标整理及归类
2	[259]	目标群体生活水平、征地拆迁补偿费用、就业机会变化、收入贫富差距、地质灾害、大气污染、被边缘化、原居住区宗教和文化被破坏、生活方式和民俗习惯、文化教育差异、社会网络改变、社会公正、社会矛盾	①经济子系统:保障对象生活成本、征地拆迁补偿标准、居民失业率、收入差距; ②社会子系统:社区交际资源变化情况、社会公平状况、社会治安情况、居民融合度; ③环境子系统:地质沉降程度、空气质量; ④文化子系统:原居住区文化破坏度、风俗习惯差异度、文化教育差异度
3	[353]	生活水平、收入贫富差距、就业机会、征地拆迁补偿费用、社会保障、社会矛盾、社会公正、社会网络、公共服务水平、宗教文化被破坏、风俗习惯被破坏、被边缘化、地质灾害、生态环境恶化、水体污染、大气污染、项目选址、项目安全技术措施、流动人口增长情况	①经济子系统:生活水平差异度、收入差距、居民失业率、征地拆迁补偿标准; ②社会子系统:社会治安情况、社会公平状况、社区交际资源变化情况、基础设施完善度、规划选址、流动人口增长率、施工安全性、居民融合度; ③环境子系统:地质沉降程度、水资源影响、空气质量; ④文化子系统:原居住区文化破坏度、风俗习惯差异度
4	[256]	保障性住房制度、相关配套政策、供地质量、项目选址、质量情况	社会子系统:规划选址、基础设施完善度、住房质量
5	[343]	社区交际资源变化、社区人文环境、生活成本、社区关系、经济不平等情况	①经济子系统:保障对象生活成本、收入差距; ②社会子系统:社区交际资源变化情况; ③文化子系统:原居住区文化破坏度
6	[131]	征地拆迁补偿情况、环境噪声和粉尘、水质污染、风俗影响情况、居民融合度、项目制度完善程度	①经济子系统:征地拆迁补偿标准; ②社会子系统:居民融合度; ③环境子系统:噪声影响、空气质量、水资源影响; ④文化子系统:原居住区文化破坏度
7	[194]	环境空气质量、噪声情况、水体污染情况、居民对拆迁补偿的满意度	①经济子系统:征地拆迁补偿标准; ②环境子系统:空气质量、噪声影响、水资源影响
8	[218]	土地征收、房屋拆迁	经济子系统:征地拆迁补偿标准

续　表

序号	文献来源	社会风险评价指标	指标整理及归类
9	[234]	周边居民失业率、居民收入变化程度、相关服务价格上涨情况、征地补偿程度、环境噪声、水体污染、交通事故增加情况、流动人口增长情况、入住人群与周边居民的融合度、人文景观破坏度	①经济子系统:居民失业率、保障对象收入变化情况、征地拆迁补偿标准、相关服务价格上涨情况; ②社会子系统:交通状况、流动人口增长率、居民融合度; ③环境子系统:噪声影响、水资源影响; ④文化子系统:原居住区文化破坏度
10	[235]	占地补偿、居民安置、原有文化破坏	①经济子系统:征地拆迁补偿标准、拆迁群众安置方案; ②文化子系统:原居住区文化破坏度
11	[303]	居民失业率、居民收入变化情况、相关服务价格上涨、项目征迁补偿情况、水土流失、人均绿地影响度、环境噪声和粉尘、水质污染、风俗习惯和宗教融合度、当地人文景观破坏度、交通影响情况、流动人口增长率、移民与当地居民融合度	①经济子系统:居民失业率、保障对象收入变化情况、相关服务价格上涨情况、征地拆迁补偿标准; ②社会子系统:居民融合度、交通状况、流动人口增长率; ③环境子系统:水资源影响、人均绿地占有率、噪声影响、空气质量、水土流失; ④文化子系统:风俗习惯差异度、原居住区文化破坏度
12	[262]	工作地与居住地的距离、保障对象心理因素、生活便利性情况、房屋质量、社区环境、物业服务质量	①经济子系统:保障对象上班成本、保障对象生活成本; ②社会子系统:居民融合度、住房质量、物业服务质量; ③环境子系统:社区环境
13	[107]	工程征地拆迁补偿率、工程所在地重大事故发生情况、生态系统影响、水资源影响、交通风险、拆迁居民安置率、移民与当地居民融合度、当地治安状况、社会稳定状况	①经济子系统:征地拆迁补偿标准、拆迁群众安置方案; ②社会子系统:施工安全性、交通状况、居民融合度、社会治安状况; ③环境子系统:生态系统影响、水资源影响
14	[62]	居住分离程度、社区弱势状况、交通情况	社会子系统:交通状况、居民融合度

通过对表3-4中诸多文献提到的指标进行总结整理,运用文献分析法最终得到的公租房项目社会风险前摄性评价指标结果如表3-5所示。

表3-5　用于文献分析法的公租房项目社会风险前摄性评价指标

目标层	一级指标	二级指标
公租房项目社会风险前摄性评价指标	经济子系统	（1）征地拆迁补偿标准
		（2）拆迁群众安置方案
		（3）土地利用率
		（4）保障对象生活成本
		（5）保障对象收入变化情况
		（6）收入差距
		（7）就业机会
		（8）生活水平差异度
		（9）相关服务价格上涨情况
		（10）保障对象上班成本
	社会子系统	（1）规划选址
		（2）交通状况
		（3）基础设施完善度
		（4）社会治安情况
		（5）施工安全性
		（6）住房质量、户型等
		（7）媒体舆论导向性
		（8）社区交际资源变化情况
		（9）社会公平状况
		（10）物业服务质量
		（11）流动人口增长率
		（12）居民融合度
	环境子系统	（1）人均绿地占有率
		（2）地质沉降程度
		（3）空气质量
		（4）水资源影响
		（5）噪声影响
		（6）水土流失
		（7）生态环境影响
	文化子系统	（1）风俗习惯差异度
		（2）原居住区文化破坏度
		（3）文化教育差异度

3.3.2.3 基于核心利益相关者调研的社会风险前摄性评价指标的确定

考虑到 3.3.2.2 中部分指标可能仅是笔者的一家之言，不一定为其他学者所认同，因此为了使评价指标结果更为准确，本章将其作为打分对象对公租房项目的核心利益相关者进行了问卷调查，让他们就各指标的重要程度分别打分，最终选出平均分较高的指标。本书通过当面发放的方式共发出问卷 50 份（见附录 1），各核心利益相关者的问卷数量安排如下：政府 10 份、建设单位 10 份、承包商 10 份、供应商 5 份、保障对象 10 份、社会公众 5 份。最终收回有效问卷 46 份，其中政府 9 份、建设单位 10 份、承包商 10 份、供应商 5 份、保障对象 8 份、社会公众 4 份。根据计量学中对样本量的规定，小于 30 份的为小样本，大于 30 份的为大样本。因此，本次调研可视为大样本调研。各指标经统计计算后的平均分如表 3-6 所示。

表 3-6 租房项目社会风险前摄性评价指标打分结果

目标层	一级指标	二级指标	平均得分
公租房项目社会风险前摄性评价指标	经济子系统	(1) 征地拆迁补偿标准	1.2
		(2) 拆迁群众安置方案	1.0
		(3) 土地利用率	1.2
		(4) 保障对象生活成本	2.0
		(5) 保障对象收入变化情况	1.8
		(6) 收入差距	1.2
		(7) 就业机会	2.0
		(8) 生活水平差异度	1.2
		(9) 相关服务价格上涨情况	2.2
		(10) 保障对象上班成本	1.8
	社会子系统	(1) 规划选址	2.2
		(2) 交通状况	1.8
		(3) 基础设施完善度	2.0
		(4) 社会治安情况	1.8
		(5) 施工安全性	2.0
		(6) 住房质量、户型等	2.6
		(7) 媒体舆论导向性	1.2
		(8) 社区交际资源变化情况	1.4
		(9) 社会公平状况	2.0
		(10) 物业服务质量	1.8
		(11) 流动人口增长率	1.9
		(12) 居民融合度	2.0

续 表

目标层	一级指标	二级指标	平均得分
公租房项目社会风险前摄性评价指标	环境子系统	(1) 人均绿地占有率	1.2
		(2) 地质沉降程度	0.7
		(3) 空气质量	2.2
		(4) 水资源影响	2.4
		(5) 噪声影响	2.2
		(6) 水土流失	1.2
		(7) 生态环境影响	2.0
	文化子系统	(1) 风俗习惯差异度	1.8
		(2) 原居住区文化破坏度	2.1
		(3) 文化教育差异度	1.8

调查问卷中各指标的打分范围为 0~3 分，本书通过参考其他学者处理问卷评分的方式，拟将得分在 1.8 分（以总分 3 分的 60% 为界）以下的指标剔除，并由此得到公租房项目社会风险的最终评价指标，如表 3-7 所示。

表 3-7 公租房项目社会风险前摄性评价指标

目标层	一级指标	二级指标
公租房项目社会风险前摄性评价指标	经济子系统	(1) 保障对象生活成本
		(2) 保障对象收入变化情况
		(3) 就业机会
		(4) 相关服务价格上涨情况
		(5) 保障对象上班成本
	社会子系统	(1) 规划选址
		(2) 交通状况
		(3) 基础设施完善度
		(4) 社会治安情况
		(5) 施工安全性
		(6) 住房质量、户型等
		(7) 社会公平状况
		(8) 物业服务质量
		(9) 流动人口增长率
		(10) 居民融合度
	环境子系统	(1) 空气质量
		(2) 水资源影响
		(3) 噪声影响
		(4) 生态环境影响
	文化子系统	(1) 风俗习惯差异度
		(2) 原居住区文化破坏度
		(3) 文化教育差异度

3.3.3 公租房项目社会风险前摄性评价指标的结构层

根据3.3.2节的评价指标选取结果,本书构建出如图3-3所示的公租房项目社会风险前摄性评价指标结构模型。

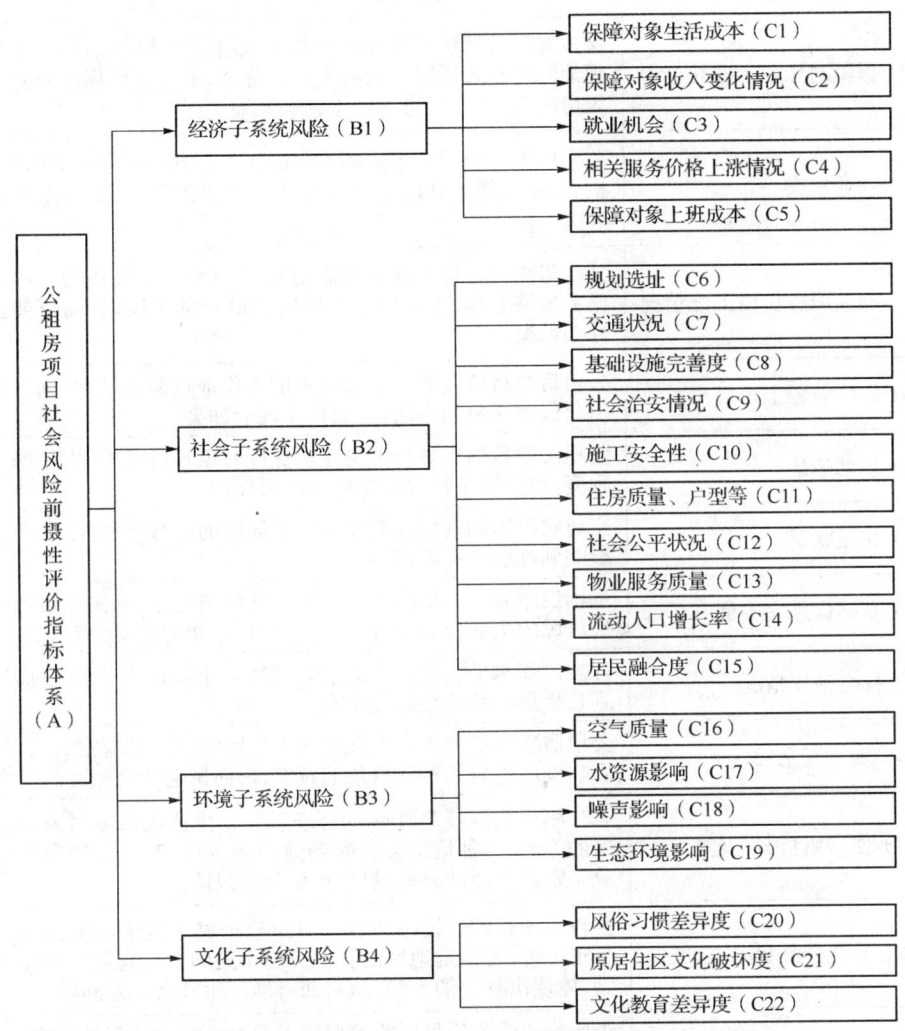

图3-3 租房项目社会风险前摄性评价指标结构层

二级指标意思解释如表3-8所示:

表 3-8 二级指标意思解释

二级指标	意思解释
(1) 保障对象生活成本	公租房项目通常建设偏远,保障对象可能面临工作距离较远、交通不便等情况,从而导致生活成本增加,最终造成保障对象的不满,产生社会风险
(2) 保障对象收入变化情况	保障对象的居住地点往往会影响他们对工作的选择,进而影响到他们的收入情况。若收入因此降低,则会造成保障对象对公租房的不满,进而可能产生社会风险
(3) 就业机会	公租房项目吸引众多流动人口的入住,势必会占据周边的就业机会,使得周边群众原本的就业状况受到影响,因而造成社会冲突
(4) 相关服务价格上涨情况	公租房项目会带来众多的流动人口,从而会导致周边一些产品服务价格上涨,势必会引起原居住群众的不满,进而可能造成社会冲突
(5) 保障对象上班成本	公租房项目位置若与保障对象的工作地点距离较远,则可能会引起保障对象的不满,进而产生社会冲突
(6) 规划选址	公租房项目的规划选址决定了保障对象日后工作、生活的便利程度,也决定了社会冲突产生的可能性
(7) 交通状况	交通状况影响到保障对象和周边居民的出行便利度,从而也会影响到社会冲突的产生
(8) 基础设施完善度	基础设施完善度反映了生活资源分配情况,影响保障对象和周边居民的生活便利度,进而会影响社会冲突的发生率
(9) 社会治安情况	社会治安水平的高低也会影响到社会冲突的发生率,进而影响到公租房项目社会风险水平
(10) 施工安全性	公租房项目的施工安全性对周边居民的生活影响很大,直接会影响到周边居民对项目的满意度,进而影响社会冲突的发生率
(11) 住房质量、户型等	若公租房质量较差、户型不合理,会直接造成保障对象对公租房的不满,这种情绪会影响到他们的生活和工作,进而可能造成一定的社会冲突的发生,产生社会风险
(12) 社会公平状况	公租房项目的建设考验着政府对整个城市范围内资源分配的公正程度,若偏远地区的资源分配不足则会引起保障对象的不满,体现出社会的不公正,进而可能产生社会风险问题
(13) 物业服务质量	小区物业服务质量影响着保障对象对公租房项目的满意度,进而会影响到社会冲突的发生率
(14) 流动人口增长率	公租房项目的建设带来了众多的流动人口,势必对当地的社会治安造成一定影响,保障对象与周边居民的冲突率也会上升
(15) 居民融合度	保障对象能否很好地融入到周边居民的生活中,决定了他们之间社会冲突的发生情况,进而影响社会风险水平

续 表

二级指标	意思解释
(16) 空气质量	人口的急剧增加势必会对空气质量造成影响,从而引起保障对象和周边居民的不满,最终产生社会冲突
(17) 水资源影响	人口的急剧增加可能会使水资源受到污染,也可能引起水资源短缺,这些都可能造成社会冲突
(18) 噪声影响	无论是公租房的建设还是之后流动人口的增加,其产生的噪声问题势必会对周边居民的生活造成影响,进而引发社会冲突,形成社会风险
(19) 生态环境影响	公租房的建设和流动人口的增加都会在一定程度上破坏周边的生态环境,引起周边居民的不满,产生社会冲突
(20) 风俗习惯差异度	保障对象和周边居民在风俗习惯方面的差异性会影响到双方的生活,从而可能造成社会冲突
(21) 原居住区文化破坏度	流动人口的涌入势必会破坏原居住区的文化,引起周边居民的不满,进而可能造成社会冲突
(22) 文化教育差异度	一般而言,公租房保障对象的文化教育程度普遍偏低,势必会与周边居民在生活方面存在一定的差距和矛盾,这些都可能会引发社会冲突

3.4 公租房项目社会风险前摄性物元可拓评价及防控思路

在 3.3 部分确定出评价的具体对象后,接下来的一个重要环节就是确定出社会风险前摄性评价方法。社会风险的度量和评价是指运用定性、定量或两者相结合的方法来对各种社会风险影响因素进行衡量,根据预先设定的标准计算出风险等级,从而最终对社会风险的大小进行评价。前摄性定量评价研究是指在项目投入使用之前对其进行前瞻性、预先性和主动性的定量评价。运用该方法可以在公租房项目建设前优化其建设运营方案、规避相应的社会问题、吸引社会力量参与,进而全面提升公租房项目的可持续性。

同时,社会风险的大小一旦被确定,就需制定出相应策略以化解社会风险或由相关部门进行社会风险的分担。无论是识别社会风险还是对社会风险进行度量和评价,其最终的目的都是为了更好地管理和控制社会风险。本章首先说明了社会风险评价的一般步骤和方法,之后着重介绍了可拓评价的过程,包括对社会风险评价指标的权重进行确定,最后提出了初步的公租房项目社会风险防控思路。

3.4.1 社会风险评价的步骤与方法

3.4.1.1 社会风险评价的步骤

1）收集资料和相关数据

收集并整理出与待评价社会风险有关的资料，包括类似的项目数据和积累的经验数据。这些数据可以是客观统计出来的，也可以是通过类似专家调查的方法所得到的带有经验性和专业性的主观结果。之后再将得到的主客观数据进行对比分析，最终为建立社会风险评价模型提供数据支撑。

2）建立社会风险评价模型

根据第一步所收集到的有关社会风险的数据资料，对各社会风险因素发生的概率和可能的后果进行定量评估。

3）进行社会风险评价

在构造出社会风险评价模型后，就可以通过合适的评价方法对社会风险整体进行全面的定性或定量评价，最终得出社会风险等级，并为制定社会风险防控策略提供依据。

3.4.1.2 社会风险评价的常用方法

公租房项目社会风险前摄性评价可以简单理解为是对公租房项目可能产生的各种社会风险进行开发前的预测并得出具体风险等级的过程，方法包括定性和定量两种。定性分析法主要是研究对象"质"的方面，即通过总结、归纳、概括等方法对已有材料进行加工，由表及里地认识事物本质并揭示其内在规律。定量分析法则是从数量特征、数量关系和数量变化等方面来对研究对象进行研究，使问题定量化，结果也更加直观。目前学者在评价各种社会风险时运用较多的定性方法有逻辑框架法和专家调查法，定量方法有模糊综合评价法和物元可拓评价法，本节将对其做简单的介绍。

1）专家调查法

专家调查法是一种比较简单、成本较低且易于应用的风险评价方法。各领域的专家通过应用专业方面的技术理论和丰富的实践经验，找出研究对象中各种潜在的风险并对各风险的重要性进行评估，最终得到整个研究对象的风险等级。因此，专家们作为获取信息的重要对象，决定了该方法的优点是在缺乏统计数据和原始资料的情况下也可以做出定性的估计，而缺点则主要表现在易受专家们主观因素的影响（沈小庆，2014）。

专家调查法的主要步骤为：(1) 确定每个风险因素的权重，以表征其对项目过程的影响程度；(2) 专家根据自身的理论知识和实践经验确定出每个风险因素的等级值；(3) 将各风险因素的权重和等级值相乘，得出该风险因素的得分，之后再将各风险因素得分求和,得到研究对象整个过程风险的初步得分;(4)根据专家们的经验、知识领域和对所评价对象的了解程度,对专家评分的权威性确定一个权重值,之后将每位专家评定的风险总分乘以各自的权威性权重并求和以得到研究对象最终的风险得分。

2) 逻辑框架法

逻辑框架法是美国国际开发署在1970年开发的一种规划、实施、监督和评价的方法,主要是应用矩阵式图形对项目进行定性分析(吴鸿亮,2011)。其具体定义可以描述为:在动态变化下必须结合使用的一组互相关联的概念,用以详细描述一个设计得当的、客观描述的和非常有价值的项目(罗时朋和张松,2009)。逻辑框架法将项目的关键要素组合起来分析其间的因果关系和逻辑关系,并通过问题分析、目标分析和策略选择来形成逻辑框架,为项目评价值提供一种分析思路。因此,其核心是事物层次间的因果逻辑关系,即如果提供了某种条件,那么就会产生某种结果,其条件包括事物内在的因素和事物所需要的外部条件(夏永胜,2008)。

逻辑框架法的优势在于,一方面可以阐明将要开展的行动或措施将如何帮助实现目标,另一方面又能明确这些行动或措施在资源、风险方面的影响,即通过运用分析手段来检验行动计划的逻辑性。由于该方法思路简洁、结果有效,目前已有2/3的国际组织将其作为后评价的主要方法(华瑶和周雨,2011)。

3) 模糊综合评价法

在实际生活中,学者们渐渐发现其所研究的风险往往具有多重属性,涉及很多方面,在评价时需要兼顾各种影响因素,且更为困难的是,这些因素又往往会构成一个复杂、模糊的多层次系统,无法完全对它们进行定量分析。

针对这种情况,1965年美国科学家扎德教授创立了模糊评价法。该方法是一种基于模糊数学的综合评价方法,既有严格的定量刻画,也有对难以定量分析的模糊现象进行的主观定性描述(张庆宇,2014),即用模糊数学对受到多种因素制约的事物或对象做出总体评价。由于该方法具有系统性强、结果清晰的特点,能较好地解决模糊的、难以完全量化的问题,因而被广泛应用于解决各领域中的非确定性问题(梁佳媛和许增福,2011)。

根据被风险评价系统中评价指标之间是否存在层次性,模糊综合评价法可分为单层次模糊综合评价和多层次模糊综合评价(张庆宇,2014)。两种评价的步骤基本相似,主要分为六步:(1)建立评价指标集;(2)确定指标权重;(3)建立综合评价的评语集;(4)进行单因素模糊评价得到评价矩阵;(5)建立综合评价模型;(6)确定评价对象风险等级。

4) 物元可拓评价法

物元可拓理论是我国广东工业大学的蔡文教授在1983年创立的,它是一门集思维科学、系统科学和数学为一体的交叉学科,也是贯穿自然科学和社会科学而应用较广的模糊学科。它用形式化工具,从定量的角度研究解决复杂问题的规律和方法(高长元等,2011)。该理论的创新性在于用事物的名称 N、特征 C 和 C 的量值 V,以有序三元组 $R=(N,C,V)$ 作为描述事物的基本元,简称物元。物元理论的提出使人们对事物本质有了更加全面的认识,能够了解事物的内外关系、蕴含关系。

物元可拓评价法就是以物元理论为基础,将物元可拓方法中的可拓集合与关联函数相结合,配合其他方法赋予权重系数(谢亮,2012),以定量数值表示评定结果,能较完整且较准确地反映实际待评价事物的综合水平。该方法的基本步骤为:(1)确定研究对象的评价指标集;(2)确定特征集;(3)确定评语集;(4)确定经典域和节域;(5)确定待评价物元;(6)计算关联度;(7)根据各评价指标的权重和关联度最终计算出关联值。根据关联值的大小确定研究对象风险所属的等级范围,关联值越大,表示所属某等级集合的程度越接近。

由以上评价方法的介绍可知,专家调查法虽然在缺少数据的情况下具有一定的优势,但评价过程受专家们主观的影响较大,导致最后的评价结果往往准确性并不高。逻辑框架法可操作性较强,但运用该方法的前提是需要有大量的定量指标,通常用于较为复杂的投资项目。由于本书所研究的公租房项目社会风险存在很大的不确定性,很多指标都无法定量得出,因此使用该方法不合适。模糊综合评价法和物元可拓评价法都能解决不确定性和模糊性问题,因而都适用于模糊系统的综合评价。但是模糊综合评价法不能解决评价指标间由于存在联系而造成的信息重复问题,而物元可拓评价方法可以解决此问题。因此本书尝试采用物元可拓评价法对识别出的公租房项目社会风险进行定量评价。

3.4.2　公租房项目社会风险前摄性可拓评价

3.4.2.1　公租房项目社会风险前摄性物元可拓评价模型

运用物元可拓评价法对公租房项目社会风险等级进行评价的基本思路主要为:根据实际公租房项目所积累的数据资料和以往类似项目的建设运行情况,把待评价公租房的社会风险分成若干等级,再由相关领域的专家学者给出各等级的数据范围。之后,将待评价的公租房项目社会风险指标代入关联度函数中进行评定,评定结果按其与各等级集合的关联度大小进行比较,关联度越大,即说明与该等级的社会风险水平越符合。具体而言,公租房项目社会风险物元可拓评价由以下七步完成。

1) 构建公租房项目社会风险评价指标体系

由 3.3.3 部分建立的公租房项目社会风险评价指标体系可看出,公租房项目的社会风险一般具有层次性,不同层次的社会风险都由所属该层属性的因素构成(谢亮,2012)。要想对整个公租房项目的社会风险等级进行评价,需要从底层向上层逐级进行,然后再逐级进行综合计算,最后才能得到公租房项目所处的社会风险等级。

2) 确定公租房项目社会风险的特征集

物元可拓理论创造性地提出了将 $R=(N,C,V)$ 作为基本元来对事物进行描述。因此,C 作为描述事物特征的量,在本书中即表示公租房项目社会风险的特征,其特征集 $C=(C_1,C_2,\cdots,C_n)$ 中的 $C_1,C_2,\cdots,C_n$ 则表示社会风险的不同特征。近年来不少学者开始从多维角度来描述社会风险的特征。在工程项目风险方面,谢亮结合工程总承包项目的特点,引入控制难易性对项目的风险进行多角度描述,即风险特征集 $C=$(发生概率,后果损失程度,控制难易性)(谢亮,2012)。贾飒飒(2006)认为工程项目风险的特征包括风险发生的可能性、处理的难易性、后果的严重性和承包商自身的责任程度四个方面。在房地产项目风险方面,李春林(2008)将风险从发生概率、损失、不可预测性和不可管理性四个方面全面考虑,其中不可管理性包含不可转移性和不可控制性等。徐芊(2008)从风险发生可能性、处理难易性、影响危害性三个方面对房地产项目投资决策阶段的风险进行度量。

根据 3.2.1 节对公租房项目社会风险的定义以及参考其他学者对风险特征的认识可知,社会风险一般都具有损失和不确定性两个特征。此外,多数学者还认为处理或控制的难易性也是风险的重要特征。因此,本书将公租房项目社会风险从概率、损失和处理难易性三个方面进行描述,即待评价社会风险的特征集 $C=$(发生概率,损失程度,处理难易性)。

3) 确定公租房项目社会风险的评语集

社会风险的评语集也有学者将其称为风险等级域,通常用 $U=(u_1,u_2,u_3,\cdots,u_k)$ 表示,其中 k 表示风险等级的个数。不同学者对风险等级有不同的划分方式,如李春林(2008)结合专家和历史经验进行评定,同时参考相关资料,将房地产项目风险的等级确定为 $U=$(高,较高,一般,较低,低);徐芊(2008)在研究房地产项目投资决策阶段的风险时将风险等级确定为 $U=$(一级风险,二级风险,三级风险,四级风险);谢亮(2012)根据《建设工程项目管理规范》确定出 $U=$(1 等风险,2 等风险,3 等风险,4 等风险,5 等风险)。

本书结合公租房项目社会风险因素多、不确定程度大的特点以及以上学者的做法,将公租房项目社会风险等级定为 5 级,即评语集 $U=$(一级风险,二级风险,三级风险,四级风险,五级风险),其中:

一级风险表示社会风险发生的概率很低,造成的损失也很低,发生后处理容易,项目基本不会受到影响,可以视情况选择是否采取相应的预防措施。

二级风险表示社会风险发生的概率较低,损失较低,风险处理的难度不大,采取一般的预防措施即可。

三级风险表示公租房项目在建设运行过程中经常会发生社会风险,存在一定程度的损失,风险处理也具有一定难度,应当有针对性地对发生概率较大的社会风险采取应对措施进行防范。

四级风险是介于三级和五级风险之间,发生的可能性和造成的损失都较大,风险处理的难度也较大,因此要加强对社会风险的跟踪和实时监控,做好及时的风险应急措施。

五级风险说明发生概率和造成的损失都很高,处理难度很大,这意味着一旦社会风险爆发可能会对整个公租房项目产生毁灭性的影响。因此,对于这类项目,在前期的可研报告中应当进一步论证项目的可行性。一旦发现风险过大,后果难以应对,应选择停止该项目的建设。

4) 确定公租房项目社会风险的经典域和节域

经典域指的是各社会风险等级关于对应特征所取的量值范围。节域可以说是对经典域的综合,指的是社会风险等级全体关于各特征所取的量值的范围。本书拟采用 0~10 分制表示各风险等级大小,数值越大表示社会风险发生的概率越大、损失越严重、处理社会风险的难度越大。再结合上文对公租房项目五个社会风险等级的划分和社会风险特征集的确定,即可得到经典域和节域。

经典域:

$$R_1 = \begin{bmatrix} 1级风险, & C_1, & \langle 0-2 \rangle \\ & C_2, & \langle 0-2 \rangle \\ & C_3, & \langle 0-2 \rangle \end{bmatrix}$$

$$R_2 = \begin{bmatrix} 2级风险, & C_1, & \langle 2-4 \rangle \\ & C_2, & \langle 2-4 \rangle \\ & C_3, & \langle 2-4 \rangle \end{bmatrix}$$

$$R_3 = \begin{bmatrix} 3级风险, & C_1, & \langle 4-6 \rangle \\ & C_2, & \langle 4-6 \rangle \\ & C_3, & \langle 4-6 \rangle \end{bmatrix}$$

$$R_4 = \begin{bmatrix} 4级风险, & C_1, & \langle 6-8 \rangle \\ & C_2, & \langle 6-8 \rangle \\ & C_3, & \langle 6-8 \rangle \end{bmatrix}$$

$$R_5 = \begin{bmatrix} 5\text{级风险}, & C_1, & \langle 8-10 \rangle \\ & C_2, & \langle 8-10 \rangle \\ & C_3, & \langle 8-10 \rangle \end{bmatrix}$$

节域：

$$R_p = \begin{bmatrix} \text{风险}, & C_1, & \langle 0-10 \rangle \\ & C_2, & \langle 0-10 \rangle \\ & C_3, & \langle 0-10 \rangle \end{bmatrix} (p \text{ 表示风险等级的全体})$$

5）确定公租房项目的待评价物元

待评价的社会风险物元为

$$R = \begin{bmatrix} r, & C_1, & v_1 \\ & C_2, & v_2 \\ & C_3, & v_3 \end{bmatrix}$$

r 表示社会风险评价指标体系中第三结构层的风险，v_1、v_2、v_3 分别表示 r 关于 C_1、C_2、C_3 的量值，可以通过专家打分法或问卷调查法进行确定。

6）底层公租房项目的社会风险指标关联度计算

（1）确定各风险特征权重系数 α_i

具体过程见 3.4.2.3 部分。

（2）计算各待评价物元关于各风险等级的关联度

设 x_0 为实域 $(-\infty, +\infty)$ 上任一点，$X_0 = (a, b)$ 为实域上任一区间，称 $\rho(x_0, X_0)$ 为点 x_0 与区间 X_0 之距，则

$$\rho(x_0, X_0) = \left| x_0 - \frac{a+b}{2} \right| - \frac{1}{2}(b-a) \quad (3-1)$$

在距的基础上建立关联函数，初等关联函数可以表示为

$$K(x) = \frac{\rho(x, X_0)}{\rho(x, X) - \rho(x, X_0)} \quad (3-2)$$

则待评价物元 R_i 的各风险特征值关于各风险等级的关联度可表示为

$$K_j(v_i) = \frac{\rho(v_i, V_i)}{\rho(v_i, V_i') - \rho(v_i, V_i)} \quad (3-3)$$

j 表示风险等级，v_i 表示各风险评价指标对应的各风险特征的量值。

（3）计算待评价物元 r 关于社会风险等级 j 的关联度

$$K_j(r) = \sum_{i=1}^{k} \alpha_i K_j(v_i) (k=1,2,3,4,5) \quad (3-4)$$

(4) 确定社会风险等级

若

$$K_j(r) = \max K_j(r)(j = 1, \cdots, k) \qquad (3-5)$$

则评定底层社会风险指标 r 所属等级为 j。

7) 确定公租房项目社会风险综合评价等级

通过上述步骤确定出底层各社会风险指标的风险等级后,再根据各层指标的风险权重值逐层计算出各层次的关联度。具体方法为用底层风险评价指标关联度乘以对应的权重系数并求和,如此可得到上一层社会风险指标的关联度。重复此步骤以逐层向上进行递阶,最后可得到整个公租房项目的社会风险等级。

3.4.2.2 公租房项目社会风险评价指标的权重确定

1) 权重计算方法的确定

目前确定指标权重常用的方法有层次分析法(AHP)和网络分析法(ANP)两种。这两种方法分别是在 20 世纪 70 年代和 90 年代由萨蒂教授提出来的。其中,AHP 是将与最后决策相关的各元素或指标进行分解、归类,形成相应的递阶层次结构,再根据所规定的相对标度和相关专家的判断,对同层元素的相对重要性进行两两比较,并由此最终得到各层次各元素的相对权重(刘佳琳,2013)。利用 AHP 进行权重分析时,由于建立了递阶层次结构且重点是考察不同层次之间元素的相互影响,因而默认了同一层次中的元素彼此独立。这种方式给处理系统问题带来了很大的方便,但同时也限制了该方法在复杂决策问题中的应用。因为在实际问题中,各层次内部元素之间往往存在关联,不可能绝对地独立。

ANP 的产生很好地弥补了 AHP 的不足。作为 AHP 方法的延伸,ANP 将系统元素划分为控制元素层和网络层两大部分。控制元素层包括问题目标和决策准则,其通常由分析者通过科学的归纳分析设置,相互之间不存在关联。网络层包括所有受控制层支配的元素,元素之间相互依存和制约,形成相互影响的元素网络。

通过对 3.3.3 节公租房项目社会风险评价指标结构层的分析可以发现,第三层中的社会风险评价指标之间存在相互依存、相互影响的特点,即在准则层的支配下,各自构成网络结构同时相互之间又存在各种联系。针对这种情况,本书选择使用 ANP 来对评价指标进行权重计算。

2) ANP 计算步骤

(1) 建立网络结构模型:使用 ANP 的第一步是将复杂的问题逐步分解,即对系统中元素进行分析、组合,按照元素之间的层次关系形成控制元素层和网络层。

网络层中的元素按照彼此之间是否存在依存、影响关系,形成相应的元素组。分析各元素组之间的相互关系,从而形成网络结构图(如图 3-4 所示)。

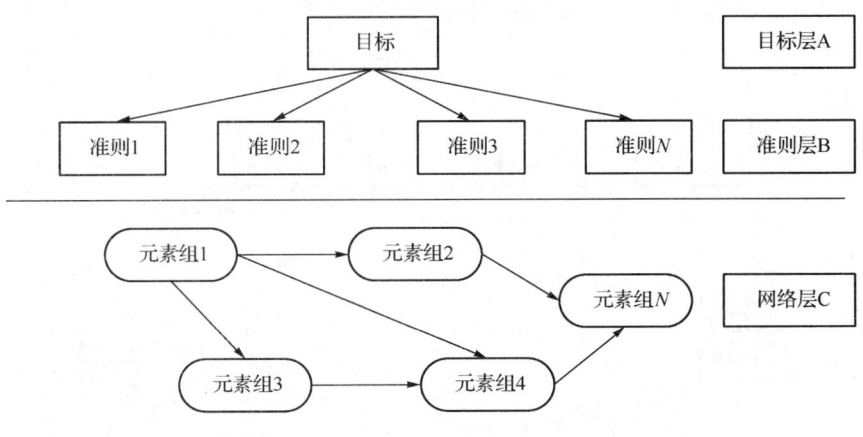

图 3-4 典型 ANP 网络结构示意图

(2) 构造超矩阵

在 ANP 中,各层之间以及每层内部各元素之间的相互关系可以用网络结构的超矩阵表示。构造超矩阵的步骤有:首先构造出判断矩阵,即运用专家评分法和 1~9 标度法,对存在依存关系的各元素和元素组进行两两比较判断。之后计算特征向量,并检验判断矩阵的一致性。再将每一元素组下的特征向量组合成超矩阵的子矩阵,逐步求出所有的子矩阵,从而得到超矩阵。

(3) 构造加权超矩阵

美国推出了超级决策(Super Decisions)软件(简称 SD 软件)对上述超矩阵进行归一化处理,如此可得到加权超矩阵 W。

(4) 确定权重

计算 W 的极限相对排序向量 W^∞,从而得出相对于目标各元素或元素组的综合权重。最后进行一致性检验。

3) 构建公租房项目社会风险指标的网络模型

在 SD 软件中构建确定社会风险指标权重的 ANP 模型,如图 3-5 所示。其中目标层 A 为公租房项目社会风险评价,准则层 B 为公租房项目经济风险、社会风险、环境风险和文化风险,网络层 C 为准则层 B 中四种风险的影响因素,包括"征地拆迁补偿标准""拆迁群众安置方案""保障对象生活成本"和"保障对象收入变化情况"等。

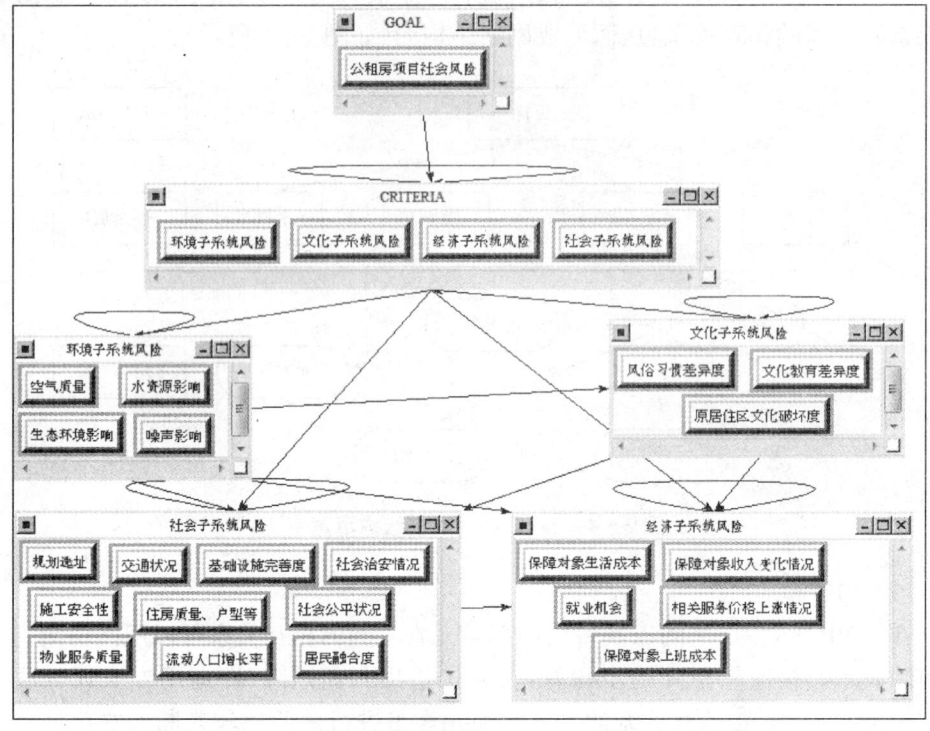

图 3-5　SD 软件中公租房项目社会风险指标的 ANP 模型

4) 计算专家评价权重

对于准则层 B 和网络层 C 中存在相互影响关系的各指标因素,该方法需要采用间接优势度原则构造出判断矩阵,即邀请相关人员采用 1~9 标度法对指标之间的相对重要性进行打分,其调查问卷"公租房项目社会风险评价指标相对重要性评分表"如附录 2 所示。

本次问卷调查的对象包括高校教师、房地产开发企业、施工企业和咨询企业的员工,他们无论是在课题研究还是相关工作中都接触过公租房的相关内容,对公租房生命周期内存在的社会风险也有一定的认识,因而选择他们进行调查会使得最终权重的计算结果准确性较高。本调查共发放问卷 70 份,分配情况为:高校教师 25 份,房地产开发企业员工 15 份,施工企业员工 15 份,咨询企业员工 15 份。最终回收有效问卷 50 份,其中高校教师 20 份,房地产开发企业员工 9 份,施工企业员工 8 份,咨询企业员工 13 份。根据回收的专家评分表,将相应的打分结果输入 SD 软件中,最终计算出各层次、各指标的权重。本书以准则层 B 中的"社会风险"为例,将其各影响指标的重要性评分结果输入 SD 软件中,得到各指标权重,结果如图 3-6 所示。

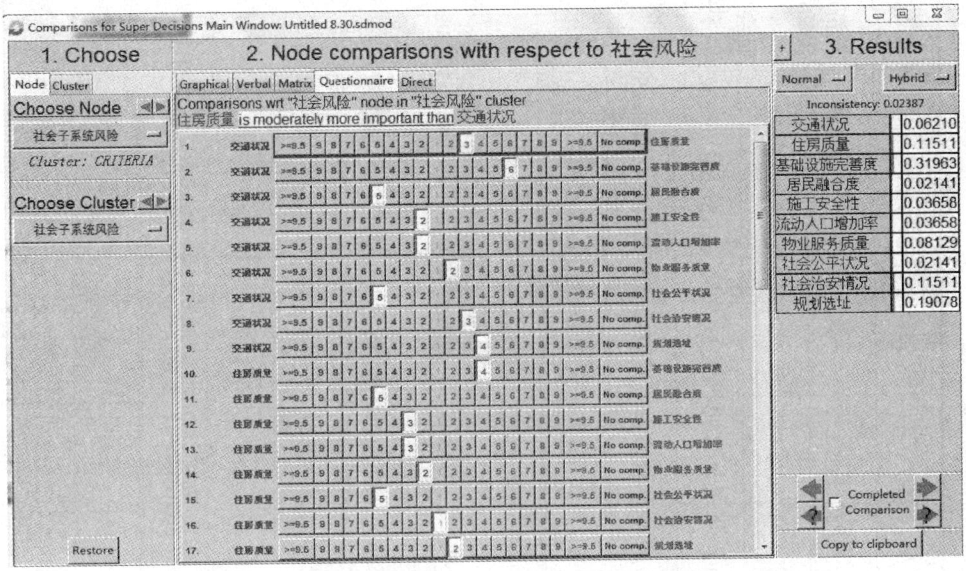

图 3-6 "社会风险"准则下各影响指标权重及一致性检验

专家在对各影响指标进行打分时,需要保证指标评价的一致性,即各指标的重要性程度不能前后矛盾。一般规定,当指标重要度比较中非一致性检验大于 0.1 时,说明打分存在失误或输入错误,需要重新进行比较;反之,则打分数据有效。由图 3-6 可知,该比较的非一致性指数为 0.023 87,小于 0.1,即符合要求,数据有效。本书将符合要求的 50 位专家打分结果输入超级软件,得出了各评审专家认为的指标权重。考虑到篇幅有限,计算及判断过程将不一一演示,权重汇总结果如表 3-9~表 3-13 所示。

5)计算各指标综合权重

在多层次指标体系中,各网络层指标对公租房项目社会风险影响程度的最终权重为各准则层权重及各指标对准则层影响权重的乘积,权重结果如表 3-14 所示。

表3-9 准则层B中指标权重调查结果统计表

公租房项目社会风险	1	2	3	4	5	6	7	8	9	10	综合权重
经济子系统风险	0.482 89	0.444 4	0.080 07	0.585 7	0.576 74	0.508 65	0.527 75	0.558 7	0.477 29	0.467 3	经济风险: 0.397 06
社会子系统风险	0.156 99	0.222 2	0.456 5	0.238 87	0.221 58	0.294 93	0.261 81	0.227 97	0.287 95	0.277 18	社会风险: 0.382 08
环境子系统风险	0.271 97	0.222 2	0.270 72	0.087 72	0.125 05	0.062 23	0.105 22	0.135 22	0.080 89	0.095 43	环境风险: 0.126 16
文化子系统风险	0.088 15	0.111 1	0.192 71	0.087 72	0.076 63	0.134 19	0.105 22	0.078 1	0.153 87	0.160 09	文化风险: 0.094 69
非一致性指数	0.005 44	0	0.057 7	0.007 72	0.012 72	0.026 72	0.031 19	0.011 61	0.007 91	0.011 61	非一致性指数: 0.026 50
公租房项目社会风险	11	12	13	14	15	16	17	18	19	20	
经济子系统风险	0.219 68	0.561 55	0.161 55	0.228 25	0.221 59	0.275 1	0.209 16	0.227 97	0.506 77	0.523 17	
社会子系统风险	0.579 58	0.270 95	0.060 11	0.578 08	0.639 21	0.513 24	0.610 76	0.558 7	0.264 12	0.297 62	
环境子系统风险	0.119 77	0.115 11	0.287 8	0.133 62	0.087 44	0.074 11	0.112 94	0.078 1	0.142 79	0.122 18	
文化子系统风险	0.080 97	0.052 39	0.490 54	0.060 05	0.051 76	0.137 55	0.067 15	0.135 22	0.086 32	0.057 03	
非一致性指数	0.028 31	0.047 03	0.007 19	0.025 24	0.027 32	0.003 88	0.006 13	0.011 61	0.007 91	0.025 67	
公租房项目社会风险	21	22	23	24	25	26	27	28	29	30	
经济子系统风险	0.215 89	0.519 76	0.160 09	0.238 2	0.264 12	0.563 7	0.513 24	0.260 38	0.526 73	0.275 1	

续表

											综合权重
社会子系统风险	0.582 04	0.267 7	0.467 3	0.516 67	0.506 77	0.257 62	0.275 1	0.597 72	0.300 52	0.513 24	经济风险: 0.397 06
环境子系统风险	0.136 76	0.149 5	0.277 18	0.076 93	0.086 32	0.109 47	0.137 55	0.094 01	0.109 76	0.074 11	社会风险: 0.382 08
文化子系统风险	0.065 31	0.063 05	0.095 43	0.168 2	0.142 79	0.069 21	0.074 11	0.047 89	0.062 99	0.137 55	环境风险: 0.126 16
非一致性指数	0.027 37	0.011 12	0.011 61	0.039 01	0.007 91	0.029 5	0.003 88	0.048 26	0.007 53	0.003 88	文化风险: 0.094 69
公租房项目社会风险	31	32	33	34	35	36	37	38	39	40	非一致性指数: 0.026 50
经济子系统风险	0.279 84	0.506 77	0.565 01	0.556 87	0.259 76	0.546 22	0.288 95	0.242 72	0.513 24	0.565 01	
社会子系统风险	0.443 41	0.264 12	0.262 2	0.260 42	0.519 52	0.232 3	0.553 64	0.607 3	0.275 1	0.262 2	
环境子系统风险	0.154 45	0.142 79	0.117 5	0.116 62	0.139 95	0.137 22	0.106 15	0.101 45	0.137 55	0.117 5	
文化子系统风险	0.122 3	0.086 32	0.055 29	0.066 08	0.080 77	0.083 75	0.051 26	0.048 53	0.074 11	0.055 29	
非一致性指数	0.077 55	0.007 91	0.043 81	0.026 72	0.003 88	0.019 14	0.064 61	0.032 82	0.003 88	0.043 81	
公租房项目社会风险	41	42	43	44	45	46	47	48	49	50	
经济子系统风险	0.462 13	0.217 57	0.243 1	0.467 3	0.235 99	0.252 3	0.587 01	0.565 01	0.558 27	0.558 27	
社会子系统风险	0.293 76	0.650 41	0.624 56	0.277 18	0.627 3	0.568 29	0.236 89	0.262 2	0.290 19	0.290 19	
环境子系统风险	0.156 4	0.087 2	0.088 51	0.095 43	0.090 44	0.120 29	0.108 49	0.117 5	0.095 2	0.095 2	
文化子系统风险	0.087 72	0.044 83	0.043 83	0.160 09	0.046 27	0.059 12	0.067 6	0.055 29	0.056 35	0.056 35	
非一致性指数	0.017 16	0.086 65	0.067 61	0.011 61	0.066 63	0.044 35	0.021	0.043 81	0.044 4	0.044 4	

表 3-10 经济子系统风险影响指标权重调查结果统计表

经济 子系统风险	1	2	3	4	5	6	7	8	9	10	综合权重
相关服务 价格上涨情况	0.098 57	0.058 99	0.098 57	0.088 79	0.088 94	0.079 64	0.078 45	0.059 18	0.062 32	0.058 09	相关服务价格 上涨情况： 0.101 18
就业机会	0.313 28	0.296 7	0.098 57	0.157 77	0.202 66	0.309 3	0.305 8	0.200 09	0.165 29	0.276 79	就业机会： 0.226 12
保障对象 生活成本	0.176 3	0.126 9	0.176 3	0.157 77	0.125 21	0.112 56	0.103 83	0.200 09	0.280 59	0.180 76	保障对象生活 成本： 0.169 81
保障对象 收入变化情况	0.313 28	0.307 05	0.313 28	0.297 83	0.380 53	0.309 3	0.305 8	0.496 69	0.453 6	0.448	保障对象收入： 变化情况： 0.420 72
保障对象 上班成本	0.098 57	0.210 36	0.313 28	0.297 83	0.202 66	0.189 19	0.206 13	0.043 95	0.038 2	0.036 36	保障对象上班 成本： 0.072 94
非一致性 指数	0.002 96	0.047 48	0.002 96	0.002 96	0.011 66	0.019 54	0.030 43	0.024 26	0.011 17	0.018 79	非一致性 指数：0.024 43
经济 子系统风险	11	12	13	14	15	16	17	18	19	20	
相关服务 价格上涨情况	0.063 63	0.088 52	0.083 77	0.062 5	0.058 99	0.080 72	0.084 44	0.052 44	0.086 45	0.132 15	
就业机会	0.192 76	0.156 35	0.297 8	0.208 63	0.325 19	0.159 03	0.218 83	0.082 29	0.148 15	0.238 28	
保障对象 生活成本	0.102 56	0.088 52	0.086 64	0.134 84	0.088 56	0.080 72	0.131 32	0.302 26	0.086 45	0.157 59	
保障对象 收入变化情况	0.602 39	0.614 92	0.498 29	0.557 28	0.489 87	0.641 13	0.513 14	0.528 22	0.628 36	0.407 08	
保障对象 上班成本	0.038 66	0.051 68	0.033 5	0.036 75	0.037 38	0.046 5	0.052 26	0.034 79	0.050 59	0.064 9	

续表

	21	22	23	24	25	26	27	28	29	30	综合权重
非一致性指数	0.047 84	0.009 63	0.043 39	0.048 12	0.027 42	0.017 78	0.021 14	0.043 36	0.014 6	0.023 03	
经济子系统风险	21	22	23	24	25	26	27	28	29	30	
相关服务价格上涨情况	0.063 83	0.141 04	0.152 47	0.085 14	0.050 34	0.095 99	0.123 85	0.056 99	0.058 76	0.064 86	相关服务价格上涨情况:0.101 18
就业机会	0.304 29	0.141 04	0.089 79	0.144 68	0.137 39	0.157 82	0.123 85	0.149 08	0.175 08	0.266 58	就业机会:0.226 12
保障对象生活成本	0.099 36	0.227 14	0.143 33	0.144 68	0.495 58	0.271 47	0.238 63	0.288 57	0.278 28	0.189 16	保障对象生活成本:0.169 81
保障对象收入变化情况	0.492 51	0.446 96	0.571 51	0.089 79	0.231 91	0.416 17	0.468 19	0.458 36	0.450 04	0.439 67	保障对象收入变化情况:0.420 72
保障对象上班成本	0.039 97	0.043 81	0.054 42	0.054	0.084 77	0.058 54	0.045 47	0.047	0.037 84	0.039 73	

	31	32	33	34	35	36	37	38	39	40	综合权重
非一致性指数	0.018 79	0.023 23	0.023 83	0.019 34	0.017 67	0.015 22	0.002 17	0.034 05	0.016 59	0.024 85	非一致性指数:0.024 43
经济子系统风险	31	32	33	34	35	36	37	38	39	40	
相关服务价格上涨情况	0.145 02	0.060 86	0.068 03	0.222 22	0.115 06	0.199 36	0.278 19	0.061 66	0.106 69	0.066 96	
就业机会	0.249 71	0.205 63	0.332 51	0.222 22	0.326 68	0.264 49	0.070 41	0.098 86	0.286 44	0.237 81	
保障对象生活成本	0.145 02	0.205 63	0.068 03	0.055 56	0.193 53	0.063 37	0.070 41	0.483 06	0.058 89	0.237 81	保障对象上班成本:0.072 94
保障对象收入变化情况	0.415 39	0.490 23	0.489 68	0.444 44	0.326 68	0.395 35	0.537 96	0.315 24	0.441 29	0.416 54	

续 表

	41	42	43	44	45	46	47	48	49	50	综合权重
保障对象上班成本	0.044 86	0.037 64	0.041 75	0.055 56	0.038 05	0.077 43	0.043 02	0.041 18	0.106 69	0.040 87	
非一致性指数	0.011 81	0.017 14	0.015 71	0	0.012 66	0.020 45	0.023 13	0.024 25	0.007 38	0.007 39	
经济子系统风险											
相关服务价格上涨情况	0.087 57	0.136 17	0.102 74	0.105 94	0.180 76	0.245 76	0.046 37	0.083	0.115 18	0.172 78	0.101 18
就业机会	0.152 89	0.136 17	0.102 74	0.278 31	0.448	0.406 14	0.503 04	0.408 2	0.280 9	0.251 5	0.226 12
保障对象生活成本	0.257 29	0.222 03	0.133 89	0.092 2	0.058 09	0.070 44	0.127 45	0.260 09	0.280 9	0.130 6	0.169 81
保障对象收入变化情况	0.414 68	0.453 74	0.585 38	0.471 17	0.276 79	0.245 76	0.291 41	0.165 72	0.280 9	0.406 37	0.420 72
保障对象上班成本	0.087 57	0.051 88	0.075 25	0.052 38	0.036 36	0.031 9	0.031 73	0.083	0.042 14	0.038 76	0.072 94
非一致性指数	0.008 12	0.015 41	0.057 14	0.013 86	0.018 79	0.037 49	0.069 15	0.077 99	0.087 11	0.032 39	0.024 43

表3-11 社会子系统风险影响指标权重调查结果统计表

社会子系统风险	1	2	3	4	5	6	7	8	9	10	综合权重
交通状况	0.219 7	0.218 97	0.229 43	0.265 04	0.175 11	0.208 82	0.154 01	0.025 44	0.085 03	0.027 27	交通状况：0.068 36
住房质量	0.071 59	0.071 83	0.043 83	0.090 13	0.078 92	0.042 2	0.045	0.174 59	0.130 71	0.172 84	住房质量：0.113 42
基础设施完善度	0.219 7	0.218 97	0.184 87	0.162 65	0.175 11	0.208 82	0.228 39	0.287 21	0.320 09	0.332 26	基础设施完善度：0.268 02
居民融合度	0.029 84	0.045 86	0.063 87	0.049 2	0.050 91	0.025 91	0.090 61	0.017 23	0.033 94	0.017 64	居民融合度：0.041 05
施工安全性	0.071 59	0.058 84	0.043 83	0.049 2	0.050 91	0.040 7	0.062 14	0.055 99	0.053 46	0.041	施工安全性：0.046 59
流动人口增长率	0.020 87	0.021 38	0.017 23	0.020 06	0.017 71	0.018 51	0.017 84	0.038 12	0.034 07	0.041	流动人口增长率：0.043 58
物业服务质量	0.045 57	0.077 57	0.042 18	0.049 2	0.034 06	0.040 7	0.033 17	0.081 72	0.046 89	0.062 93	物业服务质量：0.089 96
社会公平状况	0.029 84	0.030 93	0.022 71	0.020 06	0.023 91	0.025 91	0.023 99	0.025 76	0.029 01	0.025 36	社会公平状况：0.033 21
社会治安情况	0.071 59	0.030 93	0.096 1	0.029 41	0.117 39	0.117 26	0.116 45	0.177 05	0.078 45	0.172 84	社会治安情况：0.143 09
规划选址	0.219 7	0.224 71	0.255 97	0.265 04	0.275 98	0.271 18	0.228 39	0.116 89	0.188 36	0.106 85	规划选址：0.152 89
非一致性指数	0.018 06	0.019 07	0.033 49	0.013 36	0.022 81	0.024 68	0.027 84	0.026 68	0.027 35	0.025 24	非一致性指数：0.023 70
社会子系统风险	11	12	13	14	15	16	17	18	19	20	
交通状况	0.063 99	0.057 88	0.045 85	0.038 71	0.031	0.061 07	0.062 1	0.056 14	0.037 49	0.050 93	
住房质量	0.153 46	0.166 99	0.098 69	0.038 71	0.082 66	0.181 79	0.115 11	0.117 87	0.127 75	0.082 29	

续表

										综合权重
基础设施完善度	0.153 46	0.109 15	0.270 2	0.334 72	0.312 94	0.297 9	0.319 63	0.316 54	0.354 74	0.334 55	交通状况：0.068 36
居民融合度	0.027 21	0.023 2	0.019 49	0.022 15	0.018 33	0.020 88	0.021 41	0.027 28	0.018 87	0.018 93	住房质量：0.113 42
施工安全性	0.027 21	0.024 24	0.023 96	0.069 77	0.051 79	0.037 67	0.036 58	0.056 14	0.019 27	0.050 93	基础设施完善度：0.268 02
流动人口增长率	0.042 09	0.034 06	0.067 54	0.069 77	0.051 79	0.037 67	0.036 58	0.018 11	0.036 89	0.030 99	居民融合度：0.041 05
物业服务质量	0.098 42	0.105 06	0.071 8	0.110 97	0.082 66	0.061 07	0.081 29	0.075 15	0.083 86	0.082 29	施工安全性：0.046 59
社会公平状况	0.027 21	0.053 35	0.020 61	0.022 15	0.029 33	0.019 65	0.021 41	0.027 28	0.055 49	0.030 99	流动人口增长率：0.043 58
社会治安情况	0.098 42	0.169 37	0.225 1	0.110 97	0.200 95	0.181 79	0.115 11	0.117 87	0.082 01	0.127 15	物业服务质量：0.089 96
规划选址	0.308 55	0.260 2	0.156 76	0.182 08	0.138 55	0.100 51	0.190 78	0.187 6	0.183 63	0.190 95	社会公平状况：0.033 21
非一致性指数	0.018 12	0.015 93	0.050 66	0.013 34	0.015 66	0.018 27	0.023 87	0.027 86	0.032 3	0.018 2	社会治安情况：0.143 09
社会子系统风险	21	22	23	24	25	26	27	28	29	30	规划选址：0.152 89
交通状况	0.031 04	0.027 64	0.075 29	0.071 17	0.044 83	0.049 79	0.052 89	0.040 08	0.071 95	0.028 62	非一致性指数：0.023 70
住房质量	0.143 34	0.181 11	0.121 46	0.167 76	0.124 52	0.120 38	0.178 48	0.165 09	0.068 01	0.116 69	
基础设施完善度	0.293 61	0.278 93	0.187 83	0.292 92	0.184 79	0.315 99	0.178 48	0.165 09	0.377 4	0.320 66	
居民融合度	0.019 92	0.017	0.021 99	0.016 98	0.044 83	0.031 39	0.025 24	0.103 53	0.027 21	0.019 97	

续表

指标											综合权重
施工安全性	0.047 79	0.061 59	0.046 8	0.070 23	0.026 97	0.034 92	0.034 79	0.040 08	0.040 85	0.028 62	交通状况：0.068 36
流动人口增长率	0.074 19	0.026 48	0.030 83	0.023 1	0.073 21	0.045 62	0.050 36	0.040 08	0.040 85	0.040 37	住房质量：0.113 42
物业服务质量	0.049 73	0.061 59	0.075 29	0.047 33	0.108 93	0.075 48	0.070 88	0.065 04	0.068 01	0.177 44	基础设施完善度：0.268 02
社会公平状况	0.020 3	0.039 65	0.046 8	0.032 56	0.028 4	0.023 26	0.026 06	0.026 35	0.026 05	0.019 97	居民融合度：0.041 05
社会治安情况	0.212 14	0.181 11	0.121 46	0.167 76	0.078 55	0.117	0.119 9	0.103 53	0.110 5	0.177 44	施工安全性：0.046 59
规划选址	0.107 92	0.124 9	0.272 26	0.110 21	0.284 97	0.186 17	0.262 93	0.251 14	0.169 16	0.070 21	流动人口增长率：0.043 58
非一致性指数	0.035 22	0.026 54	0.017 35	0.026 03	0.014 94	0.023 9	0.021 23	0.012 08	0.018 24	0.022 46	物业服务质量：0.089 96
社会子系统风险	31	32	33	34	35	36	37	38	39	40	社会公平状况：0.033 21
交通状况	0.020 74	0.024 11	0.020 03	0.027	0.026 24	0.031 88	0.023 49	0.026 01	0.034 52	0.025 15	社会治安情况：0.143 09
住房质量	0.137 89	0.093 73	0.091 1	0.131 13	0.150 28	0.144 85	0.123 79	0.045 07	0.114 94	0.134 34	规划选址：0.152 89
基础设施完善度	0.292 01	0.237 93	0.300 2	0.292 26	0.306 43	0.310 93	0.300 96	0.355 41	0.329 51	0.288 07	非一致性指数：0.023 70
居民融合度	0.031 11	0.093 73	0.091 1	0.038 34	0.043 95	0.031 88	0.123 79	0.026 61	0.063 84	0.040 42	
施工安全性	0.049 86	0.036 57	0.031 04	0.038 34	0.026 24	0.031 88	0.033 69	0.045 07	0.034 52	0.040 42	
流动人口增长率	0.049 86	0.036 57	0.091 1	0.034 11	0.043 95	0.054 85	0.048 62	0.045 07	0.024 95	0.024 27	
物业服务质量	0.089 91	0.157 27	0.151 12	0.131 13	0.150 28	0.144 85	0.123 79	0.123 85	0.114 94	0.196 78	

续 表

											综合权重
社会公平状况	0.049 86	0.024 11	0.020 96	0.034 11	0.026 24	0.021 13	0.026 69	0.026 61	0.034 52	0.040 42	
社会治安情况	0.205 69	0.237 93	0.151 12	0.207 12	0.150 28	0.144 85	0.123 79	0.205 98	0.184 4	0.134 34	
规划选址	0.073 07	0.058 05	0.052 21	0.066 46	0.076 14	0.082 92	0.075 41	0.100 31	0.063 84	0.075 79	
非一致性指数	0.018 97	0.012 6	0.017 99	0.061 93	0.013 05	0.012 88	0.011 98	0.015 92	0.015 88	0.015 38	
社会子系统风险	41	42	43	44	45	46	47	48	49	50	
交通状况	0.023 44	0.061 39	0.029 91	0.083 67	0.019 36	0.025 91	0.028 54	0.059 39	0.194 79	0.025 11	交通状况: 0.068 36
住房质量	0.038 74	0.034 02	0.114 46	0.057 4	0.115 3	0.169 88	0.068 14	0.214 01	0.061 93	0.156 42	住房质量: 0.113 42
基础设施完善度	0.321 02	0.338 14	0.325 29	0.330 3	0.322 85	0.305 24	0.329 3	0.059 39	0.161 63	0.156 42	基础设施完善度: 0.268 02
居民融合度	0.038 74	0.034 02	0.049 07	0.033 72	0.057 83	0.033 45	0.037 98	0.028 6	0.026 98	0.156 42	居民融合度: 0.041 05
施工安全性	0.038 74	0.034 02	0.020 18	0.036 64	0.028 7	0.102 6	0.028 54	0.214 01	0.076 15	0.024 39	施工安全性: 0.046 59
流动人口增长率	0.142 73	0.116 01	0.070 92	0.057 4	0.039 86	0.033 45	0.068 14	0.028 6	0.026 98	0.024 39	流动人口增长率: 0.043 58
物业服务质量	0.142 73	0.116 01	0.117 18	0.128 74	0.116 83	0.057 24	0.068 14	0.028 6	0.015 71	0.156 42	物业服务质量: 0.089 96
社会公平状况	0.038 74	0.020 47	0.028 16	0.019 82	0.018 63	0.016 97	0.016 53	0.214 01	0.042 24	0.085 95	社会公平状况: 0.033 21
社会治安情况	0.142 73	0.184 53	0.173 89	0.168 63	0.202 46	0.179 36	0.223 13	0.028 6	0.123 65	0.156 42	社会治安情况: 0.143 09
规划选址	0.072 42	0.061 39	0.070 92	0.083 67	0.078 18	0.076 89	0.131 55	0.124 77	0.269 92	0.058 07	规划选址: 0.152 89
非一致性指数	0.006 88	0.016 27	0.025 77	0.034 01	0.037 29	0.053 51	0.049 59	0.011 63	0.059 31	0.003 52	非一致性指数: 0.023 70

表3-12 环境子系统风险影响指标权重调查结果统计表

环境子系统风险	1	2	3	4	5	6	7	8	9	10	综合权重
噪声影响	0.187 5	0.137 47	0.3	0.363 64	0.277 18	0.163 62	0.227 04	0.518 29	0.300 52	0.450 39	噪声影响：0.333 69
水资源影响	0.375	0.393 62	0.3	0.090 91	0.160 09	0.282 9	0.227 04	0.098 93	0.062 99	0.064 38	水资源影响：0.145 42
生态环境影响	0.062 5	0.075 29	0.1	0.181 82	0.095 43	0.105 92	0.122 32	0.098 93	0.526 73	0.366 9	生态环境影响：0.264 03
空气质量	0.375	0.393 62	0.3	0.363 64	0.467 3	0.447 55	0.423 59	0.283 85	0.109 76	0.118 33	空气质量：0.256 86
非一致性指数	0	0.001 56	0	0	0.011 61	0.026 59	0.003 88	0.001 56	0.007 53	0.049 47	非一致性指数：0.016 08
环境子系统风险	11	12	13	14	15	16	17	18	19	20	
噪声影响	0.310 24	0.232 3	0.287 8	0.282 75	0.359 8	0.513 24	0.204 73	0.087 72	0.472 86	0.472 86	
水资源影响	0.133 59	0.137 72	0.060 11	0.151 56	0.434 8	0.137 55	0.247 12	0.293 76	0.072 86	0.072 86	
生态环境影响	0.061 4	0.546 22	0.490 54	0.489 92	0.060 25	0.074 11	0.072 07	0.462 13	0.284 38	0.284 38	
空气质量	0.494 76	0.083 75	0.161 55	0.075 78	0.145 16	0.275 1	0.476 08	0.156 4	0.169 9	0.169 9	
非一致性指数	0.029 5	0.019 14	0.007 19	0.003 88	0.057 67	0.003 88	0.065 34	0.017 16	0.019 14	0.019 14	
环境子系统风险	21	22	23	24	25	26	27	28	29	30	
噪声影响	0.477 29	0.277 18	0.479 78	0.504 12	0.513 24	0.277 18	0.142 79	0.287 95	0.565 01	0.490 71	
水资源影响	0.080 89	0.160 09	0.090 43	0.072 74	0.137 55	0.160 09	0.264 12	0.153 87	0.055 29	0.050 11	

续 表

	31	32	33	34	35	36	37	38	39	40	综合权重
生态环境影响	0.287 95	0.095 43	0.250 68	0.300 52	0.074 11	0.095 43	0.086 32	0.477 29	0.117 5	0.291 07	噪声影响：0.333 69
空气质量	0.153 87	0.467 3	0.179 11	0.122 63	0.275 1	0.467 3	0.506 77	0.080 89	0.262 2	0.168 11	水资源影响：0.145 42
非一致性指数	0.007 91	0.011 61	0.040 21	0.011 61	0.003 88	0.011 61	0.007 91	0.007 91	0.043 81	0.011 61	生态环境影响：0.264 03
环境子系统风险	31	32	33	34	35	36	37	38	39	40	空气质量：0.256 86
噪声影响	0.287 95	0.287 8	0.401 59	0.592 67	0.489 92	0.448 79	0.444 4	0.496 5	0.282 75	0.444 4	非一致性指数：0.016 08
水资源影响	0.080 89	0.060 11	0.053 98	0.079 67	0.075 78	0.081 95	0.111 1	0.050 92	0.075 78	0.222 2	
生态环境影响	0.477 29	0.490 54	0.401 59	0.113 41	0.282 75	0.234 63	0.222 2	0.313 25	0.489 92	0.222 2	
空气质量	0.153 87	0.161 55	0.142 84	0.214 26	0.151 56	0.234 63	0.222 2	0.139 33	0.151 56	0.111 1	
非一致性指数	0.007 91	0.007 19	0.002 96	0.035 99	0.003 88	0.001 56	0	0.038 28	0.003 88	0	
环境子系统风险	41	42	43	44	45	46	47	48	49	50	
噪声影响	0.222 2	0.227 04	0.513 24	0.368 3	0.313 25	0.373 12	0.059 98	0.078 09	0.116 66	0.070 63	
水资源影响	0.111 1	0.122 32	0.074 11	0.070 45	0.050 92	0.048 93	0.147 08	0.199 83	0.380 35	0.150 33	
生态环境影响	0.444 4	0.227 04	0.137 55	0.368 3	0.496 5	0.373 12	0.396 47	0.522 24	0.124 5	0.226 16	
空气质量	0.222 2	0.423 59	0.275 1	0.192 95	0.139 33	0.204 83	0.396 47	0.199 83	0.378 5	0.552 88	
非一致性指数	0	0.003 88	0.003 88	0.001 56	0.038 28	0.005 97	0.007 72	0.016 29	0.091 84	0.030 44	

表3-13 文化子系统风险影响指标权重调查结果统计表

文化子系统风险	1	2	3	4	5	6	7	8	9	10	综合权重
原居住区文化破坏度	0.106 15	0.078 62	0.087 15	0.142 86	0.238 49	0.087 95	0.163 42	0.285 71	0.270 56	0.278 95	原居住区文化破坏度：0.220 72
文化教育差异度	0.700 97	0.658 63	0.751 04	0.428 57	0.136 5	0.669 42	0.539 61	0.571 43	0.085 22	0.071 93	文化教育差异度：0.313 74
风俗习惯差异度	0.192 88	0.262 75	0.161 81	0.428 57	0.625 01	0.242 64	0.296 96	0.142 86	0.644 22	0.649 12	风俗习惯差异度：0.465 46
非一致性指数	0.008 85	0.031 12	0.005 33	0	0.017 59	0.006 76	0.008 85	0	0.051 55	0.062 37	非一致性指数：0.018 11
文化子系统风险	11	12	13	14	15	16	17	18	19	20	
原居住区文化破坏度	0.262 75	0.258 28	0.146 63	0.249 86	0.285 71	0.229 65	0.571 43	0.163 42	0.648 33	0.121 96	
文化教育差异度	0.078 62	0.104 73	0.196 31	0.095 34	0.142 86	0.122 02	0.142 86	0.296 96	0.122 02	0.319 62	
风俗习惯差异度	0.658 63	0.636 99	0.657 07	0.654 81	0.571 43	0.648 33	0.285 71	0.539 61	0.229 65	0.558 42	
非一致性指数	0.031 12	0.037 03	0	0.017 59	0	0.003 55	0	0.008 85	0.003 55	0.017 59	
文化子系统风险	21	22	23	24	25	26	27	28	29	30	
原居住区文化破坏度	0.163 42	0.163 42	0.229 65	0.268 37	0.229 65	0.136 5	0.268 37	0.636 99	0.217 64	0.229 65	
文化教育差异度	0.296 96	0.296 96	0.122 02	0.117 22	0.122 02	0.238 49	0.117 22	0.104 73	0.091 4	0.122 02	

85

续表

											综合权重
风俗习惯差异度	0.539 61	0.539 61	0.648 33	0.614 41	0.648 33	0.625 01	0.614 41	0.258 28	0.690 96	0.648 33	
非一致性指数	0.008 85	0.008 85	0.003 55	0.070 67	0.003 55	0.017 59	0.070 67	0.037 03	0.051 55	0.003 55	
文化子系统风险	31	32	33	34	35	36	37	38	39	40	
原居住区文化破坏度	0.296 96	0.109 45	0.088 98	0.238 49	0.258 28	0.2	0.258 28	0.111 1	0.292 96	0.229 65	原居住区文化破坏度: 0.220 72
文化教育差异度	0.163 42	0.581 55	0.587 63	0.136 5	0.104 73	0.4	0.104 73	0.444 4	0.539 61	0.122 02	文化教育差异度: 0.313 74
风俗习惯差异度	0.539 61	0.309	0.323 39	0.625 01	0.636 99	0.4	0.636 99	0.444 4	0.163 42	0.648 33	风俗习惯差异度: 0.465 46
非一致性指数	0.008 85	0.003 55	0.008 85	0.017 59	0.037 03	0	0.037 03	0	0.008 85	0.003 55	非一致性指数: 0.018 11
文化子系统风险	41	42	43	44	45	46	47	48	49	50	
原居住区文化破坏度	0.082 34	0.229 65	0.142 86	0.090 91	0.104 73	0.593 63	0.122 02	0.104 73	0.174 36	0.085 22	
文化教育差异度	0.602 63	0.122 02	0.428 57	0.454 55	0.636 99	0.249 31	0.229 65	0.636 99	0.633 7	0.644 22	
风俗习惯差异度	0.315 03	0.648 33	0.428 57	0.454 55	0.258 28	0.157 06	0.648 33	0.258 28	0.191 94	0.270 56	
非一致性指数	0.001 91	0.003 55	0	0	0.037 03	0.051 55	0.003 55	0.037 03	0.006 35	0.051 55	

表 3-14　公租房项目社会风险底层指标的综合权重

目标层	准则层		网络层		综合权重
	指标	权重 W_i	指标	权重 W_{ij}	$W=W_i \cdot W_{ij}$
公租房项目社会风险	经济子系统风险	0.397 06	相关服务价格上涨情况	0.101 17	0.040 17
			就业机会	0.226 12	0.089 78
			保障对象生活成本	0.169 81	0.067 42
			保障对象收入变化情况	0.420 72	0.167 05
			保障对象上班成本	0.072 94	0.028 96
	社会子系统风险	0.382 08	交通状况	0.068 36	0.026 12
			住房质量	0.113 42	0.043 34
			基础设施完善度	0.268 02	0.102 41
			居民融合度	0.041 05	0.015 68
			施工安全性	0.046 59	0.017 80
			流动人口增加率	0.043 58	0.016 65
			物业服务质量	0.089 96	0.034 37
			社会公平状况	0.033 21	0.012 69
			社会治安情况	0.143 09	0.054 67
			规划选址	0.152 89	0.058 42
	环境子系统风险	0.126 16	噪声影响	0.333 69	0.042 10
			水资源影响	0.145 42	0.018 35
			生态环境影响	0.264 03	0.033 31
			空气质量	0.256 86	0.032 40
	文化子系统风险	0.094 69	原居住区文化破坏度	0.220 72	0.031 60
			文化教育差异度	0.313 74	0.029 71
			风俗习惯差异度	0.465 46	0.044 07

3.4.2.3 公租房项目社会风险特征值的权重确定

与 3.4.2.2 节的计算步骤相似，本节也是通过专家调查法得到重要性比较的数据，再通过 SD 软件计算出"发生概率""损失程度""处理难易性"三者各自的权重。问卷如附录 3 所示，共发放 30 份，调查对象为高校中研究课题与保障房相关的教师和研究生，最终回收问卷 30 份。根据回收的重要性评分表，将相应的打分结果输入 SD 软件中，得到各特征的权重值，如图 3-7 所示。权重及一致性检验结果汇总如表 3-15 所示。

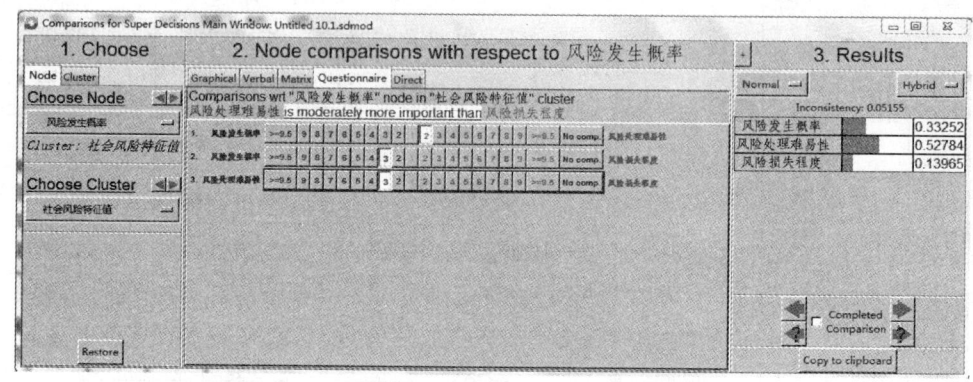

图 3-7　社会风险各特征值的权重及一致性检验

3.4.3　公租房项目社会风险防控策略研究

公租房作为一项民生保障工程，具有规模大、关注度高、影响因素多、利益相关者涉及广等特点。这些特点意味着公租房在改善中低收入人群住房问题的同时，一旦出现影响到区域民众利益的社会问题，就很可能会在社会上造成很大的负面影响，进而影响到社会稳定。因此，构想出一个系统而有效的社会风险防控思路对于公租房今后的可持续发展显得尤为重要。

前文 3.4.2 节采用物元可拓法构建了公租房项目社会风险前摄性定量评价的模型，其模型最终能够计算得到各指标及待评价项目整体的社会风险等级。因此，本节拟在已知社会风险等级的基础上采用物元可拓法中的菱形思维方法对各种社会风险因素进行应对策略研究。

3.4.3.1　菱形思维法基本原理

菱形思维方法是利用物元的可拓性，对物元进行开拓，然后利用合适的评价方法进行筛选，从而生成少量物元的思维方式。菱形思维过程用模型表示如图 3-8 所示。

表 3-15 社会风险各特征值的权重调查结果统计表

社会风险特征值	1	2	3	4	5	6	7	8	9	10	综合权重
社会风险发生概率	0.636 69	0.296 96	0.142 86	0.229 65	0.163 42	0.163 42	0.222 22	0.625 01	0.142 86	0.332 52	社会风险发生概率：0.30
社会风险损失程度	0.258 28	0.539 61	0.571 43	0.648 33	0.539 61	0.296 96	0.111 11	0.238 49	0.285 71	0.139 65	社会风险损失程度：0.38
社会风险处理难易性	0.104 73	0.163 42	0.285 71	0.122 02	0.296 96	0.539 61	0.666 67	0.136 5	0.571 43	0.527 84	社会风险处理难易性：0.35
非一致性指数	0.037 03	0.008 85	0	0.003 55	0.008 85	0.008 85	0	0.017 59	0	0.051 55	非一致性指数：0.013
社会风险特征值	11	12	13	14	15	16	17	18	19	20	
社会风险发生概率	0.625 01	0.2	0.109 45	0.142 86	0.163 42	0.109 45	0.571 43	0.539 61	0.142 86	0.163 42	
社会风险损失程度	0.136 5	0.4	0.581 55	0.571 43	0.296 96	0.581 55	0.142 86	0.163 42	0.571 43	0.539 61	
社会风险处理难易性	0.238 49	0.4	0.309	0.285 71	0.539 61	0.309	0.285 71	0.296 96	0.285 71	0.296 96	
非一致性指数	0.017 59	0	0.003 55	0	0.008 85	0.003 55	0	0.008 85	0	0.008 85	
社会风险特征值	21	22	23	24	25	26	27	28	29	30	
社会风险发生概率	0.16	0.527 84	0.539 61	0.558 42	0.157 06	0.571 43	0.673 81	0.2	0.157 06	0.104 73	
社会风险损失程度	0.539 61	0.139 65	0.296 96	0.319 62	0.593 63	0.285 71	0.100 65	0.2	0.593 63	0.636 99	
社会风险处理难易性	0.296 86	0.332 52	0.163 42	0.121 96	0.249 31	0.142 86	0.225 53	0.6	0.249 31	0.258 28	
非一致性指数	0.003 55	0.051 55	0.008 85	0.017 59	0.051 55	0	0.082 44	0	0.051 55	0.037 03	

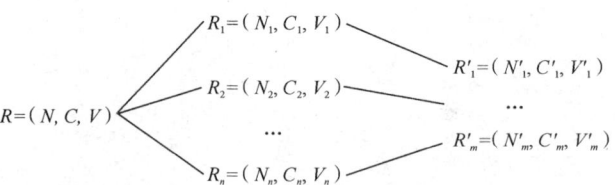

图 3-8 菱形思维过程模型图

3.4.3.2 基于菱形思维法的公租房项目社会风险防控策略研究

1)建立社会风险防控物元

在前述章节 3.4.2 中,根据物元可拓模型建立出公租房项目的全风险物元 $\boldsymbol{R}$,即

$$\boldsymbol{R} = \begin{bmatrix} R_1 \\ R_2 \\ \cdots \\ R_m \end{bmatrix} \qquad (3-6)$$

式中:$R_i(i=1,2,\cdots,m)$——风险分物元,$R_i=(N_i,C_i,V_i)$。

根据 3.4.2 节公租房项目社会风险可拓评价的结果及项目实际运行过程中风险管理的需要,运用列举法将风险影响大、需要进行风险防控的风险指标一一列出,建立 n 维社会风险防控物元 $\boldsymbol{R}^*$,即

$$\boldsymbol{R}^* = \begin{bmatrix} R_1^* \\ R_2^* \\ \cdots \\ R_n^* \end{bmatrix} (n<m) \qquad (3-7)$$

式中:$R_i^*(i=1,2,\cdots,n)$——社会风险防控分物元,$R_i^*=(N_i^*,C_i^*,V_i^*)$。

2)建立条件物元

对应 $R_i(i=1,2,\cdots,n)$,找到相对应的导致项目社会风险发生的条件物元 K_i,建立社会风险应对的条件物元 $\boldsymbol{K}^*$:

$$\boldsymbol{K}^* = \begin{bmatrix} K_1 \\ K_2 \\ \cdots \\ K_f \end{bmatrix} \qquad (3-8)$$

式中:$K_1,K_2,\cdots,K_f$——对应于 $R_1^*,R_2^*,\cdots,R_n^*$ 的条件分物元,$K_i=(N_i,C_i,V_i)$ $(i=1,2,\cdots,f)(f \leqslant n)$。

3) 防控策略集生成

利用物元发散性、可扩性、相关性等,对条件分物元 K_i 进行可拓分析,生成相应的防控策略集 S_i:

$$S_i = \begin{bmatrix} S_{i1} \\ S_{i2} \\ \cdots \\ S_{ik} \end{bmatrix} \quad (i=1,2,\cdots,f) \tag{3-9}$$

式中:k——防控集中所含策略的个数。

3.5 案例分析

3.5.1 项目概况

本章以南京市岱山保障性住房片区中的公租房项目作为实证分析对象。作为南京市较早的四大保障性安置片区之一,岱山保障性住房项目位于岱山山脉以西,宁芜公路和宁芜铁路以南,距河西约为 10 km,距新街口和南京火车南站的直线距离分别是 17 km 和 14 km(如图 3-9 所示)。从项目规划图上可以看到,未来南京地铁的 7 号线、8 号线均会经过该片区,且地铁口就设在小区西北角。该项目坐拥"双地铁",交通非常便捷。

图 3-9 岱山保障房项目位置图

岱山保障房项目总建筑面积为386.73万 m²，总投资133.6亿元，预计居住人数将达到3.51万户，近9万人，其中部分项目已于2012年开始交付使用。所建设的保障性住房形式包括了廉租房、公共租赁住房和人才公寓，住房面积从60 m²、70 m²至80 m²不等，同时还配建了部分普通商品房、中低价商品房。其中，公共租赁房和人才公寓的面积约占到总体量的1/4，商品房约占总面积的一半，这样可增加居住人群的多样性，以避免保障房片区贫民窟化。

岱山保障房项目共分32个地块开发，商品房占10个地块，另外22个地块合计200万 m²都是保障房用地。按政府要求，西善桥岱山保障房于2012年底、2013年初完成所有配套。在所有的保障房中，公租房和廉租房都是精装修交付，完工后就可以做到拎包入住。其中，本书所要研究的公租房项目由绿城房地产集团负责建设，共5栋，位于齐修北苑，即图3-10中的5号地块。公租房总建筑面积约20万 m²，每栋为33或34层，共3 534套，开工日期为2011年3月1日，竣工日期为2013年11月30日。

图3-10　绿城房地产集团承建地块

整个岱山保障房项目的商业设施主要为沿街商铺；运动设施有园区配套健身器材、篮球场、羽毛球场；卫生设施主要是社区卫生服务中心；教育设施配有7所幼儿园、4所小学、2所初中、1所高中；交通设施有62路、169路、94路等公交线路和规划中的地铁；安全设施有园区监控、安保等。此外还有消防站、农贸市场、停车场和地下车库等公共设施（如图3-11～图3-14）。

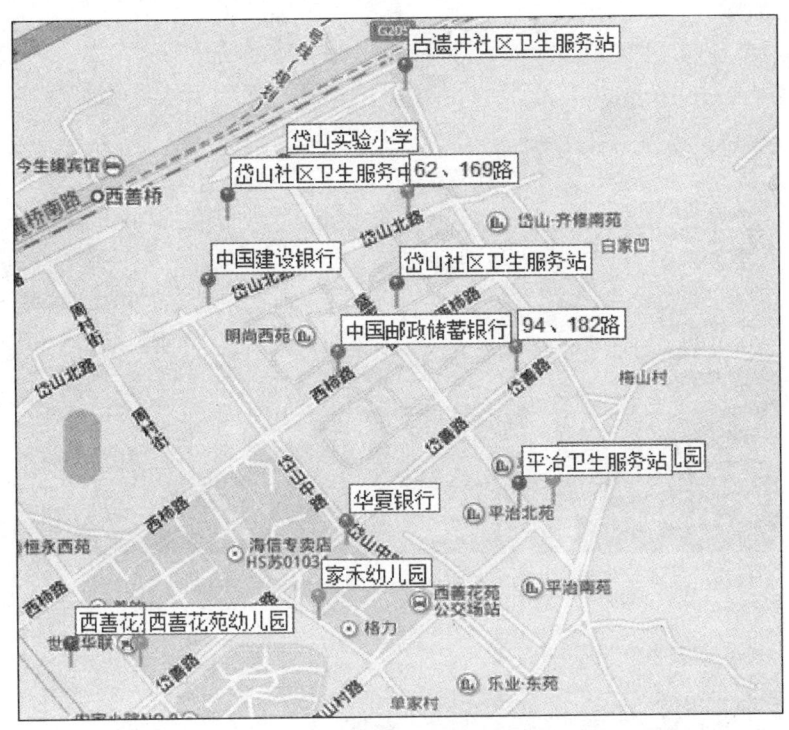

图3-11 岱山公租房项目周边基础设施

图3-12 岱山公租房项目内幼儿园

图 3-13　岱山公租房项目内农贸市场

图 3-14　岱山公租房项目内小区体育设施

3.5.2　岱山公租房项目社会风险前摄性可拓评价

本书之所以选择已投入使用的岱山公租房项目作为实证研究的对象，主要是考虑到该项目位于南京市最大的保障房项目中，其数据的完整性和可获取性较高。

同时该项目作为南京市典型的公租房建设项目,其生命周期内各环节的做法均具有一定的代表性和普遍性。此外,选用已投入使用的公租房项目还可以将前摄性评价结果与投入使用后的实际评价结果作对比,以此检验前文所提出的前摄性定量评价方法的可行性。

对该项目进行可拓评价的具体操作方法为:根据岱山公租房项目的相关图纸、基本设施等信息运用物元可拓法定量评价出该项目的社会风险水平,并将其作为前摄性定量评价的结果。通过实地的问卷调查,让住户结合实际生活情况对相关社会风险指标进行评价,再同样利用物元可拓法进行后评价,得到项目投入使用后的社会风险等级。最后将预测结果与现实情况作对比,以验证本书所提出的公租房项目前摄性定量评价方法的可行性,同时以该项目为例对今后其他公租房项目的社会风险防控提出相应策略。

3.5.2.1 确定岱山公租房项目社会风险的层次结构

根据前文 3.3 部分确定的公租房项目社会风险评价指标和 3.4 部分建立的社会风险物元可拓评价模型,可得到如下的岱山公租房项目的社会风险指标层次结构。

$$(岱山公租房项目,社会风险,R) \begin{cases} (经济子系统,社会风险,R_1) \\ (社会子系统,社会风险,R_2) \\ (环境子系统,社会风险,R_3) \\ (文化子系统,社会风险,R_4) \end{cases}$$

$$(经济子系统,社会风险,R_1) \begin{cases} (保障对象生活成本,社会风险,R_{11}) \\ (保障对象收入变化情况,社会风险,R_{12}) \\ (就业机会,社会风险,R_{13}) \\ (相关服务价格上涨情况,社会风险,R_{14}) \\ (保障对象上班成本,社会风险,R_{15}) \end{cases}$$

$$(社会子系统,社会风险,R_2) \begin{cases} (规划选址,社会风险,R_{21}) \\ (交通状况,社会风险,R_{22}) \\ (基础设施完善度,社会风险,R_{23}) \\ (社会治安情况,社会风险,R_{24}) \\ (施工安全性,社会风险,R_{25}) \\ (住房质量、户型等,社会风险,R_{26}) \\ (社会公平状况,社会风险,R_{27}) \\ (物业服务质量,社会风险,R_{28}) \\ (流动人口增长率,社会风险,R_{29}) \\ (居民融合度,社会风险,R_{210}) \end{cases}$$

$$\text{(环境子系统,社会风险},R_3)\begin{cases}\text{(空气质量,社会风险},R_{31})\\\text{(水资源影响,社会风险},R_{32})\\\text{(噪声影响,社会风险},R_{33})\\\text{(生态环境影响,社会风险},R_{34})\end{cases}$$

$$\text{(文化子系统,社会风险},R_4)\begin{cases}\text{(风俗习惯差异度,社会风险},R_{41})\\\text{(原居住区文化破坏度,社会风险},R_{42})\\\text{(文化教育差异度,社会风险},R_{43})\end{cases}$$

3.5.2.2 确定待评价社会风险物元

由于前文3.4中已经确定了公租房项目社会风险的特征集、评语集、经典域和节域,因此本节的主要内容即是根据已确定好的特征集和岱山公租房项目开工前的政府规划,对上文22个社会风险指标的特征进行打分。特征指标包括发生概率(社会风险发生的概率)、损失程度(社会风险发生造成的损失)、处理难易性(社会风险处理的难度)。根据南京市住房保障部门对岱山公租房及整个保障房片区的规划目标,本书对各指标的分析及打分如下,分数统计如表3-16所示。

(1) 保障对象生活成本:岱山公租房项目所在的保障房片区配备有数量合理的中小学、社区中心、医疗中心、农贸市场、派出所、公交场站、商业中心等,基本能解决保障对象的生活需求。此外,公租房租金有11元/(m^2·月)和8元/(m^2·月)两种,均远低于南京平均租房价格,这大大降低了保障对象的租房成本。但不可否认的是,由于是保障性质,公租房项目选址地点较为偏远,距离新街口和南京南站的直线距离分别是17 km和14 km,规划中的地铁目前还未开工,所以目前保障对象的出行成本相对较高。各方面综合考虑后,本书认为岱山公租房保障对象的生活成本引发社会风险的可能性偏低。打分结果为发生概率5分、损失程度7分、处理难易性6分。

(2) 保障对象收入变化情况:该公租房项目周边的第二、三产业种类、数量较多,能满足部分居民的就业,但岗位门槛普遍较低,工作条件和相关待遇也一般,因而无法满足新就业的大学生和其他中高学历人群的就业需求。因此,对于想在周边就业的人群来说,其收入与之前在城市中心区域的工作相比可能会有所下降,但对于工作不变动的人群来说则影响不大。考虑到公租房位置较为偏远,出行成本较高,因此保障对象往往会倾向于选择距离较近的工作,从而会导致收入降低。综上所述,打分结果为发生概率7分、损失程度8分、处理难易性7.5分。

(3) 就业机会:距离该项目5 km范围内有酒店饭店类36家,娱乐场所18家,停车场、加油站、服务站、洗车店等共46家。该保障房片区内还设有商业区、农贸市场、卫生服务站等,为居民提供了良好的就业条件,但相对而言工作类型较为初级,无法满足高学历人群的就业需求,因此合适的就业机会并不多。打分结果为发生概率7分、损失程度8分、处理难易性8分。

(4) 相关服务价格上涨情况:该项目地处偏远的特点决定了虽然小区内部各种配套设施较为齐全,但整个城市无法做到均衡发展的现状也决定了小区外部环境中无论是基础设施还是商业配套与该项目相比均存在不小的差距。因此,小区内部的各种生活配套服务处在没有竞争对手的环境中,这会导致服务价格的上涨。打分结果为发生概率8分、损失程度7分、处理难易性8.5分。

(5) 保障对象上班成本:由于该项目选址较为偏远,因而对于工作距离较远的保障对象来说,无论是上班的时间成本还是费用成本较以往都会增加。打分结果为发生概率8.5分、损失程度7分、处理难易性8.5分。

(6) 规划选址:该公租房项目位于岱山山脉以西,宁芜公路和宁芜铁路以南,距河西约为10 km,距新街口和南京火车南站的直线距离分别是17 km和14 km,处于南京市西南方向,地址相对而言较为偏远。因此,由公租房位置所引发社会风险的可能性较高。打分结果为发生概率8分、损失程度7分、处理难易性8分。

(7) 交通状况:该公租房所处的岱山保障房项目位于宁芜公路以南,靠近宁芜高速与沪蓉高速交叉口,周边还有天保桥立交、刘村枢纽和凤凰山立交桥,可迅速接入南京市城市道路路网和南京市高、快速路路网。在公共交通配置方面,项目周边配备有62路、94路、182路、D16路等公交线路,未来南京地铁7、8号线均经过该片区。因此,无论是从交通线路还是交通工具上来看,保障人群的出行都十分便利。此外,由于该项目周边大部分地区还处于待开发状态,所以人流量与主城区相比会少很多,其交通拥挤情况也会很少、交通状况良好。打分结果为发生概率3分、损失程度2.5分、处理难易性3分。

(8) 基础设施完善度:教育方面配建了1所高中、2所初中、4所小学、7所幼儿园;卫生方面有2个医疗服务中心、若干个卫生站、1座养老院;社区方面有2个社区级服务中心,4个基层服务中心,3个农贸市场,多个超市、餐饮店、药店等。总体而言,基础设施较为完善。打分结果为发生概率4分、损失程度3分、处理难易性3分。

(9) 社会治安情况:一个派出所、若干警务室。该项目智能化系统配备电子围栏系统,小区设有监控系统、出入门禁系统、电子巡更等,治安环境较好。打分结果为发生概率3分、损失程度4分、处理难易性3分。

(10) 施工安全性:该公租房项目由绿城集团代为建设。作为国内知名的房地产企业之一,绿城集团始终坚守品质制胜,坚持"建设以商业模式运营的社会责任型和公益型企业"的理想,严抓房地产开发各个环节的质量,曾连续两年获得"中国城市居民居住整体满意度"第一的名次。因此,对于始终把造好房子放在第一位的绿城集团而言,施工环节的安全性完全可以得到保证。打分结果为发生概率2分、损失程度3分、处理难易性2.5分。

(11) 住房质量、户型等:如前文所述,岱山保障房片区内的公租房由国内一流的房地产开发企业绿城集团进行代建,其建筑品质有保障。岱山公租房项目有6个标准户型,建筑外窗窗墙比符合标准的要求,可起到良好的保温、隔热、降噪效果。此外,建筑体形、朝向、楼距、窗墙比、门窗布置的设计较为合理,能够获得良好的室内自然采光水平。但受保障性特点的限制,住房面积较小,居住体验可能会受影响。打分结果为发生概率5分、损失程度7分、处理难易性8分。

(12) 社会公平状况:目前岱山保障房项目中除了公租房还有拆迁安置经济适用房、产权调换房、廉租房和双困户经济适用房等类型,其住户类型和社会层次均相差不大,且公租房中还有相当比例的住户是受教育程度较高的新就业大学生。此外,政府的规划理念就是将保障房项目建设成为"环境优美、配套完备、功能齐全、环保节能的区域新城"。因此,对于整个项目而言,无论是从社区交往状况还是社会资源分配情况来看,公租房住户应该都不会感觉到社会不公平。打分结果为发生概率3分、损失程度4分、处理难易性4分。

(13) 物业服务质量:依据市政府对四大保障房片区后期管理的要求,该公租房项目物业管理采用"市政府政策主导,区政府属地管理,准市场化、专业化运营"的模式,选聘具有丰富管理经验、实力较强且具有一级管理资质的物业服务企业实施专业化管理。小区内实现人车分流、24小时保安值守巡更等管理措施。物业招标时限定物业等级为一级,保证小区日常环境的优良。打分结果为发生概率5分、损失程度5分、处理难易性3分。

(14) 流动人口增长率:公租房项目自身的租赁性质以及面向中低收入人群的特点决定了其人员流动性很大、流动人口增长率较高、容易出现社区冲突。因此,从流动人口增长率这方面来看,公租房项目的社会风险较高。打分结果为发生概率8分、损失程度6分、处理难易性8.5分。

(15) 居民融合度:岱山保障房项目中除了公租房还有经济适用房、拆迁安置房等类型的住房,住户之间的社会层次相差不大,且周边没有高档小区,所以整个项目内部以及与周边住户之间的融合度应该不会是很大的问题。打分结果为发生概率3分、损失程度2分、处理难易性4分。

(16) 空气质量:岱山保障房项目从开工建设到投入使用均遵循着节能、节水、节地、节材的宗旨,保证景观覆盖率,改善了局部小气候。同时项目处于城市外围,人口密度和建筑密度相对不高,周边没有污染严重的企业,所以空气质量相对较好。打分结果为发生概率2分、损失程度4分、处理难易性4分。

(17) 水资源影响:该公租房项目的建设未破坏当地自然水系,同时小区内还设置了雨水回收系统对雨水进行收集、净化再用于绿化、冲洗道路等，减少了运行费用并能节约水资源。因此，岱山公租房项目的建设运行未对水资源造成很大影响。打分结果为发生概率3分、损失程度5分、处理难易性6分。

(18) 噪声影响：该项目周边没有噪声污染很严重的企业，但北侧部分建筑离宁芜铁路较近，受交通噪声影响较大。打分结果为发生概率8分、损失程度7.5分、处理难易性8分。

(19) 生态环境影响：作为南京四大保障房片区之一，岱山项目绿化率较高，景观设计层次感强，植物品种多样，其中公租房项目的绿化率达到了40.39%。绿地面积的增加也改善了局部气候，使项目周边整体面貌得到进一步改观。此外，该项目的建设未破坏当地自然水系和主要植被，建成后及时清理了建筑垃圾，未对土地造成污染。在公租房建设环节，根据政府指示，每个住宅都严格执行50%节能设计标准，应用太阳能热水系统和实施雨污分流，力求将对生态环境的影响降到最低。打分结果为发生概率5分、损失程度6分、处理难易性7分。

(20) 风俗习惯差异度：岱山保障房项目住户中有相当一部分是原来该地区的住户，他们的风俗习惯类似。其他的住户大多是城市中的中低收入人群，生活水平和消费习惯相差不大。南京的外来人口绝大部分来自于省内和周边省份，风俗习惯没有特别明显的差别。打分结果为发生概率3分、损失程度2分、处理难易性5分。

(21) 原居住区文化破坏度：根据政府对保障房片区的建设要求，岱山保障房项目充分重视对历史文化遗产和民俗文化的保护，尽量建设既有民俗文化氛围又适应现代生活要求和充满活力的文化广场，为居民提供健身、娱乐、机会的休闲场所。打分结果为发生概率4分、损失程度3分、处理难易性3分。

(22) 文化教育差异度：公租房项目的保障对象虽然都是城市中低收入人群，但其中的新就业大学生、外来务工人员和城镇原本的中低收入家庭他们的受教育程度和就业类型具有很大差别。因此，由文化教育差异所导致的矛盾发生的可能性较高。打分结果为发生概率8分、损失程度6分、处理难易性8.5分。

表 3-16 社会风险评价指标的风险特征值

第一层风险	第二层风险	发生概率	损失程度	处理难易性
经济子系统社会风险 R_1	保障对象生活成本 R_{11}	5	7	6
	保障对象收入变化情况 R_{12}	7	8	7.5
	就业机会 R_{13}	7	8	8
	相关服务价格上涨情况 R_{14}	8	7	8.5
	保障对象上班成本 R_{15}	8.5	7	8.5

续　表

第一层风险	第二层风险	发生概率	损失程度	处理难易性
社会子系统社会风险 R_2	规划选址 R_{21}	8	7	8
	交通状况 R_{22}	3	2.5	3
	基础设施完善度 R_{23}	4	3	3
	社会治安情况 R_{24}	3	4	3
	施工安全性 R_{25}	2	3	2.5
	住房质量、户型等 R_{26}	5	7	8
	社会公平状况 R_{27}	3	4	4
	物业服务质量 R_{28}	5	5	3
	流动人口增长率 R_{29}	8	6	8.5
	居民融合度 R_{210}	3	2	4
环境子系统社会风险 R_3	空气质量 R_{31}	2	4	4
	水资源影响 R_{32}	3	5	6
	噪声影响 R_{33}	8	7.5	8
	生态环境影响 R_{34}	5	6	7
文化子系统社会风险 R_4	风俗习惯差异度 R_{41}	3	2	5
	原居住区文化破坏度 R_{42}	4	3	3
	文化教育差异度 R_{43}	8	6	8.5

根据表 3-16 的得分结果，可确定出待评价社会风险物元：

（1）经济子系统社会风险

$$R_{11} = \begin{bmatrix} r_{11}, & c_1, & 5 \\ & c_2, & 7 \\ & c_3, & 6 \end{bmatrix} \quad R_{12} = \begin{bmatrix} r_{12}, & c_1, & 7 \\ & c_2, & 8 \\ & c_3, & 7.5 \end{bmatrix} \quad R_{13} = \begin{bmatrix} r_{13}, & c_1, & 7 \\ & c_2, & 8 \\ & c_3, & 8 \end{bmatrix}$$

$$R_{14} = \begin{bmatrix} r_{14}, & c_1, & 8 \\ & c_2, & 7 \\ & c_3, & 8.5 \end{bmatrix} \quad R_{15} = \begin{bmatrix} r_{15}, & c_1, & 8.5 \\ & c_2, & 7 \\ & c_3, & 8.5 \end{bmatrix}$$

（2）社会子系统社会风险

$$R_{21} = \begin{bmatrix} r_{21}, & c_1, & 8 \\ & c_2, & 7 \\ & c_3, & 8 \end{bmatrix} \quad R_{22} = \begin{bmatrix} r_{22}, & c_1, & 3 \\ & c_2, & 2.5 \\ & c_3, & 3 \end{bmatrix} \quad R_{23} = \begin{bmatrix} r_{23}, & c_1, & 4 \\ & c_2, & 3 \\ & c_3, & 3 \end{bmatrix}$$

$$R_{24} = \begin{bmatrix} r_{24}, & c_1, & 3 \\ & c_2, & 4 \\ & c_3, & 3 \end{bmatrix} \quad R_{25} = \begin{bmatrix} r_{25}, & c_1, & 2 \\ & c_2, & 3 \\ & c_3, & 2.5 \end{bmatrix} \quad R_{26} = \begin{bmatrix} r_{26}, & c_1, & 5 \\ & c_2, & 7 \\ & c_3, & 8 \end{bmatrix}$$

$$R_{27} = \begin{bmatrix} r_{27}, & c_1, & 3 \\ & c_2, & 4 \\ & c_3, & 4 \end{bmatrix} \quad R_{28} = \begin{bmatrix} r_{28}, & c_1, & 5 \\ & c_2, & 5 \\ & c_3, & 3 \end{bmatrix} \quad R_{29} = \begin{bmatrix} r_{29}, & c_1, & 8 \\ & c_2, & 6 \\ & c_3, & 8.5 \end{bmatrix}$$

$$R_{210} = \begin{bmatrix} r_{210}, & c_1, & 3 \\ & c_2, & 2 \\ & c_3, & 4 \end{bmatrix}$$

(3) 环境子系统社会风险

$$R_{31} = \begin{bmatrix} r_{31}, & c_1, & 2 \\ & c_2, & 4 \\ & c_3, & 4 \end{bmatrix} \quad R_{32} = \begin{bmatrix} r_{32}, & c_1, & 3 \\ & c_2, & 5 \\ & c_3, & 6 \end{bmatrix} \quad R_{33} = \begin{bmatrix} r_{33}, & c_1, & 8 \\ & c_2, & 7.5 \\ & c_3, & 8 \end{bmatrix}$$

$$R_{34} = \begin{bmatrix} r_{34}, & c_1, & 5 \\ & c_2, & 6 \\ & c_3, & 7 \end{bmatrix}$$

(4) 文化子系统社会风险

$$R_{41} = \begin{bmatrix} r_{41}, & c_1, & 3 \\ & c_2, & 2 \\ & c_3, & 5 \end{bmatrix} \quad R_{42} = \begin{bmatrix} r_{42}, & c_1, & 4 \\ & c_2, & 3 \\ & c_3, & 3 \end{bmatrix} \quad R_{43} = \begin{bmatrix} r_{43}, & c_1, & 8 \\ & c_2, & 6 \\ & c_3, & 8.5 \end{bmatrix}$$

3.5.2.3 确定各特征量关于各风险等级的关联度

根据 3.4.2.3 中关于待评物元关联度的计算步骤,以物元 R_{11}(保障对象生活成本)为例,$K_1(v_{11})$ 表示 R_{11} 的特征 c_1 量值关于风险等级 u_1(一级风险)的关联度,将量值代入公式(3-3)则可得到

$$K_1(v_{111}) = \frac{\left|5 - \frac{0+2}{2}\right| - \frac{2-0}{2}}{\left|5 - \frac{0+10}{2}\right| - \frac{10-0}{2} - \left|5 - \frac{0+2}{2}\right| + \frac{2-0}{2}} = -0.375$$

同理,可计算出 R_{11} 的其他两个风险特征量值关于一级风险 u_1 的关联度和 R_{11} 的三个特征量值关于其他四级风险的关联度:

$$K_1(v_{112}) = -0.625 \quad K_1(v_{113}) = -0.500$$
$$K_2(v_{111}) = -0.167 \quad K_2(v_{112}) = -0.500 \quad K_2(v_{113}) = -0.333$$

$$K_3(v_{111}) = 0.250 \quad K_3(v_{112}) = -0.250 \quad K_3(v_{113}) = 0.000$$
$$K_4(v_{111}) = -0.167 \quad K_4(v_{112}) = 0.500 \quad K_4(v_{113}) = 0.000$$
$$K_5(v_{111}) = -0.375 \quad K_5(v_{112}) = -0.250 \quad K_5(v_{113}) = -0.333$$

类似的，可以算出第三层所有风险评价指标的各风险特征量值关于各风险等级的关联度，如表 3-17 所示。

表 3-17 社会风险评价指标的各风险特征量值关于各风险等级的关联度

社会风险评价指标	特征量值	评价指标关联度				
		u_1	u_2	u_3	u_4	u_5
R_{11} 保障对象生活成本	5	−0.375	−0.167	0.250	−0.167	−0.375
	7	−0.625	−0.500	−0.250	0.500	−0.250
	6	−0.500	−0.333	0.000	0.000	−0.333
R_{12} 保障对象收入变化情况	7	−0.625	−0.500	−0.250	0.500	−0.250
	8	−0.750	−0.667	−0.500	0.000	0.000
	7.5	−0.688	−0.583	−0.375	0.250	−0.167
R_{13} 就业机会	7	−0.625	−0.500	−0.250	0.500	−0.250
	8	−0.750	−0.667	−0.500	0.000	0.000
	8	−0.750	−0.667	−0.500	0.000	0.000
R_{14} 相关服务价格上涨情况	8	−0.750	−0.667	−0.500	0.000	0.000
	7	−0.625	−0.500	−0.250	0.500	−0.250
	8.5	−0.813	−0.750	−0.625	−0.250	0.500
R_{15} 保障对象上班成本	8.5	−0.813	−0.750	−0.625	−0.250	0.500
	7	−0.625	−0.500	−0.250	0.500	−0.250
	8.5	−0.813	−0.750	−0.625	−0.250	0.500
R_{21} 规划选址	8	−0.750	−0.667	−0.500	0.000	0.000
	7	−0.625	−0.500	−0.250	0.500	−0.250
	8	−0.750	−0.667	−0.500	0.000	0.000
R_{22} 交通状况	3	−0.250	0.500	−0.250	−0.500	−0.625
	2.5	−0.167	0.250	−0.375	−0.583	−0.688
	3	−0.250	0.500	−0.250	−0.500	−0.625

续表

社会风险评价指标	特征量值	评价指标关联度				
		u_1	u_2	u_3	u_4	u_5
R_{23} 基础设施完善度	4	−0.333	0.000	0.000	−0.333	−0.500
	3	−0.250	0.500	−0.250	−0.50	−0.625
	3	−0.250	0.500	−0.250	−0.500	−0.625
R_{24} 社会治安情况	3	−0.250	0.500	−0.250	−0.500	−0.625
	4	−0.333	0.000	0.000	−0.333	−0.500
	3	−0.250	0.500	−0.250	−0.500	−0.625
R_{25} 施工安全性	2	0.000	0.000	−0.500	−0.667	−0.750
	3	−0.250	0.500	−0.250	−0.500	−0.625
	2.5	−0.167	0.250	−0.375	−0.583	−0.688
R_{26} 住房质量、户型等	5	−0.375	−0.167	0.250	−0.167	−0.375
	7	−0.625	−0.500	−0.250	0.500	−0.250
	8	−0.750	−0.667	−0.500	0.000	0.000
R_{27} 社会公平状况	3	−0.250	0.500	−0.250	−0.500	−0.625
	4	−0.333	0.000	0.000	−0.333	−0.500
	4	−0.333	0.000	0.000	−0.333	−0.500
R_{28} 物业服务质量	5	−0.375	−0.167	0.250	−0.167	−0.375
	5	−0.375	−0.167	0.250	−0.167	−0.375
	3	−0.250	0.500	−0.250	−0.500	−0.625
R_{29} 流动人口增长率	8	−0.750	−0.667	−0.500	0.000	0.000
	6	−0.500	−0.333	0.000	0.000	−0.333
	8.5	−0.813	−0.750	−0.625	−0.250	0.500
R_{210} 居民融合度	3	−0.250	0.500	−0.250	−0.50	−0.625
	2	0.000	0.000	−0.500	−0.667	−0.750
	4	−0.333	0.000	0.000	−0.333	−0.500
R_{31} 空气质量	2	0.000	0.000	−0.500	−0.667	−0.750
	4	−0.333	0.000	0.000	−0.333	−0.500
	4	−0.333	0.000	0.000	−0.333	−0.500

续 表

社会风险评价指标	特征量值	评价指标关联度				
		u_1	u_2	u_3	u_4	u_5
R_{32} 水资源影响	3	−0.250	0.500	−0.250	−0.500	−0.625
	5	−0.375	−0.167	0.250	−0.167	−0.375
	6	−0.500	−0.333	0.000	0.000	−0.333
R_{33} 噪声影响	8	−0.750	−0.667	−0.500	0.000	0.000
	7.5	−0.688	−0.583	−0.375	0.250	−0.167
	8	−0.750	−0.667	−0.500	0.000	0.000
R_{34} 生态环境影响	5	−0.375	−0.167	0.250	−0.167	−0.375
	6	−0.500	−0.333	0.000	0.000	−0.333
	7	−0.625	−0.500	−0.250	0.500	−0.250
R_{41} 风俗习惯差异度	3	−0.250	0.500	−0.250	−0.500	−0.625
	2	0.000	0.000	−0.500	−0.667	−0.750
	5	−0.375	−0.167	0.250	−0.167	−0.375
R_{42} 原居住区文化破坏度	4	−0.333	0.000	0.000	−0.333	−0.500
	3	−0.250	0.500	−0.250	−0.500	−0.625
	3	−0.250	0.500	−0.250	−0.500	−0.625
R_{43} 文化教育差异度	8	−0.750	−0.667	−0.500	0.000	0.000
	6	−0.500	−0.333	0.000	0.000	−0.333
	8.5	−0.813	−0.750	−0.625	−0.250	0.500

3.5.2.4 确定待评物元关于各风险等级的关联度

1) 确定风险特征集权重值

具体计算过程和结果见 3.4.2.3 节。

2) 待评物元关于各风险等级的关联度及风险等级判定

对底层社会风险评价指标进行可拓评判，计算出各底层社会风险指标关于各风险等级的关联度。

以 R_{11} 保障对象生活成本为例，根据公式(3-4)，计算可得：

$K_1(r_{11}) = 0.3 \times (-0.375) + 0.38 \times (-0.625) + 0.35 \times (-0.5) = -0.525$

$K_2(r_{11}) = 0.3 \times (-0.167) + 0.38 \times (-0.5) + 0.35 \times (-0.333) = -0.357$

$K_3(r_{11}) = 0.3 \times 0.25 + 0.38 \times (-0.25) + 0.35 \times 0 = -0.020$

$K_4(r_{11}) = 0.3 \times (-0.167) + 0.38 \times 0.5 + 0.35 \times 0 = 0.140$

$K_5(r_{11}) = 0.3 \times (-0.375) + 0.38 \times (-0.25) + 0.35 \times (-0.333) = -0.324$

以 R_{11} 保障对象生活成本为例,根据公式(3-5)计算得:
$$K_5(r_{11}) = \max K_j(r_{11}) = \max\{-0.525, -0.357, -0.020, 0.140, -0.324\} = 0.140$$

得 R_{11} 的社会风险等级为 U_4,即四级风险。

重复该过程可以算出底层所有社会风险评价指标关于各风险等级的关联度及对应的风险等级,如表 3-18 所示。

表 3-18 底层社会风险评价指标关于各风险等级的关联度

第三层指标	社会风险评价指标关于各风险等级的关联度					风险等级评定
	u_1	u_2	u_3	u_4	u_5	
R_{11}	-0.525	-0.357	-0.020	0.140	-0.324	四级
R_{12}	-0.713	-0.608	-0.396	0.238	-0.133	四级
R_{13}	-0.735	-0.637	-0.440	0.150	-0.075	四级
R_{14}	-0.747	-0.653	-0.464	0.103	0.080	四级
R_{15}	-0.766	-0.678	-0.501	0.028	0.230	五级
R_{21}	-0.725	-0.623	-0.420	0.190	-0.095	四级
R_{22}	-0.226	0.420	-0.305	-0.547	-0.668	二级
R_{23}	-0.283	0.365	-0.183	-0.465	-0.606	二级
R_{24}	-0.289	0.325	-0.163	-0.452	-0.596	二级
R_{25}	-0.153	0.278	-0.376	-0.594	-0.703	二级
R_{26}	-0.613	-0.473	-0.195	0.140	-0.208	四级
R_{27}	-0.318	0.150	-0.075	-0.393	-0.553	二级
R_{28}	-0.343	0.062	0.083	-0.288	-0.474	三级
R_{29}	-0.699	-0.589	-0.369	-0.088	0.048	五级
R_{210}	-0.192	0.150	-0.265	-0.520	-0.648	二级
R_{31}	-0.243	0.000	-0.150	-0.443	-0.590	二级
R_{32}	-0.393	-0.030	0.020	-0.213	-0.447	三级
R_{33}	-0.749	-0.655	-0.468	0.095	-0.063	四级
R_{34}	-0.521	-0.352	-0.013	0.125	-0.327	四级
R_{41}	-0.206	0.092	-0.178	-0.462	-0.604	二级
R_{42}	-0.283	0.365	-0.183	-0.465	-0.606	二级
R_{43}	-0.699	-0.589	-0.369	-0.088	0.048	五级

3.5.2.5 岱山公租房项目社会风险前摄性可拓层次递阶综合评价

根据底层社会风险评价指标关于各社会风险等级的关联度集和指标关于第二层风险的权重集可以获得第二层社会风险关于各社会风险等级的关联度集,从而向上递阶综合,最后可逐步得到岱山公租房项目各层指标及整个项目的社会风险级别。

以 R_1 经济子系统风险为例,计算过程如下:

$$B_1 = A_{11} \cdot K_{11} = \begin{bmatrix} 0.10117 \\ 0.22612 \\ 0.16981 \\ 0.42072 \\ 0.07294 \end{bmatrix}^T \cdot \begin{bmatrix} -0.525 & -0.357 & -0.020 & 0.140 & -0.324 \\ -0.713 & -0.608 & -0.396 & 0.238 & -0.133 \\ -0.735 & -0.637 & -0.440 & 0.150 & -0.075 \\ -0.747 & -0.653 & -0.464 & 0.103 & 0.080 \\ -0.766 & -0.678 & -0.501 & 0.028 & 0.230 \end{bmatrix}$$

$$= \begin{bmatrix} -0.709 & -0.606 & -0.398 & 0.139 & -0.025 \end{bmatrix}$$

同理,由 $B_5(r) = \max B_j = \max\{-0.709, -0.606, -0.398, 0.139, -0.025\} = 0.139$,得 R_1 的社会风险等级为 U_4,即四级风险。

重复该过程可以算出第二层所有社会风险指标关于各风险等级的关联度及对应的风险等级,如表 3-19 所示。

表 3-19 第二层社会风险评价指标关于各风险等级的关联度

第二层指标	第三层指标	底层指标权重	底层社会风险评价指标关联度					风险等级
			U_1	U_2	U_3	U_4	U_5	
R_1	R_{11}	0.10117	-0.525	-0.357	-0.020	0.140	-0.324	四级
	R_{12}	0.22612	-0.713	-0.608	-0.396	0.238	-0.133	
	R_{13}	0.16981	-0.735	-0.637	-0.440	0.150	-0.075	
	R_{14}	0.42072	-0.747	-0.653	-0.464	0.103	0.080	
	R_{15}	0.07294	-0.766	-0.678	-0.501	0.028	0.230	
	加权求和		-0.709	-0.606	-0.398	0.139	-0.025	
R_2	R_{21}	0.06836	-0.725	-0.623	-0.420	0.190	-0.095	二级
	R_{22}	0.11342	-0.226	0.420	-0.305	-0.547	-0.668	
	R_{23}	0.26802	-0.283	0.365	-0.183	-0.465	-0.606	
	R_{24}	0.04105	-0.289	0.325	-0.163	-0.452	-0.596	
	R_{25}	0.04659	-0.153	0.278	-0.376	-0.594	-0.703	

续 表

第二层指标	第三层指标	底层指标权重	底层社会风险评价指标关联度					风险等级
			U_1	U_2	U_3	U_4	U_5	
R_2	R_{26}	0.043 58	−0.613	−0.473	−0.195	0.140	−0.208	二级
	R_{27}	0.089 96	−0.318	0.150	−0.075	−0.393	−0.553	
	R_{28}	0.033 21	−0.343	0.062	0.083	−0.288	−0.474	
	R_{29}	0.143 09	−0.699	−0.589	−0.369	−0.088	0.048	
	R_{210}	0.152 89	−0.192	0.150	−0.265	−0.520	−0.648	
	加权求和		−0.366	0.063	−0.242	−0.351	−0.469	
R_3	R_{31}	0.333 69	−0.243	0.000	−0.150	−0.443	−0.590	四级
	R_{32}	0.145 42	−0.393	−0.030	0.020	−0.213	−0.447	
	R_{33}	0.264 03	−0.749	−0.655	−0.468	0.095	−0.063	
	R_{34}	0.256 86	−0.521	−0.352	−0.013	0.125	−0.327	
	加权求和		−0.470	−0.268	−0.174	−0.122	−0.363	
R_4	R_{41}	0.333 69	−0.206	0.092	−0.178	−0.462	−0.604	二级
	R_{42}	0.313 74	−0.283	0.365	−0.183	−0.465	−0.606	
	R_{43}	0.465 46	−0.699	−0.589	−0.369	−0.088	0.048	
	加权求和		−0.483	−0.129	−0.289	−0.341	−0.369	

同理，整个公租房项目关于各风险等级的关联度及风险等级评定过程如下：

$$B = A \cdot K = \begin{bmatrix} 0.397\ 06 \\ 0.382\ 08 \\ 0.126\ 16 \\ 0.094\ 69 \end{bmatrix}^T \cdot \begin{bmatrix} -0.709 & -0.606 & -0.398 & 0.139 & -0.025 \\ -0.366 & 0.063 & -0.242 & -0.351 & -0.469 \\ -0.470 & -0.268 & -0.174 & -0.122 & -0.363 \\ -0.483 & -0.129 & -0.289 & -0.341 & -0.369 \end{bmatrix}$$
$$= \begin{bmatrix} -0.527 & -0.263 & -0.300 & -0.127 & -0.270 \end{bmatrix}$$

通过上述递阶综合评价的结果可知，该公租房项目社会风险为四级，其中经济、社会、环境、文化各子系统的风险等级分别为四级、二级、四级和二级。这说明项目中有些社会风险指标发生的概率和造成的损失都较大，风险处理的难度也较大，项目总体存在较高的社会风险。因此，对于岱山公租房而言，在其建设、运营各环节都要加强对社会风险的跟踪和实时监控，及时做好风险应急措施。

3.5.3 岱山公租房项目投入使用后的社会风险可拓评价

与前文 3.5.2 的评价过程类似，本节可拓评价也包括确定待评价社会风险物元、待评价物元的各特征量关于各社会风险等级的关联度、待评价物元关于各风险等级的关联度以及社会风险可拓层次递阶综合评价四个步骤，其中的区别在于社会风险评价指标的风险特征值的来源不同。前文 3.5.2 节中的特征值是笔者根据公租房项目设计图纸和规划目标进行确定的，而本节中的特征值是通过对实际入住的居民进行问卷调查得到的。

3.5.3.1 确定待评价社会风险物元

让岱山公租房项目的居民依据实际租住情况，对上文 22 个社会风险指标的特征进行了打分，具体调查问卷见附录 3。通过对问卷结果取平均值，得到了各待评价社会风险指标对应风险特征的量值，结果如表 3-20 所示。

表 3-20 社会风险评价指标的风险特征值

第一层风险	第二层风险	发生概率	损失程度	处理难易性
经济子系统社会风险 R_1	保障对象生活成本 R_{11}	8.5	8.3	7.7
	保障对象收入变化情况 R_{12}	6.4	7.3	7.5
	就业机会 R_{13}	6.2	7.5	7.5
	相关服务价格上涨情况 R_{14}	8.5	8.5	5.1
	保障对象上班成本 R_{15}	8.3	7.5	7.6
社会子系统社会风险 R_2	规划选址 R_{21}	8.4	7.2	8.5
	交通状况 R_{22}	3.5	2.7	3.2
	基础设施完善度 R_{23}	5.3	4.2	3.3
	社会治安情况 R_{24}	2.2	2.5	2.5
	施工安全性 R_{25}	3.2	3.6	2.5
	住房质量、户型等 R_{26}	8.2	7.5	8.6
	社会公平状况 R_{27}	4.3	3.2	3.5
	物业服务质量 R_{28}	8.7	7.5	5.4
	流动人口增长率 R_{29}	7.1	3.4	7.8
	居民融合度 R_{210}	3.3	2.1	3.9

续 表

第一层风险	第二层风险	发生概率	损失程度	处理难易性
环境子系统社会风险 R_3	空气质量 R_{31}	1.6	2.2	2.7
	水资源影响 R_{32}	3.5	3.3	4.5
	噪声影响 R_{33}	8.8	8.3	8.9
	生态环境影响 R_{34}	6.6	5.3	4.8
文化子系统社会风险 R_4	风俗习惯差异度 R_{41}	3.5	3.2	4.3
	原居住区文化破坏度 R_{42}	3.4	2.7	6.9
	文化教育差异度 R_{43}	7.9	3.5	8.3

根据表 3-20 的得分结果,可确定出待评价社会风险物元。

(1) 经济子系统社会风险

$$R_{11} = \begin{bmatrix} r_{11}, & c_1, & 8.5 \\ & c_2, & 8.3 \\ & c_3, & 7.7 \end{bmatrix} \quad R_{12} = \begin{bmatrix} r_{12}, & c_1, & 6.4 \\ & c_2, & 7.3 \\ & c_3, & 7.5 \end{bmatrix} \quad R_{13} = \begin{bmatrix} r_{13}, & c_1, & 6.2 \\ & c_2, & 7.5 \\ & c_3, & 7.5 \end{bmatrix}$$

$$R_{14} = \begin{bmatrix} r_{14}, & c_1, & 8.5 \\ & c_2, & 8.5 \\ & c_3, & 5.1 \end{bmatrix} \quad R_{15} = \begin{bmatrix} r_{15}, & c_1, & 8.3 \\ & c_2, & 7.5 \\ & c_3, & 7.6 \end{bmatrix}$$

(2) 社会子系统社会风险

$$R_{21} = \begin{bmatrix} r_{21}, & c_1, & 8.4 \\ & c_2, & 7.2 \\ & c_3, & 8.5 \end{bmatrix} \quad R_{22} = \begin{bmatrix} r_{22}, & c_1, & 3.5 \\ & c_2, & 2.7 \\ & c_3, & 3.2 \end{bmatrix} \quad R_{23} = \begin{bmatrix} r_{23}, & c_1, & 5.3 \\ & c_2, & 4.2 \\ & c_3, & 3.3 \end{bmatrix}$$

$$R_{24} = \begin{bmatrix} r_{24}, & c_1, & 2.2 \\ & c_2, & 2.5 \\ & c_3, & 2.5 \end{bmatrix} \quad R_{25} = \begin{bmatrix} r_{25}, & c_1, & 3.2 \\ & c_2, & 3.6 \\ & c_3, & 2.5 \end{bmatrix} \quad R_{26} = \begin{bmatrix} r_{26}, & c_1, & 8.2 \\ & c_2, & 7.5 \\ & c_3, & 8.6 \end{bmatrix}$$

$$R_{27} = \begin{bmatrix} r_{27}, & c_1, & 4.3 \\ & c_2, & 3.2 \\ & c_3, & 3.5 \end{bmatrix} \quad R_{28} = \begin{bmatrix} r_{28}, & c_1, & 8.7 \\ & c_2, & 7.5 \\ & c_3, & 5.4 \end{bmatrix} \quad R_{29} = \begin{bmatrix} r_{29}, & c_1, & 7.1 \\ & c_2, & 3.4 \\ & c_3, & 7.8 \end{bmatrix}$$

$$R_{210} = \begin{bmatrix} r_{210}, & c_1, & 3.3 \\ & c_2, & 2.1 \\ & c_3, & 3.9 \end{bmatrix}$$

(3) 环境子系统社会风险

$$R_{31} = \begin{bmatrix} r_{31}, & c_1, & 1.6 \\ & c_2, & 2.2 \\ & c_3, & 2.7 \end{bmatrix} \quad R_{32} = \begin{bmatrix} r_{32}, & c_1, & 3.5 \\ & c_2, & 3.3 \\ & c_3, & 4.5 \end{bmatrix} \quad R_{33} = \begin{bmatrix} r_{33}, & c_1, & 8.8 \\ & c_2, & 8.3 \\ & c_3, & 8.9 \end{bmatrix}$$

$$R_{34} = \begin{bmatrix} r_{34}, & c_1, & 6.6 \\ & c_2, & 5.3 \\ & c_3, & 4.8 \end{bmatrix}$$

(4) 文化子系统社会风险

$$R_{41} = \begin{bmatrix} r_{41}, & c_1, & 3.5 \\ & c_2, & 3.2 \\ & c_3, & 4.3 \end{bmatrix} \quad R_{42} = \begin{bmatrix} r_{42}, & c_1, & 3.4 \\ & c_2, & 2.7 \\ & c_3, & 6.9 \end{bmatrix} \quad R_{43} = \begin{bmatrix} r_{43}, & c_1, & 7.9 \\ & c_2, & 3.5 \\ & c_3, & 8.3 \end{bmatrix}$$

3.5.3.2　确定待评物元的各特征量关于各风险等级的关联度

根据3.4.2.3中关于待评物元关联度的计算步骤,以物元R_{11}(保障对象生活成本)为例,$K_1(v_{11})$表示R_{11}的特征c_1量值关于风险等级u_1(一级风险)的关联度,将量值代入公式(3-3)则可得到:

$$K_1(v_{111}) = \frac{\left|8.5 - \frac{0+2}{2}\right| - \frac{2-0}{2}}{\left|8.5 - \frac{0+10}{2}\right| - \frac{10-0}{2} - \left|8.5 - \frac{0+2}{2}\right| + \frac{2-0}{2}} = -0.8125$$

同理,可计算出R_{11}的其他两个风险特征量值关于一级风险u_1的关联度和R_{11}的三个特征量值关于其他四级风险的关联度:

$K_1(v_{112}) = -0.788 \quad K_1(v_{113}) = -0.713$

$K_2(v_{111}) = -0.750 \quad K_2(v_{112}) = -0.717 \quad K_2(v_{113}) = -0.617$

$K_3(v_{111}) = -0.625 \quad K_3(v_{112}) = -0.575 \quad K_3(v_{113}) = -0.425$

$K_4(v_{111}) = -0.250 \quad K_4(v_{112}) = -0.150 \quad K_4(v_{113}) = 0.150$

$K_5(v_{111}) = 0.500 \quad K_5(v_{112}) = 0.214 \quad K_5(v_{113}) = -0.115$

类似地,可以算出第三层所有风险评价指标的各风险特征量值关于各风险等级的关联度,如表3-21所示。

表 3-21 社会风险评价指标的各风险特征量值关于各风险等级的关联度

社会风险评价指标	特征量值	评价指标关联度				
		u_1	u_2	u_3	u_4	u_5
R_{11} 保障对象生活成本	8.5	−0.813	−0.750	−0.625	−0.250	0.500
	8.3	−0.788	−0.717	−0.575	−0.150	0.214
	7.7	−0.713	−0.617	−0.425	0.150	−0.115
R_{12} 保障对象收入变化情况	6.4	−0.55	−0.400	−0.100	0.125	−0.308
	7.3	−0.663	−0.550	−0.325	0.350	−0.206
	7.5	−0.688	−0.583	−0.375	0.250	−0.167
R_{13} 就业机会	6.2	−0.525	−0.367	−0.050	0.056	−0.321
	7.5	−0.688	−0.583	−0.375	0.250	−0.167
	7.5	−0.688	−0.583	−0.375	0.250	−0.167
R_{14} 相关服务价格上涨情况	8.5	−0.813	−0.750	−0.625	−0.250	0.500
	8.5	−0.813	−0.750	−0.625	−0.250	0.500
	5.1	−0.388	−0.183	0.225	−0.155	−0.372
R_{15} 保障对象上班成本	8.3	−0.788	−0.717	−0.575	−0.150	0.214
	7.5	−0.688	−0.583	−0.375	0.250	−0.167
	7.6	−0.700	−0.600	−0.400	0.200	−0.143
R_{21} 规划选址	8.4	−0.800	−0.733	−0.600	−0.200	0.333
	7.2	−0.650	−0.533	−0.300	0.400	−0.222
	8.5	−0.813	−0.750	−0.625	−0.250	0.500
R_{22} 交通状况	3.5	−0.300	0.167	−0.125	−0.417	−0.563
	2.7	−0.206	0.350	−0.325	−0.550	−0.663
	3.2	−0.273	0.333	−0.200	−0.467	−0.600
R_{23} 基础设施完善度	5.3	−0.413	−0.217	0.175	−0.130	−0.365
	4.2	−0.344	−0.046	0.050	−0.300	−0.475
	3.3	−0.283	0.269	−0.175	−0.450	−0.588
R_{24} 社会治安情况	2.2	−0.083	0.100	−0.450	−0.633	−0.725
	2.5	−0.167	0.250	−0.375	−0.583	−0.688
	2.5	−0.167	0.250	−0.375	−0.583	−0.688

续表

社会风险评价指标	特征量值	评价指标关联度				
		u_1	u_2	u_3	u_4	u_5
R_{25} 施工安全性	3.2	−0.273	0.333	−0.200	−0.467	−0.600
	3.6	−0.308	0.125	−0.100	−0.400	−0.550
	2.5	−0.167	0.250	−0.375	−0.583	−0.688
R_{26} 住房质量、户型等	8.2	−0.775	−0.700	−0.550	−0.100	0.125
	7.5	−0.688	−0.583	−0.375	0.250	−0.167
	8.6	−0.825	−0.767	−0.650	−0.300	0.750
R_{27} 社会公平状况	4.3	−0.349	−0.065	0.075	−0.283	−0.463
	3.2	−0.273	0.333	−0.200	−0.467	−0.600
	3.5	−0.300	0.167	−0.125	−0.417	−0.563
R_{28} 物业服务质量	8.7	−0.838	−0.783	−0.675	−0.350	1.167
	7.5	−0.688	−0.583	−0.375	0.250	−0.167
	5.4	−0.425	−0.233	0.150	−0.115	−0.361
R_{29} 流动人口增长率	7.1	−0.638	−0.517	−0.275	0.450	−0.237
	3.4	−0.293	0.214	−0.150	−0.433	−0.575
	7.8	−0.725	−0.633	−0.450	0.100	−0.083
R_{210} 居民融合度	3.3	−0.283	0.269	−0.175	−0.450	−0.588
	2.1	−0.046	0.050	−0.475	−0.650	−0.738
	3.9	−0.328	0.026	−0.025	−0.350	−0.513
R_{31} 空气质量	1.6	0.333	−0.200	−0.600	−0.733	−0.800
	2.2	−0.083	0.100	−0.450	−0.633	−0.725
	2.7	−0.206	0.350	−0.325	−0.550	−0.663
R_{32} 水资源影响	3.5	−0.300	0.167	−0.125	−0.417	−0.563
	3.3	−0.283	0.269	−0.175	−0.450	−0.588
	4.5	−0.357	−0.100	0.125	−0.250	−0.438
R_{33} 噪声影响	8.8	−0.850	−0.800	−0.700	−0.400	2.000
	8.3	−0.788	−0.717	−0.575	−0.150	0.214
	8.9	−0.863	−0.817	−0.725	−0.450	0.450

续 表

社会风险评价指标	特征量值	评价指标关联度				
		u_1	u_2	u_3	u_4	u_5
R_{34} 生态环境影响	6.6	−0.575	−0.433	−0.150	0.214	−0.292
	5.3	−0.413	−0.217	0.175	−0.130	−0.365
	4.8	−0.368	−0.143	0.200	−0.200	−0.400
R_{41} 风俗习惯差异度	3.5	−0.300	0.167	−0.125	−0.417	−0.563
	3.2	−0.273	0.333	−0.200	−0.467	−0.600
	4.3	−0.348	−0.065	0.075	−0.283	−0.463
R_{42} 原居住区文化破坏度	3.4	−0.292	0.214	−0.150	−0.433	−0.575
	2.7	−0.206	0.350	−0.325	−0.550	−0.663
	6.9	−0.613	−0.483	−0.225	0.409	−0.262
R_{43} 文化教育差异度	7.9	−0.738	−0.650	−0.475	0.050	−0.046
	3.5	−0.300	0.167	−0.125	−0.417	−0.563
	8.3	−0.788	−0.717	−0.575	−0.150	0.214

3.5.3.3 确定待评物元关于各风险等级的关联度

对底层社会风险评价指标进行可拓评判,计算出各底层社会风险指标关于各风险等级的关联度。

以 R_{11} 保障对象生活成本为例,根据公式(3-4)计算得:

$K_1(r_{11}) = 0.3 \times (-0.813) + 0.38 \times (-0.788) + 0.35 \times (-0.713) = -0.792$

$K_2(r_{11}) = 0.3 \times (-0.75) + 0.38 \times (-0.717) + 0.35 \times (-0.617) = -0.713$

$K_3(r_{11}) = 0.3 \times (-0.625) + 0.38 \times (-0.575) + 0.35 \times (-0.425) = -0.555$

$K_4(r_{11}) = 0.3 \times (-0.25) + 0.38 \times (-0.15) + 0.35 \times 0.15 = -0.08$

$K_5(r_{11}) = 0.3 \times 0.5 + 0.38 \times 0.214 + 0.35 \times (-0.115) = 0.191$

由前文的公式(3-5)可知:

若 $K_j(r) = \max K_j(r)(j=1,\cdots,k)$,则评定底层风险 r 所属等级为 j。

以 R_{11} 保障对象生活成本为例:

$K_5(r_{11}) = \max K_j(r_{11}) = \max\{-0.792, -0.713, -0.555, -0.08, 0.191\} = 0.191$

得 R_{11} 的社会风险等级为 U_5,即五级风险。

重复该过程,可以算出底层所有风险评价指标关于各风险等级的关联度及对应的风险等级,如表 3-22 所示。

表 3-22 底层社会风险评价指标关于各风险等级的关联度

第三层指标	社会风险评价指标关于各风险等级的关联度					风险等级评定
	u_1	u_2	u_3	u_4	u_5	
R_{11}	-0.792	-0.713	-0.555	-0.080	0.191	五级
R_{12}	-0.657	-0.533	-0.285	0.258	-0.229	四级
R_{13}	-0.659	-0.536	-0.289	0.199	-0.218	四级
R_{14}	-0.688	-0.574	-0.346	-0.224	0.210	五级
R_{15}	-0.743	-0.647	-0.455	0.120	-0.049	四级
R_{21}	-0.771	-0.685	-0.513	0.005	0.191	五级
R_{22}	-0.264	0.300	-0.231	-0.497	-0.631	二级
R_{23}	-0.353	0.012	0.010	-0.310	-0.496	二级
R_{24}	-0.147	0.213	-0.409	-0.616	-0.719	二级
R_{25}	-0.257	0.235	-0.229	-0.496	-0.630	二级
R_{26}	-0.783	-0.700	-0.535	-0.040	0.237	五级
R_{27}	-0.313	0.165	-0.097	-0.408	-0.564	二级
R_{28}	-0.661	-0.538	-0.293	-0.050	0.160	五级
R_{29}	-0.556	-0.295	-0.297	0.005	-0.319	四级
R_{210}	-0.217	0.109	-0.242	-0.505	-0.636	二级
R_{31}	-0.004	0.101	-0.465	-0.653	-0.747	二级
R_{32}	-0.322	0.117	-0.060	-0.384	-0.545	二级
R_{33}	-0.856	-0.798	-0.682	-0.335	2.256	五级
R_{34}	-0.458	-0.262	0.092	-0.055	-0.366	三级
R_{41}	-0.316	0.154	-0.087	-0.402	-0.559	二级
R_{42}	-0.38	0.028	-0.247	-0.196	-0.516	二级
R_{43}	-0.611	-0.383	-0.391	-0.196	-0.152	五级

3.5.3.4 岱山公租房项目投入使用后的社会风险可拓层次递阶综合评价

以 R_1 经济子系统社会风险为例,计算过程如下:

$$B_1 = A_{11} \cdot K_{11} = \begin{bmatrix} 0.101\ 17 \\ 0.226\ 12 \\ 0.169\ 81 \\ 0.420\ 72 \\ 0.072\ 94 \end{bmatrix}^T \cdot \begin{bmatrix} -0.792 & -0.713 & -0.555 & -0.08 & 0.191 \\ -0.657 & -0.533 & -0.285 & 0.258 & -0.229 \\ -0.659 & -0.536 & -0.289 & 0.199 & -0.218 \\ -0.688 & -0.574 & -0.346 & -0.224 & 0.210 \\ -0.743 & -0.647 & -0.455 & 0.120 & -0.049 \end{bmatrix}$$

$$= \begin{bmatrix} -0.685 & -0.573 & -0.349 & -0.002 & 0.015 \end{bmatrix}$$

同理，由 $B_5(r) = \max B_j = \max\{-0.685, -0.573, -0.349, -0.002, 0.015\} = 0.015$，得 R_1 的社会风险等级为 U_5，即五级风险。

重复该过程，可以算出第二层所有社会风险指标关于各风险等级的关联度及对应的风险等级，如表 3-23 所示。

表 3-23 第二层社会风险评价指标关于各风险等级的关联度

第二层指标	第三层指标	底层指标权重	底层社会风险评价指标关联度					风险等级
			U_1	U_2	U_3	U_4	U_5	
R_1	R_{11}	0.101 17	-0.792	-0.713	-0.555	-0.08	0.191	五级
	R_{12}	0.226 12	-0.657	-0.533	-0.285	0.258	-0.229	
	R_{13}	0.169 81	-0.659	-0.536	-0.289	0.199	-0.218	
	R_{14}	0.420 72	-0.688	-0.574	-0.346	-0.224	0.210	
	R_{15}	0.072 94	-0.743	-0.647	-0.455	0.120	-0.049	
	加权求和		-0.685	-0.573	-0.349	-0.002	0.015	
R_2	R_{21}	0.068 36	-0.771	-0.685	-0.513	0.005	0.191	二级
	R_{22}	0.113 42	-0.264	0.300	-0.231	-0.497	-0.631	
	R_{23}	0.268 02	-0.353	0.012	0.010	-0.310	-0.496	
	R_{24}	0.041 05	-0.147	0.213	-0.409	-0.616	-0.719	
	R_{25}	0.046 59	-0.257	0.235	-0.229	-0.496	-0.630	
	R_{26}	0.043 58	-0.783	-0.700	-0.535	-0.040	0.237	
	R_{27}	0.089 96	-0.313	0.165	-0.097	-0.408	-0.564	
	R_{28}	0.033 21	-0.661	-0.538	-0.293	-0.050	0.160	
	R_{29}	0.143 09	-0.556	-0.295	-0.297	0.005	-0.319	
	R_{210}	0.152 89	-0.217	0.109	-0.242	-0.505	-0.636	
	加权求和		-0.392	-0.049	-0.207	-0.304	-0.428	

续　表

第二层指标	第三层指标	底层指标权重	底层社会风险评价指标关联度					风险等级
			U_1	U_2	U_3	U_4	U_5	
R_3	R_{31}	0.333 69	−0.004	0.101	−0.465	−0.653	−0.747	五级
	R_{32}	0.145 42	−0.322	0.117	−0.060	−0.384	−0.545	
	R_{33}	0.264 03	−0.856	−0.798	−0.682	−0.335	2.256	
	R_{34}	0.256 86	−0.458	−0.262	0.092	−0.055	−0.366	
	加权求和		−0.392	−0.228	−0.321	−0.376	0.173	
R_4	R_{41}	0.333 69	−0.316	0.154	−0.087	−0.402	−0.559	二级
	R_{42}	0.313 74	−0.380	0.028	−0.247	−0.196	−0.516	
	R_{43}	0.465 46	−0.611	−0.383	−0.391	−0.196	−0.152	
	加权求和		−0.509	−0.118	−0.289	−0.287	−0.419	

同理，整个公租房项目关于各风险等级的关联度及风险等级评定过程如下：

$$B = A \cdot K = \begin{bmatrix} 0.397\,06 \\ 0.382\,08 \\ 0.126\,16 \\ 0.094\,69 \end{bmatrix}^\mathrm{T} \cdot \begin{bmatrix} -0.685 & -0.573 & -0.349 & -0.002 & 0.015 \\ -0.392 & -0.049 & -0.207 & -0.304 & -0.428 \\ -0.392 & -0.228 & -0.321 & -0.376 & 0.173 \\ -0.509 & -0.118 & -0.289 & -0.287 & -0.419 \end{bmatrix}$$

$$= \begin{bmatrix} -0.519 & -0.286 & -0.285 & -0.191 & -0.175 \end{bmatrix}$$

通过上述递阶综合评价的结果可知，该公租房项目社会风险为五级，其中经济、社会、环境、文化的风险等级分别为五级、二级、五级和二级。这说明项目中有些社会风险指标发生的概率和造成的损失会很高，处理难度很大，存在很大的社会风险。

根据 3.5.3 节的计算过程可知，第三层指标中社会风险等级为四级以上的高风险指标有 11 个，它们分别是保障对象生活成本、保障对象收入变化情况、就业机会、相关服务价格上涨情况、保障对象上班成本、规划选址、住房质量和户型等、物业服务质量、流动人口增长率、噪声影响和文化教育差异度。分析这些指标可以发现，作为权重最高的经济指标，其第三层所有指标的社会风险等级都在四级以上，这也导致最终第二层关于各风险等级的关联度结果显示出经济方面的社会风险为五级。反观权重第二高的社会指标，第三层所有指标中只有四项指标的社会风险等级为五级，其余指标均为二级，这使得最终第二层社会层面的社会风险等级为二级。至于环境方面，由于岱山公租房项目的位置靠近宁芜铁路，不少民众反映其噪声较大，因此作为环境风险中权重较大的噪声影响指标的社会风险等级被评为五级，并直接导致了整体环境指标的社会风险等级为五级。而在文化指标方面,虽然"文化教育差异度"的社会风险等级为五级,但因为其权重在文化的三个指标中最小,且其余两个指标的社会风险等级均为二级,因此文化方面最终的风险等级显示为二级。

笔者在实地调查中发现,由于本项目选址偏远,规模较大的医院、购物中心、菜场等基础设施还不完善,这使得调查对象主要是在最关注也最为敏感的经济方面很不满意。他们认为项目周边的物价成本很高,大型医院的缺乏导致生活很不方便,较少的公交线路使得出行也很不便捷。由此可以推断出,这一结果的得出主要是因为公租房项目在经济方面对民众造成的影响较大,且他们普遍对政府规划不够有信心。

3.5.3.5 岱山公租房项目前摄性评价和投入使用后评价对比分析

根据 3.5.2.5 和 3.5.3.4 的评价结果可知,利用本书提出的社会风险评价指标体系和评价方法得到的公租房项目社会风险前摄性评价结果与实际问卷调查得到的结果相差不大,只是实际调查得出的风险等级为五级,而对该项目的预测风险等级为四级,前后两次评价结果不一致的指标其风险等级的差别都是在一级之内。其中,后评价比前摄性评价的社会风险等级高两级的指标有物业服务质量 R_{28},高一级的指标有保障对象生活成本 R_{11}、相关服务价格上涨情况 R_{14}、规划选址 R_{21}、住房质量和户型等 R_{26}、噪声影响 R_{33};低一级的指标有保障对象上班成本 R_{15}、流动人口增长率 R_{29}、水资源影响 R_{32}、生态环境影响 R_{34}。

通过对这些社会风险等级不一致的指标进行分析可知,其等级差别主要是由政府规划与实际建设效果之间的差距引起的。譬如,在物业服务质量方面,政府规划是选聘实力较强的物业服务企业进行专业化管理,但笔者在实地调研过程中发现,保障对象对物业在小区环境保护、房屋维修等方面存在较多的不满,认为其工作没有做好;在相关服务价格上涨情况方面,政府规划会在项目周边建立大型的购物中心,但到目前为止整个项目仍缺少居民非常需要的大型购物中心、电影院等更高一级的配套,其距离最近的购物中心天迈广场有 3.1 km,项目内部由于缺乏竞争导致物价水平过高。在住房质量、户型等方面,前摄性评价中对住房质量和户型的预测过于乐观,但实际情况是住户对住房质量并不够满意。

此外,由于前摄性评价的依据主要是项目建设规划,评价过程中很难对入住对象的关注点及其程度进行准确预测,因而也导致了评价结果与后评价存在差距。譬如,在规划选址方面,前摄性评价中有考虑到选址偏远对保障对象的影响,但从后评价结果来看,住户对房屋位置的敏感度比预想中更高,造成社会风险的可能性更大。

当然,前摄性评价作为一种预测手段,对于那些在实际建设过程中控制较为严格的指标也会出现估计过于严重的情况,这就会导致前评价结果与后评价相比偏高。在上述指标中,由于项目建设时对水资源和生态环境的保护较好,因而后评价中的风险等级偏低。由于现实中住户通常倾向于选择在周边就业,公租房项目对其上班成本的影响并没有预测中那么高。另外,物业在流动人口管理方面的工作到位也使得住户对流动人口增长的意见较低。

综上所述,前摄性评价更多是一种预测,通常只能根据建设前的项目规划来进行风险大小的分析,往往不能很好地结合实际情况。由于建设规划与实际建设效果之间往往存在差距,因此只要前摄性评价与项目建成后的后评价的差距在一个合理范围内,其出现不一致的情况实属正常。从两次评价结果可以看出,本书所提出的社会风险评价指标体系和物元可拓的前摄性评价方法在研究公租房项目社会风险的问题上是可行的。

3.5.4 岱山公租房项目社会风险防控策略

3.5.4.1 建立社会风险防控物元

根据公式(3-6)可得到岱山公租房项目中全风险物元,共有22项,而在建立社会风险防控物元时,选择那些社会风险等级和保障对象呼声较高的指标。因此,本节选择后评价中社会风险等级在四级以上的第三层指标进行分析,其社会风险防控物元 R^* 如下:

$$R^*_{经济子系统} = \begin{bmatrix} 保障对象生活成本 \\ 保障对象收入变化情况 \\ 就业机会 \\ 相关服务价格上涨情况 \\ 保障对象上班成本 \end{bmatrix}$$

$$R^*_{社会子系统} = \begin{bmatrix} 规划选址 \\ 住房质量、户型等 \\ 物业服务质量 \\ 流动人口增长率 \end{bmatrix}$$

$$R^*_{环境子系统} = \begin{bmatrix} 噪声影响 \end{bmatrix}$$

$$R^*_{文化子系统} = \begin{bmatrix} 文化教育差异度 \end{bmatrix}$$

3.5.4.2 建立条件物元

通过分析,可以将这11个高风险指标归为以下6类社会问题。

$$K^* = \begin{bmatrix} 就业机会少 \\ 物价成本高 \\ 住房质量和物业服务有待提高 \\ 公租房周围噪声较大 \\ 入住对象受教育程度差别较大 \\ 公租房项目选址偏远 \end{bmatrix}$$

3.5.4.3 社会风险防控策略集成

前文 3.5.4.1 部分和 3.5.4.2 部分的对应结果如表 3-24 所示,本章亦主要将从该表的 6 个方面提出公租房项目社会风险的防控策略。

表 3-24 高风险社会问题归纳

社会问题归纳	高风险指标
(1) 就业机会少	• 保障对象收入变化情况 • 就业机会
(2) 物价成本高	• 保障对象生活成本 • 相关服务价格上涨情况
(3) 住房质量和物业服务有待提高	• 住房质量和户型等 • 物业服务质量
(4) 公租房周围噪声较大	• 流动人口增长率 • 噪声影响
(5) 入住对象受教育程度差别较大	• 文化教育差异度
(6) 公租房选址偏远	• 保障对象上班成本 • 规划选址

1) 增加公租房项目周边的就业机会

公租房的保障对象主要包括新生代城市低收入居民、大学毕业生和外来务工人员,他们由于受到教育程度、工作经验或技能等限制,其工作机会往往较少,因此无论是在工作还是生活中都是处于弱势地位,其对工作的需求也相应地高于其他人。而目前的社会现状是公租房通常位于城市边缘地带,由于交通不便、基础设施缺乏,所以周边的企业较少,这些"夹心层"往往需要穿过大半个城市去工作,由此带来的通勤成本、时间成本又会加重他们的生活负担。因此,在公租房选址较为偏远的现实下,政府需要发挥城市产业、资源优势来加大招商引资的力度,制定相应的激励政策以吸引企业在城市边缘地区投资建设项目,以此来增加公租房周边的就业机会。在此过程中,政府也势必会被迫解决交通不便、基础设施缺乏等外部环境问题。除此之外,保障对象工作技能的缺乏也是导致他们工作机会较少的重要原因。对此,政府相关部门可以在公租房社区中开设技能培训课程,以帮助这些弱势群体提高工作竞争力,从而也增加他们的就业机会。

2) 控制公租房项目周边的物价

岱山公租房项目周边的物价过高也是居民关注度较高、意见较大的一个问题。笔者在实地调查中发现,整个岱山保障房项目目前只有一个位于项目西南角的大型菜市场,而公租房位于整个项目的东北角,与菜市场的距离较远,因而居民平时买菜很不方便,且由于项目还没有大型购物中心进驻,周边的超市、小商店没有有力的竞争对手,因此物价普遍较高。另外,岱山公租房项目地处偏远,交通不够便利,商家的进货成本相对也会高一些。当然,城市郊区的物价之所以比市中心高还有一个不能忽视的原因,即郊区的人流量不大,商家不提高物价则利润较低。基于

这些原因,本书认为可以从以下几个方面来解决问题。首先,物价管理部门应对项目周边的物价情况进行调查,严厉打击高物价行为。其次,政府相关部门应完善公租房项目周边的基础设施,增加项目的常住人口,以吸引价格更具竞争力的大型商家进驻,形成健康可持续的消费环境。此外,政府可大力倡导各种平价店、二手店进驻公租房项目,简化其审批程序并在税收方面给予优惠。同时,物业管理公司也可定期举办类似跳蚤市场之类的活动,既提高了小区的和谐度,又能使小区居民以较低廉的价格买到所需商品,从而降低生活成本。最后,城市边缘地带交通不够便利也是政府亟待解决的问题。规划部门应根据城市现状和发展要求完善城市的交通体系网,以降低交通成本,从而对物价进行控制。

3) 提高公租房质量和物业服务

近年来,随着公租房建设数量的增多,许多城市的公租房都被曝光出质量问题,如墙体开裂、渗漏、使用瘦身钢筋、空心楼板等劣质建材。这些问题的出现对公租房的可持续发展造成了严重影响。其原因包括我国目前缺少对公租房进行有效监管的法律法规、公租房利润较低导致参建单位经常偷工减料。此外,物业服务质量较低、收费较高也使得居民对公租房的满意度较低。许多地方政府迫于业绩考核的压力不断强调公租房的建设套数,相对忽视公租房的后期管理,如物业服务、房屋维修等问题。另一个比较严重的问题是,由于公租房租赁的性质和物业管理的不到位,居民普遍反映与其他住户联系较少,融合度不高,这导致社区整体和谐度较低,社会风险较高。

针对以上原因,可以采取的措施包括:(1) 完善公租房的建设监管制度,加强管理,质量责任到人;(2) 完善住房质量投诉反馈机制,实行全民监督;(3) 拓宽融资渠道,通过税收减免优惠政策和财政补贴等措施提高建设单位的积极性和利润率,减少质量问题的产生;(4) 推行物业管理专业化,以税费优惠、资质奖励等措施来鼓励拥有资质的专业化物业管理公司为公租房小区提供服务,提高公租房的物业服务水平,从而改善小区形象,促进其可持续利用;(5) 通过政府补贴、商业地产由物业管理企业运作(菅聪聪,2014)等方式降低物业收费水平,减轻居民的居住成本;(6) 重视对住房质量、物业服务等问题的及时处理和跟进情况,切实做到把公租房存在的问题当作系列事件来进行跟进调查;(7) 重视小区内的文化建设,物业公司可以通过组织集体活动等形式促进住户之间的相互交流,使不同阶层的群体能够很好地融合,从而提高小区和谐度,降低社会风险。

4) 减少公租房项目的噪声影响

笔者在问卷调查中发现,岱山公租房的入住对象对项目周边的空气质量、生态环境的满意度较高,但对住房周边的噪声影响则普遍意见较大。公租房本身的租赁属性决定了入住人员的流动性很大,文化层次的不同又导致了其工作类型、生活作息差别很大,从而相互之间在生活上容易造成严重干扰。其次,公租房隔音效果差也是备受人们诟病的地方。公租房的保障性意味着其建设通常只是满足国家或行业的强制性标准,其在户型设计、建设用材方面都是以成本控制为前提,不会过多地考虑到入住对象的居住质量。此外,岱山公租房项目靠近宁芜公路也是导致噪声较大的原因之一。

根据以上分析可知,由于公租房噪声的产生涉及众多方面,因而其控制也是一个系统工程,必须采取立法、规划、管理和技术措施相结合的综合手段来进行治理:(1)政府应根据当地各区域实际情况制定相应的环境噪声标准,以引起各行业对噪声污染的重视;(2)公租房项目的规划必须考虑所在区域功能分区情况,在规划设计时结合噪声环境资料,分析拟建社区环境噪声状况,严格执行国家和地方政府制定的各种噪声标准;(3)增加公租房与城市主干道之间的绿化带;(4)提高公租房的建设标准,加强房屋隔音效果;(5)利用住宅声学、建筑噪声学等理论优化住宅平面布局设计,提高居住质量。

5) 优化公租房项目的空间分布

目前公租房的建设模式主要有政府主导和政企联建两种,其中政府主导主要出现在公租房的发展之初,但因为建设过程中存在成本过高、供应效率低、财政压力大等"政府失灵"现象,因此近几年各级政府都积极鼓励社会资本参与公租房建设。但是现在城市土地的现状是政府过于依赖土地财政,土地被放到市场上进行售卖,这使得具有保障性质的公租房通常都被排挤在城市外围的空间。与此同时,追求利益最大化的社会企业在参建过程中面对利润较小的公租房也缺乏基本动力去改变公租房布局偏远、基础设施缺乏的现状。针对这一情况,本书认为只有国家出台相应的法律自上而下进行强制性干预才能有效地改变公租房选址偏远的现象。

目前各地区政府关于公租房的建设意见从建设总套数逐渐转变成公租房在商品房中的配建比例的规定,但在真正实施中也出现了无法完全落实的问题。因此,笔者认为需要从国家层面出台关于配建比以及公租房在城市不同区位的比例的强制性规定,以迫使各地区政府将配建比落到实处。此外,将地方政府住房保障职能与政绩考核标准挂钩、加大对政府职能履行过程的监管以及制定相应的激励政策也是保障政府能更好地履行公租房建设的重要措施。与此同时,政府也需要通过强制规定或者提供优惠政策等手段,强迫或鼓励开发商落实公租房在商品房中的配建比以及周边基础设施的完善度。

3.6 本章小结

本章在论证社会风险可以逆向表征公租房项目社会可持续性的基础上,勾勒公租房项目社会风险的形成机理,建立公租房项目社会风险的评价模型,并开展实证研究。

第四章 公租房项目经济可持续性的定量评价方法[①]

4.1 以扩展净现值表征经济可持续性

面对如此庞大的公租房建设任务,我国现行的建设模式主要还是由政府财政出资和土地出让等筹集资金。然而由于财政投入的有限性以及运营管理过程中存在"政府失灵",引入社会力量势在必行。但是,由于在现有公租房开发的模式下,政府占主导地位,社会力量很难找到自己合适的地位和角色。另外,现阶段社会力量对项目的开发价值往往采取的是传统的投资决策方法,忽略了项目隐含的真实价值,导致计算价值偏低甚至不盈利而放弃项目。所以,只有设计出社会力量参建公租房的合适模式并找出一种能够更加合理和科学的评估公租房项目投资价值的评估方法,才能更有效地吸引社会力量参与公租房的建设和管理。因此,本书在总结我国公租房现行建设模式及其困境的基础上,构建吸引社会力量参建公租房的新型建设模式,探寻新型建设模式蕴含的实物期权及其溢价,以期权溢价和传统净现值之和(即扩展净现值)表征公租房项目的经济可持续性。如果某公租房项目在新型建设模式下的扩展净现值大于等于零,则该公租房项目具有投资价值,社会力量愿意参建,经济上可持续,否则则不可持续。

4.2 公租房项目的现行建设模式及其困境

4.2.1 公租房项目现行建设模式

现阶段全国各地的公租房建设都是"摸着石头过河",不断地在探索各种建设

[①]本章核心内容已经发表于《现代管理科学》2011年第11期、《东南大学学报(哲学社会科学版)》2014年第2期和《Habitat International》2014年第43卷。

模式。按照在公租房建设中政府或企业的参与度的不同,可将建设模式分为以下三种:政府直接建设、企业独立建设以及政府与企业共建。

4.2.1.1 政府直接建设

政府直接建设,也即基建指挥部模式(图4-1),该类模式是国内传统的建设管理模式。过去国内新建项目,业主一般要组建一个基建指挥部来对项目建设全过程(包括设计、采购施工及试车)进行管理。对于一般规模的工程,基建指挥部由业主单位自行组建;对于重大项目,则从该工程相关单位抽调人员组建;而对于项目的建设,则主要依靠本单位或本系统内的设计院(所)、施工单位和物资供应处等部门共同完成。

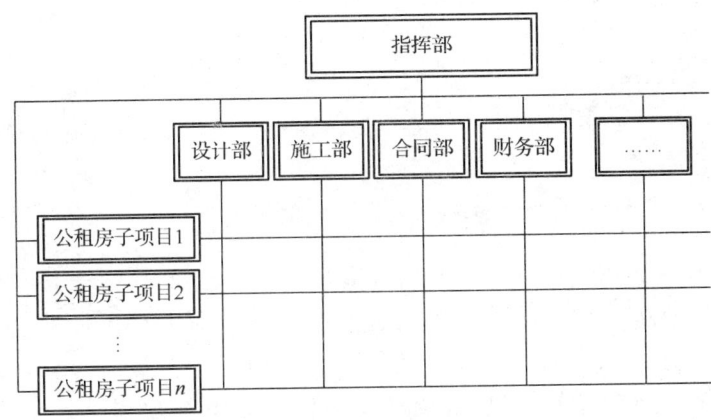

图4-1 指挥部模式

(1) 特点:一是政府无偿提供土地;二是政府设立平台公司(指挥部);三是贷款为主,财政直接支出为辅;四是规模建设,高效快速;五是平台公司全程管理。

(2) 实例:重庆模式就属于政府直接建设型。重庆市计划从2010年起3年内建造4 000万 m^2 公租房,用于解决200万人的住房困难问题。为此,重庆市政府以重庆地产集团和城投集团为平台公司,负责公租房的融资、开发和管理运营。重庆市政府为平台公司注入土地和启动资金,平台公司以政府信用做担保获取金融机构的贷款。平台公司负责从土地储备开始到后期的物业管理运营的整个过程(陈莉莉,2011)。

(3) 优点:适合规模建设,政府设立的平台公司统一管理。

(4) 缺点:政府资金投入量大,负债高;后续运营管理要求高;社会力量无法参与。

4.2.1.2 企业独立建设

企业独立建设型是政府没有或较少投入资金和免费土地,充分利用社会企业的力量建设公租房的方式。企业独立建设型可分为万科万汇楼模式、信托基金模式。

1) 万科万汇楼模式(张耀凯,2009)

万科万汇楼模式是房地产开发企业独立投资、建设和运营的公租房,具有公益性质。因为万科在广州用这种模式开发了一个名为"万汇楼"的探索性项目,并引起了广泛关注,因此市面上广泛称这种模式为万科万汇楼模式(如图4-2)。

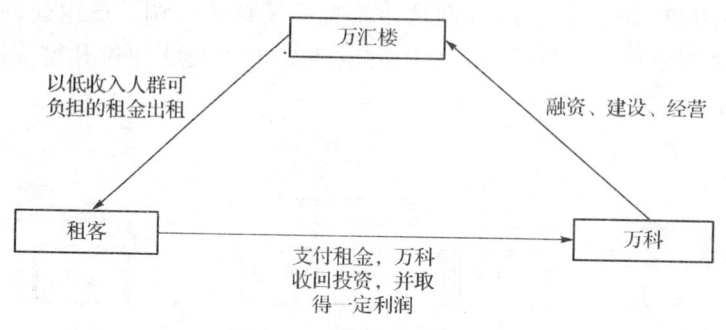

图4-2 万科万汇楼模式

(1) 特点:一是房地产开发企业以市价获取土地;二是房地产开发企业负责投融资;三是建成后房地产开发企业自己运营;四是投资回收期漫长。

(2) 优点:最大限度地动员了社会力量参与建设。

(3) 缺点:企业资金投入过大,投资回收期漫长,无法盈利。据万科测算,万汇楼总共投资4 700万,需57年才能收回成本。

2) 信托基金模式

信托基金模式是由社会力量发起成立保障房基金,委托开发企业建设公租房,并委托专业运营商对公租房进行经营管理以取得投资回报的建设方式(如图4-3)(孟培和林俞,2012)。

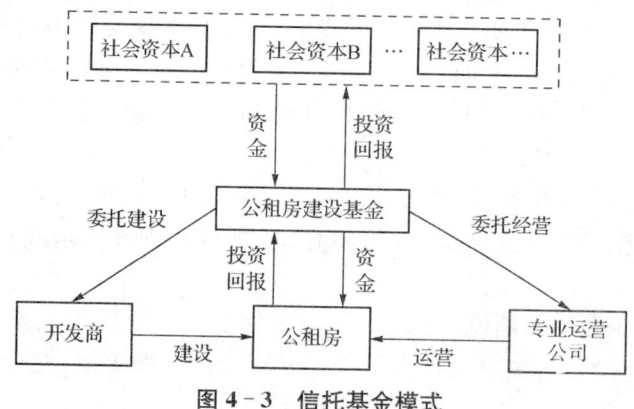

图4-3 信托基金模式

(1) 特点:一是由社会力量发起;二是以市价获得土地;三是委托专业公司代建;四是以建设租赁保障房为主;五是委托专业公司经营管理;六是以经营收益作为投资者回报。

(2) 优点:投资风险分散化,有利于吸引资金参与保障房建设。

(3) 缺点:投资回报率低。

(4) 实例:这种模式还没有真正开始实施。由华远地产、裕景地产等多家房地产开发企业发起的建银精瑞基金已将其公租房建设投资基金方案报有关部门审批。

4.2.1.3 政府与企业共建

政府与企业共建型是政府和社会企业合作,共同建设公租房的方式。政府与企业共建型可分为 BT 模式、代建模式和配建模式。

1) BT 模式

BT 是英文 Build(建设)和 Transfer(移交)的缩写形式,意即"建设—移交"。BT 模式是指政府将保障房项目运作由投资方总承包,融资、建设、验收合格后移交给政府,政府向投资方支付项目总投资加上合理回报的建设方式(如图 4-4)。

(1) 特点:一是政府利用非政府资金进行保障房建设;二是投资方负责投融资;三是政府负责 BT 全过程监管;四是投资方建成后将房屋所有权移交政府;五是政府以分期付款的方式回购;六是投资方对所建设的房屋不存在经营性收益。

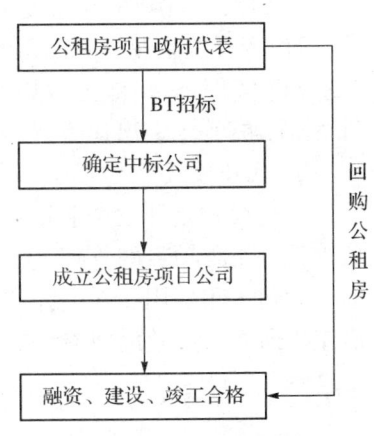

图 4-4 BT 项目融资建设流程图

(2) 优点:政府在保障房建设期间的资金投入小;能够发挥投资方的工程管理优势。

(3) 缺点:投资方需要垫资开发;存在政府违约和市场波动带来的风险。

(4) 实例:中国建筑工程总公司在工程建筑技术和管理上具有领先优势,又有着雄厚的财力,更是积累了丰富的 BT 模式操作经验。截止到 2011 年 6 月底,中国建筑公司利用 BT 模式,正在实施当中的国内保障房项目的总规模达到 1 595 万 m^2,分布在北京、上海、天津、重庆等 20 多个省市自治区(蒋焕,2014)。

2) 配建模式

配建模式是政府以配建一定的公租房为条件出让商品房用地,房地产开发企业在项目开发中,按要求完成公租房建设并将产权移交给政府的建设方式(如图 4-5)(张永岳和谢福泉,2011)。

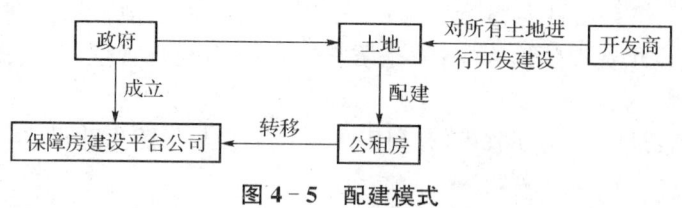

图4-5 配建模式

(1)特点:一是政府无需资金投入,并能获得一定的土地出让收益;二是房地产开发企业需从商品房收益中补贴配建公租房的建设成本;三是公租房建成后产权转移给政府;四是配建公租房体量有限。

(2)优点:政府不但无需资金投入,且能拥有一定的土地出让收益;房地产开发企业能发挥管理、营销和品牌优势。

(3)缺点:配建的保障房体量有限,建设计划受房地产开发企业参与意愿制约,房地产开发企业受到的限制过多。

(4)实例:一些地方政府采用的"限地价,竞配建""竞地价,定配建"和"竞地价,竞配建"等土地出让方式,就是通过配建模式建设公租房。

3)代建模式

代建模式是开发企业接受政府的委托,代为建设公租房。受委托的开发企业负责整个工程项目的管理,包括可行性研究、设计、采购、施工、竣工试运行等工作,但不承包工程费用。在委托代建模式中,资金由政府筹措,地产商负责建设,最终房屋的所有权归政府所有(如图4-6)(张永岳和谢福泉,2011)。

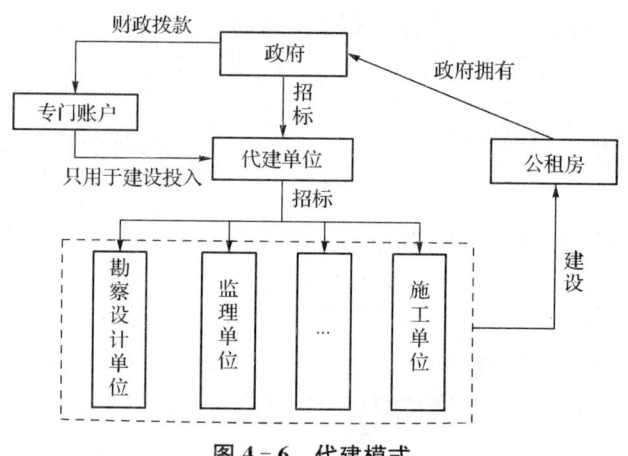

图4-6 代建模式

(1)特点:一是政府投入财政性资金;二是代建人通过招标方式产生;三是代建人的收益来自代建管理费和项目投资节余奖励;四是代建人负责项目全过程的

实施管理。

(2) 优点：政府减轻管理负担，开发企业无需资金投入，且能发挥开发企业的管理、成本和品牌优势。

(3) 缺点：政府需要资金投入大，开发企业的投资回报率低（大约1‰的委托费）(张永岳和谢福泉，2011)。

(4) 实例：在通过代建模式进入保障房建设领域的房地产开发企业中，绿城集团是最出色的房地产开发企业之一。2010年，绿城集团成立一个专门负责保障房建设的公司。目前，绿城集团在全国范围承建的保障房项目已达31个，总建筑面积超过570万m^2。

4.2.2 公租房项目现行建设模式的困境

4.2.2.1 公租房建设存在的问题

虽然很多地方都在积极创新各种模式解决公租房的供给问题，但是现阶段我国公租房建设的方式主要还是以政府建设以及政企共建的方式为主，社会资金还是不能完全参与进来充分发挥其建设及管理上的优秀经验。模式上的弊端在一定程度上导致了公租房建设缓慢，供给不足已是摆在政府面前的重大难题。造成此种现状的原因，主要是在公租房建设过程中存在以下问题(冯志艳，2011；沈志英，2011；李寰，2012；王彩萍，2012)：

1) 土地供应困难

公租房的开发建设是一个耗资大、周期长的工程，地方政府对公租房的建设在经济上几乎无利可图，因此其对公租房建设积极性不高。另外，土地收入几乎占很多地方政府财政收入的一半以上，如果土地用来建设公租房，则会导致土地出让金"缩水"，同时还要减免各种税费，政府的收入会更少。所以很多地方政府都尽量缩减对公租房项目的建设用地。此外，为了保障商品房的用地，很多公租房的开发用地选址都在偏远的郊区。对于中低收入群体，交通的便捷也是住房选择的一个很重要因素。选址的郊区化以及偏僻化也是导致很多城市公租房高空置率的重要原因。

2) 建设资金缺乏

2012年全国建设公租房230万套，占700万套保障房项目的33%，按照平均单套50 m^2 计算，建安费平均为1 500元/m^2，那么230万套公租房需要的建安费就为1 725亿元。2012年中央财政拨款660亿元补贴公租房的开发建设，即便如此，公租房建设的资金缺口仍达千亿元以上。因此，建设资金在每年都是急需解决的首要问题。

3) 管理和监督体制不健全

当前我国的公租房建设和管理还没有相应的律法，只是通过"管理办法""通知"以及"实施意见"等方式来说明。在各个地方出台的指导意见中,公租房的实施办法还有很多不完善的地方,例如对覆盖人群的准入以及退出机制等都缺乏一定的标准。另外,国家对于社会力量参建公租房的形式以及具体的优惠政策等都没有一个明确的界定。这些公租房的模糊性更加让社会力量对参建公租房望而却步。

4.2.2.2 公租房建设中存在问题的原因分析

1) 融资主体单一

从我国主要的公租房建设模式上来看,公租房建设的融资主体主要是政府,资金来源主要依靠国家财政拨款和地方政府的财政支出。保障中低收入群体的住房需求是各级政府的职责,理应由政府作为主体来缓解当前的住房矛盾。但由于公租房建设投入资金量大,成本回收周期长,若由政府作为单一主体,财政压力将使政府不堪重负。另一方面,地方政府缺乏建设公租房的积极性,仅靠中央专项财政补贴以及部分土地出让和税费减免,不足以推动公租房的建设。公租房的建设不仅仅是政府的责任,也是社会的责任,政府不该大包大揽,应该从主导地位慢慢转变到引导地位。

2) 建设模式缺乏柔性

在政府主导的公租房建设中,社会力量的角色是有限的。很多房地产开发企业加入公租房只是扮演听命者的角色而不是参与者的角色,例如在代建制模式下,房地产开发企业很大程度上只是按照政府下发的文件和命令建好公租房然后移交给政府。社会力量只是参与了公租房建设的一部分。另外政府对建设材料以及设备的采购等都有规定和指定,使得社会力量不能结合自己的优势资源去统筹优化整个项目的成本。在社会力量参与公租房建设中,政府管制得太死,导致社会力量缺乏根据市场环境的变化而变化的能力。总之,建设模式上的弊端使得公租房的建设效率低下。

3) 项目缺乏显著盈利性

委托代建模式由于土地和资金均由政府划拨和筹措,开发企业负责建设,最终获得工程总价1%左右的委托费;BT模式是政府出地,资金初始由房地产开发企业支付,到后期由政府购买并销售,房地产开发企业获得1%左右的代建费和3%左右的利润;配建模式的利润则主要在于商品房销售部分。由此可见,政企共建模式的盈利都有限,在财务的可行性研究方面就让追逐资本利益的社会力量不感兴趣。

4.2.2.3 困境的恶性循环

我国公租房的建设因为融资主体主要是政府,政府在公租房的建设过程中占据主导地位,使得社会力量的参与角色很被动,因而从社会力量的角度出发,公租房的建设模式缺乏柔性。另外从项目价值评估方面来看,在现有缺乏柔性的建设模式下,社会力量的参与只能获取极低比例的利润。而对于追逐资本利益的社会力量,极低比例的利润又阻止了其主动参与公租房的建设。社会力量不愿加入,政府只有自己充当公租房的融资主体,如此形成一个恶性循环(如图4-7)。所以,如何创新公租房的建设模式以及如何提升公租房的开发价值是打破这个恶性循环的关键要点,唯有如此才能吸引社会力量主动参建公租房。

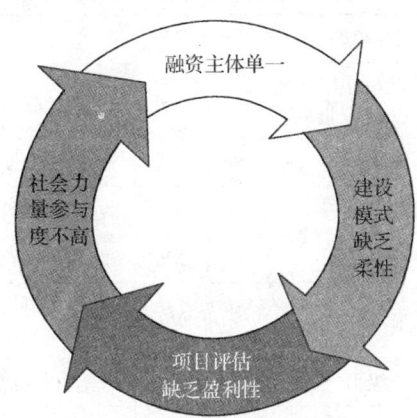

图4-7 公租房建设困境的循环

4.3 公租房项目新型建设模式及其实物期权

因为房地产开发企业是目前参与公租房建设的主导社会力量,咨询单位是房地产企业的智囊团,所以本章在房地产开发企业和房地产咨询公司问卷调查的基础上,提炼出社会力量参建公租房的利益驱动和阻碍因素,进而设计社会力量参建公租房新的建设模式。在此基础上,识别新模式下社会力量开发公租房项目的实物期权类型。

4.3.1 社会力量参建公租房项目的驱动及阻碍

4.3.1.1 问卷调查

问卷内容除被访者基本信息外,主要包括参建公租房建设的利益驱动和阻碍因素等两部分。因为房地产企业参建公租房直接收益太低,不能构成利益驱动,所以本章只分析了间接利益驱动。其中,利益驱动和阻碍因素指标通过对资深房地产开发企业管理人员的深度访谈并借鉴文献(杨海彬,2012)等相关研究成果而得(见表4-1)。房地产开发企业是我国未来公租房建设急需吸引的主要社会力量;

另外房地产咨询公司的市场研判是很多房地产开发企业战略转型的依据;同时考虑到问卷信息的可获得性,将调查对象锁定为房地产开发企业和房地产咨询公司。通过电子邮件和邮寄等方式,向万科、中海、栖霞建设等房地产开发企业和世联地产等房地产咨询公司发放问卷(见附录 4)100 份,收回 51 份问卷,其中 44 份有效,33 份来自房地产开发企业,11 份来自房地产咨询公司。

表 4-1 房地产企业参建公租房的驱动及阻碍因素

N_L	利益驱动因素	N_Z	阻碍因素
N_{L1}	建设经营过程成本较低(不需要花大力气做市调、定位、营销以及审批较易等)	N_{Z1}	直接收益太低
N_{L2}	廉价甚至免费获得土地供应	N_{Z2}	资金回收期太长
N_{L3}	低价获得其他商业用地	N_{Z3}	收益率有可能比预期的回报率更低
N_{L4}	没有政策风险,享受政策优惠	N_{Z4}	受政府的约束太多
N_{L5}	获得比较稳定的业务来源	N_{Z5}	可能和政府有内部或外部因素的冲突
N_{L6}	通过一二级联动获得二级开发权	N_{Z6}	政府的"爽约"风险
N_{L7}	改变土地的用途(工业用地变性住宅用地获利)	N_{Z7}	企业成本管控难以把握
N_{L8}	维持与地方政府比较好的关系,以便日后的发展	N_{Z8}	公租房经营管理制度不明朗
N_{L9}	预期产生更高的间接收益(经营性的附属设施,配建商品房等)	N_{Z9}	市场上缺乏公租房成熟的盈利模式
N_{L10}	提高公司的市场占有率和社会影响力	N_{Z10}	政府回购期不明确的风险
N_{L11}	改进公司的技术水平		
N_{L12}	获得较多的融资渠道		
N_{L13}	市场不明朗,规避风险,维系企业的生存能力		

4.3.1.2 评价参数

(1)众数是一组数据在其统计分布上具有明显集中趋势点的数值,代表数据的一般水平,可以表征被访者普遍看重的房地产开发企业参建公租房的利益驱动和阻碍因素。

(2)离散系数又称变异系数,可用以衡量一组数据的离散程度,可表征被访者对房地产开发企业参建公租房利益驱动和阻碍因素判断的不一致程度,其计算公式为

$$\delta = \sigma/\mu \tag{4-1}$$

δ 值越大,离散程度越大,表明被访者的判断差别很大,大于 0.25 就可以考虑剔除(甘琳等,2009)。

(3) 为衡量被访者对房地产开发企业参建公租房利益驱动和阻碍因素的相对重要程度判断,计算各项指标的重要程度指数(Degree of Importance,DOI)为

$$DOI_i = 100 \times \sum_{j=1}^{5}(N_{ij} \times j)/5N \qquad (4-2)$$

式中:DOI_i——第 i 项指标的重要程度指数值;

N_{ij}——问卷中对第 i 项指标判断为"j"级的反馈人数,其中 j 为 1~5 的打分结果;

N——返回的问卷总数。

4.3.1.3 分析结果

1) 利益驱动

基于重要性指数的间接利益驱动因素评价调查结果如表 4-2 所示,说明:

(1) 低价获得配套商业用地、廉价甚至免费获得土地供应、通过一二级联动获得二级开发权是房地产开发企业最看重的间接利益驱动。另外维持与政府良好的关系以便日后的发展、提高公司的市场占有率和社会影响力以及预期产生更高的间接收益也可以刺激房地产开发企业参建公租房。

(2) 在利益驱动因素中,建设经营过程成本较低、改变土地的用途、提高公司的技术水平、获得更多的贷款融资、规避商品房市场风险等 5 个指标的 δ 值大于 0.25,表明被调查者对这些指标的意见分歧较大,故可以剔除。

2) 阻碍因素

虽然目前房地产开发企业参建公租房有诸多直接或间接利益,但是现实中只有很少的房地产开发企业愿意参建公租房,其阻碍因素的调查结果如表 4-3 所示,说明:

(1) 资金回收期太长、收益率有可能比预期的回报率低、缺乏公租房成熟的盈利模式是阻碍社会力量参建公租房的主要因素。

(2) 阻碍因素指标中,可能和政府有内部或外部因素的冲突、政府的"爽约"风险、企业成本管控难以把握、公租房经营管理制度不明朗以及政府回购期不明确这 5 项指标的 δ 值大于 0.25,所以这些指标可以剔除。

表 4-2 基于重要程度指数值的间接利益驱动因素评价调查结果表

评价指标	反馈结果					μ	σ	δ	DOI	次序
	1	2	3	4	5					
N_{L1}	6	19	7	7	5	2.7	1.49	0.56	53.64	12

续 表

评价指标	反馈结果					μ	σ	δ	DOI	次序
	1	2	3	4	5					
N_{L2}	1	1	8	14	20	4.2	0.91	0.22	85.71	3
N_{L3}	0	0	2	12	30	4.6	0.32	0.07	94.29	1
N_{L4}	0	2	10	25	7	3.8	0.54	0.14	74.29	7
N_{L5}	0	6	16	19	3	3.4	0.65	0.19	70.86	8
N_{L6}	2	0	0	15	27	4.5	0.79	0.18	92.86	2
N_{L7}	4	9	12	7	12	3.3	1.72	0.52	66.36	9
N_{L8}	0	2	11	21	10	3.9	0.65	0.17	79.52	4
N_{L9}	2	2	3	28	9	3.9	0.86	0.22	79.05	5
N_{L10}	0	5	16	9	14	3.7	1.06	0.28	74.55	6
N_{L11}	13	20	9	1	1	2.0	0.79	0.39	38.10	13
N_{L12}	3	11	10	18	2	3.1	1.1	0.35	62.27	10
N_{L13}	4	8	21	10	1	2.9	0.86	0.29	61.03	11

注:1~5依次表示为很不重要、不重要、一般、重要、很重要。

表4-3 基于重要程度数值的阻碍因素评价结果表

评价指标	反馈结果					μ	σ	δ	DOI	次序
	1	2	3	4	5					
N_{Z1}	0	7	8	16	13	3.8	1.07	0.28	75.91	5
N_{Z2}	0	2	6	25	11	4	0.57	0.14	82.38	1
N_{Z3}	0	2	6	25	11	4	0.57	0.14	82.38	2
N_{Z4}	2	3	11	13	15	3.8	1.24	0.32	79.05	4
N_{Z5}	2	5	23	9	5	3.2	0.9	0.28	66.67	7
N_{Z6}	1	9	21	6	7	3.2	1.03	0.32	66.67	8
N_{Z7}	4	13	19	4	4	2.8	1.07	0.38	51.5	10
N_{Z8}	4	4	16	19	1	3.2	0.94	0.29	65.24	9
N_{Z9}	2	1	7	22	12	3.9	0.93	0.24	80.48	3
N_{Z10}	3	7	12	16	6	3.3	1.22	0.37	66.82	6

注:1~5依次表示为很不重要、不重要、一般、重要、很重要。

4.3.1.4 问卷结论

由前述问卷调查结果可知,房地产开发企业参建公租房的利益驱动包括低价获得配套商业用地、廉价甚至免费获得土地供应、通过一二级联动获得二级开发权。房地产开发企业拒绝参建公租房的原因主要是担心资金回收期太长、收益率有可能比预期的回报率低以及缺乏公租房成熟的盈利模式。因此,在我国公租房严重供不应求、政府财政不堪重负、多数房地产开发企业对参建公租房持观望态度的实际背景下,公租房的开发模式应该从这两个方面出发:凸显甚至扩大房地产企业开发公租房的间接利益,减少甚至消除房地产企业开发公租房的阻碍因素。在设计公租房开发模式时可以考虑以下两条:

(1) 如果房地产开发企业从开发单个公租房项目中难以直接盈利,可在委托建设合同中约定公租房项目的整体开发权,涵盖商业用地的联动开发,以实现其综合收益。

(2) 在土地供应以及审批环节等给予明确的优惠条款和绿色通道,减少房地产企业的开发成本。

另外在采访栖霞建设某位已有三十多年工作经验的高管时,他指出房地产企业开发公租房的担忧主要是因为现阶段我国的公租房各种制度还不明确和完善以及政府管制太死,所以企业没有办法根据自己的优势去降低成本实现更大的利润。所以在设计公租房的开发模式时还需要考虑以下几条:

(1) 在公租房开发前期,与政府签订合约中,明确约定公租房的土地性质、建设标准、产权形式、租赁对象、租金标准等。

(2) 明确政府在公租房中的角色,并且尽量减少政府的干预,理顺政府和房地产开发企业的关系。而这一点尤为重要,只有理顺了在公租房开发中谁是主体的问题,才能理清政府和社会力量的角色问题,两者才能更加有效地利用各自资源为公租房项目的开发服务。

另外对于社会力量对收益率低以及回收期漫长的担心,主要是因为现阶段的房地产投资评价方法是基于净现值的基础,忽视了公租房项目中隐含的其他机会价值。所以如何采用一种更科学准确的方法去评估公租房的真实价值也是本书要解决的问题。

4.3.2 公租房项目新型建设模式构建

4.3.2.1 主要面对的受众人群

开发公租房的主体可以分为三类:政府、非营利机构、追逐资本利益的社会力量(主要为房地产开发企业)。公租房面对的人群也主要分为三类夹心层:中低收入者、新就业大学生以及城镇外来务工人员。随着我国城镇化进程的加快,夹心层人群会越来越多。面对如此庞大的各色人群,公租房的建设是否可以像商品房市场那样区别开发,为不同人群制定合适的公租房?南京市政府早期就提出了政府投资建设的公租房以解决城市中等偏下收入住房困难家庭为主,相关单位投资建设的公租房用以解决新就业大学生、外来务工人员的阶段性的住房矛盾[①]。而由北京万润投资控股集团有限公司投资的普乐门全国连锁公寓也将其目标客户主要锁定在内企、外企、机关、事业单位员工。借鉴这些经验,建议我国公租房的建设采用区别对待,分别开发。

对于社会力量,其属于营利机构,其开发的公租房可以主要面向具有稳定收入来源和潜在购房能力的新就业大学生,政府和非营利机构则主要去解决城市户籍人口和外来务工人员(如图4-8)。

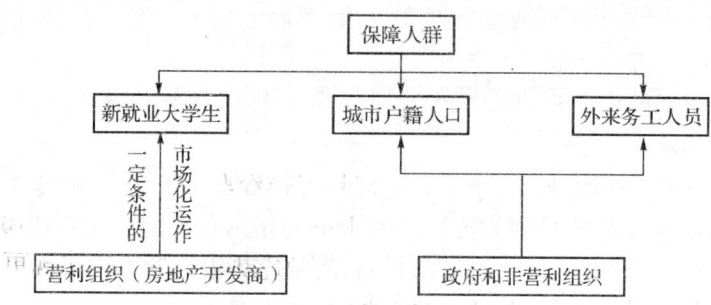

图4-8 保障对象分块而治

这样做的好处:

(1) 分块而治,可以很明显地减轻政府的压力,而目标人群的界定有利于有的放矢,进行规范化的管理。

(2) 区别人群,有利于公租房的开发。针对不同的人群可以开发不同的公租房,例如对于新就业大学生,针对其工作对交通的需要,可以在中心地区开发专门的人才公寓。

(3) 目标客户锁定为新就业大学生可以刺激社会力量开发公租房的积极性。对于新就业大学生,短期内可能其没有购买能力,但是其具有很强的购买潜力。如果社会力量在其开始阶段面向新就业大学生开发公租房,树立自己的品牌和归属感,则很有可能吸引这部分人群在未来购买其开发的商品房。普乐门全国连锁白领公寓正是看准了租赁房市场上的空缺才脱颖而出。

(4) 社会力量针对新就业大学生开发公租房的定位可以让其更好地在市场上寻找盈利模式,调整自己的服务管理策略。新就业大学生相比于另外两类夹心层,

---

① http://js.people.com.cn/html/2011/11/11/46153.html

在对租赁房屋质量和社区管理以及活动等可能要求更高,可以根据他们的需求制定一些个性化的服务。结合新就业大学生缺乏生活经验以及经常加班的特点,也可以提供增值的配套服务,如商务中心、餐饮、便利店、家政保洁、洗衣。同时,还可以提供旅游咨询、停车场、自行车租赁等服务。一方面解决了这群年轻人的需要,另一方面也可以借此形成新的盈利方式,同时也利于塑造自己的品牌。

4.3.2.2 公租房项目建设新模式设想

根据之前的调查和分析可知,由于现阶段建设主体单一以及建设模式局限,政府全权把关公租房的建设,使得社会力量只是听命从事而不是主动参与,导致其很难利用自己的优势资源节约成本创造更多的利润。这就要求在项目开发和运营过程中,在不违反法律、法规、合同条款前提下,尽量减少政府的介入。根据广州万科万汇楼(易乔,2010)、普乐门、公租房商业化运作启示(冯志艳,2011)以及前述调查结果,社会力量参建公租房的新设想如下:

(1) 租赁人群:新就业大学生。
(2) 政府的角色定位:公租房政策的制定者以及政策履行的监督者。
(3) 建设范围:整体开发,包括周边商业配套。
(4) 土地的获取方式:有偿优先出让土地。
(5) 开发管理模式:采用市场化运作,"建设—拥有—经营(BOO)"的管理模式。此时,公租房的产权归属于房地产开发企业——"谁开发谁持有"。未来,即使房地产开发企业出现资金紧张等问题,在条件允许的情况下也能够将产权打包转让,从而获得相应收益——在成本和风险上具有独特优势。同时,房地产开发企业也可以利用项目抵押贷款进行融资。BOO模式的具体运作流程图如图4-9所示。

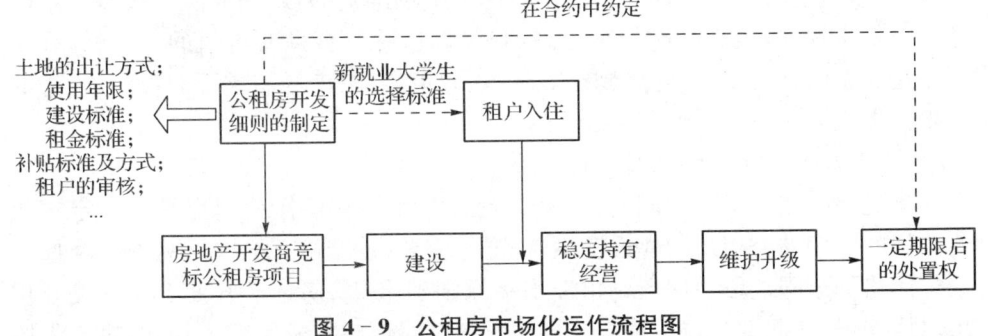

图4-9 公租房市场化运作流程图

4.3.3 公租房项目新型建设模式的实物期权

4.3.3.1 新型建设模式中实物期权特性分析

项目是否具有实物期权,主要在于其是否具备实物期权的三个特性:不确定

性、灵活性以及不可逆性(蔡晓东等,2006)。不确定性主要表现在其所面对的复杂多变的投资环境;灵活性主要表现在当市场投资环境变化时,期权的所有者可以选择或者不选择行使权力;不可逆性主要是指期权的所有者在获得权力时需要支付一定的权利金,而这部分权利金是不能返还的。社会力量投资开发公租房项目也具备这三个基本特征:

1) 社会力量开发公租房项目的不确定性

公租房项目开发周期长,从项目的设想到最后的运营阶段将历经几十年的时间,其不确定性来源主要来自以下几个方面:

第一,运营模式以租为主。一般情况下,住宅房地产的运营模式为"整体开发,单间销售"。但是由于公租房的特有属性,其只能租赁,不能出售。这种"整体开发,整体经营"的开发模式,可以给房地产开发企业带来三部分的收益:租金收益,周边土地的增值收益,经营管理带来的品牌增值。这些收益根据市场的变动会有不同的变化,在项目的前期很难具体地预测。

第二,其租赁对象为符合政府一定条件的新就业大学生。现阶段公租房的开发都要在政府的一定监管之下开发,特别是公租房的租赁对象。租赁对象的具体准入条件和制度,政府还没有明确的规定,所以租赁对象也具有一定的不确定性。

公租房开发的前两个阶段主要涉及与政府的谈判协调工作,在土地获得以及项目的报建工作可能会有相应的政策扶持。但是整体上公租房项目的开发投资期长,并且因为其未来的现金流主要为租金收入,所以投资回收期更长。同时租金的收入与房地产市场租金挂钩,所以在未来,公租房项目的收入面临很大的不确定性。传统的净现值将这些不确定性利用折现率来抵消,认为不确定性越大,风险越高,则折现率就越大。但是这种算法是有悖于市场准则的,即高风险高收益。不确定性可能带来损失,也有可能带来更高的利润,这种机会是有价值的。另外,公租房项目是关系国计民生的,还受到宏观环境、政策导向、市场需求等的影响,未来的不确定性更大。

2) 社会力量开发公租房项目的灵活性

在享受一些政策优惠的同时,社会力量独立建设和运作公租房是以一定的条件为前提的。例如公租房的建设套型、标准等需要按照政府的文件,另外租金标准应当按照略低于同地段住房市场租金水平原则确定[①]。房地产开发企业开发公租房项目周期长,在此期间可以根据市场情况来及时调整投资策略。例如,对于大体积大面积的开发,可以采取分期开发,后一期的开发以前一阶段的开发为基础进行决策。公租房项目往往是区域成片开发,如果采用分期开发,则可以依据前一阶段

---

① http://business.sohu.com/20120612/n345391689.shtml

政府政策方面的履行情况、市场的供需情况等及时调整策略,以免一次性投资造成重大的失误。另外因为公租房项目租金定价是与市场价挂钩,则可以通过前一阶段租户对租金的反映情况来重新调整租金的定价。以政府为主导和在市场化运作下社会力量灵活性比较如表4-4所述。

表4-4 两种模式的灵活性比较

灵活性类型	政府主导	市场化运作
开发的延迟权	没有	2年的土地闲置权[①]
分阶段开发的权利	没有	按照企业的需要
项目抵押贷款的权利	没有	有(拥有产权)
转换调整的权利	没有	有(满足政府的基本要求)
企业品牌价值的增长机会	几乎没有	有

由表4-4可知,市场化运作公租房相比政府主导下的建设,社会力量能拥有更多的灵活选择性以及更多的未来的决策权。而这些未来的灵活决策权在传统的净现值法中是无法被量化的,实物期权的方法可以用来量化这种价值。

3) 社会力量开发公租房项目的不可逆性

传统的净现值法作为房地产开发投资决策时认为投资是可逆的。如果市场条件不好,没有达到预先设想的情况,则可以不需要付出任何损失即可完全撤出并收回初始投资。但是在实际情况中,如果房地产开发企业决定开发公租房项目,并且将一部分资金已经投入到项目的开发中时,就很难甚至没有办法通过停止项目而将前期投入的资金全部收回。这部分不能回收的投资成本也即项目的沉没成本。例如,房地产开发企业在决定拿地开发公租房项目时,前期一定要进行相应的信息收集、投资设想以及可行性研究,以判断项目的可实施性。这一阶段不管拿地与否,已经投入了一定量的人力、物力和财力,而且这部分的投资是完全不可回收的。另外,在支付了土地出让金购置完土地之后,如果在后期发现市场情况不利,决定放弃该公租房项目的开发权,则土地的出让金就成了沉没成本。即使房地产开发企业转让土地的使用权,也无法完全收回当时的成本,并且还要缴纳一定的营业税,这部分也是沉没成本。综上所述,房地产开发企业开发公租房是不完全可逆的,甚至是完全不可逆的。

4.3.3.2 公租房开发的实物期权类型

1) 公租房实物期权的分类

根据实物期权的分类,社会力量独立开发、建设、运营公租房也有如下实物期

[①]《闲置土地处置办法》(中华人民共和国国土资源部第53号令)。

权类型(甘琳等,2009;张永岳和谢福泉,2011;冯志艳,2011;田秋生和李嘉莉,2011;王利明等,2011):

(1) 延迟投资期权

在公租房开发过程中难免会受到国家或社会经济和政策状况、地区或城市经济状况、市场环境、投资地段等诸多因素的影响。因为房地产开发企业很难全面掌握这些信息,所以对未来无法进行精确的预测。因为这些不明朗的政策因素或市场环境,房地产开发企业可以选择推迟投资,以获取更进一步的信息,改进自己的投资方案。尤其在现阶段我国宏观调控时期,公租房政策不明朗,房地产开发企业很难准确预测政策的走向,此时可以延长投资时机,待明朗之后做出决策。

(2) 分阶段投资期权

公租房开发投资规模大,如果一次性投资,风险将会很大。分阶段投资、滚动开发能避免方案失误而满盘皆输。同时,下一阶段的投资决策取决于前面已经执行的各阶段投资的实际结果以及未来的市场走向。在公租房开发整个投资期间,当新的信息产生和市场发生变化时,需要重新评估投资方案继续的可行性及其价值,并作出下一阶段的投资决策,每一期的投入都可视为取得下一步投资机会的期权。

(3) 扩张期权

面对我国房地产市场波动大、公租房相关的建设和运营制度不明朗,房地产开发企业可以先投入少量资金试探公租房市场情况。如果市场比预期的好,则可以加速或加大投资计划,根据项目实际进度情况适时扩大投资规模。

(4) 收缩期权

收缩期权和扩张期权相反,指房地产开发企业在面临市场实际环境比预期相差较远的情况下,房地产开发企业可以缩减投资公租房计划的投资规模。

(5) 转换期权

在项目的实施过程中,有能力的房地产开发企业可以根据外部环境的变化进行投入要素或产品的转换。如社会力量可以在市场情况发生变化或者政策发生改变时调整公租房的设计或者面积等,又或者在政府违约的情况下改变公租房的性质变为商品房进行销售。这为房地产开发企业适应市场或竞争环境变化提供了有利工具。

(6) 放弃期权

指公租房项目开发之后,如果发现公租房项目没有盈利可能或者因为客观原因无法完成而放弃该项目。

(7) 增长期权

社会力量开发公租房项目,不能仅仅从项目本身的财务效益考虑,而应更多考虑项目对企业未来发展的影响,比如企业品牌的建设、销售渠道的开辟、与政府关系的建立等。这些对企业的战略价值具有重要的意义。

2) 公租房开发各阶段的实物期权类型

根据社会力量开发公租房的进度,将公租房的开发分为四个阶段,每一个阶段其拥有的实物期权类型如图4-10所示。

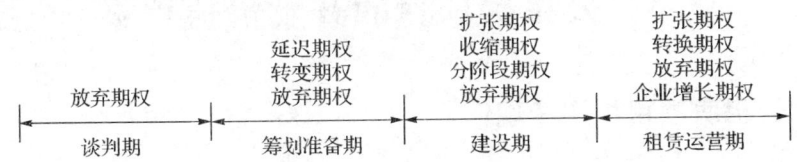

图4-10 公租房开发各阶段的实物期权类型

在公租房开发的第一阶段,主要是社会力量与政府的谈判过程。在谈判之前,社会力量已经对现有公租房开发政策做过可行性研究。谈判主要涉及地块的优先转让、开通项目报建的绿色通道、运营期的租金定价、税费减免等。在双方均有意向的情况下签订合作开发协议。如果不合意,社会力量可以放弃此次的开发。在筹划准备期,如果政府的某些优惠政策或者承诺没有按照约定的实现,则社会力量有权依据协议延迟开发、转变设计方案甚至放弃项目的开发等。在项目的建设阶段,由于公租房体量大且面临政策以及市场风险,房地产开发企业可以分阶段开发,或者根据市场情况以及政府承诺的履行情况调整开发进度,可以扩张、收缩甚至放弃项目。在公租房的租赁经营阶段,如果市场反映良好,则可以加大投资扩张开发;如果政府违约不履行相应的承诺,则房地产开发企业可以将公租房项目转换成商品住宅出售或打包出售放弃整个项目;房地产开发企业可以借用整个项目的开发,特别是在运营期树立本公司的品牌形象,为房地产开发企业赢得更多的投资机会,这是项目为房地产开发企业带来的增长期权。

从以上分析可以看出,公租房项目的开发具有复合实物期权的特征。因为复合期权自身的复杂性,现阶段几乎没有学者能将项目生命周期所有实物期权的价值都计算出来(刘小琼,2010)。另外,并不是所有的不确定性因素都能反映到具体的实物期权,只有能够控制的不确定性才会对项目的价值产生影响。公租房的不确定性主要来自政府的政策调控、租金收入以及后期的运营成本变化。

现阶段我国关于公租房租赁人群的界定以及租赁人群的准入与退出机制都没有明确的公文。公租房一方面在大量开发,另一方面接受对象却不明确,这样使得社会资本承担着以后的租赁风险。

根据我国《闲置土地处理办法》,土地闲置满两年将无偿收回,所以社会资本在没有得到政府明确的有关公租房项目的接受群体时,有权选择延迟开发,避免盲目投资。结合公租房项目的开发模式以及运营模式，认为延迟投资能使开发商更好地进行租赁客户来源的确定，也即掌握更多的政策消息以及市场情况之后再开发。所以为了便于计算和说明，本书选取了延迟期权进行解释和说明，重点将实物期权这种战略思想的投资决策方法引入到公租房项目开发的投资评价中。

4.4 公租房项目的开发价值评估

4.4.1 公租房项目扩展净现值

净现值法是假定未来的现金流量处于不变或者静止的状态时估算出来的。但是当面对未来不确定性时，其无法衡量不确定性带来的机会和价值。在现阶段，我国公租房建设处于初级阶段，很多的政策和制度不完善，也不明朗。并且，公租房的租金价格通常为市场租赁价格的一定比例，可能随市场租赁价格的波动而起伏，所以我国社会力量开发公租房具有很高的不确定性。在前文4.3部分构建的新型模式下，当有新的信息出现或者不确定性逐渐明朗化时，开发者利用对项目的弹性管理对原先设定的策略进行修正，例如可以延迟投资、扩张、紧缩甚至放弃这项投资项目。这种管理的弹性使净现值扩充为两部分的价值，一部分为传统的被动的净现值 NPV(Net Present Value)，另一部分为主动适应环境的决策期权价值，也即期权溢价 VOR(Value of Right)，两者的和为项目的扩展净现值 ENPV(Expanded Net Present Value)(魏亚南，2012；Trigeogris，1996)，其公式如下：

项目的扩展净现值 $ENPV$（项目的开发价值）＝传统的净现值（NPV）＋项目期权溢价（VOR）

4.4.2 公租房项目传统净现值评估模型

4.4.2.1 净现值评估方法

净现值 NPV 的基本计算步骤可分为四步(刘健，2010)：

1) 计算公租房项目各年的净现金流量。公租房项目各年的净现金流量包括每年的现金流入和现金流出。公租房项目现金流入包括租金收入以及回收固定资产余值，现金流出包括建设投资以及经营税金。

(1) 租金收入

租金收入包括项目公租房的租金收入以及公租房配套商业的租金收入。其中，公租房租金收入＝单位租金×住宅总面积×时间或者公租房租金收入＝单位租金×户数×每套平均面积×时间；商业配套租金收入＝单位租金×商业总面积×时间。单位租金的价格需根据项目所在地同类市场租金价格确定，同时考虑到通货膨胀的影响,每两年需乘以一定的比例系数。根据国家相关法律的规定,住宅用地的使用年限是 70 年,而且包含了房地产开发企业开发建设房屋的建设期。所以,对于公租房项目而言,减去两年的建设期,实际使用年限是 68 年。由于公租房用于出租的特殊用途,针对公租房人员流动性大、所有权与使用权相分离以及同种人群密集度高等特点,公租房的使用寿命应该比普通商品房的使用寿命短,从而相应的使用年限应该缩短。

(2) 固定资本余值

根据《中华人民共和国企业所得税暂行条例实施细则》第三十一条规定,残值比例在原价的 5% 以内的,由企业自行确定。再根据《国家税务总局关于做好已取消的企业所得税审批项目后续管理工作的通知》(国税发〔2003〕70 号)第二条之规定,固定资产残值比例统一为 5%。故公租房项目的残值率取为 5%。残值率取值基数是固定资产的原始价值或账面价值。依据现行会计制度规定,公租房项目的计提依据为项目的原价。

(3) 建设投资

公租房项目的投资估算包括以下几种:

①土地费用:参考相似地块得出。

②项目前期工程费:项目报批费、规划设计费、勘测丈量费以及临时设施费按照单位成本与总建筑面积的乘积计算,项目的可行性研究费按照国家发改委相关规定收取。

③建安工程费:建筑工程费、设备及安装工程费按照单位成本价格与总建筑面积的乘积收取。

④基础设施配套费:其中道路、雨污水、供电、供水、环境绿化等按照单位成本与面积计算,煤燃气以及有线电视等以每户价格收取。

⑤其他费用及不可预见费用:其他费用按照单位成本与面积的乘积,不可预见费按照①到④的和取 5%。

⑥开发间接费和管理费用:开发间接费和管理费以前五项的和为基数分别取 2%、1%。

⑦财务费用:利息支出按五年以上贷款利率计算,相关手续费以及其他财务费按照贷款额度的 0.6%、1.2% 计算。

⑧项目运营费用:按项目总收入的 0.8% 计算。

2) 选择适当的折现率,确定公租房项目各年的折现系数。本项目考虑到公租房项目的特殊情况,暂时估计期望投资利润率将低于行业内平均利润率 15%(汤正涛,2005)。又由于南京市代建制建设保障性住房规定的利润率为 3%,再加上管理费率 2%,共 5%,取这两者的平均值,所以取期望投资利润率为 10%,将此系数作为项目各年的折现系数。

3) 将各年的净现金流量乘以相应的折现系数来计算各年净现金流量的现值。各年的现金流量等于各年现金流入减去各年现金流出。

4) 汇总各年净现金流量的现值,计算项目的净现值。

当 $NPV>0$,则项目是可行的;反之,$NPV<0$,则项目亏损,拒绝投资。NPV 的公式为

$$NPV = \sum_{t=0}^{n}(CI-CO)_t/(1+i_c)^t \qquad (4-3)$$

式中:CI——现金流入;

CO——现金流出;

n——项目的总寿命期(包括建设期和使用期);

i_c——基准收益率,也即贴现率。

在现阶段,我国政府采用各种优惠政策来鼓励社会力量参建公租房,各种税费的减免对项目现金的流出会产生一定的影响。所以在采用净现值评估项目的价值时,首先需明确我国各项政策对公租房开发的扶持力度。

4.4.2.2 公租房项目的优惠政策

根据《南京市公共租赁住房管理办法》,将对公租房建设实行以下优惠政策:

(1) 公共租赁住房建设涉及的行政事业性收费和政府性基金,参照经济适用住房和廉租住房的优惠政策执行。

(2) 公共租赁住房建设用地纳入年度土地供应计划,实行计划单列、专地专供。

(3) 政府投资建设的公共租赁住房,建设用地实行行政划拨,并在土地供应计划和申报年度用地计划中单独列出,优先安排。非政府投资建设的公共租赁住房,建设用地采取出让、租赁或作价入股等有偿方式供地,并将所建公共租赁住房的套型、建设标准和设施配套条件等作为土地供应的前置条件予以明确。

(4) 公共租赁住房实行谁投资谁所有,投资者权益可以依法转让,但转让后原土地和房屋的性质、用途不得改变。

(5) 鼓励房地产开发企业参与公共租赁住房的投资和建设。房地产开发企业投资建设的小户型普通商品住房,建成后可由政府承租,作为公共租赁住房。

(6) 政府承租普通商品住房作为公共租赁住房期满后,如不续租则房源归还房地产开发企业上市交易。在政府承租期内,政府对承租的普通商品住房按市场租金标准适当补差,资金在住房保障资金中列支。

从以上可以看出,对于社会力量独立开发公租房,土地供应明确规定是有偿方式;另外社会力量投资开发的公租房,社会力量享有所有权,可以依法转让。此外,

根据国家相关规定,有关部门出台了《关于支持公共租赁住房建设和运营有关税收优惠政策的通知》(财税〔2010〕88号),对公共租赁住房的建设和运营给予税收优惠(详见表4-5)。这些优惠政策会对项目的投资估算以及经营税金有一定影响,直接影响着项目的现金流出。

表4-5 公租房项目税费减免表

税费减免项目	减免额度
公租房建设用地及公租房建成后占地(其他住房项目中配套建设公租房的按公租房建设面积占总建筑面积的比例)的城镇土地使用税	全免
公租房经营管理单位建造公租房(其他住房项目中配套建设公租房的按公租房建筑面积占总建筑面积的比例)涉及的印花税	全免
公租房经营管理单位购买住房作为公租房的契税、印花税	全免
公租房租赁双方签订租赁协议涉及的印花税	全免
企事业单位、社会团体以及其他组织转让旧房作为公租房房源,且增值额未超过扣除项目金额20%的土地增值税	全免
企事业单位、社会团体以及其他组织捐赠住房作为公租房,且增值额未超过扣除项目金额20%的土地增值税	全免
经营公租房所取得的租金收入(单独核算)的营业税、房产税	全免

1) 城镇土地使用税

由《国务院关于〈中华人民共和国城镇土地使用税暂行条例〉的决定》(中华人民共和国国务院第483号令)可知,城镇土地使用税是以开征范围的土地为征税对象,以实际占用的土地面积为计税标准,按规定税额对拥有土地使用权的单位和个人征收的一种行为税。南京市市区城镇土地使用税每平方米年税额标准具体规定如下:一类土地:10元/m^2;二类土地:7元/m^2;三类土地:5元/m^2。

2) 印花税

由《中华人民共和国印花税暂行条例》(中华人民共和国国务院第11号令)可知,印花税是以经济活动中签立的各种合同、产权转移书据、营业账簿、权利许可证照等应税凭证文件为对象所征的税。在公租房建设经营过程中,主要征收财产租赁合同(0.1‰)、加工承揽合同(0.05‰)、建设工程勘察设计合同(0.05‰)、建设安装工程承包合同(0.03‰)、借款合同(0.005‰)、财产保险合同(0.1‰)以及产权转移书据(0.05‰)等。

3) 营业税

由《中华人民共和国营业税暂行条例》(中华人民共和国国务院第540号令)可知,营业税是对在中国境内提供应税劳务、转让无形资产或销售不动产的单位和个人,就其所取得的营业额征收的一种税。公租房项目后期是以经营租赁为收入,性质属于服务业,其税率为 3%。

4) 房产税

由《中华人民共和国房产税暂行条例》(国发〔1986〕90 号)可知,房产税是以房屋为征税对象,当房屋出租时,按房屋的计税余值或租金收入为计税依据,向产权所有人征收的一种财产税,税率为 12%。

4.4.3 公租房项目期权溢价评估模型

4.4.3.1 实物期权定价的常用模型

(1) B-S 模型(陈德强和黄晓峰,2011;刘勋涛和靳剑辉,2011;王涛和冯蕾,2011;陈花军,2010;牛静,2012;李季,2012)

在 1970 年,Black 和 Shcoles 研究出了第一个成功的金融期权定价模型——B-S 定价模型。该模型是期权理论的核心内容,可以运用于简单的买入和卖出期权,对近 30 年金融工程领域的发展起了重要的作用和影响。该模型是针对欧式股票期权为研究对象的连续型定价模型,其基本假设条件为:

① 期权类型为欧式看涨期权;
② 无风险利率 r 与价格波动率 σ 为常数;
③ 标的资产(或股票)价格 S 变动为对数正态分布;
④ 不存在税收和交易费用;
⑤ 不支付红利,也没有其他(如股息)支付;
⑥ 证券交易是连续的;
⑦ 不存在无风险套利机会。

在无风险套利假设下,通过构建无风险资产组合,得到关于无红利支付的欧式看涨期权的 B-S 定价公式为

$$C = SN(d_1) - Xe^{-r(T-t)}N(d_2) \tag{4-4}$$

其中,

$$d_1 = \frac{\ln(S/X) + (r + \sigma^2/2)(T-t)}{\sigma\sqrt{(T-t)}} \tag{4-5}$$

$$d_2 = \frac{\ln(S/X) + (r - \sigma^2/2)(T-t)}{\sigma\sqrt{(T-t)}} = d_1 - \sigma\sqrt{T-t} \tag{4-6}$$

式中:C——期权的价值;

S——标的资产(或股票)的价格;

X——期权的执行价格(也即固定成本现值);

$(T-t)$——期权有效期;

$N(x)$——标准正态分布的累积分布函数,即标准正态分布下变量小于 x 时的累积概率值;

r——无风险连续复利利率;

σ——标的资产(或股票)价格的波动率。

上述是欧式看涨期权定价公式。转变欧式看涨期权的边界条件[$f=\max(S-X, 0)$, $t=T$ 时]为欧式看跌期权的边界条件[$f=\max(X-S, 0)$, $t=T$ 时],可以得到欧式看跌期权定价公式:

$$P = Xe^{-r(T-t)}N(-d_2) - SN(-d_1) \qquad (4-7)$$

根据以上分析,该模型是根据动态复制技术构建无风险资产复制组合得到的。模型隐含了期权的价值不受期望收益率和投资者风险偏好影响的假设,其价格只取决于外生变量。在现实中虽然满足这些假设条件的情况很少,但 Black-Scholes 期权定价模型仍然是目前评估期权价值最好的模型之一。

(2)二叉树定价模型(陈花军,2010;陈德强和黄晓峰,2011;刘勋涛和靳剑辉,2011;王涛和冯蕾,2011;牛静,2012;李季,2012)

1979 年,Cox,Ross 和 Robinstein 利用二叉树模型对期权进行了定价,之后其他学者又对其进行了修正和发展。二叉树定价模型以风险中性为假设条件,未来现金流在风险中性条件下具有不确定性的特征。二叉树模型是基于每期出现两种可能的现金流变化为前提下推导出的定价模型,属于离散型的实物期权定价方法。

①单期二叉树模型

假设标的资产无红利支付,其当前价格为 S,执行价格为 X,当前期权价格为 f。同时假设在时间 T 时刻,标的资产价格发生两种变化:价格 S 以 P 的概率上涨到 SU 或者以 $(1-P)$ 的概率下降到 SD(U, D 分别表示标的资产价格的上涨和下跌因子)。如果标的资产价格上升到 SU,则期权价格为 f_u;如果标的资产价格下降到 SD,则期权价格为 f_d,如图 4-11 所示。

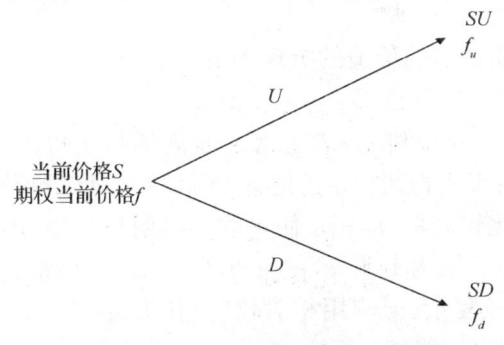

图 4-11 期权价格的单期二叉树图

根据无套利均衡分析和无风险复制组合的原理,得到单期期权的价值为

$$f = e^{-rT}[Pf_u + (1-P)f_d] \qquad (4-8)$$

式中:$P = \dfrac{e^{rT} - D}{U - D}$;

　　r——无风险利率。

这里称 P 为风险中性概率。在实际中,U 和 D 是由股票价格的波动率(σ)决定的,其计算公式为

$$U = e^{\sigma\sqrt{\Delta t}}, D = 1/U = e^{-\sigma\sqrt{\Delta t}} \qquad (4-9)$$

② 多期二叉树模型

当二叉树为多期时,其计算过程与单期类似。假设用 N 表示二叉树期数,在风险中性假设下,可以依据单期计算过程采用由后向前推的方法,得出多期期权二叉树模型。根据单期二叉树模型的分析,得到多期二叉树的期权价格变化如图 4-12 所示。

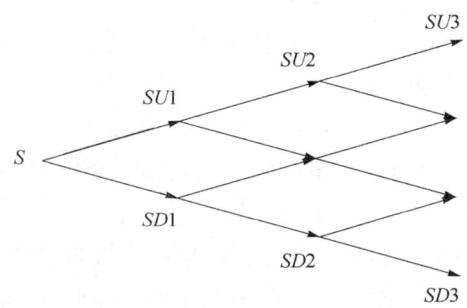

图 4-12　多期二叉树演化图

在风险中性假设条件下,则通过推导得出两期二叉树模型为

$$f = e^{-2r\Delta t}[P^2 f_{uu} + 2P(1-P)f_{ud} + (1-P)^2 f_{dd}] \qquad (4-10)$$

式中:$e^{-2r\Delta t}$ 表示第二期期末的价值的折现率。

4.4.3.2　模型的比较及选择

通过以上分析,B-S 模型和二叉树模型对金融期权定价没有什么差别,但对于实物期权定价来说,由于实物期权定价对象的特殊性,其定价范围有所不同。对于 B-S 模型来说其计算比较简单,适用于简单的实物期权定价,不适用于比较复杂的决策,并且其决策过程的结构不明显,使决策者跟踪或做决策比较困难。而二叉树模型虽然计算相对比较复杂,但应用相对较广,其决策结构比较明显,且易于理解和灵活应用。两种模型的比较如表 4-6 所示。

表 4-6 标准 B-S 模型和二叉树模型的比较

比较因素	B-S 模型	二叉树模型
研究对象	欧式期权	欧式、美式期权
应用范围	假设严格,应用范围小,可用于简单的决策	假设可调整,应用范围广,可用于较复杂的决策
复杂性	计算简单、直接	计算繁琐,计算量大
准确性	较好	较差

结合本项目主要是研究公租房开发的延迟期权,为了便于计算以及后期处理,本书基于 B-S 模型来计算公租房开发项目的期权。

4.4.3.3 修正的公租房项目价值评估模型

由于土地开发可延期的特点,公租房项目延期开发就会失去项目可能创造利润价值的正现金流和多支付成本发生的负现金流。例如,我国土地闲置管理政策规定,房地产开发企业从获取土地到项目动工开发有 2 年的缓冲期,若在这 2 年内选择延迟开发,则项目的未来价值可能会因物价上涨多支付建设成本而产生价值漏损。但是在经典的 B-S 期权定价模型中没有考虑因延迟开发产生的价值损失,即项目的价值漏损。现定义项目价值漏损率 δ 是指项目的年延迟成本率。现阶段我国将实物期权引入到房地产投资决策中几乎没有考虑价值漏损,主要是因为普通的房地产开发是出售型的,一般房地产的出售价格会随着项目的延迟而上涨,这部分上涨的价格往往会抵消建设成本的增长。但是公租房项目不同,其只能出租,因此如果延期两年就减少了两年的出租价值,而且建设成本也会随着物价的升高而增加,所以公租房的开发价值需要考虑项目的价值漏损率,需要对无价值漏损的 B-S 期权定价模型进行调整(郭子雪和李小彦,2012;王新燕,2012;李季,2012)。

假设项目价值漏损率为 δ,则项目价值的随机过程为

$$dS_t = (\alpha - \delta)Sdt + \sigma S dz \quad (4-11)$$

在风险中性的假设下,根据伊藤引理得出以下含有价值漏损的随机微分方程:

$$\frac{\partial(VOR)}{\partial t} = r(VOR) - (r-\delta)S\frac{\partial(VOR)}{\partial S} - \frac{1}{2}\sigma^2 S^2 \frac{\partial^2(VOR)}{\partial S^2} \quad (4-12)$$

其边界条件为

$$VOR(S,T) = \max[(S-X), 0]$$

用求解随机微分方程的过程可解得(4-11)的解为

$$VOR = Se^{-\delta(T-t)}N(d_1) - Xe^{-r(T-t)}N(d_2) \tag{4-13}$$

其中：
$$d_1 = \frac{\ln(S/X) + (r - \delta + \sigma^2/2)(T-t)}{\sigma\sqrt{T-t}};$$

$$d_2 = \frac{\ln(S/X) + (r - \delta - \sigma^2/2)(T-t)}{\sigma\sqrt{T-t}} = d_1 - \sigma\sqrt{T-t}$$

式中：VOR——公租房项目期权的价值；

S——公租房项目的资产价值；

X——公租房项目的开发成本；

$(T-t)$——公租房项目期权的有效期；

$N(x)$——标准正态分布的累积分布函数，即标准正态分布下变量小于 x 时的累积概率值；

r——无风险连续复利利率；

σ——公租房项目价格的波动率；

δ——公租房项目的价值漏损率。

4.4.3.4 定价模型的参数确定

从修正的定价模型可以看出影响期权价值的因素主要有六个：公租房项目的资产价值 S、公租房项目的开发成本 X、期权有效期 T、公租房项目价格的波动率 σ、无风险利率 r、公租房项目的价值漏损率 δ。在用实物期权对公租房项目进行投资决策时，要根据公租房项目的实际情况进行参数的修正。下面主要根据实物期权定价，针对社会力量开发公租房项目进行变量的修正说明：

1) 公租房项目的资产价值 S 的确定

在公租房开发投资决策中，其标的资产价值是指公租房项目开发的现行市场价值，体现在项目未来现金流的现值。在本书中标的资产价值的确定是采用传统净现值评估方法近似对公租房项目的投资价值进行估算。

2) 公租房项目的开发成本 X 的确定

实物期权中的执行价格 X 是指投资项目中未来现金流出的现值。执行价格一般在项目初期就已确定，其中包括固定资产和流动资产投入，即项目的建设投资。在公租房项目开发中，可以利用预期公租房项目的分年投资计划计算得到。

3) 期权执行有效期 T 的确定

期权执行的有效期是指投资机会有效持续时间。例如公租房开发项目从建设到租赁收回投资并盈利一般要经历 3 年到几十年，则这个期限就是期权执行的有效期。公租房投资决策的期限应该是从决策到价值形成时之间的时间，一般是根据土地使用年限或项目所有权限来定。我国规定企业获取土地之后开发期限为2年,在2年内如果未开发建设使用,国家将无偿收回土地。在本书中,主要讨论公租房项目的延迟期权,所以整个项目的延迟期最多只有2年。

4) 无风险利率 r 的确定

项目投资的无风险利率一般为同期内国债利率。根据我国《城镇国有土地使用权出让和转让暂行条例》,居住用地最长期限为70年,所以项目从建设到出租整个阶段会跨越几十年,时间较长,因此本书选用5年期以上长期国债利率作为无风险利率。

5) 公租房项目价格的波动率 σ 的确定(齐彩云,2011)

公租房项目资产价格的波动率是指公租房项目价值的波动率。评估项目资产价格波动率的方法有"孪生项目"法、专家估计法、产品价格波动法。社会力量开发房地产项目还处于初级阶段,很难找到相似的项目,所以不能根据"孪生项目"的波动率来估算本项目的波动率。而专家估计法首先需要统计各个专家对价值变量的经验估计,然后采用随机抽样的方法,利用相关软件在计算机上进行成千上万次的模拟计算。考虑到操作的可行性以及数据的可获得性,本书采用产品价格波动法计算公租房项目的波动率。

产品价格波动法是根据公租房市场房屋价格的变动计算项目未来的波动率。因为我国公租房的租赁价格与市场价格挂钩,于是房屋的市场价的变动在一定程度上也可以反映项目的波动,即假设某市第 t 年的房屋均价为 P_t,令 $L_t = \ln \dfrac{P_t}{P_{t-1}}$,则房地产市场价格的波动率 $\sigma = \sqrt{\dfrac{1}{T-1} \sum_{t=1}^{T} (L_t - \overline{L})^2}$,其中 $\overline{L}$ 为所有 L_t 的平均值,T 为价格调查的总年数。

6) 公租房项目的价值漏损率 δ 的确定(鲁皓和张宗益,2011)

公租房价值漏损 δ 是指项目的年延迟成本率。从数据可获取角度,主要考虑由于成本增加而带来的现金流出。主要包括前期投资的资金成本和建筑安装成本的增长两部分。对于公租房开发项目来说,这部分成本是项目投资成本的主要组成部分,一般占项目投资总额的80%以上,因此将其作为主要成本考虑因素。对于前期投资,土地成本占主要部分。土地资金占用成本可利用近期贷款利率来计算,而建筑安装成本可按照预期建筑成本的增长率计算。若令建安成本增长率为 i,近期贷款利率为 r,土地成本占项目投资成本总额比例为 A,建安成本占项目投资成本总额比例为 B,则 δ 的计算公式为

$$\delta = r \cdot A + i \cdot B \tag{4-14}$$

4.5 案例分析

4.5.1 项目概况

本项目由 A 房地产开发公司按市场价购买整片公租房项目开发土地(包括商业配套),并且独立开发建设公租房,建成之后租赁给政府指定的新就业大学生,同时负责住宅以及商业部分的经营管理工作。在这整个开发经营管理过程中,享受政府一切关于开发公租房项目的政策优惠以及其他绿色通道,同时接受政府的监管。本章就是从 A 房地产开发企业的角度利用实物期权的思想去评估此片公租房的开发价值。

4.5.1.1 项目用地情况

本项目位于南京市雨花台区西善桥岱山保障性住房片区,岱山片区的交通便利,临近两条高速公路,城市主干道与次干道都穿过其中,交通四通八达,居民出行很方便。同时配套设施齐全,教育资源极为丰富,配建了 4 所小学、2 所初中、1 所高中、7 所幼儿园。岱山片区背靠河西,面朝滨江新城,是南京未来快速发展的中心城区。本项目建筑规划指标如下:

①用地性质:二类居住用地。

②总用地面积:53 546.92 m^2。

③总建筑面积:250 000 m^2。

④总户数:4 000 户。

⑤建筑容积率:4.0。

⑥绿化覆盖率:30%。

⑦建筑高度:93 m。

⑧住宅建筑面积:203 478 m^2;

商业建筑面积:10 710 m^2;

住宅楼地下人防面积:15 800 m^2;

住宅楼底下设备层面积:20 012 m^2。

⑨结构形式:框架剪力墙。

4.5.1.2 项目投资估算

本项目的投资估算主要由以下几项组成:土地费用,项目前期工程费(规划设计费、勘探费、测绘费等),建安工程费,基础设施配套费(道路、电灯、污水处理等),财务费用,开发间接费和管理费用,其他费用及不可预见费用,项目的运营费用。据估算,本项目包括土地费用、前期工程费、建安工程费、基础设施配套费、不可预见费、开发间接费和管理费用等在内的总投资为 86 724.24 万元人民币,具体各项费用详见表 4-7,财务费用中利息支出见"附录 5 借款还本付息表"。

表 4-7 项目总投资计划以及资金筹措表　　　　　　（单位:万元）

序号	项目	合计	2014 年		2015 年	
			上半年	下半年	上半年	下半年
1	项目投资	86 724.24	33 526.78	17 617.38	11 686.78	23 893.30
1.1	土地获得费用	15 000.00	15 000.00	0	0	0
1.2	前期工程费	1 840.00	1 840.00	0	0	0
1.3	建安工程费	50 000.00	15 000.00	15 000.00	10 000.00	10 000.00
1.4	基础设施配套建设费	8 048.00	0	0	0	8 048.00
1.5	其他费及不可预见费	4 369.40	1 092.35	1 092.35	1 092.35	1 092.35
1.6	开发间接费和管理费	2 377.72	594.43	594.43	594.43	594.43
1.7	财务费用	3 439.11	0	930.6	0.00	2 508.51
1.8	运营费用	1 650.01	0	0	0	1 650.01
2	资金筹措	86 724.24	33 526.78	17 617.38	11 686.78	23 893.30
2.1	自有资金	58 324.24	20 326.78	4 417.38	10 686.78	22 893.30
2.2	借贷资金	28 400.00	13 200	13 200	1 000.00	1 000.00

4.5.1.3 项目进度计划

本项目由于是保障性住房,需要快速建设以提供给迫切需要房屋的群众居住,因而工期要求比较紧,根据实际情况和以往经验,本项目建设期计划安排为 24 个月(2014.2—2016.01)。为确保项目建设的顺利实施,应做好工程前期准备工作,同时抓紧组织落实、资金落实等工作,严格按国家基本建设程序规定,保证工程质量。项目实施进度计划表见附录 6。

4.5.1.4 项目资金来源

(1) 自有资金:A 房地产开发公司是一家颇具实力的公司,具有很高的知名度与影响力,初步估计约投入 5.8 亿左右的资金作为此次公租房项目的开发建设资金。

(2) 项目抵押贷款:因为此次公租房项目产权归 A 房地产开发公司,所以其可以利用项目土地以及项目未来的收益作抵押,贷款 2.8 亿左右。根据我国经营性项目贷款额度的规定[①]:贷款额度根据借款期内物业可用于还贷的现金流确定,同

---

①http://wenku.baidu.com/view/e57a713131126edb6f1a1070.html

时最高不得超过市场评估价值的60%。因此本项目的贷款额度在法律允许的范围之内。

4.5.1.5 项目现金流入

1) 住宅租金收入

根据实地调查项目周边房价以及南京市的规定,公租房租金价格不得高于周边市场价的70%,最后确定第一年经营期的租金单价为640元/套(每套平均面积为45 m²)。另外考虑通货膨胀以及房价走势,租金价格每两年需要乘以一个调整系数1.1。所以第一年的住宅租金收入=640×4 000×12=30 720 000(元)。(具体详见附录7)

2) 配套商业收入

根据周边商业的调查,暂定公租房项目内的商业租金为100元/(m²·月),出租率为90%,所以第一年的商业收入=100×10 710×0.9×12=11 566 800元。另外以后每两年也考虑10%的租金增长的调整系数。(具体详见附录7)

4.5.1.6 项目现金流出

1) 建设投资

资金分两年投入,第一年约60%的资金,剩下的在第二年投入。(详见附录7)

2) 经营成本

本项目考虑经营成本按3元/m²(王彩萍,2012)计算,考虑项目40年的使用周期中所需要的修理费,将经营成本单价乘以1.1的比例系数。(详见附录7)

3) 经营税金流出

根据国家相关规定,本项目城镇土地使用税、印花税、营业税(城市维护建设税和教育费附加相应减少)、房产税(居住)全免。调整前后的经营税金估算见表4-8,具体税金以及所得税计算过程详见附录8"经营税金表"以及附录9"损益表"。

根据税费减免项目减少的税费金额和所得税调整金额,整个因政府对于公租房项目的支持而减少的应缴纳的税费为(调整前3—调整后3)=42 459.16(万元)(见表4-8)。可以看出,税费的减免额度达到了4亿多元人民币,说明各级政府对于目前的公租房建设是大力支持的,更进一步来说,房地产开发企业也可以凭借这一税费减免来运作公租房的建设,也就是说把税费减免的金额当作以后的利润,既达到了为社会做出贡献的目的,又保证了不亏损甚至是小有赢利,还和政府达成了良好的合作关系,可以达到三赢的效果(具体现金流量表见附录7)。

表 4-8 调整后经营税金估算表 (单位:万元)

序 号	项目名称	金额 调整前	金额 调整后
1	住房租金收入	351 897.60	351 897.60
2	商铺租金收入	132 497.69	132 497.69
3	与交易有关的税费	58 601.08	16 141.92
3.1	营业税(5%)	24 219.76	0.00
3.2	城市维护建设税(3.1×7%)	1 695.38	0.00
3.3	教育费附加(3.1×3%)	726.59	0.00
3.4	土地使用税(7元/m²)	1 499.31	0.00
3.5	房产税(居住)(12%)	14 075.90	0.00
3.6	房产税(经营)(12%)	15 899.72	15 899.72
3.7	印花税(0.05%)	242.20	0.00
3.8	交易服务费(0.05%)	242.20	242.20
4	所得税	82 551.98	93 166.77

4) 总成本

总成本包括经营成本、折旧费和财务费用,其年度值如附录10所示。

4.5.2 传统DCF投资决策方法分析

本项目总投资为86 724.24万元,其中自有资金58 324.24万元,银行贷款28 400.00万元,建设期2年,经营期40年。租金单价按640元/套,且每两年租金价格增长10%,因为是公租房,所以暂定出租率100%考虑。商铺出租价格参考周边的市场价格。根据4.4.2.1的分析,本项目的折现率取10.00%,由全部资金现金流量表(见附录7)可计算得到表4-9所示的指标。

表 4-9 基于DCF的财务评价指标

指标	值
内部收益率(FIRR)	7.85%
财务净现值(FNPV)	−23 694.88
静态投资回收期(年)	31.55
动态投资回收期(年)	不能回收
基准收益率(%)	10.00%

由全部资金现金流量表可以算出 $NPV=-23\,694.88$ 万元,从传统 NPV 方法来判断,则此项目不可行,A 房地产开发公司从财务的可行性方面只有选择放弃投资。

4.5.3 实物期权评价方法

4.5.3.1 本公租房项目实物期权识别

基恩·卡思伯森及德克·尼奇(2001)指出,在以下情况下用实物期权理论可以更加准确地评估项目的价值:

(1) 项目未来的结果具有高度不确定性,也即项目的未来现金流具有较高的波动性。

(2) 项目未来的现金流不确定性取决于两个或者多个因素时。

(3) 此项目包含一个或者多个期权。

(4) 为保持盈利性,以高投资水平为特征的行业,例如装备制造业。

对于本项目,主要为前三种情况:公租房项目未来的主要现金流入为租金的收入,而租金的收入主要取决于租金以及出租率。本项目的租金是在市场价的基础上得到的,与市场价挂钩,市场价又受到当地的经济情况、地理环境等因素的影响;出租率也受政府的政策、当地经济结构、市场的饱和度等不确定因素的影响。所以,可以看出公租房未来的收益具有不确定性。另外由 4.3.3.2 的分析可得出公租房开发项目整个过程中具有多个实物期权。

根据我国《闲置土地处置办法》(国土资源部第 53 号令)规定,在城市规划区范围内,以出让等有偿使用方式取得土地使用权进行房地产开发的闲置土地,超过出让合同约定的动工开发日期满 1 年未动工开发的,可以征收相当于土地使用权出让金 20% 以下的土地闲置费;满 2 年未动工开发的,可以无偿收回土地使用权。因此,对于投资者而言,在购置了土地之后,就拥有了一个 2 年的缓冲期限。投资者可以选择立即开发,也可以选择在 2 年之内等待更好的时机后,再根据市场情况及政策因素决定项目的开发。因此,这样就构成了项目的延迟期权。

在利用期权溢价模型评估本项目的延迟期权之前,本书做如下假设:

(1) 本公租房项目投资规模大,存在分期开发的可能,因此在实际问题中除了延迟期权外,还可能包含着分期开发期权、转换期权等多种期权。为了简化问题,本案例投资分年度进行,不考虑分期开发,仅对延迟期权进行讨论。

(2) 假定延迟期权的行使只能在 1 年后。该土地最多拥有 2 年的延缓开发期限,现实中投资者可以根据市场形势在这 2 年内的任意时间进行开发。考虑到公租房的紧迫性以及 Black-Scholes 模型是基于欧式期权推导而来的,因此本案例假设等待期权只能在 1 年后执行。

4.5.3.2 公租房项目修正的评估模型参数确定

1)公租房项目的当前价格 S

公租房项目的当前价格也就是项目的现金流入现值,从项目现金流量表(见附录7)中现金流入现值,利用 Excel 净现值计算公式可以算出项目未来各年现金流入的现值 $S=56\,897.15$ 万元。

2)公租房项目的执行价格 X

期权的执行价格也即项目未来进行开发的投资额的折现,本项目的开发成本为项目未来现金流出。由现金流表以及 Excel 净现值计算公式得到 $X=75\,973.11$ 万元。

3)无风险利率 r

本项目无风险利率采用无风险国债利率。因为项目从建设到出租接近60年,时间较长,所以本书选用5年期以上国债年利率。根据中国人民银行制定的2013年第二期国债利率,5年以上的利率为5.41%。

4)期权到期日前的时间 T

根据上文的假设,期权到期日前的时间 $T=1$。

5)公租房项目资产价值的波动率 σ

因为本项目租金价格与市场价挂钩,所以该项目的波动率就是投资项目市场租金价格的波动率。另外考虑到南京市租房市场租金价格较难获取,利用南京市历年房地产价格数据来估算项目的波动率。根据4.4.3.3波动率的计算公式以及南京市历年房地产均价①,波动率的计算如表4-10。

表4-10 波动率计算数据

年 份	2002	2003	2004	2005	2006	2007	2008	2009	2010	2011	2012
房屋均价 P_t	3 000	3 800	4 115	4 403	4 265	5 304	6 153	6 900	10 969	11 200	11 807
P_t/P_{t-1}		1.266 667	1.082 895	1.069 988	0.968 658	1.243 611	1.160 068	1.121 404	1.58 971	1.021 059	1.054 196
L_t		0.236 389	0.079 638	0.067 647	−0.03 184	0.218 019	0.148 479	0.114 582	0.463 552	0.020 841	0.052 779

利用公式计算得波动率 $\sigma=15.18\%$,因为此波动率的计算是以历史数据为基础,根据阮于斌(2007)的研究,项目真实的波动率应加上14%,为29.18%。

6)标的资产的价值漏损率 δ

我国政策规定房地产开发企业从获取土地到项目动工开发有2年的缓冲期,若在这2年内选择延迟开发,则项目的期权价值会产生漏损,在实物期权定价模型

---

① http://nj.fangjia.com/

中需要考虑因延迟开发产生的价值损失。这里从数据可获取角度考虑,主要考虑由于成本增加而带来的现金流出。

建安成本主要由材料和人工成本组成,其中材料费一般占55%,人工成本占35%[①]。材料费增长率按照通货膨胀率计取,人工成本增长率按照我国工资的平均增长幅度计算,故项目的建安成本增长率=55%×10.6%[②]+35%×15.4%[③]=11.0%。近期贷款利率为6.15%[④],本项目土地成本占项目投资成本总额比例为21.52%,建安成本占项目投资成本总额比例为43.03%,根据前文4.4.3.4中描述的价值漏损率公式,可得δ为6.15%。

4.5.3.3 实物期权的评估价值

根据4.4.3节B-S期权定价公式(4-13)以及前述参数估计,可以得到以下实物期权价值计算表4-11。

表4-11 实物期权价值计算表   (单位:万元)

序号	名称及符号	正常开发	延期1年
1	项目期权有效期 T	0	1
2	无风险利率 r	5.41%	5.41%
3	项目的当前价格 S	56 897.15	56 897.15
4	期权的执行价格 X	75 973.11	78 459.31
5	标的资产的波动率 σ	29.18%	29.18%
6	价值漏损率 δ	6.15%	6.15%
7	d_1	—	−23.21%
8	d_2	—	−64.48%
9	$N_{(d1)}$		0.408
10	$N_{(d2)}$		0.260
11	延迟期权价值(VOR)	0	2 843.09
12	项目净现值(NPV)	−23 694.88	−23 694.88
13	项目扩展净现值(11+12)	−23 694.88	−20 851.79

---

① http://www.ocn.com.cn/market/200812/jianzhuyexianzhuang031008.htm
② http://news.changchun.soufun.com/2011-08-24/5726228.htm
③ http://finance.sina.com.cn/nongye/nygd/20121218/104814038875.shtml
④ http://bank.pingan.com/geren/daikuanlilv/index.shtml

从计算结果可以看出,加上项目的延迟期权价值之后,虽然项目的扩展净现值仍显示小于零,不值得投资。但是加上延迟期权后,项目的整体价值有了接近12%的提升。为了进一步提升和优化项目的扩展净现值,需要对实物期权的影响因素进行敏感性分析。

4.5.4 敏感性分析

为了进一步分析哪些变量是影响项目开发价值的主要因素,需要引入敏感性分析。本书首先分别分析了无风险利率 r、项目的当前价格 S、期权的执行价格 X、标的资产的波动率 σ 以及价值漏损率 δ 这五个变量对公租房项目期权价值 F 的影响,最后进行综合分析比较。

1) 无风险利率 r 的影响

在其他变量不变的情况下,考察无风险利率 r 的变化与实物期权价值的关系。让无风险利率上下浮动 10% 和 20%,可以得出项目期权价值与无风险利率之间的趋势图(如图 4-13)。

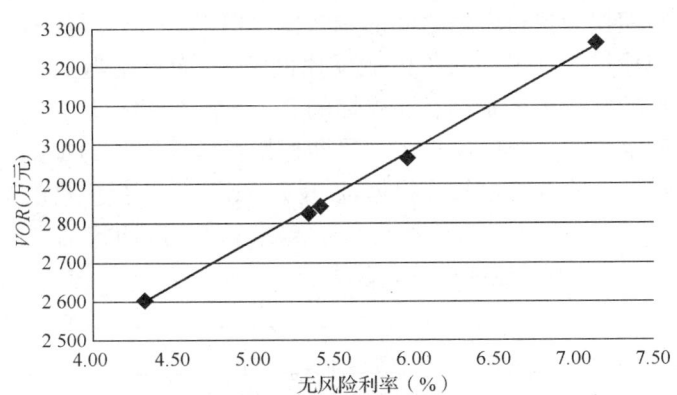

图 4-13 无风险利率 r 与 VOR 关系图

从图 4-13 可以看出,无风险利率和延迟期权价值成正相关,当无风险利率变大,如果企业选择延迟开发则会加大项目的开发价值。

2) 项目的当前价格 S 的影响

在其他变量不变的情况下,以项目的当前价格 S 为自变量,观察其变化与延迟期权价值的影响关系。让项目的当前价格上下浮动 10% 和 20%,可以得出项目期权价值与项目的当前价格 S 之间的趋势图(如图 4-14)。从图中可以看出项目的当前价值与延迟期权成正比例关系。也即在其他条件不变的情况下,项目当前价格越高,项目的延迟期权也越大,对于追逐更大利益的房地产开发企业来说,就越有可能执行期权。

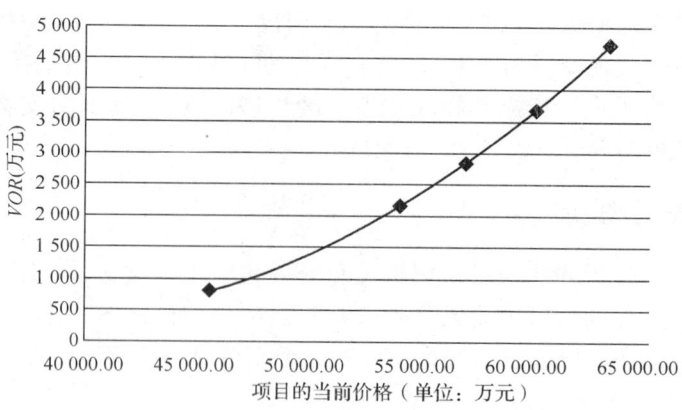

图 4-14　项目当前价格 S 与 VOR 的关系图

3) 期权的执行价格 X 的影响

在其他变量不变的情况下,以项目的执行价格 X 为自变量,观察其变化与延迟期权价值的影响关系。让项目的执行价格上下浮动 10% 和 20%,可以得出项目延迟期权价值与期权的执行价格之间的趋势图(如图 4-15)。从图中可以看出期权的执行价格与项目的延迟期权价值成反比例关系,而且延迟期权曲线的斜率随着期权执行价格的增长越来越小。随着标的资产期权的执行价格 X 的增大,公租房项目的延迟期权的增长幅度要小于项目期权执行价格增长的幅度。这表明项目延迟期权价值对执行价格的增长变得迟钝,反过来讲,对执行价格的减少变得越来越敏感。也就是说,当项目的期权执行价格越来越小时,期权的开发价值越来越大,相应的期权被执行的可能性也越来越大。

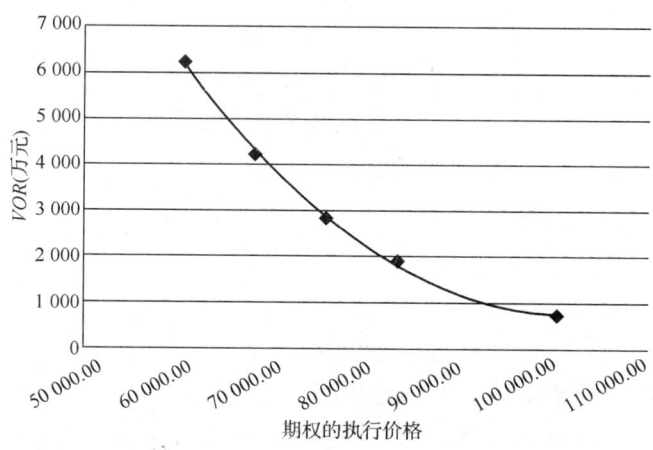

图 4-15　期权的执行价格 X 与 VOR 关系图

4)标的资产的波动率 σ 的影响

在其他变量不变的情况下,以项目标的资产的波动率 σ 为自变量,观察其变化与延迟期权价值的影响关系。让标的资产的波动率 σ 上下浮动 10% 和 20%,可以得出项目延迟期权价值与标的资产的波动率 σ 之间的趋势图(如图 4-16)。从图中可以看出标的资产的波动率 σ 与项目的延迟期权价值成正比例关系。这也是与实际情况相符合的,波动率反映了项目资产的不确定性,不确定性越大,则房地产开发企业越倾向于通过延迟项目的开发等待信息更加明确之后再做决定,以免误判,从而显示出期权的价值越来越大。

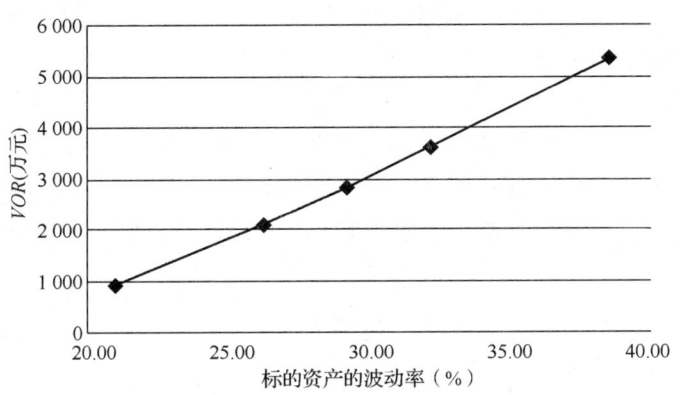

图 4-16 标的资产的波动率 σ 与 VOR 关系图

5)价值漏损率 δ 的影响

在其他变量不变的情况下,以项目价值漏损率 δ 为自变量,观察其变化与延迟期权价值的影响关系。让价值漏损率 δ 上下浮动 10% 和 20%,可以得出项目延迟期权价值与价值漏损率 δ 之间的趋势图(如图 4-17)。

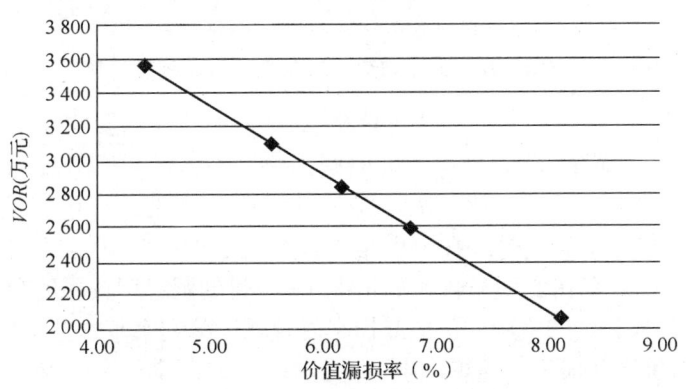

图 4-17 价值漏损率 δ 与 VOR 关系图

从图中可以看出价值漏损率δ与项目的延迟期权价值成反比例关系，因为样本选取有限，所以图中看起来似乎是一条直线，实际应该是向下凹的曲线。也就是说，延迟期权曲线的斜率随着价值漏损率δ的增长越来越小。随着价值漏损率δ的增大，公租房项目的延迟期权的增长幅度要小于项目期权执行价格增长的幅度。这表明项目延迟期权价值对价值漏损率δ的增长变得迟钝，反过来讲，对价值漏损率δ的减少变得越来越敏感。也就是说，当项目的价值漏损率δ越来越小时，期权的开发价值越来越大，相应的期权被执行的可能性也越来越大。这也是与现实相符合，在其他条件不变的情况下，如果延迟开发的时候，项目的价值漏损率很小，项目没有因为延迟开发而带来任何损失，则房地产开发企业更会倾向等待最佳时机，待信息更加明朗了再做决定。

6）综合分析

以上是五个自变量分别对延迟实物期权的影响关系图，为了研究辨别出哪个影响因素对实物期权价值的影响最大，也即敏感性最强，需要对其进行综合比较。将五个自变量变化±10%、±20%时项目延迟期权的变化率综合到一张图上（如图4-18）。

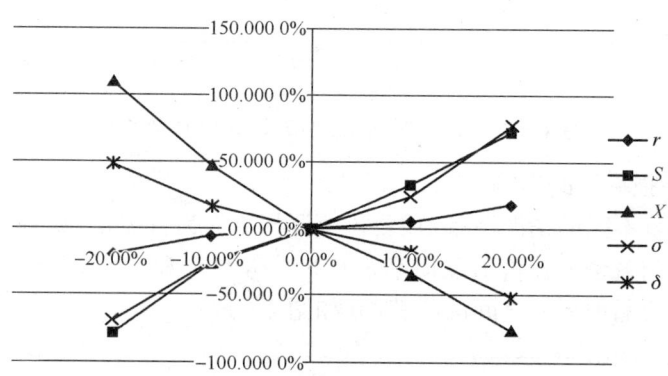

图4-18　五个自变量敏感性综合比较图

从图4-18可以看出，期权的执行价格X对延迟期权的影响最大，其次为项目的当前价格S、标的资产的波动率σ、价值漏损率δ，最后才是无风险利率r。这也与现实相符合，房地产开发企业在决定是否开发前最直观的反应就是这个项目需要投资多少、收益是多少。另外在考虑是否执行延迟期权时，项目的市场波动率也是很重要的因素，只有在波动率较大的情况下，项目的延迟期权才更有意义，延迟期权的价值才会更大。标的资产的价值漏损率以及无风险利率基本都是房地产开发企业无法左右的，价值漏损率与建筑成本的上升有关，无风险利率由银行决定，所以房地产开发企业对这两者的关注度没有前三项那么高。因此政府在制定相关政策时，需要尽量考虑提高公租房项目的未来收益价值和降低公租房项目的执行价格；

(1) 提供长期低息贷款,并提供贷款担保。
(2) 制定更多相关税收优惠政策,例如减少所得税的税率。
(3) 制定公租房审批"绿色一条通"的服务,将审批程序时间成本降低。
(4) 社会力量开发公租房无需一次性交齐 70 年期限的土地出让金,可以采取在一定年限内向政府交纳土地租金的形式,这种年租制有利于摊薄建设成本,缓解社会力量投资公租房的资金压力。
(5) 确定租入人群的审批、轮候以及退出机制,确保项目的整体入住率。
(6) 保证社会资本的最低收益,在运营期如果出现其他相关费用的变动,政府应给予政策扶持以及保护措施。

4.5.5 扩展净现值优化

由上文的分析可知,项目的执行价格对实物期权的价值影响最大,因此本节试着从降低项目的净现金流出出发,优化项目的扩展净现值。现做如下假设:
(1) 因为公租房的公益性,政府对土地的方式采用划拨的方式。
(2) 为了鼓励社会力量加入公租房建设,政府补贴项目的财务费用。

当减少这两项现金流出之后,根据前文同样的原理得到项目优化的扩展净现值如表 4-12。由该表可以看出,经过优化的扩展净现值,虽然利用传统净现值方法计算结果小于零,不值得投资,但是加上项目的延迟期权之后,扩展净现值大于零,本项目值得投资。这样进一步证明了实物期权思想在一定程度上可以弥补传统评估方法的不足,可以反映企业的决策灵活性以及战略价值。所以未来政府所制定的相关政策直接影响着项目扩展净现值的价值,关乎项目的可行与否。

表 4-12 实物期权价值计算表　　　　　　(单位:万元)

序 号	名称及符号	正常开发	延期 1 年
1	项目期权有效期 T	0	1
2	无风险利率 r	5.41%	5.41%
3	项目的当前价格 S	56 897.15	56 897.15
4	期权的执行价格 X	60 842.95	60 842.95
5	标的资产的波动率 σ	29.18%	29.18%
6	价值漏损率 δ	6.15%	6.15%
7	d_1	—	30.93%

续 表

序 号	名称及符号	正常开发	延期1年
8	d_2	—	−10.34%
9	$N_{(d1)}$	—	0.408
10	$N_{(d2)}$	—	0.260
11	延迟期权价值（VOR）	0	6 245.99
12	项目净现值（NPV）	−6 167.07	−6 167.07
13	项目扩展净现值（11+12）	−6 167.07	78.92

4.6　本章小结

本章在论证公租房项目的扩展净现值可以正向表征其经济可持续性的基础上，提出吸引社会资本参与的新型建设模型及其蕴含的实物期权，建立公租房项目扩展净现值的评估模型，并开展相应的实证研究。

第五章 公租房项目生态可持续性的定量评价方法[①]

5.1 以碳排放逆向表征生态可持续性

20世纪80年代开始,气候变化及其引致的台风、海啸、冰山融化、海平面上升、粮食减产、疫情流行等灾难性后果成为全世界关注的话题,温室气体排放与全球气候变化之间的关联逐步得到广泛认可。人类第一部限制各国温室气体排放的国际法案《京都议定书》中明确指出需要削减的六种温室气体为二氧化碳(CO_2)、甲烷(CH_4)、氧化亚氮(N_2O)、氢氟碳化合物(HFCs)、全氟碳化合物(PFCs)、六氟化硫(SF_6),其中二氧化碳所占的比例最多,且其余温室气体均可折算成二氧化碳,因此碳排放成为温室气体排放的统称,碳减排成为大势所趋。从1979年召开的第一届世界气候大会到1992年联合国政府间谈判委员会就气候变化问题达成的《联合国气候变化框架公约》,再到1997年的《京都议定书》、2009年的《哥本哈根协议》和2015年的《巴黎协定》,世界各国都在积极探寻碳减排的适当路径,以共同应对全球气候变化。

多个研究报告显示,在人类所排放的温室气体中,75%左右来自城市,而城市温室气体中又以交通、工业、建筑为主要排放来源。根据联合国环境规划署、政府间气候变化专门委员会(IPCC)的相关报告,建造和维护现有建筑物所消耗的能源占全球能源消耗总量的30%到40%,建筑业产生的碳排放约为全球碳排放总量的36%。就我国而言,建筑业是近年来的支柱产业,每年建成的房屋达18亿~25亿 m^2,比所有发达国家一年建成的房屋建筑面积的总和还要多。而且,新建房屋中有80%都是高能耗建筑,每建1 m^2 的房屋排放约0.8 t二氧化碳。因此,建筑物的节能减排是实现社会经济低碳转型的必由之路,碳排放可以逆向表征建筑物的生态可持续

[①] 本章核心内容已经发表于《Building and Environment》2013年第59卷、《现代管理科学》2014年第7期、《建筑》2015年第14期、《建筑》2016年第1期、《Habitat International》2016年第58卷。

性。换言之,碳排放高的建筑物,生态可持续性低,而碳排放低的建筑物,生态可持续性高。由于在实践中公租房项目的建造方式与其他建筑物类似,故本文对公租房项目碳排放的测算与其他建筑物一样,并未严格区分。

5.2 建筑物碳排放度量的研究现状

国内外学者对于建筑物生命周期碳排放的研究大体从以下三个方面展开:阶段划分、度量方法和度量标准。本文分别对国外和国内两部分总结已有相关研究的进展和不足。

5.2.1 国外相关研究进展

1) 度量阶段

国外学者对建筑生命周期碳排放阶段的划分不尽相同,但大体包含材料生产、建造施工、使用维护、拆除及材料处置等4个阶段,如表5-1所示。

表5-1 国外部分建筑生命周期碳排放阶段划分表

阶段数量	阶段划分内容						文献来源
2	建造阶段	使用阶段					[67]
3	建筑建造	建筑运营	生命周期结束				[22]
4	材料的获得与加工	建造施工	建筑运营	拆除与废弃物处置			[31]
4	建筑施工	维护	运行	废弃物处理			[27]
4	材料生产	建设	使用	结束			[87]
5	材料提取	制造组装	材料运输	施工阶段	维护和拆除		[63]
7	原料提取	建材生产	现场施工	使用	维护	拆除	材料处置	[18]

(阶段数越多,分类越详细)

2) 度量方法

目前,国外对于建筑,特别是住宅建筑的生命周期碳排放度量研究已取得较大成果。但是,不同地域的能源结构和政策法规不同,项目生命周期阶段划分和碳排放相关数据来源不同,度量时使用的碳排放计算模型与评价方法亦不相同造成评估结果出现差异,导致没有一个建筑业广泛认可、推广普及的统一标准。目前,世界范围内在计算碳排放时主要应用表5-2所示的方法(张涛等,2012)。

表 5-2 国外碳排放度量方法

计算方法	方法简介	优点	缺点
生产线直接能耗统计法	直接根据建材供应商的材料生产量和所消耗能源计算出二氧化碳排放量	直接可靠,结果差异小	建材涉及二次或以上加工,能源结构复杂,数据统计困难
产业关联表统计法	利用产业关联表中的内容,以建筑产业的需求量与建筑材料消耗量为基础求出其他建筑材料产业与能源产业的产值、产量直接或间接的波及效果,并以此求出 CO_2 排放量	单纯以金额来计算,较容易换算得出 CO_2 排放量	包含太多间接的影响因素,使其环境负荷量统计数据有严重偏大失真的可能
限定间接需要算入法	去除产业关联表中间接关联因素而进行统计并求出 CO_2 排放量	数据比产业关联表统计法更为单纯与可信	只能求出该建材产业的平均 CO_2 排放量,无法区别个别建筑材料种类
投入—产出法	将建筑相关各部门的直接碳排放系数与经济投入—产出表相结合,利用投入—产出模型得到直接和间接碳排放量	能将各部门有机结合,衡量直接和间接两个层面的碳排放	数据来源广泛,要获取精确的数据困难较大
实测法	在确定边界范围内,通过测量建筑物实际产生的各类气体排放情况计算二氧化碳排放量	对于计算使用阶段二氧化碳排放量很准确	实验的可操作性不强,受环境影响大
碳排放系数法	用建筑物生命周期中各阶段的建材用量、台班用量、建筑内设备运行等乘以相应的碳排放系数因子,求和得到总的 CO_2 排放量	便于计算,不会出现较大偏差	碳排放因子库差异性较大,而且对于地域性和时效性要求较高

注:所谓"产业关联表"是由国家或地方政府每隔 5 年左右,针对各种产业间的产值、需求量、交易量、粗附加值等进行的统计资料(罗智星等,2011)。

前三种方法由于涉及多个其他行业和各种关联因素,因此可以有效地度量二氧化碳直接与间接排放情况,但因所需要的数据量大,类型复杂,比较适合政府、组织机构使用。碳排放系数法计算方法简单,因子库来源广泛,结果相对精确,是碳排放度量研究最常用的方法之一,亦是度量单个建筑生命周期碳排放比较有效的手段。

3) 度量工具

近年来,许多政府、组织机构制定专门度量碳排放的标准或技术体系,如表 5-3

中的碳排放通用指标。此外,国际上许多度量建筑物可持续发展能力的标准或技术体系将碳排放作为一个重要因素。譬如英国的建筑研究组织环境评估体系(BREEAM),包含二氧化碳排放量、低或零碳技术等四个子项的能源类别所占的权重达19%,并建立了材料碳排放因子库。日本的建筑物综合环境效益评价方法(CASBEE)从建筑环境效率定义出发,通过相关措施降低环境负荷所产生的负面效果并据此评估建筑物运营能耗、可回收建材等项目。

表5-3 国外政府、组织机构碳排放相关标准

地区/组织机构	碳排放计量标准	颁布年份	针对建筑类型
英国建筑研究院(BRE)	英国建筑研究组织环境评估体系(BREEAM)	1990	办公、住宅、工业等11类建筑
美国绿色建筑委员会(US-GBC)	能源与环境设计领先者(LEED)	1996	住宅与商业建筑
英国建筑研究院(BRE)和英国环境食品与农村事务部(DEFRA)	住宅能效标识标准评估程序(SAP)	1993	建筑面积小于450 m²的住宅建筑
日本建筑物综合环境性能评价研究委员会(JSBC)	建筑物综合环境效益评价方法(CASBEE)	2001	各种用途和规模的建筑
联合国环境规划署(UNEP)	碳排放通用指标(Common Carbon Metrics)	2006	单个建筑和建筑群两类
德国可持续建筑协会(DGNB)	德国可持续建筑评估技术体系(German Sustainable Building Certificate)	2007	现有全部类型建筑
英国社区与地方政府管理局(DCLG)	英格兰及威尔士地区建筑(含住宅建筑)能耗计算方法建模导则(NCM)、简化建筑能源模型技术导则(SBEM)	2009	住宅、商业、工业等20余类建筑物
欧洲议会和欧盟理事会(EU)	建筑能效指令(EPBD)	2010	现有全部类型建筑

个人方面,Lawal等(2012)利用碳排放夹点分析(CEPA)方法,为建筑物制定合理的电气节能措施,在投资回收期内最大限度地减少碳排放量;Rossi等(2012)借助法国Izuba Energy公司提供的Pleiades+COMFIE和Equer两款软件,计算了位于布鲁塞尔地区某住房的生命周期碳排放并发现使用阶段碳排放所占比重最大;Li等(2013)测算了住宅建筑各阶段消耗的能源、资源和生命周期碳排放量,然后用生命周期价值与碳排放的比值(即碳效率)作为评优标准;Liu等(2010)提出以建筑材料运输能源消耗为基准的碳排放量计算方法,用运输距离系数、能耗碳排放量系数与某建材碳排放量基准值的乘积作为建材碳排放量。

5.2.2 国内相关研究进展

1) 度量阶段

同国外研究相类似,在度量建筑生命周期碳排放时,国内学者对建筑物碳排放度量的研究也基本遵循材料生产、建造施工、使用维护、拆除及材料处置4个阶段的思路,如表5-4所示。在这四个大的阶段的划分之下,部分学者根据研究重点和计算方法将部分阶段进一步细分(Chen et al,2011),或将其中的部分阶段加以合并(张文超等,2012)。

表5-4 国内部分建筑生命周期碳排放阶段划分

阶段数量	阶段内容								文献来源
3	建筑建造				运行维护		建筑拆除和废弃物处理		[337]
4	建材生产		施工安装		运行维护		拆除处置		[344]
4	建材准备		建造施工		使用与维护		建筑拆卸		[189]
4	建材、部品生产		建造施工		运行、维护		拆除处置		[268]
5	材料生产		施工		使用	维护	废弃和处理		[319]
5	材料准备		建造		运行		拆除	废弃物处置	[46]
9	—	施工	设备	室外设施	运输	运行	物业管理	废物处理	拆除	废弃物处置	[11]

上表中的阶段差异加之所选用的因子库和计算方法的不同将会造成最终的计算结果不一致。例如,三阶段划分方法中建材的生产、运输和施工等阶段被合并为建筑建造,故使用的计算公式必然不同,从而导致结果差异。

2) 度量方法

我国学者对碳排放度量方法的研究也较为深入,但限于数据收集与统计方法等原因,除台湾地区较多地运用生产线直接能耗统计法外,大多数学者采用前文表5-2中所示的碳排放系数法。实测法虽然准确度高,但由于其实验条件、数据分析处理等较为苛刻,在核算建筑物碳排放时应用很少,多数应用于锅炉燃烧过程中废气污染物的核算以及农业生产、森林生态系统碳排放量的估算(郝千婷等,2011)。

3) 度量工具

与发达国家相比,我国的科学技术和统计水平相对落后,对于绿色建筑和低碳建筑的研究也较少。直到20世纪90年代后期,台湾、大陆以及香港各地区的组织机构才陆续制定了一系列碳排放计量标准,如表 5-5 所示(张时聪等,2013;罗智星等,2011)。

表 5-5 国内各地区/组织机构碳排放计量政策与标准

地区/组织机构	碳排放计量标准	所用方法	颁发年份	针对建筑类型
台湾"内政部营建署"	建筑外围护结构节约能源设计标准(ENVLOAD)	碳排放系数法	1995	办公、商业、住宿类、其他类建筑且地面以上总建筑面积超过 2 000 m² 的建筑物
台湾"内政部"建筑研究所	绿色建筑解说与评估手册	生产线直接能耗统计法	1999	公寓住宅、办公、百货类建筑
香港机电工程署/环境保护署	香港建筑物(商业住宅或公共用途)的温室气体排放及减除的审计和报告指引	碳排放系数法	2008	商业/住宅建筑
香港机电工程署/环境保护署	能源效益(产品标签)条例	产业关联表统计法	2009	商业/住宅/工业建筑
中国城科会绿色建筑与节能专业委员会	建筑物碳排放计算相关课题研究	碳排放系数法	2010	多层及高层钢筋混凝土建筑
全国工商联房地产商会	绿色低碳住区评估体系、中国绿色低碳住区减碳技术评估框架体系(讨论稿)	生产线直接能耗统计法	2010	住宅建筑
中国建筑科学研究院	低碳住宅与社区应用技术导则	碳排放系数法	2011	住宅建筑
香港机电工程署/环境保护署	建筑物能源效益守则	碳排放系数法	2012	商业/住宅建筑
中国建筑科学研究院	中国建筑物碳排放通用计算方法研究	碳排放系数法	2012	商业/住宅建筑
深圳市住房和建设局	建筑物温室气体排放的量化和报告规范及指南	碳排放系数法	2013	民用建筑

业界学者对建筑物碳排放度量的研究一方面以碳排放系数法为主,如:尚春静等(2011)基于生命周期评价(LCA)理论,以全球变暖潜能值(GWP)为基准,将 CO_2 作为当量因子,将各类温室气体排放量与其全球气候变暖影响潜能特征当量因子相乘加权后得到建筑生命周期碳排放;汪静(2009)借助现有的产品生命周期评价(LCA)框架,运用基于过程的 CO_2 排放清单分析城市住区建筑物在其生命周期各阶段的 CO_2 排放情况及重要影响因素,建立建筑物生命周期 CO_2 排放模型。

另一方面,借助 CAD、BIM、Revit 等计算机辅助设计软件进行碳排放度量,如:张文超等(2012)以施工文件相关数据为计算依据建立了基于施工图的建筑物建造阶段碳排放计算方法;李兵等(2011)采用碳足迹评价标准对建筑施工中的碳源进行了归类整理,提出了基于 BIM 及相关软件的建筑施工碳排放测算方法。

此外,还有一些其他方法,如:Chen 等(2011)利用投入与产出分析法从多视阈度量建筑物碳排放量,基于详细的碳排放因子库,计算由材料替代引起的排放量变化;龙惟定等(2010)提出应分别用"建筑利用中的人均碳排放指标"和"建筑用能过程碳减排效率"对建筑和建筑设备碳排放进行评价。

5.2.3 国内外现有研究评析

国内外通常将建筑物的生命周期划分为材料生产、建造施工、使用维护、拆除等四个阶段,多使用碳排放系数法度量建筑物生命周期碳排放,度量工具的构建尚处于百家争鸣阶段。相对我国而言,国外在建筑物生命周期碳排放度量方面的研究起步早,已从提出碳排放度量的理论方法转为构建碳排放度量的工具软件,度量的建筑类型、规模等也逐步扩展。

目前,国外已经建立了一些碳排放相关数据库,可以初步对建筑物某阶段或生命周期某些方面的碳排放加以计算。然而就我国现状而言,建筑领域碳排放相关研究起步较晚,加之国土幅员辽阔,各地区生产工艺与房屋结构差别较大,要在短时间内建立全国统一的建筑物碳排放数据库较难。

此外,不同数据库之间的同一类碳排放因子数据存在差异,如:由于测算年份、生产工艺不同,导致中国工程院和国家发改委能源研究所提供的煤的碳排放因子分别为 0.68 kg(C)/kg 和 0.747 6 kg(C)/kg(张涛等,2010);再如 IPCC 认为建筑碳排放不仅包含 CO_2 的排放,且包含 CH_4、CO、C_7H_2 等(张智慧等,2010)能够导致温室效应的所有气体排放总和。可见,碳排放度量工作进展的落后很大程度上取决于碳排放因子库的不健全,归纳起来主要有以下不足:

(1) 针对性差。建筑碳排放因子数据来源过于广泛和分散,没有一个只针对建筑行业的因子库,某些数据甚至要跨行业检索,如此则导致计算精度降低、重复和遗漏现象增加。

(2) 时效性差。部分因子库中的碳排放因子来源于数年甚至十几年前的年鉴或学者研究,已经不能够代表当前的碳排放现状,需要及时地进行更新。

(3) 地域性差。所谓的地域性是指在不同的国家、地区,由于法律政策、周边环境和建筑类型的限制,造成碳排放因子不同。而国内外某些因子库为了充实内容,引用其他不符合当地现状的碳排放因子,势必会造成计算结果偏差。

5.3 建筑物生命周期碳排放的度量方法及其因子

5.3.1 建筑物生命周期碳排放的度量方法

5.3.1.1 建筑物生命周期碳排放度量的边界

从空间范围考虑,建筑物生命周期碳排放的度量必须建立在建筑物的系统边界范围之内。借鉴崔鹏等(2013)的思想,本书把建筑物的基础底部水平面、最高点水平面和外围轮廓垂直面所围合成的假想封闭立体作为研究建筑物生命周期碳排放因子的系统边界。

从时间范围考虑,建筑物生命周期碳排放的度量还需要划定过程边界,即如何将建筑物生命周期各个阶段进行分解,才能够最准确、最合理地计算出由于能源和资源的消耗所排放的二氧化碳量。综合5.2节中不同学者对建筑物生命周期阶段的划分方法,本书拟将建筑物生命周期划分为建材生产阶段、建材运输阶段、建筑施工阶段、运营与维护阶段、拆除与建材回收阶段五部分,以此作为建筑物生命周期碳排放因子的过程边界。各阶段考虑因素如下:

(1) 建材生产阶段:此阶段的碳排放包括主要建筑原材料、成品和半成品在生产加工过程中化石燃料燃烧与电能消耗所排放的CO_2,以及原料在加工过程中因为化学反应、有机碳燃烧所排放的CO_2,不考虑原料与化石燃料在开采、精炼、供给和传输过程中能源消耗所排放的CO_2(罗智星等,2011)。

(2) 建材运输阶段:此阶段的碳排放是指将已生产的建筑材料从生产地运送至施工现场的过程中,各类运输工具消耗动力能源所产生的CO_2。

(3) 建筑施工阶段:此阶段的碳排放包括从场地平整、基础施工到主体结构施工、安装工程施工直至工程竣工等一系列程序中由各类机械设备运行所消耗的电力及燃油产生的碳排放。

(4) 运营与维护阶段:此阶段的碳排放包括两个主要方面:一是建筑内采暖、空调、照明等各类电器设备对电能的消耗,以及炊事、热水等对天然气的消耗造成的二氧化碳排放(王霞,2012);二是建筑使用中的维护、维修、更换构件等造成二氧化碳排放。

(5) 拆除与建材回收阶段:此阶段碳排放包括建筑物生命结束时,拆除操作中车辆、机械所消耗的电能及燃油量,以及拆除后将废弃建材运输至垃圾场的运输能耗产生的碳排放。对于可回收利用的建材,需要考虑将其应用于其他工程中相应减少的碳排放,即"负碳排放"。

从上述五个阶段可以得出,各个阶段所涉及的碳排放类型大致有表5-6所示的四类:

表 5-6　建筑物生命周期各个阶段涉及的碳排放类型

阶段名称 碳排放类型	建材生产	建材运输	建筑施工	运营与维护	拆除与建材回收
能源碳排放	√	√	√	√	√
建材碳排放	√			√	
交通运输碳排放		√	√		√
机械设备碳排放			√		√

综上,本书将碳排放因子归纳为四类:能源碳排放因子、建材碳排放因子、交通运输碳排放因子和机械设备碳排放因子,具体数值如后文 5.3.2 部分所述。

5.3.1.2　建筑物生命周期碳排放的度量模型

以碳排放系数法为依据,按照过程边界划分原则制定建筑物生命周期碳排放计算方法如下:

$$E = E_1 + E_2 + E_3 + E_4 + E_5 \quad (5-1)$$

式中:E——建筑生命周期碳排放总量(单位:t);

$E_1, E_2, \cdots, E_5$——建材生产、建材运输、建筑施工、建筑运营与维护、建筑拆除与建材回收碳排放量(单位:t)。

(1) 建材生产的碳排放计算公式

$$E_1 = \sum_{i=1}^{n} M_i \cdot F_{BM,i} \quad (5-2)$$

式中:M_i——第 i 类建材的使用量(单位:根据建材属性,用 t 或 m³ 或重量箱等);

$F_{BM,i}$——第 i 类建材的生产碳排放因子。在此默认各类建材均为商品或预制产品。

(2) 建材运输阶段的碳排放计算公式

$$E_2 = \sum_{i=1,p=1}^{n} F_{T,p} \cdot B_i \cdot L_i \quad (5-3)$$

式中:$F_{T,p}$——采用 p 类运输方式(如柴油货车公路运输、电力机车运输等)时的建材运输碳排放因子;

B_i——第 i 类建材的总重量(单位:t);

L_i——第 i 类建材从产地到施工现场的距离(单位:km)。

(3) 建筑施工阶段的碳排放计算公式

$$E_3 = \sum_{j=1}^{n} F_{MC,j} \cdot X_j \cdot N_j \quad (5-4)$$

式中:$F_{MC,j}$——第 j 类施工机械设备的碳排放因子;

X_j——第 j 类机械设备的总工作量(单位:台班);

N_j——第 j 类机械设备的数量。

(4) 建筑运营与维护阶段的碳排放计算公式

$$E_4 = (Q_1 \cdot F_{EE} + Q_2 \cdot F_{EF,g} + Q_3 \cdot F_{EF,l}) \cdot Y + \sum_{t=1}^{n} R_t \cdot F_{BM,t} \cdot C_t$$

(5-5)

式中：Y——建筑物使用年限(单位：年)；

Q_1——建筑物年均用电量(单位：kW·h)；

F_{EE}——电力碳排放因子；

Q_2——建筑物年均用天然气量(单位：m³)；

$F_{EF,g}$——天然气碳排放因子；

Q_3——建筑物年均用液化石油气量(单位：kg)；

$F_{EF,l}$——液化石油气碳排放因子；

R_t——第 t 类需更换建材的用量(单位：因材料而异)；

$F_{BM,t}$——第 t 类需更换建材的碳排放因子；

C_t——第 t 类建材更换次数。

(5) 建筑物拆除与建材回收阶段计算公式

$$E_5 = \sum_{q=1}^{n} F_{MC,q} \cdot X_q \cdot N_q + \sum_{k=1}^{n} F_{T,k} \cdot T_k \cdot D_k + \sum_{s=1}^{n} M_s \cdot w_s \cdot (F_{RP,s} - F_{BM,s})$$

(5-6)

式中：$F_{MC,q}$——第 q 类拆除机械设备的碳排放因子；

X_q——第 q 类拆除机械设备的总工作量(单位：台班)；

N_q——第 q 类机械设备的数量；

$F_{T,k}$——第 k 类建材的运输碳排放因子；

T_k——第 k 类建筑垃圾的总质量(单位：t)；

D_k——第 k 类建筑垃圾或可回收建材从现场运至垃圾回收地或建材加工场的距离(单位：km)；

M_s——第 s 类可回收建材的总质量(单位：t)；

w_s——第 s 类可回收的回收系数；

$F_{RP,s}$——第 s 类可回收建材的再加工碳排放因子；

$F_{BM,s}$——第 s 类可回收建材的生产碳排放因子。

5.3.2 建筑物生命周期碳排放的因子

5.3.2.1 碳排放因子的搜集原则

如 5.2.3 部分所述，碳排放因子是碳排放系数法的核心。目前，建筑物生命周期碳排放因子的来源广泛，由于研究机构、研究年代和研究方法等不同，相同碳排放因子可能对应多个不同数据，这就需要对数据的搜集原则进行制定，基本原则如下：

1) 国内数据优于国外数据

由于国内外的施工工艺、施工方法、外部条件均有所不同，碳排放因子尤其是建筑材料的碳排放因子有较大差异。为了建立中国本土化的建筑物生命周期数据库，本书优先选择国内碳排放数据。

2) 权威性数据优先原则

当不同研究中出现同一碳排放因子数值不同的情况时，优先选择国家统计数据、核心期刊数据、业界公认的权威机构数据作为本书的碳排放因子。

3) 区域性数据优于全国平均数据

当某碳排放因子既有全国平均值又有小范围的区域值时，优先选择后者作为本书的碳排放因子。比如电力碳排放因子既存在全国平均值又有东北、华北、华南等片区的具体数值，那么本书选择后者作为电力碳排放因子。

4) 新数据优于旧数据

随着生产力的发展，建筑材料的生产效率、能源的利用率在提高，交通运输和机械设备的能耗在降低。很多年代久远的碳排放数据已经不能代表现阶段实际情况。因此，本书在数据和理性的基础上，优先选择时效性佳的数据。

5) 主流性原则

由于建筑活动相关的建筑材料、建筑构件、机械设备等种类繁多，且涉及复合材料、新型机械等，想要得到每一类产品的碳排放因子难度较大。故本书秉承主流性原则，确定了60余种主要建筑材料、800余类常用施工机械设备、近20种常规能源和10余种交通运输类型，这些碳排放因子数据涵盖了建筑物生命周期95%以上的碳排放总量。

5.3.2.2 能源碳排放因子

1) 化石能源碳排放因子

化石能源主要是指由石油、天然气、煤炭等经过不同工艺的处理后得到的各类碳化合物，经燃烧后生成 CO_2。建筑物生命周期的各个阶段中，都会不同程度地使用到化石能源，如建材生产阶段的原材料制备，运输阶段的车辆燃料、施工阶段的机械使用等。化石能源燃烧的 CO_2 排放主要取决于物质的化学构成和燃烧程度，因此，在物质碳含量和碳氧化率已知的情况下可以较为精确地计算出 CO_2 排放量。本书以 Intergovernmental Panel on Climate Change (IPCC) 发表的《2006年IPCC国家温室气体清单指南》①为依据计算 CO_2 排放量。具体步骤如下：

①单位转换。由于不同化石能源的常用计量单位不同，如煤炭常用重量计，天

---

①http://www.ipcc-nggip.iges.or.jp/public/2006gl/vol4.html

然气、煤气等常用体积计，因此要将这些单位统一换算成热值单位，这时就需要引入我国《综合能耗计算通则》①中给出的各类能源平均低位发热量。

②初步计算。用IPCC中的各类化石能源碳排放系数②和碳氧化率(张阿玲和申威，2008)乘以各自对应的低位发热量，再将得到的碳排放量乘以44/12(二氧化碳相对分子质量换算)。

③精确计算。化石能源二氧化碳排放不仅仅来自燃烧过程，还应该考虑能源生产过程中引起的排放，将两者相加得到最终的结果。即CO_2排放因子＝平均低位发热量×燃烧阶段碳排放系数×碳氧化率×44/12＋生产阶段碳排放系数，如表5-7所示。

表5-7　各种能源单位碳排放因子

能源种类	单位	平均低位发热量(kJ/单位)③	碳排放折算系数(kg/GJ)④	碳氧化率⑤	燃烧阶段CO_2排放(kg/单位)	生产阶段CO_2排放(kg/单位)⑥	CO_2排放因子(kg/单位)
标煤	kg	29 307	29.30	0.90	2.83	0.06	2.89
原煤	kg	20 908	20.90	0.90	1.44	0.03	1.47
洗精煤	kg	26 334	26.30	0.90	2.29	0.06	2.35
焦炭	kg	28 435	29.20	0.90	2.74	0.20	2.94
原油	kg	41 816	20.00	0.98	3.00	0.21	3.21
汽油	kg	43 070	18.90	0.98	2.93	0.57	3.50
煤油	kg	43 070	19.50	0.98	3.02	0.24	3.26
柴油	kg	42 652	20.20	0.98	3.10	0.57	3.67
燃料油	kg	41 816	21.10	0.98	3.17	0.57	3.74
油田天然气	m³	38 931	15.30	0.99	2.16	0.20	2.36
液化石油气	kg	50 179	17.20	0.98	3.10	0.68	3.78
焦炉煤气	m³	16 726～17 981（取下限）	12.10	0.90	0.67	0.12	0.79
炼厂干气	kg	46 055	15.70	0.98	2.60	0.20	2.80

①GB/T 2589—2008.综合能耗计算通则[S].北京：中国标准出版社，2008.
②http://www.ipcc-nggip.iges.or.jp/public/2006gl/vol4.html
③GB/T 2589—2008.综合能耗计算通则[S].北京：中国标准出版社，2008.
④http://www.ipcc-nggip.iges.or.jp/public/2006gl/vol4.html
⑤张阿玲，申威.车用替代燃料生命周期分析[M].北京：清华大学出版社，2008.
⑥谷立静.基于生命周期评价的中国建筑行业环境影响研究[D].北京：清华大学，2009.

2) 电能碳排放因子

电能作为世界上使用最广泛的二次能源,其碳排放量与不同国家、地区的能源结构类型关系密切。火力发电所占比例越高,碳排放量就越大,而风力、水力和核能发电则几乎不排放二氧化碳。2012年,我国总发电量为4 977.4 TW·h,其中火力发电3 910.8 TW·h,占总发电量的78.57%,与2011年的82.45%相比下降了3.88个百分点(杨勇平等,2013)。本书在度量电能碳排放因子时主要参考了《2013年中国区域电网基准线排放因子》①中的计算方法和计算结果,将电网边界统一划分为东北、华北、华东、华中、西北和南方区域电网(不包括西藏自治区、香港特别行政区、澳门特别行政区和台湾省),其地理范围如表5-8所示。

表5-8 电网边界地理范围表

电网名称	覆盖省市
华北区域电网	北京市、天津市、河北省、山西省、山东省、内蒙古自治区
东北区域电网	辽宁省、吉林省、黑龙江省
华东区域电网	上海市、江苏省、浙江省、安徽省、福建省
华中区域电网	河南省、湖北省、湖南省、江西省、四川省、重庆市
西北区域电网	陕西省、甘肃省、青海省、宁夏回族自治区、新疆维吾尔自治区
南方区域电网	广东省、广西壮族自治区、云南省、贵州省、海南省

然后,根据国家发改委气候司提供的计算方法,可以选用电量边际排放因子(OM)法或容量边际排放因子(BM)法进行计算。OM是根据电力系统中所有电厂的总净上网电量、燃料类型及燃料总消耗量计算得出的,BM可按多个样本机组排放因子的发电量加权平均求得。

计算OM和BM所需的发电量、装机容量、厂用电率和电网间电量交换等数据分别来源于2010—2012年《中国电力年鉴》和2009—2011年《电力工业统计资料汇编》;发电燃料消耗以及发电燃料的低位发热值等数据分别来源于2010—2012年《中国能源统计年鉴》和《公共机构能源消耗统计制度》;分燃料品种的潜在排放因子和碳氧化率来源为《IPCC国家温室气体清单指南》,综上计算结果如表5-9所示。

---

① http://www.ccchina.gov.cn/archiver/cdmcn/UpFile/Files/Default/20130917081426863466.pdf

表 5-9 电力碳排放因子数值表

电网名称	电量边际排放因子(kg/kW·h)	容量边际排放因子(kg/kW·h)
华北区域电网	1.030 2	0.577 7
东北区域电网	1.112 0	0.611 7
华东区域电网	0.810 0	0.712 5
华中区域电网	0.977 9	0.499 0
西北区域电网	0.972 0	0.511 5
南方区域电网	0.922 3	0.376 9

注：(1) 表中 OM 为 2009—2011 年电量边际排放因子的加权平均值，BM 为截至 2011 年的容量边际排放因子；(2) 本结果以公开的上网电厂的汇总数据为基础计算得出；(3) OM 代表目前运行的发电设施的排放因子，BM 代表新建电厂的排放因子。本书中统一采用 OM 作为电力碳排放因子。

综上，得出主要能源碳排放因子清单，如表 5-10 所示。

表 5-10 主要能源碳排放因子清单

编号	能源种类	单位	碳排放因子（kg/单位）	年份	编号	能源种类	单位	碳排放因子（kg/单位）	年份
1	标煤	kg	2.89	2008	11	液化石油气	kg	3.78	2008
2	原煤	kg	1.47	2008	12	焦炉煤气	m³	0.79	2008
3	洗精煤	kg	2.35	2008	13	炼厂干气	kg	2.80	2008
4	焦炭	kg	2.94	2008	14	华北区域电网	kW·h	1.03	2013
5	原油	kg	3.21	2008	15	东北区域电网	kW·h	1.11	2013
6	汽油	kg	3.50	2008	16	华东区域电网	kW·h	0.81	2013
7	煤油	kg	3.26	2008	17	华中区域电网	kW·h	0.98	2013
8	柴油	kg	3.67	2008	18	西北区域电网	kW·h	0.97	2013
9	燃料油	kg	3.74	2008	19	南方区域电网	kW·h	0.92	2013
10	天然气	m³	2.36	2008					

5.3.2.3 建材碳排放因子

由于建材种类繁多，不同建材的生产加工工艺差别甚大，涉及多个学科知识且来源极其分散，故本书中的建材生产阶段碳排放因子只针对主要建材，如钢材、木材、水泥、混凝土、铝制品、玻璃、陶瓷等，通过国家统计年鉴和标准、各省市定额规范、学者实验研究调查对建筑材料生产阶段碳排放因子进行整理。

1) 水泥的碳排放因子

水泥作为最主要的建筑材料之一,在原料开采、生料制备、燃料制备、熟料烧成和水泥制备的整个生产流程排放大量 CO_2。据统计,2011 年国内采用新型干法水泥产量比重占全国总量的 89%,水泥日产 4 000 t 及以上生产线比重为 56.87%(魏丹青等,2012)。赵建安等(2013)结合中国实际情况对新型干法熟料生产线进行研究,发现单纯从熟料中 CaO 和 MgO 反推或者采用国际标准默认值计算会高估水泥生产工艺排放系数。笔者用生料中非碳酸盐来源衍生的 CaO 比例进行结果修正,从而得到了单位熟料和水泥 CO_2 排放数据,如表 5-11 所示。

表 5-11 单位熟料和水泥 CO_2 排放计算结果比较 (单位:kg/t)

生产线	水泥种类	国际标准默认值		实测	
		IPCC	CSI	修正前	修正后
2 500 t/d	熟料	985.18	990.18	912.79	859.82
	水泥	848.23	852.38	750.16	709.11
5 000 t/d	熟料	1 002.07	1 007.07	907.10	898.32
	水泥	862.67	866.81	734.28	727.59

默认国内均采用新型干法制备水泥,且使用 2 500 t/d 和 5 000 t/d 生产线的企业比例为 43.13∶56.87(董坤涛,2011),鉴于实测修正后的数据,用加权法得到熟料的碳排放因子为 881.71 kg/t,水泥的碳排放因子为 719.62 kg/t。

2) 钢材的碳排放因子

钢材生命周期碳排放始于铁矿和燃料的开采,止于成品建筑用钢材(如钢筋、型钢、钢管、钢板等)的成型。李兴福和徐鹤(2009)基于生命周期评价方法,采用 GaBi 4.3 软件分析了转炉炼钢的钢材生产工艺过程,其中钢水浇铸只考虑连铸,轧钢采用热轧方式。得出了普通钢材生产过程中的碳排放因子为 1 789.06 kg/t,生产 1 t 钢材的过程中,各环节碳排放量如表 5-12 所示。

表 5-12 生产 1 t 钢材的碳排放清单 (单位:kg)

流程	CO_2 排放量	流程	CO_2 排放量
铁矿开采	230.95	高炉炼铁	794.59
铁矿精选	—	转炉炼钢	1.43
煤炭开采	11.72	连铸	0.68
洗煤	—	热轧	3.10
石灰生产	123.19	工艺总计	1 512.69
烧结	347.03	燃料生产	276.37
焦化	—	总计	1 789.06

3) 混凝土的碳排放因子

建筑用混凝土一般分为预制商品混凝土和现场搅拌混凝土，俞海勇等（2011）基于全寿命周期理论，以预制商品混凝土原材料的生产为起点，以产品运输至工程现场为终点，计算在该全寿命进程中单位预拌混凝土产品的碳排放量。由于本书将建材碳排放进一步划分为建材生产和建材运输碳排放两部分，故应删除其中运输燃料碳排放，如表5-13所示。

表5-13　商品预制混凝土碳排放因子　　　　　　　　　　（单位：kg/m³）

强度等级	原材料碳排放		生产能源碳排放	除运输外的总碳排放
	运输碳排放	内含碳排放		
C20	35.30	198.49	2.89	201.38
C25	36.39	247.65	2.89	250.54
C30	37.66	303.89	2.89	306.78
C35	37.74	338.97	2.89	341.86
C40	38.75	388.14	2.89	391.03
C45	39.21	374.71	2.89	377.60
C50	50.44	508.05	2.89	510.94
C60	52.92	586.53	2.89	589.42

4) 砂浆的碳排放因子

与混凝土类似，建筑用砂浆可以看作是"没有骨料的混凝土"，所以根据水泥、中砂等配合比和用水、电情况，董坤涛（2011）得出了不同配合比砂浆的碳排放因子，如表5-14所示。

表5-14　常见砂浆碳排放因子列表

序号	名称	碳排放因子(kg/m³)
1	1∶1 水泥砂浆	730.20
2	1∶2 水泥砂浆	531.52
3	1∶3 水泥砂浆	393.65
4	1∶2.5 水泥砂浆	469.41
5	1∶2.5 石灰砂浆	71.53
6	1∶3 石灰砂浆	64.78
7	1∶0.5∶3 混合砂浆	382.36

续 表

序 号	名 称	碳排放因子(kg/m³)
8	1∶1∶6 混合砂浆	261.57
9	M2.5 混合砂浆	199.23
10	M5 混合砂浆	228.03
11	M7.5 混合砂浆	257.79
12	M10 混合砂浆	315.39
13	M15 混合砂浆	354.75

5) 铜材的碳排放因子

铜材的炼制一般分为火法炼铜和湿法炼铜,其中火法炼铜是目前最常用的方法,我国铜产量的 98% 以上由火法冶炼获得(韩明霞等,2009)。另外,火法炼制又进一步分为熔池熔炼、闪速熔炼和鼓风熔炼三种工艺。曾广圆等(2012)在生命周期的视角下,通过对不同炼制方法能源清单分析(见表 5-15),得出 2007 年采用熔池熔炼、闪速熔炼和鼓风熔炼工艺进行火法生产铜的碳排放因子分别为 10.01、8.99、15.32。另外,据行业有关资料显示,2007 年我国采用以上三种工艺的比重约为 42%∶35%∶23%(邓志文等,2006),利用加权分析法,将铜材的碳排放因子设定为$(10.01\times42\%+8.99\times35\%+15.32\times23\%)\times1\,000\approx10\,870(kg/t)$。

表 5-15 火法炼铜生产的碳排放清单

工 序	能源种类	能耗(kg/t)
采矿	柴油	224.80
	石灰	896.70
选矿	煤	63.90
	电	3 931.20
干燥	重油	53.50
闪速熔炼	氧	1 124.40
	重油	76.50
鼓风熔炼	焦炭	270.00
	电	538.90 kW·h/t
熔池熔炼	原煤	242.20
	重油	4.42

续表

工　序	能源种类	能耗(kg/t)
转炉吹炼	电	815.80 kW·h/t
阳极炉精炼	重油	55.00
	液化石油气	5.00
电解精炼	电	236.00 kW·h/t
	蒸气	596.00

6) 玻璃的碳排放因子

平板玻璃作为高污染、高耗能却又不可或缺的建筑材料,使生态环境和不可再生能源面临着严重威胁。田红磊(2011)利用灰色预测模型、一元回归模型和不变权重线性组合模型对我国平板玻璃行业的排放趋势和资源与能源利用趋势进行预测,基于 2005—2009 年的基础数据,得到了 2010—2014 年的平板玻璃碳排放因子预测结果,如表 5-16 所示。本书选取 2014 年数据 35.07 kg/重量箱作为平板玻璃的碳排放因子。

表 5-16　玻璃碳排放指标预测结果

数据类型	原始数据					预测数据				
年份	2005	2006	2007	2008	2009	2010	2011	2012	2013	2014
CO_2(kg/重量箱)	42.09	41.25	40.32	39.58	38.81	38.05	37.58	36.14	35.78	35.07

注:一重量箱玻璃约为 50 kg。

7) 铝材的碳排放因子

建筑行业中,铝合金窗、门框等部件用到大量铝制品。2010 年全国二氧化碳排放量 74.3 亿 t,其中电解铝行业 3.44 亿 t,占全国 CO_2 排放总量的 4.6%(陈喜平等,2012)。陈喜平等(2012)从铝的排放特点划分,认为电解铝的碳排放来自生产工艺本身、各种燃料燃烧和各工艺过程电力消耗三个方面,利用电解铝化学方程守恒定律和碳排放系数法得到 2005 年、2010 年和 2015 年(预测)的铝材碳排放,如表 5-17 所示。本书选取 2015 年的数据 18.57(t/t)作为铝材碳排放因子。

表 5-17　电解铝单位产品二氧化碳排放量　　　　(单位:t/t)

年　份	2005 年	2010 年	2015 年(预测)
直接排放	3.47	2.12	1.67
间接排放	23.33	18.80	16.90
总排放	26.80	20.92	18.57

8) 陶瓷的碳排放因子

我国是世界上建筑陶瓷产量最大的国家,2007 年产量突破 50 亿 m^2,占世界总产量的 50% 左右(杨辉等,2009),由此产生的二氧化碳排放约 1 亿 t。彭军霞等(2012)利用投入—产出模型建立低碳优化模型,从生命周期的角度(包括料浆、粉料、生坯、坯砖、添加剂、燃料、电力等)多方面分别计算了坯砖、抛光砖、釉面砖等 3 种建筑陶瓷产品单位面积二氧化碳排放量,即这三种瓷砖的碳排放因子依次为 15.02 kg/m^2、16.80 kg/m^2、15.96 kg/m^2。

9) PVC 产品的碳排放因子

聚氯乙烯(PVC)是全球五大热塑性合成树脂之一,其制品广泛应用于建筑行业。目前国内的 PVC 生产工艺主要分为电石乙炔法 PVC(简称电石法 PVC)和乙烯法 PVC 两种(尚建选等,2011)。马玉莲和忻仕海(2011)利用碳足迹评价方法对 PVC 进行了碳排放的研究,发现生产 1 t PVC 排放 CO_2 当量为 1 765.317 kg。田彬彬等(2012)通过计算某 PVC 厂全年的二氧化碳排放量和 PVC 年产量,得到了 1 t PVC 产品的碳足迹为 1.765 t,与马玉莲教授的研究相一致。因此,本书选取聚氯乙烯(PVC)的碳排放因子为 1.765 t/t。

10) 其他建材的碳排放因子

对于其他常用的建材,如砖、防水涂料、木材、铸铁制品等的碳排放因子,本书通过年鉴、文献等进行了整理,如表 5-18 所示。

表 5-18 其他建材碳排放因子

建材名称	单位	碳排放因子(kg/单位)	文献来源
木材	m^3	10.45	[123]
实心黏土砖	千块	504.00	[141]
黏土空心砖	千块	418.00	
实心灰砂砖	千块	459.00	
粉煤灰加气混凝土砌块	m^3	212.00	
普通混凝土砌块	m^3	146.00	
粉煤灰硅酸盐砌块	m^3	273.00	
石灰	t	458.00	
石膏	t	210.00	

续 表

建材名称	单位	碳排放因子(kg/单位)	文献来源
块石	m^3	6.05	[152]
石垫用块石	m^3	7.33	
卵石及砂卵石	m^3	11.29	
碎石垫层	m^3	8.76	
混凝土料碎石	m^3	12.69	
混凝土料用天然砂	m^3	9.57	
铸铁散热器	m^2(采暖面积)	92.80	[177][250]
SBS改性沥青防水卷材	m^2	2.37	[192]
丙烯酸酯乳液水泥防水涂料	m^2	0.73	
乙丙乳胶漆	t	30.00	[132]
乙丙乳液涂料	t	25.00	
聚乙烯管	m	0.71	[329]
铝合金平开窗	m^2	20.00	
铝合金推拉窗	m^2	23.00	
铝合金固定窗	m^2	18.00	
铸铁	t	2 500.00	[250]
生铁	t	2 300.00	
油漆	t	3 600.00	
PVC塑料窗框	t	4 600.00	
UPVC水管	t	4 700.00	
PPR管	t	6 200.00	
岩棉板	m^3	23.69	[283]
聚苯乙烯挤塑板	m^3	1.67	

注:(1) 木材参考落叶松人工林原木数据,其 CO_2 排放量只与地理等级和所使用的整地机械有关,除草、砍伐和丢弃木材所产生的 CO_2 排放可忽略不计(古俣宽隆等,2008)。

(2) 散热器单位 m^2 指采暖面积。由采暖面积确定所需散热器重量(0.058 t/m^2)(汪静,2009),再将散热器按钢铁的排放因子(1.6 t/t)进行计算(梁聪智,2012)。

(3) 聚乙烯管每米用量取决于铺设间距:间距 200 mm 用量为 4.5 m,250 mm 用量为 3.8 m,300 mm 用量为 3.2 m。一般规格的聚乙烯加热管公称外径 20 mm,壁厚 2 mm,理论质量 0.111 kg/m①,最后通过聚乙烯管的碳排放数据 6.409 kg/kg 求得最终结果。

①CJ/TT 205—2000 建筑给水交联聚乙烯(PE-X)管材[S].

综上,得出主要建材碳排放因子清单,如表5-19所示。

表5-19 建材碳排放因子清单

编号	建材种类	单位	碳排放因子(kg/单位)	年份
1001	熟料	t	881.71	2013
1002	水泥	t	719.62	2013
1003	普通钢材	t	1 789.06	2009
1004	铸铁	t	2 500.00	2009
1005	生铁	t	2 300.00	2009
1006	C20混凝土	m^3	201.38	2011
1007	C25混凝土	m^3	250.54	2011
1008	C30混凝土	m^3	306.78	2011
1009	C35混凝土	m^3	341.86	2011
1010	C40混凝土	m^3	391.03	2011
1011	C45混凝土	m^3	377.60	2011
1012	C50混凝土	m^3	510.94	2011
1013	C60混凝土	m^3	589.42	2011
1014	1∶1水泥砂浆	m^3	730.20	2011
1015	1∶2水泥砂浆	m^3	531.52	2011
1016	1∶3水泥砂浆	m^3	393.65	2011
1017	1∶2.5水泥砂浆	m^3	469.41	2011
1018	1∶2.5石灰砂浆	m^3	71.53	2011
1019	1∶3石灰砂浆	m^3	64.78	2011
1020	1∶0.5∶3混合砂浆	m^3	382.36	2011
1021	1∶1∶6混合砂浆	m^3	261.57	2011
1022	M2.5混合砂浆	m^3	199.23	2011
1023	M5混合砂浆	m^3	228.03	2011
1024	M7.5混合砂浆	m^3	257.79	2011
1025	M10混合砂浆	m^3	315.39	2011
1026	M15混合砂浆	m^3	354.75	2011

续表

编号	建材种类	单位	碳排放因子(kg/单位)	年份
1027	铜材	t	10 870.00	2012
1028	玻璃	重量箱	35.78	2013
1029	铝材	t	20 920.00	2012
1030	坯砖	m^2	15.02	2012
1031	抛光砖	m^2	16.80	2012
1032	釉面砖	m^2	15.96	2012
1033	聚氯乙烯(PVC)	t	1 765.00	2012
1034	PVC塑料窗框	t	4 600.00	2009
1035	木材	m^3	10.45	2008
1036	实心黏土砖	千块	504.00	2003
1037	黏土空心砖	千块	418.00	2003
1038	实心灰砂砖	千块	459.00	2003
1039	粉煤灰加气混凝土砌块	m^3	212.00	2003
1040	普通混凝土砌块	m^3	146.00	2003
1041	粉煤灰硅酸盐砌块	m^3	273.00	2003
1042	石灰	t	458.00	2003
1043	石膏	t	210.00	2003
1044	块石	m^3	6.05	2012
1045	石垫用块石	m^3	7.33	2012
1046	卵石及砂卵石	m^3	11.29	2012
1047	碎石垫层	m^3	8.76	2012
1048	混凝土料碎石	m^3	12.69	2012
1049	混凝土料用天然砂	m^3	9.57	2012
1050	铸铁散热器	m^2(采暖面积)	92.80	2012
1051	铝合金平开窗	m^2	20.00	2009
1052	铝合金推拉窗	m^2	23.00	2009
1053	铝合金固定窗	m^2	18.00	2009

续 表

编号	建材种类	单位	碳排放因子(kg/单位)	年份
1054	SBS改性沥青防水卷材	m²	2.37	2011
1055	丙烯酸酯乳液水泥防水涂料	m²	0.73	2011
1056	乙丙乳胶漆	t	30.00	2011
1057	油漆	t	3 600.00	2009
1058	乙丙乳液涂料	t	25.00	2011
1059	UPVC水管	t	4 700.00	2009
1060	PPR管	t	6 200.00	2009
1061	聚乙烯管	m	0.71	2008
1062	岩棉板	m³	23.69	2013
1063	聚苯乙烯挤塑板	m³	1.67	2013

11) 其他相关定义

在建筑拆除后,部分建材可以有效地回收利用,这相应地减少了碳排放量,主要可回收建材回收系数如表5-20所示(李兆坚,2007)。

表5-20 可回收建材回收系数

可回收建材名称	回收系数	可回收建材名称	回收系数
聚氯乙烯(PVC)	0.80	钢管	0.85
UPVC水管	0.70	铜管	0.90
型钢	0.80	铝型材	0.85
钢筋	0.40	木材	0.75

注:回收系数=建筑拆除后某建材可回收利用量(t)/建筑建造时该建材使用总量(t)。

在建筑使用和维护阶段,某些建筑构件、设备等会因为老化、升级等原因进行更新或更换,并由此带来了新的建筑材料碳排放(不考虑该过程中施工造成的碳排放)。在定义了建筑物使用年限和各类构件使用寿命的基础上,将两数相除并向下取整后即可得到构件更换次数 N。建筑物生命周期内需要更换的主要构件名称和建议更换次数如表5-21所示(王霞,2012)。

表 5-21　使用与维护阶段构件更换列表

建筑构建设备名称	碳排放因子(kg/单位)	使用寿命(年)	建议更换次数 N
木质装饰板(m^3)	10.45	30	1
屋面防水卷材(m^2)	2.37	30	1
墙地面瓷砖(m^2)	16.80	30	1
木门(m^3)	10.45	25	1
铝合金窗(m^2)	20.00	25	1
铸铁水管(t)	2 500.00	30	1
地暖PPR管(t)	6 200.00	15	3
涂料(t)	25.00	10	4

5.3.2.4　交通运输碳排放因子

如今,我国的运输方式可以大体分为铁路运输、水路运输、公路运输、航空运输和管道运输五大类。2012年,我国各类型运输方式的货运量和周转量如表5-22所示(周新军,2010),建筑材料的运输主要采用铁路运输、水路运输和公路运输三种方式,航空运输和管道运输几乎不应用于建筑行业,故不作考虑。由于使用的能源类型、单位里程、单位货物量的能源消耗不同,因此所排放的 CO_2 量也不同,需要分别对其进行计算。

表 5-22　2012年全国货运量与货物周转量

	合计	铁路	公路	水运	民航	管道
全国货运量(万t)	4 099 401	390 438	3 188 475	458 705	545	61 238
所占百分比(%)	100	10	78	11	0	1
全国货物周转量(亿t·km)	合计	铁路	公路	水运	民航	管道
	173 771	29 187	59 535	81 708	163.9	3 177
所占百分比(%)	100	17	34	47	0	2

注:货物周转量是指一定时期内,运输部门实际运送的货物吨数和运输距离的乘积,以t·km(海运企业用t·n mile)为单位。

1) 铁路运输

我国铁路运输机车一般分为内燃机车、电力机车和蒸汽机车,其中蒸汽机车由于能源消耗量大、效率低,已逐渐淡出市场。根据《中国统计年鉴2013》数据显示,2012年,我国的电力机车和内燃机车的货物周转比例为53.5%∶46.5%,内燃机车每万吨公里耗油(柴油)为 26.8 kg,电力机车每万吨公里耗电 102.1 kW·h。结合能源碳排放因子,柴油的碳排放因子为 3.67 kg/单位,故内燃机车每万吨公里碳排放量=万吨公里耗油量×柴油碳排放因子=98.36 kg;电力机车由于不同地区的电力碳排放因子不同,对应的碳排放量也不同,故电力机车每万吨公里碳排放量=万吨公里耗电量×电力碳排放因子,如表 5-23 所示。

表 5-23 电力机车每万吨公里碳排放量[①]

区域名称	电力边际排放因子(kg/kW·h)	电力机车每万吨公里碳排放量(kg)
华北区域	1.03	105.18
东北区域	1.11	113.54
华东区域	0.81	82.70
华中区域	0.98	99.84
西北区域	0.97	99.24
南方区域	0.92	94.17

2) 公路运输

公路运输能耗与货运汽车载货结构、能源结构、载货率和运输管理等因素有关。我国公路运输能耗一级标准是:汽油货车为 5.6 L 汽油/(100 t·km),柴油货车为 3.8 L 柴油/(100 t·km);二级标准是:汽油货车为 5.8 L 汽油/(100 t·km),柴油货车为 4.4 L 柴油/(100 t·km)(周新军,2010)。本书数据库中汽油与柴油货车的百吨公里油耗量来源于我国公路运输能耗平均指标(张智慧等,2010),汽油密度按 0.725 kg/L 计算,柴油密度按 0.83 kg/L 计算,并结合汽油和柴油的碳排放因子 3.50 kg/单位和 3.67 kg/单位,得出:汽油货车的碳排放因子=汽油货车百吨公里耗油量×汽油密度×汽油碳排放因子=14.21 kg/(100 t·km),柴油货车碳排放因子=柴油货车百吨公里耗油量×柴油密度×柴油碳排放因子=11.58 kg/(100 t·km)。

3) 水路运输

水路运输按所属位置分为海轮运输和内陆水路运输两种。海轮主要从事进出口货物运输,其能源消耗为 42 kg 柴油/(万 t·km);内陆水路运输以长江、黄河、各类运河等重要水域内的货轮运输为主,能源消耗为 81.4 kg 柴油/(万 t·km),能源类型均为柴油[②],故通过折算得到海轮运输碳排放因子=海轮运输万吨公里

[①] http://www.ccchina.gov.cn/archiver/cdmcn/UpFile/Files/Default/20130917081426863466.pdf

[②] http://www.stats.gov.cn/tjsj/ndsj/2013/indexch.htm

耗油量×柴油碳排放因子＝154.14 kg/(万 t·km)，内陆水路运输碳排放因子＝内陆水路运输万吨公里耗油量×柴油碳排放因子＝298.738 kg/(万 t·km)。

综上，得到主要交通运输碳排放因子清单，如表 5-24 所示。

表 5-24 交通运输碳排放因子清单

编号	运输方式	单位	碳排放因子(kg/单位)	年份
3001	内燃机车铁路运输	万 t·km	98.36	2013
3002	电力机车铁路运输(华北区域)	万 t·km	105.18	2013
3003	电力机车铁路运输(东北区域)	万 t·km	113.54	2013
3004	电力机车铁路运输(华东区域)	万 t·km	82.70	2013
3005	电力机车铁路运输(华中区域)	万 t·km	99.84	2013
3006	电力机车铁路运输(西北区域)	万 t·km	99.24	2013
3007	电力机车铁路运输(南方区域)	万 t·km	94.17	2013
3008	汽油货车公路运输	100 t·km	14.21	2010
3009	柴油货车公路运输	100 t·km	11.58	2010
3010	海轮运输	万 t·km	154.14	2010
3011	内陆水路运输	万 t·km	298.74	2010
3012	民航运输	万 t·km	8 738.45	2011

5.3.2.5 机械设备碳排放因子

建筑物生命周期内建筑活动所需的机械设备分类复杂、品牌众多，本书将机械设备分为施工机械设备和日常生活设备两类。其中，施工机械设备是指在建筑施工和建筑拆除阶段所涉及的机械设备，如挖掘机、推土机、龙门吊等；日常生活设备是指在建筑使用与维护阶段居民生活所必须使用的机械设备，如空调、照明设备、燃气设备等。

1) 施工机械设备碳排放因子

机械设备的碳排放因子可以用各自的台班量乘以每台班(一个台班指机械工作 8 小时，潜水设备每台班按 6 小时计算，变压器和配电设备每昼夜按一个台班计算)的燃料使用量，再根据能源碳排放因子转化为碳排放因子。虽然各省市的能源结构、定额标准不同，但同一种类施工机械的工作能力和能耗量却差别不大。因此，本书根据鲁标定字〔2008〕13 号文件《山东省建设工程施工机械台班单价表》[①]

---

① http://www.stats.gov.cn/tjsj/ndsj/2013/indexch.htm

得到各施工机械台班量和单位台班燃料使用量，乘以汽油、柴油和电力（因为山东省属于华北电网，故在此取该地区的因子数据）的碳排放因子得到各机械设备的碳排放因子，如表5-25所示。

表5-25 各类机械设备单位台班碳排放因子

编号	机械名称及型号	碳排放因子(kg/台班)	年份
4001	BU320注浆机小	16.72	2013
4002	X射线胶片脱水烘干机 ZTH-340 小	31.04	2013
4003	X射线探伤机 1605 小	3.19	2013
4004	X射线探伤机 2005 小	3.91	2013
4005	X射线探伤机 2505 小	9.99	2013
4006	X射线探伤机 3005 小	14.01	2013
4007	X射线探伤机 RX-300 小	10.30	2013
4008	γ射线探伤仪 192/IY 小	4.01	2013
4009	扳边机厚度×宽度(mm)2×1 500 中	13.19	2013
4010	半自动交流电焊机小	37.09	2013
……			
4169	法兰卷圆机 L40×4 小	13.19	2013
4170	反吸式除尘机 D2-FX1 小	48.42	2013
4171	反循环钻机 60P45A 特	190.84	2013
4172	粉体输送设备小	61.81	2013
4173	封口机中	67.99	2013
4174	缝焊机容量(kV·A)150 中	374.37	2013
4175	钢板校平机厚度×宽度(mm)30×2 600 大	129.16	2013
4176	钢材电动煨弯机弯曲直径(mm)500~1 800 中	33.08	2013
4177	钢筋镦头机直径(mm)5 小	43.75	2013
4178	钢筋挤压连接机中	114.21	2013
4179	钢筋切断机直径(mm)40 小	33.07	2013
……			
4390	轮胎式装载机斗容量(m^3)1.5 大	215.61	2013

续 表

编 号	机械名称及型号	碳排放因子(kg/台班)	年份
4391	轮胎式装载机斗容量(m^3)2 大	239.36	2013
4392	轮胎式装载机斗容量(m^3)2.5 大	275.65	2013
4393	轮胎式装载机斗容量(m^3)3 大	306.22	2013
4394	轮胎式装载机斗容量(m^3)3.5 大	339.66	2013
4395	轮胎压路机不加载质量(t)16 大	110.10	2013
4396	轮胎压路机不加载质量(t)9 大	110.10	2013
4397	螺栓套丝机直径(mm)39 小	25.76	2013
4398	履带式柴油打桩机冲击部分质量(t)2.5 大	162.84	2013
4399	履带式柴油打桩机冲击部分质量(t)3.5 大	175.94	2013
4400	履带式柴油打桩机冲击部分质量(t)5 大	197.92	2013
……			
4500	内燃空气压缩机排气量(m^3/min)9 中	189.01	2013
4501	内燃拖轮 45 kW 小	112.85	2013
4502	内燃凿岩机 YN30 A 小	44.80	2013
4503	泥浆拌合机 100～150 L 小	10.30	2013
4504	泥浆泵出口直径(mm)100 小	241.68	2013
4505	泥浆泵出口直径(mm)50 小	42.14	2013
4506	泥浆系统大	57.69	2013
4507	泥浆制作循环设备大	519.12	2013
4508	牛头刨床刨削长度(mm)650 小	14.26	2013
4509	抛光机小	5.15	2013
4510	刨边机加工长度(mm)12 000 大	78.19	2013
……			
4850	自升式塔式起重机起重力矩(kN·m)3 000 特	304.53	2013
4851	自升式塔式起重机起重力矩(kN·m)4 500 特	318.95	2013
4852	自卸汽车装载质量(t)10 大	158.51	2013
4853	自卸汽车装载质量(t)12 大	170.99	2013

续表

编　号	机械名称及型号	碳排放因子(kg/台班)	年份
4854	自卸汽车装载质量(t)15 大	201.85	2013
4855	自卸汽车装载质量(t)18 大	210.18	2013
4856	自卸汽车装载质量(t)2 中	60.45	2013
4857	自卸汽车装载质量(t)20 大	221.67	2013
4858	自卸汽车装载质量(t)4 中	109.69	2013
4859	自卸汽车装载质量(t)5 中	109.69	2013
4860	自卸汽车装载质量(t)6 中	119.00	2013
4861	自卸汽车装载质量(t)8 大	150.21	2013
4862	综合机械(铝合金)小	16.48	2013
4863	组合烘箱小	140.21	2013
4864	钻砖机直径(mm)13 小	5.77	2013
4865	坐标镗床工作台＞800×1 200 中	53.57	2013

注：由于机械设备碳排放因子数据过多，故不在本书中一一列出。

2) 日常使用设备

日常使用设备主要指空调系统、照明设施和燃气设备。其中，空调和照明设施的碳排放量依据建筑物内的户数、户均人数和人均用电量等指标进行衡量，即所用电能碳排放量＝户数×户均人数×年人均用电量×建筑物使用年限×当地电力碳排放因子。同理，燃气类设施碳排放量依据建筑物内的户数、户均人数和人均用天然气或煤气量等指标进行衡量，即所用电能碳排放量＝户数×户均人数×年人均用天然气或煤气量×建筑物使用年限×天然气或煤气碳排放因子。

5.4　建筑物生命周期碳排放的度量平台

5.4.1　需求分析与系统简介

为弥补 5.2.3 部分所述的国内外建筑物碳排放度量缺乏有效工具的不足，本书拟建立软件版的建筑物生命周期碳排放度量平台。鉴于碳排放因子库对于碳排放系数法为内核的建筑物生命周期碳排放度量平台的重要性，以及我国建筑物生命周期碳排放因子库的缺乏，本书描述的碳排放度量平台侧重于"建筑物生命周期碳排放因子库系统"的建立，旨在使用户可以轻松查询各类碳排放因子并对其进行修改、添加与删除，并能够针对实际工程案例进行生命周期碳排放量计算。因此，该系统主要应包含以下六个功能模块：

1) 碳排放因子数据的导入

系统可以从指定的文件夹中自动搜索".xlsx"或".xls"格式的文件，如建材碳排放因子、能源碳排放因子、交通运输碳排放因子、机械设备碳排放因子，并将Excel表格中的信息导入系统中。另外，在计算阶段，用户也可以导入实际工程的工程量清单信息进行碳排放量计算。

2) 碳排放因子数据的导出

在完成建筑物碳排放计算工作后，用户可以将计算和分析结果导出至PDF或Word格式。

3) 碳排放因子数据的编辑

该模块使用户能够按照自己的需求，对碳排放因子的数值、年份、来源、名称等内容进行自定义添加、修改或删除，为数据库的合理性、时效性提供了良好的保障。

4) 碳排放因子数据的查询

碳排放因子查询功能可以实现能源碳排放因子、建材碳排放因子、交通运输碳排放因子和机械设备碳排放因子表单的检索与浏览，包含因子编号、因子名称、因子值、年份、数据来源等相关资料。

5) 建筑物生命周期碳排放量计算

该模块既可以计算建筑物全生命周期碳排放量，亦可单独计算建材生产、建材运输、建筑施工、运营与维护、拆除与建材回收中某阶段的碳排放量。

6) 建筑物生命周期碳排放因子库系统介绍

该模块主要展示了本系统的功能简介、作者信息、版权归属等基本信息。

结合第三章中的各类碳排放因子，本书将其汇总成能源碳排放因子表、交通运输碳排放因子表、建材生产碳排放因子表和机械设备碳排放因子表，以此作为数据库用表。

因此，"建筑物生命周期碳排放因子库系统"的总体需求设计框架如图5-1所示。

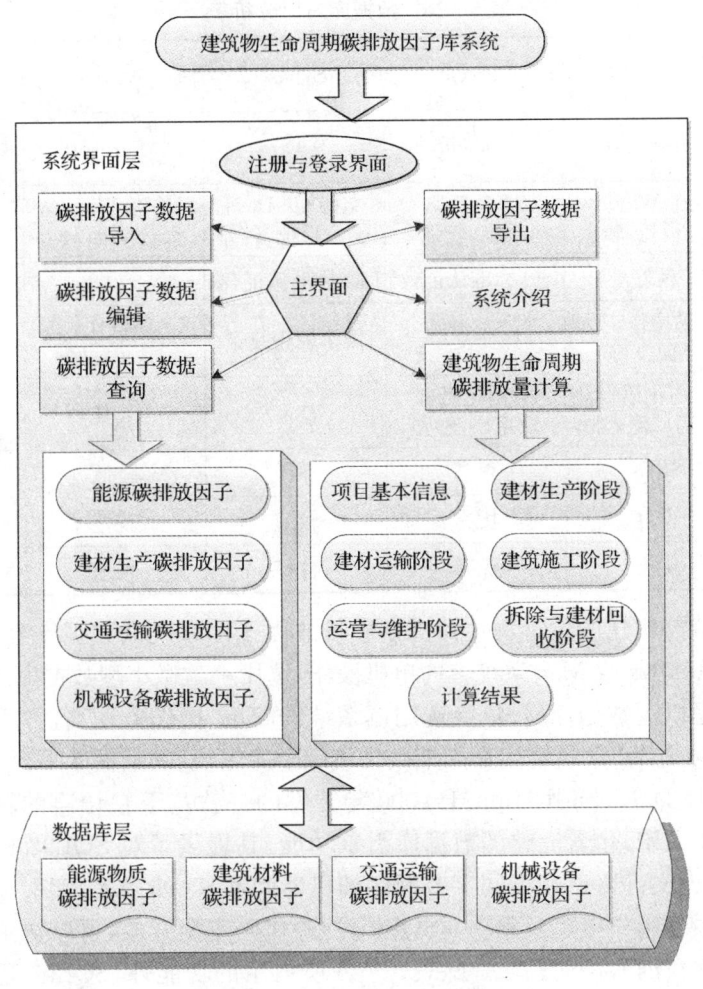

图 5-1 系统设计框架图

5.4.2 相关技术概述

5.4.2.1 数据库系统选用

目前,商品化的数据库管理系统以关系型数据库为主导产品,按照数据容量大小可以分为大型数据库(如甲骨文公司的 Oracle 数据库和美国 Sybase 数据库)、中型数据库(如微软公司的 SQL Sever)和微小型数据库(如美国的 SQLite 和微软公司的 Access)三种,各类数据库的优势和适用条件如表 5-26 所示。

表 5-26　数据库对比分析表

数据库名称	SQL Sever	Oracle	Sybase	Access	SQLite
开发者	Microsoft	Oracle	Sybase	Microsoft	D. Richard Hipp
开放性	只能在 Windows 系统运行，较差	适合各类系统，较强	支持 UNIX 等少数系统，较差	只能在 Windows 系统运行，较差	适合各类系统，较强
安全性	良好	ISO 标准认证，高	ISO 标准认证，高	良好	一般
易操作性	易操作，界面友好	操作复杂	操作较为复杂	易操作，界面友好	极易操作，界面友好
可扩展性	结构化语言应用广泛，强	结构化语言应用广泛，强	良好	欠佳	欠佳
硬件要求	较高	很高	适中	较低	很低
多用户性	良好	优秀	较差	较差	良好
灵活性	优秀	优秀	良好	较差	良好

鉴于本章需构建的建筑物生命周期碳排放因子库系统的数据库容量较小，且主要应用 Windows 或 Mac 系统上的单机操作，选用一款微小型数据库即可满足需求。综合考虑以上数据库后，最终选用体系结构简单、操作方便、各方面性能良好的 SQLite 3.0 作为"建筑物生命周期碳排放因子库系统"的数据库平台。

SQLite 是 D. Richard Hipp 于 2000 年开发的一款基于 C 语言的轻量级嵌入式关系数据库引擎，包含完整的数据库引擎功能，其提供了对 SQL92 标准的大多数支持，数据库文件可以在不同字节顺序的机器间共享，如多表、索引、事务、视图和触发等一系列用户接口及驱动。SQLite 的源代码完全开放，可以自由地应用于包括商业应用在内的任何领域。除表 5-26 所展示的功能外，SQLite 还具有以下特性：

（1）可移植性强：完整的数据库文件储存在单一磁盘文件且无需安装和管理配置。

（2）存储量大：支持数据库大小至 2 TB，而字符串和 BLOB 类型的大小只受限于可用内存。

（3）内聚性强：完整配置的少于 250 KB，自定义建议配置的少于 150 KB。

（4）速度快：在大多数常见操作上比流行的客户/服务器数据库引擎更快。

SQLite 的结构体系大致分为如图 5-2 所示的内核、编译器、后端、附件等四大功能模块（杨中华，2008），其工作原理如下：

首先，由标记处理器对从接口传入的字符语句进行解析，将得到的标记符号传给分析器,分析器根据这些标记符号得到分析树,由代码生成器产生相应分析树的虚拟机器代码。然后,由代码生成器生成的虚拟机器程序在虚拟机中执行运算。进而,在 SQL 语句被分析之后,虚拟数据库引擎(VDBE)开始执行与数据相关的全部操作,并且还兼备应用和存储之间信息交换的中间单元功能。代码生成器将分析树翻译成一个袖珍程序,随后这些袖珍程序又被组合成用 VDBE 的虚拟机器语言表示的一系列指令。如此往复,VDBE 执行每一条指令,最终完成 SQL 语句指定的查询要求。

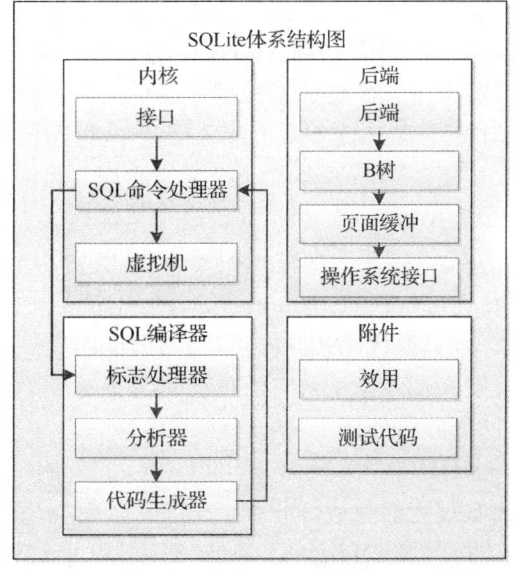

图 5-2 SQLite 体系结构图

5.4.2.2 界面设计系统选用

当今较为流行的界面库主要有 Windows Forms、MFC、Qt、wxWidget、GTK+等,其各自适用条件与性能特点如表 5-27 所示。经综合比选之后,本书采用 Qt 4.7 作为"建筑物生命周期碳排放因子库系统"的界面制作软件。

表 5-27 界面库对比分析表

界面库名称	Windows Forms	MFC	wxWidget	Qt	GTK+
开发者	Microsoft	Microsoft	The University of Edinburgh	TrollTech	GNOME
接口设计	接口优秀,C++下使用 CLI 扩展,其他语言为原生支持	基于宏和虚函数,使用特殊格式注释,使用自定义的 RTTI 系统。类接口设计优良,通过回调函数和虚继承重载调用客户代码	宏,自定义 RT-TI,使用回调函数与用户代码交互	使用宏和自定义 RTTI,使用 Singal-Slot 机制实现用户代码交互,可通过继承实现扩展	使用 Sin-gal-Slot 机制完成用户代码交互
界面编辑器	界面编辑器完整,包括布局、属性、消息关联的完整设置,不可预览	基于资源管理器,仅能对空间基本布局和少量属性进行调整,不可预览	可使用第三方界面编辑器,部分编辑器具有完整的所见即所得功能,且具有预览能力	Qt Designer 具备完整的所见即所得功能,可预览界面	GLADE 具备所见即所得的界面编辑功能

Qt 是由挪威奇趣公司（TrollTech）开发的一个功能全面、高性能、多平台的 C++图形用户界面（GUI）程序应用框架，它不但拥有完善的 C++图形库，而且新版本中逐渐集成了数据库、OpenGL 库、多媒体库、网络、脚本库、XML 库、WebKit 库等。其核心库也加入了进程间通信、多线程等模块，极大地丰富了 Qt 开发大规模复杂跨平台应用程序的能力。目前，Qt 被广泛应用于 Skype、Adobe Photoshop、Autodesk、欧洲空间局等全球诸多大型企业。

Qt 使用开放源代码并且提供自由软件的用户协议，因此它可以在 Linux、Mac、Windows、Symbian 等各大主流平台上使用，可移植性极强。使用 Qt 开发的软件，只要代码相同便可以在任何支持的平台上编译与运行而不需要修改源代码，且能表现各个平台特有的图形界面风格，方便了"建筑物生命周期碳排放因子库系统"的联机使用。

Qt 4.7 版本中包含的 QtSQL 模块使 Qt 应用程序与本书选用的 SQLite 数据库实现无缝集成，同时为访问数据库提供了 QSqlQuery 类，可直接执行底层数据库支持的 SQL 语句并处理返回的结果（杨中华，2008）。

5.4.2.3 汉语分词系统选用

中文分词是中文内容检索、文本分析的基础，主要应用于搜索引擎与数据挖掘领域。中文是以词为基本语素单位，而词与词之间并不像英语一样有空格来分隔，因而中文分词的难点在于如何准确而又快速地进行分词。当今较为常用的汉语分词系统主要有表 5-28 所示的几种，其对比分析如下。经比较，本书最终选择选用 NLPIR 汉语分析系统来实现"建筑物生命周期碳排放因子库系统"的识别能力（张华平，2014）。

表 5-28 常用汉语分词系统对比分析表

分词系统名称	开发团队	系统平台	开发语言	系统特点
NLPIR	张华平	Windows	C/C++、Java、C#	基于层叠隐性马可夫链的分词系统，具备中文分词、词性标注、命名实体识别、新词识别等功能，同时支持用户词典
HTTPCWS	中国科学院计算技术研究所	Linux	C++	基于 ICTCLAS，增加了 19 万条词语的扩展词库，并且构建成 HTTP 服务的方式，使用上更加便捷
SCWS	hightman	Windows/Unix	C	采用自行采集的词频词典，并辅以一定程度上的专有名称、人名、地名、数字、年代等规则集，提供了自创的复合分词，可以把长词再分成短词，把散字按二元切词法进行结合

续 表

分词系统名称	开发团队	系统平台	开发语言	系统特点
MMSEG4J	蔡志浩	Windows	Java	使用 MMSeg 算法，基于正向最大匹配，词语的正确识别率最高达 98.41%
盘古分词	eaglet	Windows	Java	盘古分词开发了多元分词算法，其与 lucene.net 配合构建全文搜索
IKAnalyzer	林良益	Windows	Java	采用了特有的"正向迭代最细粒度切分算法"，具有 60 万字/秒的高速处理能力

　　NLPIR 汉语分词系统（又名 ICTCLAS2013）是由北京理工大学计算机语言信息处理研究所副所长张华平博士团队开发的基于层叠隐性马可夫链的分词系统，是目前世界上最好的汉语词法分析器。它的主要功能包括中文分词、词性标注、命名实体识别、用户词典功能等，并支持 GBK 编码、UTF8 编码、BIG5 编码（张华平，2014）。NLPIR 汉语分词系统开发平台由多个中间件组成，各个中间件 API 可以无缝地融合到客户的各类复杂应用系统之中，可兼容 Windows、Linux、Android、Maemo5、FreeBSD 等不同操作系统平台，可以供 Java、C、C♯ 等各类开发语言使用。

　　"建筑物生命周期碳排放因子库系统"利用 NLPIR 汉语分词系统的关键词识别功能，采用信息熵自动计算关键词（包括新词与已知词）实现文本中的关键词模糊搜索和识别、Excel 表格的导入、各类碳排放因子的查询、机械类型的添加与分类、建材运输距离的添加等操作。

5.4.3　建筑物生命周期碳排放因子库系统设计

5.4.3.1　数据库设计

　　数据库设计的基本思想是过程迭代，逐步求精。总体思路大体分为面向数据和面向过程两种方法，前者以信息需求为主，兼顾处理需求；后者反之。由于"建筑物生命周期碳排放因子库系统"的主要功能是因子的查询与加权计算，对数据信息的处理需求较低，且数据在系统中的稳定性较高，故本书采用面向数据的设计方法，其数据库结构主要设计步骤如图 5-3 所示。

　　概念结构设计中的表结构设计是数据库设计中最重要的部分，而表结构的准确性和合理性取决于系统中各个实体之间的关系。本书的数据库中包括的四类建筑物生命周期碳排放因子表，在查询与数据维护功能上相互独立，在计算模块中结构关系也较为简单，绘制其实体—关系图（E-R 图）如图 5-4 所示，其中数据查询中的属性关系以机械设备碳排放因子为例，建筑物生命周期碳排放计算部分以建材运输阶段为例，其他与此类似，不再重复表述。

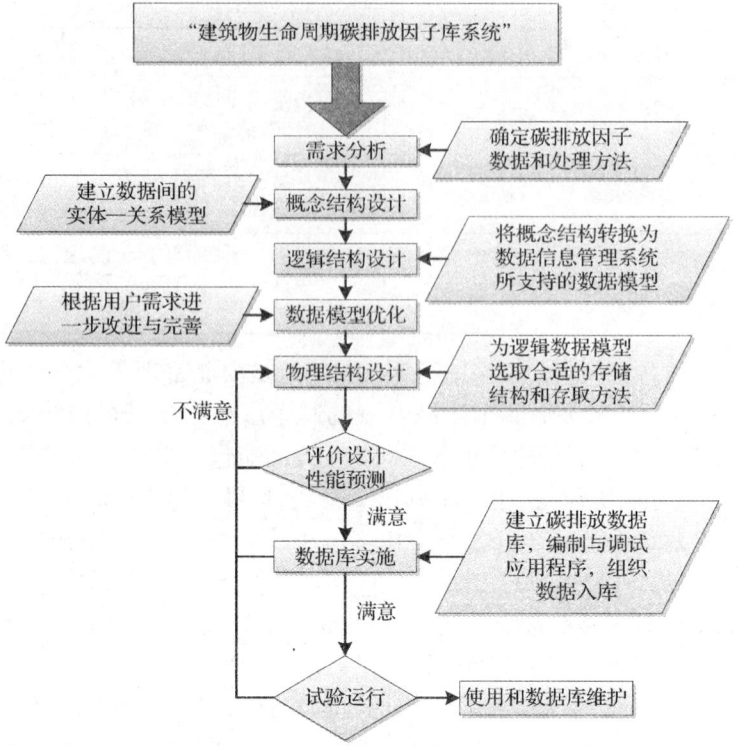

图 5-3 数据库结构设计图

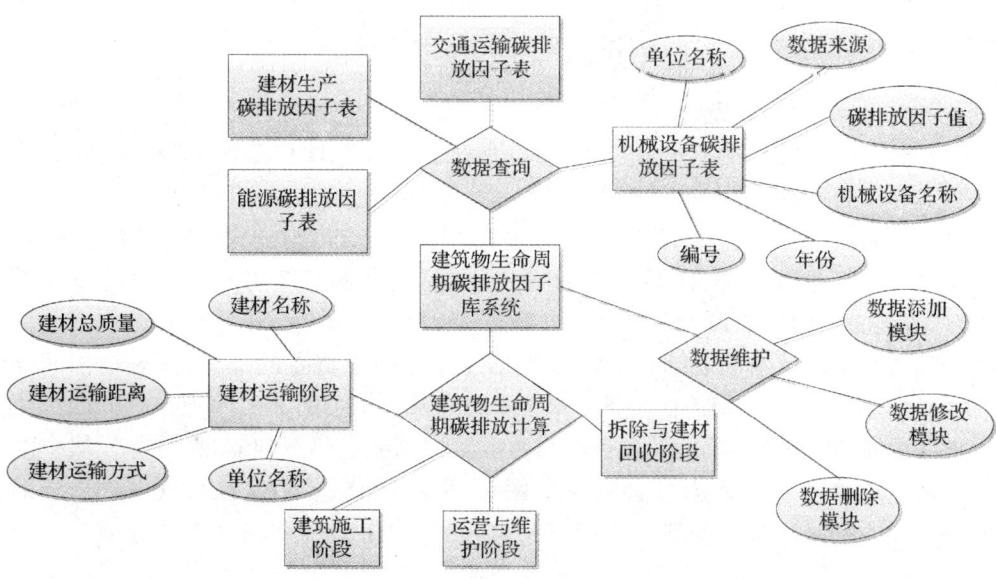

图 5-4 系统实体—关系图

5.4.3.2 登录界面与主界面

用户要使用本系统必须在登录界面注册一个新帐号,如图 5-5 所示。提示注册成功之后再输入正确的用户名和密码方可访问主界面(否则无法进入到系统中),这为建筑物生命周期碳排放因子库系统提供了安全性保障和多用户的自定义便利。

主界面中包含数据导入、数据查询、碳排计算和关于软件四大功能,如图 5-6 所示。在使用数据查询和碳排计算功能之前,要将各类碳排放因子和工程案例信息导入到系统中,具体操作如后文所述。

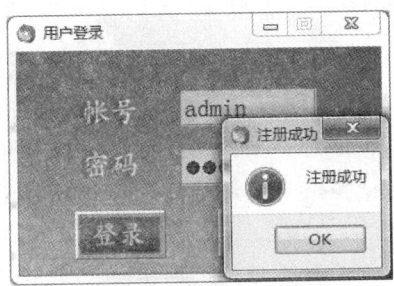

图 5-5 注册与登录界面

图 5-6 主界面

登录界面代码主要思路为：
1) 登录槽函数

打开数据库成功 → 从数据库中查询用户 ⟨ 如果用户存在 → 则加载用户对应的数据库
如果用户不存在，提示"请注册后重新登录" → 重新创建数据库

打开数据库失败，提示"登录失败"。

2) 注册槽函数

创建用户 ⟨ 若无此用户，创建成功，提示"注册成功"
若用户已经存在，创建失败，提示"用户已经存在，请重新注册"

5.4.3.3　数据导入界面

在主界面中点击数据导入按钮，系统会从指定的文件夹中自动搜索".xlsx"或".xls"格式的文件：建材碳排放因子、能源碳排放因子、交通运输碳排放因子、机械设备碳排放因子，并将 Excel 表格中的信息导入系统中，如图 5-7 所示。

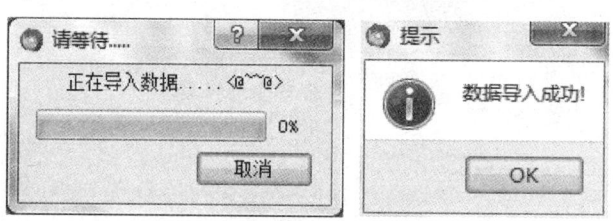

图 5-7　数据导入界面

5.4.3.4　数据查询与编辑界面

查询是数据库最重要的功能之一，在使用 SQL 语句对数据库中的大量信息进行查询操作时，数据表将进行逐条语句判断，然后将满足条件的所有行组织在一起，在不储存的情况下形成另一个可视的"表结构"（记录集）并构成查询结果。"建筑物生命周期碳排放因子库系统"的数据查询与编辑功能中包含能源因子、建材因子、运输因子和机械因子等四个类别。以能源因子为例，其中的每一条记录都包含建材名称、单位、排放因子量、年份、数据来源等详细信息，如图 5-8 所示。用户可以对每一条记录进行添加、修改或删除等操作以便对数据库进行维护和更新。

为方便用户使用，"建筑物生命周期碳排放因子库系统"提供了"关键词模糊查询"功能。用户可以根据因子名称中含有的关键字或对应编号定位到相关检索结果，从而确定某因子的碳排放值，如在机械设备碳排放因子名称中搜索"探伤"，目录中就会显示所有包含"探伤"关键字的机械设备名称，如图 5-9 所示。

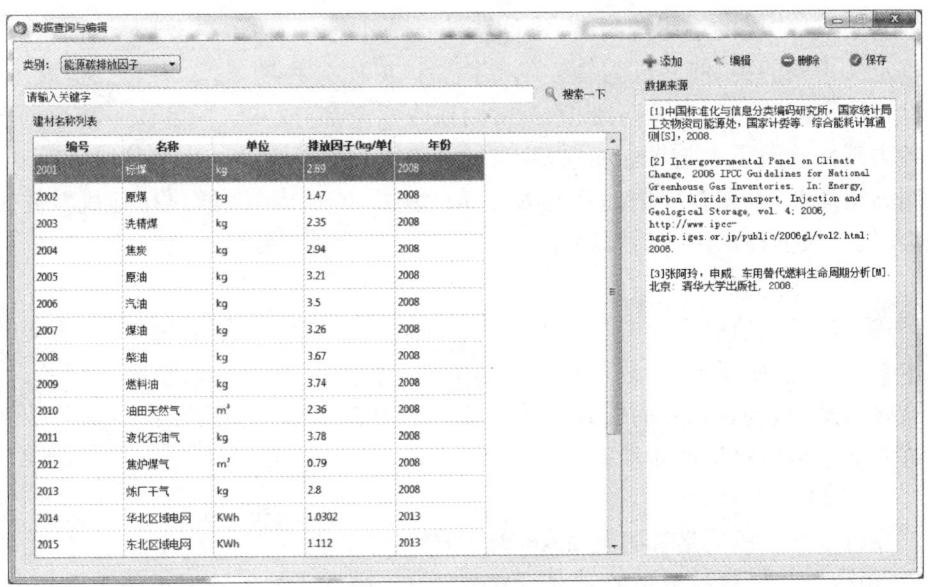

图 5-8 数据查询界面

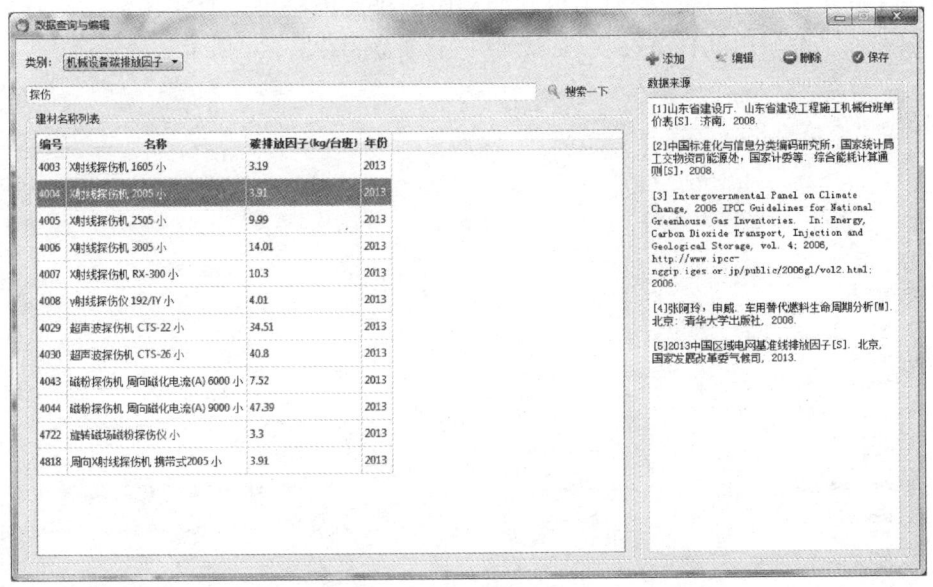

图 5-9 关键词搜索功能

5.4.3.5 碳排放计算界面

由于建筑物生命周期碳排放量计算涉及大量数据与运算过程，人工计算繁琐且易出错，而"建筑物生命周期碳排放因子库系统"的计算模块有效地解决了这一问题。

利用 Qt 中类的继承与封装,将计算界面设计为 Tab 标签类型对话框,为每个标签定义不同的类,使之成为独立的界面。该界面分为项目基本信息、建材生产、建材运输、建筑施工、运营与维护、拆除与回收六个部分。通过 QtSQL 将数据库中的各类碳排放因子表与界面相连接,再结合已嵌入的计算公式来实现其运算功能。使用该功能前,首先要根据提示导入建筑案例中 Excel 形式的建材与机械使用汇总表,然后根据提示进行后续操作。

1) 项目信息

在项目基本信息页面中包含了总建筑面积、抗震等级、建筑层数与高度等基本技术参数,一些如年限、层数等数据会影响到建筑物生命周期碳排放计算结果,因此这些信息为必填项,界面样式如图 5-10 所示。填写完毕后点击"保存"按钮即可进入下一步建材生产阶段。

2) 建材生产

建材生产阶段的运算方法如下:首先,依据之前导入的建材汇总信息,将建材名称、单位、用量、建材分类显示在窗口中;然后,根据建材碳排放因子表中的名目,将清单中的各类材料进行分类以匹配相应的因子(本软件已经为"无分类"的项目预留了修改接口,在后续研究中得到的相应碳排放因子可以直接添加进来);最后根据 5.3.1 节给出的计算公式(5-2)进行计算,如图 5-11 所示。

图 5-10 项目基本信息界面

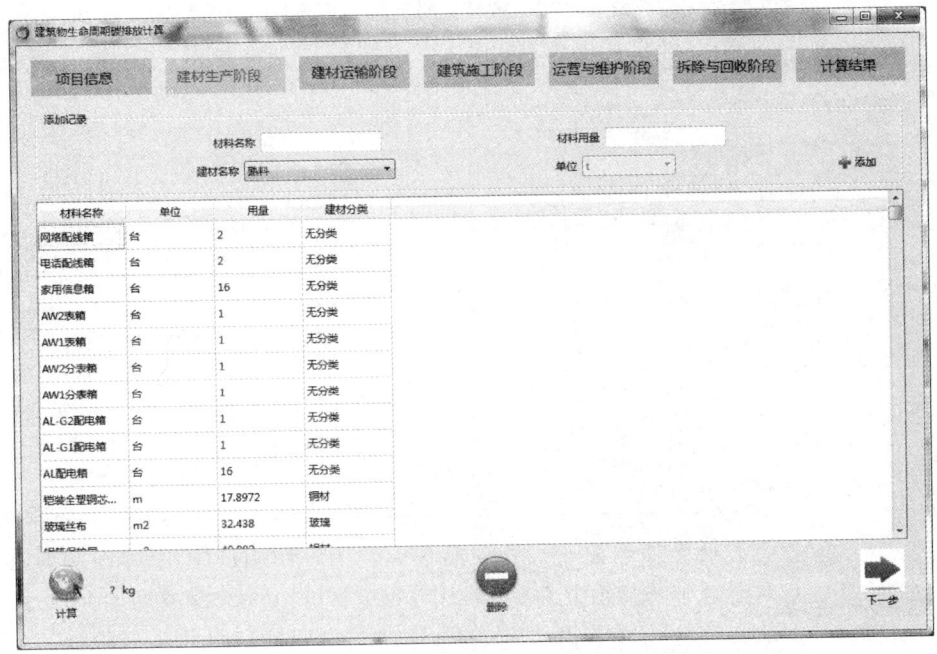

图 5-11 建材生产计算界面

3) 建材运输

建材运输阶段的运算方法如下:首先,要将各类建材的单位名称统一成重量单位(t),这就需要为系统编程,将不同的单位名称转化成吨。分为如下几种情况:

①立方米转化成吨:数量×该种材料密度。

②平方米转化成吨:数量×厚度×该种材料密度。

③米转化成吨:在规格栏中出现以下情况时,应按不同方法分别计算:

a. ϕX mm 或 DN X 或 X mm 或 $\phi X-Y$:该种材料密度×数量×(3.14×($X-0.5$)×0.5/1 000 000)。

b. X mm²:该种材料密度×数量×X。

④百块转化成吨:在规格栏中出现以下情况时,应按不同方法分别计算:

a. $X×Y×Z$:该种材料密度×数量×($X×Y×Z$/1 000 000 000×100/1 000)。

b. $X×Y$:该种材料密度×数量×($X×Y×10$/1 000 000 000×100/1 000)。

⑤平方米转化成重量箱:数量/5。

经查询,得到需要进行转换的材料密度如表 5-29 所示。

表 5-29 需转化材料的密度表

材　料	密度(t/m³)	材　料	密度(t/m³)
实心灰砂砖	1.70	混合砂浆	1.80
实心黏土砖	1.70	水泥砂浆	1.90
黏土空心砖	1.70	混凝土	2.40
钢材	7.85	SBS改性沥青防水卷材	0.83
UPVC水管	1.44	玻璃	2.50
PPR管	0.91	木材	0.54
聚氯乙烯(PVC)	1.40	岩棉板	0.10
铜材	8.92	混凝土用天然砂	1.4
混凝土料碎石	1.65	坯砖	1.8

然后,为各类建材添加运输方式和运输距离。为方便用户使用,本软件增加了批量添加功能,对于运输方式和运输距离相同的建材可以一次性添加。

最后,根据前文 5.3.1.2 节给出的公式(5-3)进行计算,如图 5-12、图 5-13 所示。

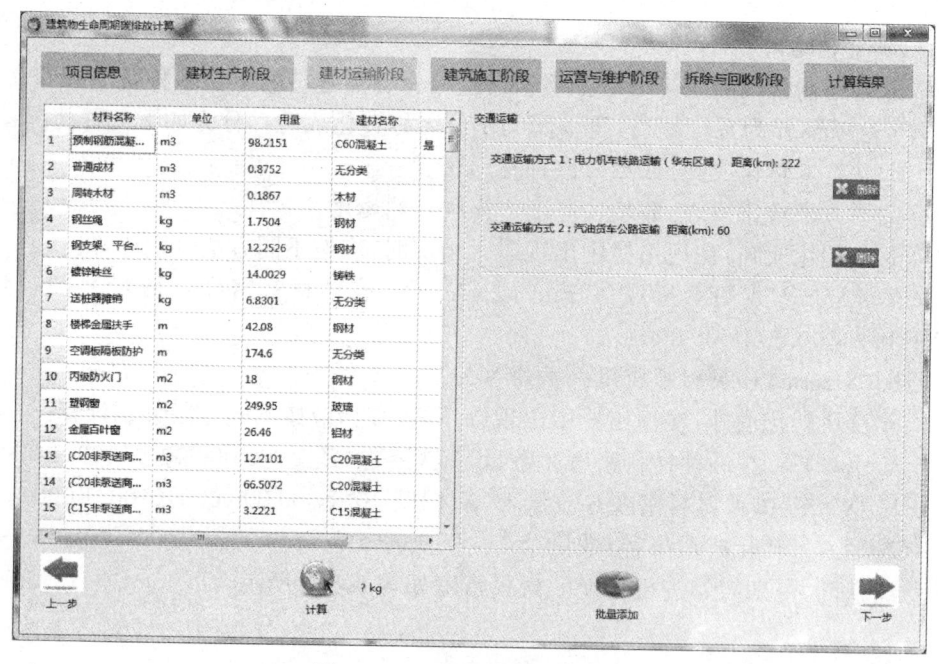

图 5-12 建材运输计算界面

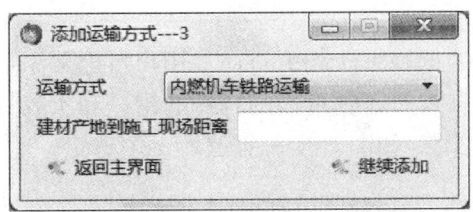

图 5‑13 运输方式添加界面

4) 建筑施工

建筑施工阶段的运算方法较为简单:首先,依据之前导入的建材汇总信息,将机械使用情况显示在窗口中;然后,根据详细规格选择机械设备类别;最后,通过公式(5‑4)进行计算,如图 5‑14、图 5‑15 所示。

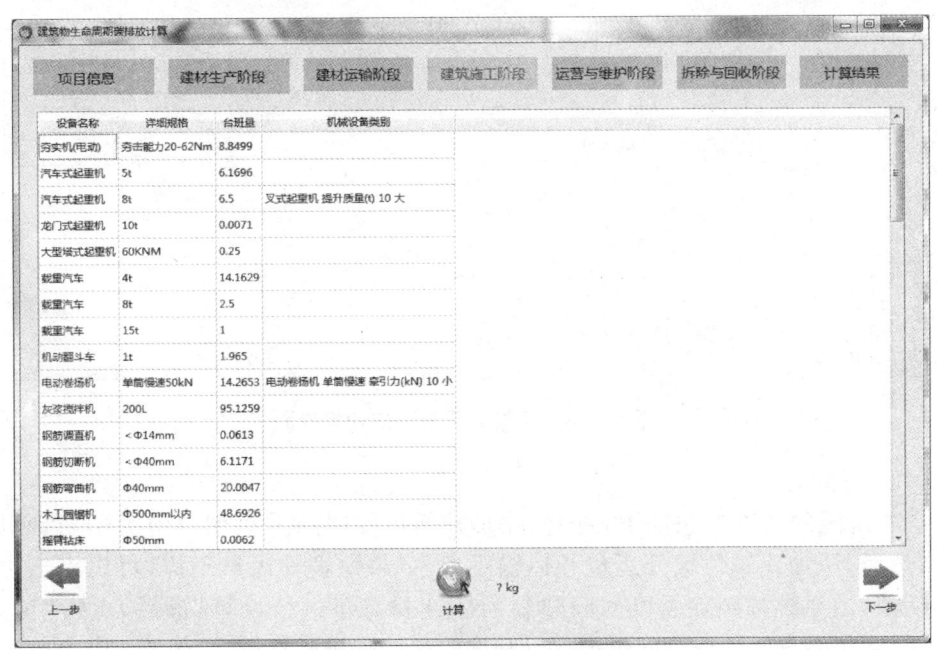

图 5‑14 建筑施工计算界面

图 5‑15 施工机械添加界面

5) 运营与维护

运营与维护阶段的运算方法如下：首先，用户自定义添加年均用电、天然气、煤气量以及采暖面积；然后，对需要更换的构件的用量和次数进行自定义勾选；最后，通过公式(5-5)进行计算，如图 5-16 所示。

图 5-16　建筑运营与维护计算界面

6) 拆除与回收

本阶段的运算方法如下：首先，添加建筑拆除时所需机械设备类型与台班用量；然后，添加建筑垃圾外运量和运输距离，如果垃圾外运量不详，可以点击生成默认值，由系统按照除去可回收建材后的建材总量进行计算；最后，点击"计算"按钮，系统会自动计算可回收建材量和该阶段的碳排放总量，如图 5-17、图 5-18 所示。

7) 计算结果

当计算完建筑物各阶段碳排放后，全部计算结果将显示在该界面。并且能够用饼状图直观地显示生命周期各阶段的碳排放比例。最后用户可以点击"导出 pdf 或 Word"得到 .pdf 或 .doc 格式的结果分析表，如图 5-19 所示。

第五章 公租房项目生态可持续性的定量评价方法

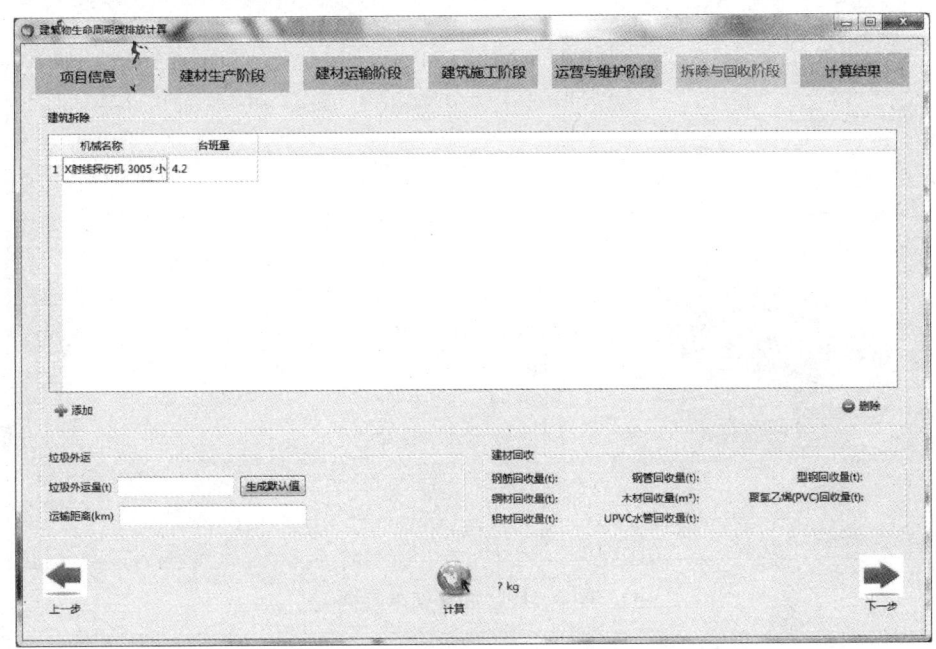

图 5-17 建筑拆除与回收计算界面

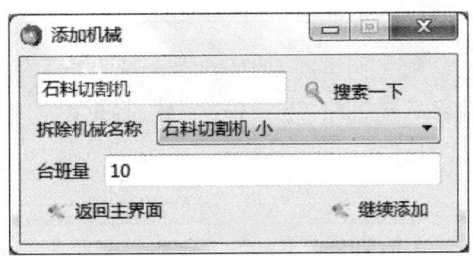

图 5-18 拆除机械添加界面

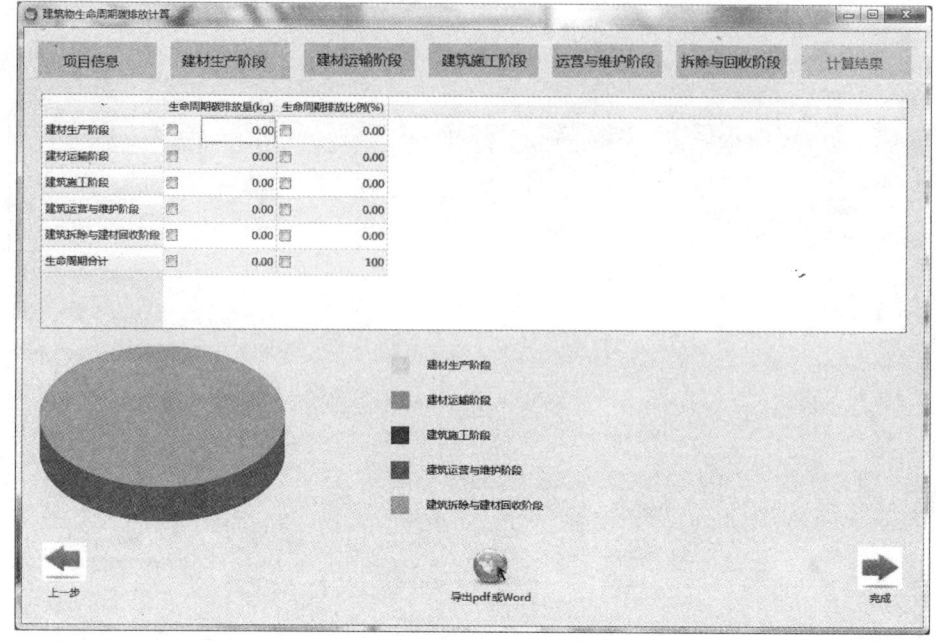

图 5-19 计算结果界面

5.5 案例分析

5.5.1 基本信息

为了检验"建筑物生命周期碳排放因子库系统"的计算功能,并探索建筑物生命周期碳排放规律、制定减排策略,本书拟将"建筑物生命周期碳排放因子库系统"应用于南京市六合区竹镇林场(盘山林场)职工异地安置房02栋,其工程概况如表5-30所示。

表 5-30 竹镇林场(盘山林场)职工异地安置房02栋概况表

建筑名称	竹镇林场(盘山林场)职工异地安置房02栋
建设单位	南京市六合区竹镇镇人民政府
监理单位	华夏监理公司
设计单位	江苏省建工设计研究院有限公司
施工单位	中国建筑第八工程局有限公司

续 表

建筑地点		南京市六合区竹镇镇			
建筑类别	多层住宅	总建筑面积	1 838.78 m²	建筑耐火等级	二级
地上耐火等级	二级	地上建筑面积	1 838.78 m²	设计使用年限	50 年
地下耐火等级	一级	抗震等级	二级	抗震设防烈度	七度
气候分区	夏热冬冷地区	一层面积	358.43 m²	主要结构类型	砖混结构
建筑层数	4 层	建筑高度	14.4 m	屋面防水等级	二级

该项目的立面图、左视图和标准层图如图5-20~图5-22所示。

图5-20 竹镇林场(盘山林场)职工异地安置房02栋立面图

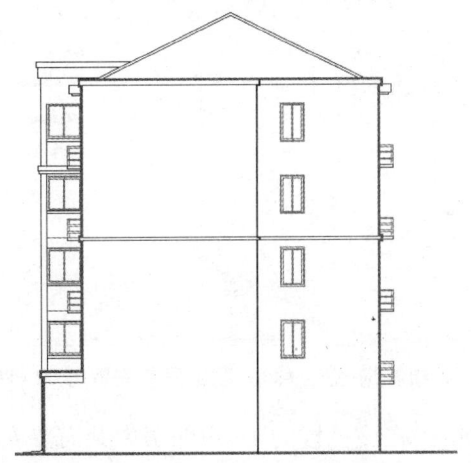

图5-21 竹镇林场(盘山林场)职工异地安置房02栋左视图

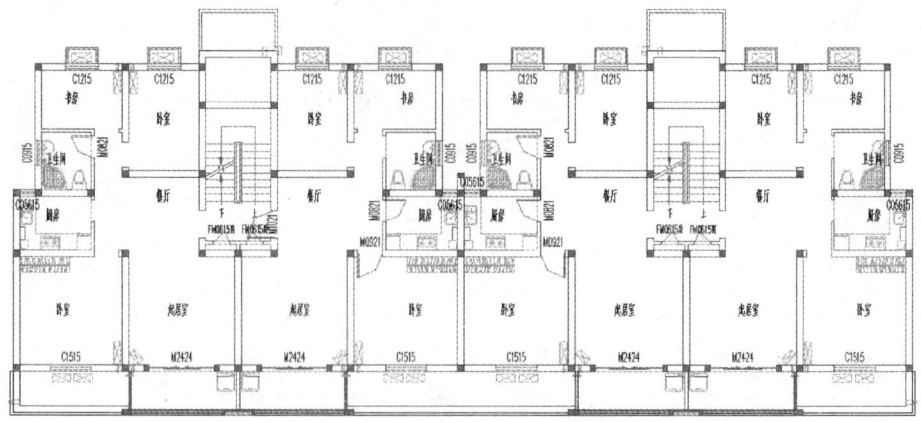

图 5-22 竹镇林场(盘山林场)职工异地安置房 02 栋标准层图

将主要案例信息输入到"建筑物生命周期碳排放因子库系统"的"项目信息"中并点击"保存"和"下一步",如图 5-23 所示。

图 5-23 竹镇林场(盘山林场)职工异地安置房 02 栋基本信息

另据竹镇镇政府统计,在该栋楼的 16 户住房中共需要安置 40 名职工及家属;该地区无集中供暖、地暖系统,制冷制热均采用空调设备;居民生活燃气采用市政天然气。由于南京市的人均用电和用天然气量数据缺失,无从获取,故本书根据

《中国统计年鉴 2013》中我国人均年用天然气量,定义本栋建筑中天然气使用量为 19.70 m³/(人·年);根据江苏省统计局数据,得到江苏省 2013 年居民用电量,如图 5-24 所示。

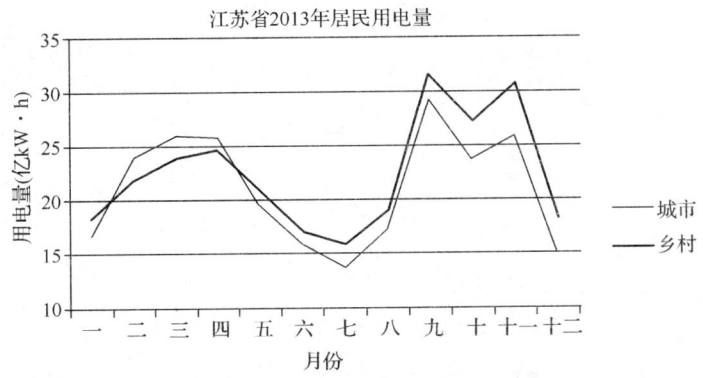

图 5-24　江苏省 2013 年居民用电量图

注:数据来自江苏省统计局官网 www.jssb.gov.cn/。由于 2013 年 2 月和 10 月用电量缺失,故本书在计算全年用电量时用 2012 年 2 月和 10 月用电量数据代替之。

由统计数据计算 2013 年江苏省城市居民用电量为 252.53 亿 kW·h,乡村居民用电量为 269.15 亿 kW·h。根据《中国统计年鉴 2013》,2012 年末江苏省城镇人口为 4 990 万人,乡村人口为 2 930 万人,户均人数 2.97 人,得到城镇户数 1 680.13 万户;乡村户数 986.53 万户。由以上数据最终计算得到,江苏省城镇用电量为 1 503.04 kW·h/(户·年),江苏省乡村用电量为 2 728.25 kW·h/(户·年)。

故在本案例项目中,天然气使用量=19.70 m³/(人·年)×40 人=788 m³/年;用电量=1 503.04 kW·h/(户·年)×16 户=24 048 kW·h/年。

5.5.2　材料使用情况

通过施工单位提供的 CAD 图纸信息,利用"广联达工程量与计价软件"将该项目桩基工程、土建工程和安装工程中全部的建材使用量和机械台班使用量导出至 Excel 表。然后将材料按照前文提出的主要建材类型进行分类汇总,如表 5-31 所示。

表 5-31　竹镇林场(盘山林场)职工异地安置房 02 栋主要材料用量清单表

编号	名称	规格	单位	数量	分类
1	桩尖		个	74.00	C60 混凝土
2	预制钢筋混凝土离心管桩(成品)	包括接桩螺栓	m³	98.22	C60 混凝土

续表

编号	名称	规格	单位	数量	分类
3	周转木材		m³	0.19	木材
4	钢丝绳		kg	1.75	钢材
5	钢支架、平台及连接件		kg	12.25	钢材
6	镀锌铁丝	8#	kg	14.00	铸铁
7	楼梯金属扶手		m	42.08	钢材
8	丙级防火门		m²	18.00	钢材
9	入户对讲门		樘	2.00	钢材
10	金属卷帘门		樘	6.00	钢材
11	进户防盗门		樘	16.00	钢材
12	塑钢窗		m²	249.95	玻璃
13	金属百叶窗		m²	26.46	铝材
14	C20非泵送商品混凝土	珍珠岩	m³	12.21	C20混凝土
......					
125	焊接钢管	DN50	m	3.84	钢材
126	镀锌管接头	1.5×20	个	994.32	铸铁
127	镀锌管接头	1.5×32	个	20.11	铸铁
128	镀锌管接头	1.5×40	个	5.42	铸铁
129	镀锌管接头	5×20	个	4.61	铸铁
130	镀锌管接头	6×32	个	32.17	铸铁
131	镀锌管接头	7×40	个	22.41	铸铁
132	镀锌管接头	7×50	个	14.50	铸铁
......					
187	塑料软管	φ6	m	49.20	聚氯乙烯(PVC)
188	塑料手套	ST型	副	4.20	聚氯乙烯(PVC)
189	塑料胀管	φ8×50	个	67.20	聚氯乙烯(PVC)
190	异形塑料管	φ2.5~5	m	12.30	UPVC水管

续 表

编 号	名 称	规格	单位	数量	分类
191	铁纱布	0♯～2♯	张	149.68	铸铁
192	镀锡裸铜绞线	16 mm²	kg	1.00	铜材
193	裸铜线	10 mm²	kg	8.26	铜材
194	塑料绝缘线	BV-1.5 mm²	m	149.08	聚氯乙烯(PVC)
......					
229	BV-10	<10 mm²	m	961.70	铜材
230	PC20 电线管	DN20 mm	m	3 977.26	UPVC 水管
231	PC32 电线管	DN32 mm	m	80.42	UPVC 水管
232	PC40 电线管	DN40 mm	m	21.69	UPVC 水管
233	焊接钢管	DN32	m	66.99	钢材
234	沥青漆		kg	12.40	油漆
235	红丹防锈漆	C53-1	kg	0.16	油漆
236	醇酸防锈漆	C53-1	kg	0.14	油漆
237	酚醛防锈漆	各种颜色	kg	0.27	油漆
238	冷底子油		kg	2.43	油漆
239	调和漆各色		kg	2.15	油漆
240	铝箔保护层		m²	40.99	铝材
241	玻璃丝布		m²	32.44	玻璃
242	铠装全塑铜芯电缆 4×70		m	17.90	铜材

注：在对数据进行分类汇总时，对于少部分没有对应分类的建材标注为"无分类"，且不在本表中显示，该项不足会在未来建材碳排放因子的搜集整理研究中逐渐完善。

由于建筑使用寿命年限为 50 年，故默认各类需要更换的建筑构件设备名称和更换次数如下：铝合金窗、木质品(地板、吊柜、木门等)、屋面防水、墙地面瓷砖、铸铁制品(水管、扣件等)需要更换 1 次；涂料、油漆、乳胶漆需要更换 4 次。

5.5.3 机械设备使用情况

在国内，同种类型、同种规格的施工机械设备的耗油量、耗电量基本一致，故获得各类机械的台班使用情况即可求出二氧化碳排放量，如表 5-32 所示。

表 5-32 竹镇林场(盘山林场)职工异地安置房 02 栋施工机械使用量表

序号	机械名称	规格	台班	序号	机械名称	规格	台班
1	夯实机(电动)	夯击能力 20～62 N·m	11.85	19	对焊机	75 kV·A	2.06
2	大型塔式起重机	60 kN·m	48.95	20	台式钻床	ϕ16 mm	0.02
3	小型电焊条烘干箱	60×50×75(cm³)	0.27	21	机动翻斗车	1 t	1.97
4	木工圆锯机	ϕ500 mm 以内	48.69	22	灰浆搅拌机	200 L	95.13
5	中型弯管机	ϕ108 mm	0.20	23	轨道平车	5 t	0.01
6	中型普通车床	ϕ630×2 000	0.27	24	半自动交流电焊机	小	58.53
7	石料切割机	—	4.41	25	刨边机	加工长度 12 000 mm	0.00
8	龙门式起重机	10 t	0.01	26	汽车式起重机	5 t	6.18
9	平板拖车组	40 t	1.50	27	汽车式起重机	8 t	7.25
10	电动卷扬机	单筒慢速 50 kN	14.27	28	汽车式起重机	20 t	3.75
11	电动卷扬机	单筒快速 10 kN	0.04	29	卷扬机带塔	单 1 t(H= 40 m)	81.10
12	电动单级离心清水泵	ϕ100 mm	2.63	30	型钢校正机	—	0.00
13	电动空气压缩机	0.6 m³/min	12.82	31	型钢剪断机	宽度 500 mm	0.00
14	电动空气压缩机	6 m³/min	0.00	32	砂轮切割机	ϕ400 mm	0.17
15	电动煨弯机	500 mm	0.45	33	钢板校平机	30×2 600(mm²)	0.00
16	电焊条烘干箱	45×35×45(mm³)	0.04	34	钢筋切断机	<ϕ40 mm	6.12
17	电锤	520 W	49.59	35	钢筋弯曲机	ϕ40 mm	20.00
18	立式钻床钻孔	ϕ25 mm	0.77	36	钢筋调直机	<ϕ14 mm	0.06

续 表

序号	机械名称	规格	台班	序号	机械名称	规格	台班
37	载重汽车	4 t	14.16	45	混凝土震动器(插入式)	—	30.86
38	载重汽车	8 t	2.50	46	摇臂钻床	ϕ50 mm	0.01
39	载重汽车	15 t	6.25	47	滚筒式混凝土搅拌机(电动)	400 L	0.53
40	载重汽车	5 t	0.01	48	静力压桩机(液压)	压力1 200 kN	0.38
41	套丝机	—	0.53	49	静力压桩机(液压)	压力1 600 kN	7.36
42	剪板机	40×3 100(mm^2)	0.00	50	潜水泵	ϕ100 mm	0.88
43	混凝土输送泵车	70 m^3/h	4.79	51	履带式起重机	15 t	2.96
44	混凝土震动器(平板式)	—	48.04				

5.5.4 运输距离情况

根据《国家统计年鉴2013》,2012年全国货物平均运送距离为:铁路748 km,公路187 km,水运1 781 km,民航3 007 km。由于本工程中的材料产地或进货单位地址已知,通过Google地图或百度地图可以得出较为精确的运输距离。对于缺少距离数据的,可以采用全国平均运距作参考。本工程中各类材料运距如表5-33所示。

表5-33 竹镇林场(盘山林场)职工异地安置房02栋各类建材运距统计表

编 号	所用建材分类统计	运距(km)	运输方式	公司名称
001	1∶0.5∶3混合砂浆	13.70	柴油公路	南京金峰混凝土有限公司
002	1∶1∶6混合砂浆	13.70	汽油公路	南京金峰混凝土有限公司
003	1∶2.5水泥砂浆	13.70	柴油公路	南京金峰混凝土有限公司
004	1∶2水泥砂浆	13.70	柴油公路	南京金峰混凝土有限公司
005	1∶3水泥砂浆	13.70	柴油公路	南京金峰混凝土有限公司
006	C20混凝土	13.70	柴油公路	南京金峰混凝土有限公司
007	C25混凝土	13.70	柴油公路	南京金峰混凝土有限公司

续表

编号	所用建材分类统计	运距(km)	运输方式	公司名称
008	C30 混凝土	13.70	柴油公路	南京金峰混凝土有限公司
009	C60 混凝土	13.70	柴油公路	南京金峰混凝土有限公司
010	M10 混合砂浆	13.70	柴油公路	南京金峰混凝土有限公司
011	M5 混合砂浆	13.70	柴油公路	南京金峰混凝土有限公司
012	M7.5 混合砂浆	13.70	柴油公路	南京金峰混凝土有限公司
013	SBS 改性沥青防水卷材	481.80	柴油公路＋电力机车铁路(华东)＋柴油公路	上海一路发高分子改性沥青有限公司
014	UPVC 水管	281.40	柴油公路	苏州 PVC 配件有限公司
015	丙烯酸酯乳液水泥防水涂料	8.80	柴油公路	南京玉桥装潢防水材料门市部
016	黏土空心砖	62.50	柴油公路	南京龙虎水泥砖厂
017	混凝土料碎石	88.90	汽油公路	南京浦金砂业公司
018	混凝土料用天然砂	88.90	柴油公路	南京浦金砂业公司
019	铝合金推拉窗	48.30	柴油公路	滁州喜洋洋铝合金不锈钢公司
020	木材	76.90	柴油公路	南京太平门木材公司
021	聚氯乙烯(PVC)	428.60	汽油公路＋电力机车铁路(华东)＋柴油公路	上海氯碱化工公司聚氯乙烯厂
022	抛光砖	62.50	汽油公路	南京龙虎水泥砖厂
023	普通钢材	143.50	柴油公路	丹阳市泰利通异型钢材厂
024	普通混凝土砌块	13.70	柴油公路	南京金峰混凝土有限公司
025	生铁	90.40	汽油公路	南京两岸铸铁制品有限公司
026	实心黏土砖	62.50	柴油公路	南京龙虎水泥砖厂
027	水泥	9.20	汽油公路	南京竹镇水泥制品厂
028	碎石垫层	88.90	柴油公路	南京浦金砂业公司

续表

编号	所用建材分类统计	运距(km)	运输方式	公司名称
029	聚乙烯管	428.60	柴油公路+电力机车铁路(华东)+柴油公路	上海氯碱化工公司聚氯乙烯厂
030	铜材	121.50	汽油公路	江都市明珠铜材公司
031	岩棉板	202.90	柴油公路	靖江市亚泰船用物资有限公司复合岩棉板分厂
032	乙丙乳胶漆	383.80	柴油公路+电力机车铁路(华东)+柴油公路	立邦涂料中国有限公司
033	乙丙乳液涂料	383.80	柴油公路+电力机车铁路(华东)+柴油公路	立邦涂料中国有限公司
034	油漆	70.70	汽油公路	江都市明珠铜材公司
035	釉面砖	62.50	柴油公路	南京龙虎水泥砖厂
036	铸铁	90.40	汽油公路	南京两岸铸铁制品有限公司
037	粉煤灰硅酸盐砌块	13.70	柴油公路	南京金峰混凝土有限公司

5.5.5 建筑物拆除与建材回收情况

由于建筑物的拆除与建材回收活动并未真正进行,该阶段的碳排放量属于前瞻性计算,需要对其进行相关定义和解释。

建筑物的拆除大体可以分为两种方法:人工与机械拆除、爆破拆除。本书以同等规模拆除工程施工方案为依据,假定采用人工拆除为主、机械拆除辅助以及机械运输的方式对安置房进行施工,工期 20 天。其机械设备与材料用量如表 5-34 所示。

表 5-34 竹镇林场(盘山林场)职工异地安置房 02 栋建筑拆除机械与材料用量表

序号	设备材料名称	规格型号	数量	台班使用量(台班)
1	挖掘机(带液压锤)	小松 LC—7	1 台	10
2	装载机	50 型	1 台	12
3	推土机	SD16 型	1 台	8

续 表

序 号	设备材料名称	规格型号	数量	台班使用量(台班)
4	起重机	20 t	1台	8
5	自卸车	东风	3台	12
6	石料切割机	普通	4套	10

建筑拆除后,主要可回收建材为型钢、钢筋和铜材,回收系数见表5-20所示。另据调查,南京市六合区建筑垃圾处理地点为南京化学工业园建筑垃圾处理中心,距离项目地点的路程为47.8 km,默认采用柴油货车运输。

至此,该项目的建筑物生命周期碳排放阶段已经完备,可以利用生命周期碳排放因子库对其进行计算。

5.5.6 计算结果与分析

5.5.6.1 总体分析

将上述详细工程信息导入或输入到"建筑物生命周期碳排放因子库系统"计算模块中相应位置,在不考虑建筑材料回收的前提下,分别按照生命周期阶段和排放类型计算该住宅建筑的碳排放量和排放比例如表5-35、图5-25所示。点击结果界面的"导出pdf或Word"按钮后,可以将计算结果保存为"建筑物生命周期碳排放量结果分析表.pdf"或"建筑物生命周期碳排放量结果分析表.doc"。

表5-35 生命周期碳排放详单 （单位:kg）

排放类型 生命周期	能源碳排放	建材碳排放	交通运输 碳排放	机械设备 碳排放	碳排放量
建材生产		560 821.94			560 821.94
建材运输			33 422.46		33 422.46
建筑施工				23 725.07	23 725.07
运营与维护	1 066 953.92	36 187.38	*	* *	1 103 141.30
建筑拆除			16 271.64	8 567.40	24 839.04
碳排放量	1 066 953.92	597 009.32	49 694.10	32 292.47	1 745 949.81

注:"*"和"* *"表示运营维护阶段的交通运输和机械施工碳排放量,由于其数量很小,以生命周期建材生产、运输和机械施工之间的碳排放比例估算运营维护阶段更换材料所需的运输碳排放为2 156.60 kg,机械施工碳排放为1 530.87 kg。这两项排放之和不足运营阶段总碳排放量的3%。而实际更换材料时不需要使用大型机械设备,该数据将更小。因此,本书不将这两项列入生命周期碳排放计算结果中。

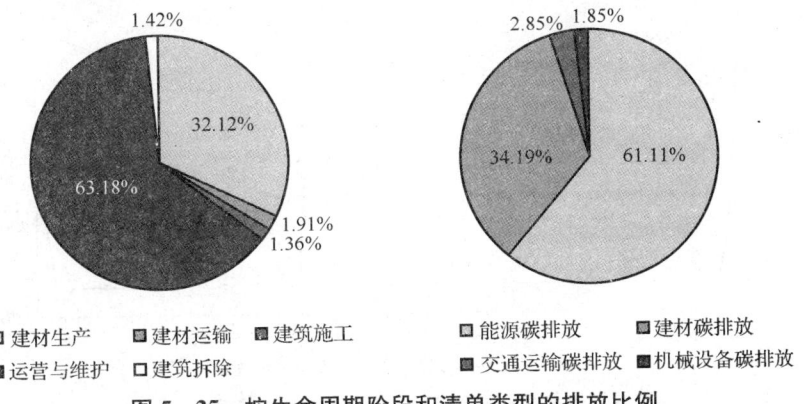

图 5-25 按生命周期阶段和清单类型的排放比例

可见,从建筑物清单排放类型来看,能源消耗产生的碳排放占排放总量的 61.11%,且均来自运营与维护阶段;34.19% 的建筑材料碳排放中,93.94% 来自建材生产阶段,其余 6.06% 来自运营与维护阶段;交通运输碳排放量占总排放量的 2.85%,这其中的 67.26% 来自建材运输阶段,32.74% 来自建筑拆除阶段;机械设备碳排放占 1.85%,其中 73.47% 来自建筑施工阶段,26.53% 来自建筑拆除阶段。

为进一步分析生命周期详细碳排放情况,本书依据住宅建筑生命周期时间轴,假设建材生产阶段持续 6 个月、建材运输阶段 2 个月、建筑施工阶段持续 12 个月、建筑运营与维护阶段 50 年、建筑物拆除阶段 2 个月,且各类工程的机械设备和能源消耗均匀连续投入使用,住宅寿命依据我国普通房屋设计使用年限(取 50 年),绘制其单位时间碳排放强度图如图 5-26 所示,可见:建材生产阶段持续时间短,但单位时间内的碳排放量最大,当年累计碳排放量可达 560 821.94 kg;建筑施工阶段这 1 年时间内,桩基工程碳排放量约在 1 700 kg/月,主体结构施工阶段会造成碳排放小高峰,达到 2 300 kg/月以上,当进入安装工程阶段后,碳排放量直线降低;运营与维护阶段持续时间长、排放相对稳定,只有在建筑构件更换时才会出现上浮,在住宅建筑使用 30 年左右时,建筑构件因老化需要大范围更换,该阶段碳排放量可能会攀升至 32 000 kg/年;建筑拆除阶段主要由拆除施工机械设备和建筑垃圾外运车辆两部分碳排放构成,当年累计碳排放量为 24 839.04 kg。

值得一提的是,我国的住宅建筑实际平均使用寿命不足 30 年,部分建筑甚至在建造后的 10~20 年间即被拆除,远达不到我国普通房屋设计使用年限 50 年。而其他国家如日本住宅建筑平均寿命为 38.3 年,美国为 44 年,德国为 63.8 年,英国甚至达到 132.6 年(尚春静等,2011),这大大增加了全建材生产、建筑施工和建筑拆除的频次,从而引起更多的二氧化碳排放。

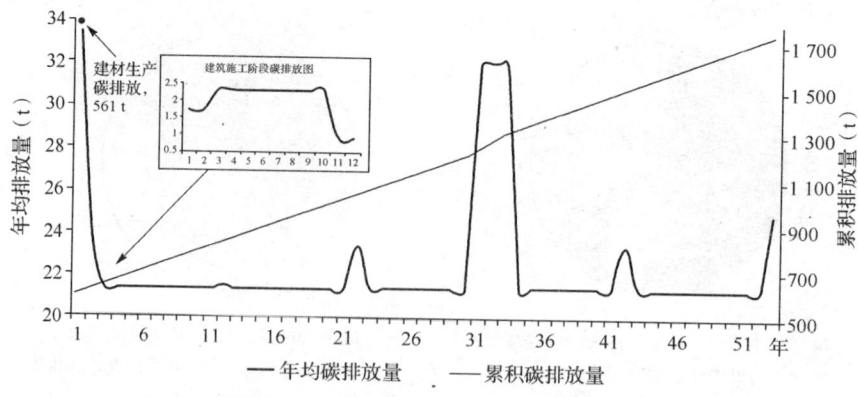

图 5-26 项目生命周期碳排放量曲线

5.5.6.2 各阶段分析

下面从建筑物生命周期阶段划分来分析各自的碳排放。

(1) 建材生产阶段碳排放量占总排放量的 32.12%，排在第二位。其中，混凝土材料排放量约为 248 721.30 kg，占全部建筑材料生产碳排放的 44.35%，排名第一位，钢材碳排放量为 111 687.26 kg，占全部建筑材料生产碳排放的 19.91%，然后是空心砖、水泥砂浆、混合砂浆、油漆等。排放量排名前五位的建筑材料的碳排放总量占全部材料碳排放量的 89.44%。

(2) 本案例项目规模较小，建筑材料均来自项目周边厂家，所使用的交通运输方式有柴油和汽油货车两类，因此该运输阶段碳排放只占生命周期碳排放的 1.91%。本书数据库中汽油与柴油货车的百吨公里油耗量来源于我国公路运输能耗平均指标。然而，如果采用我国公路运输一级或二级能耗标准重新进行计算，则本项目运输阶段碳排放量会分别降低 40.13% 和 26.73%，详见表 5-36。

表 5-36 三种公路运输能耗指标比较

能耗标准	一级标准		二级标准		我国平均指标	
运输类型	汽油货车	柴油货车	汽油货车	柴油货车	汽油货车	柴油货车
百吨公里油耗量(L)	5.60	3.80	5.80	4.40	8.30	6.30
碳排放因子 [kg/(100 t·km)]	14.21	11.58	14.72	13.4	21.06	19.19
该项目运输阶段碳排放量(kg)	20 011.31		24 487.32		33 422.46	

(3) 建筑施工阶段碳排放占生命周期碳排放总量的 1.36%，主要由机械设备使用消耗能源产生。该项目在整个施工阶段共使用机械设备 100 余种，其中土建

工程阶段的机械设备碳排放量比例最大(达78%),其次是桩基工程、安装工程,如表5-37所示。本书分别列出了三个阶段中排名前五的机械设备及其碳排放量,可见塔式起重机碳排放量在机械设备生命周期中最大,其次是卷扬机带塔、交流电焊机、混凝土输送泵车、载重汽车等。

表5-37 施工阶段机械设备碳排放量

阶段名称	桩基工程		土建工程		安装工程	
排放总量(kg)	3 425.03		18 494.98		1 805.07	
排放比例(%)	14		78		8	
碳排放量前五名的机械设备名称与排放量(kg)	载重汽车	1 093.26	塔式起重机械	6 416.23	交流电焊机	1 658.49
	静力压桩机	1 010.82	卷扬机带塔	2 810.93	电动夯实机	51.33
	汽车式起重机	528.60	混凝土输送泵车	1 341.30	电动煨弯机	14.73
	履带式起重机	350.65	载重汽车	1 263.05	中型普通车床	8.45
	平板拖车组	315.83	木工圆锯机	1 203.68	中型弯管机	6.55

(4) 由于建筑的使用年限较长,导致建筑运营阶段的碳排放量最大。本项目在设定的50年使用过程中,碳排放比例高达63.18%,其中居民用电量导致的碳排放量为19 479.40 kg/年,占运营与维护阶段总排放量的88.29%,天然气使用造成的碳排放比例为8.4%,建筑构件更换碳排放占其余的3.28%。建筑构件更换产生的碳排放因构建寿命、磨损情况、住户偏好等因素而异,本项目的主要更换材料碳排放量如下:铸铁水管(15 550 kg)、涂料(442 kg)、墙地面瓷砖(8 370 kg)、铝合金窗(3 840 kg)、木材(375 442 kg)等。

(5) 建筑拆除阶段,本书以同等规模拆除工程施工方案为依据,假定采用人工拆除为主、机械拆除辅助的方式对安置房进行施工,本阶段的碳排放比例为1.42%,主要来源于两个方面,即拆除机械设备(34.49%)和建筑垃圾运输车辆的能源消耗(65.51%)。

当今西方等发达国家相当注重建筑垃圾的再生利用潜力,例如日本政府建立了完善的建筑垃圾资源化回收利用体系,大大地加强了建筑垃圾的综合利用率,其回收率从1995年的42%增加到2011年的97%(陈天杰,2014)。韩国和德国在建筑垃圾回收率方面达到了95%,荷兰、丹麦约为80%左右,美国和新加坡分别为75%和70%(Vivian,2008)。相反,我国每年产生的建筑垃圾约为15亿t,而资源化率仅为5%左右[①]。为此,本书将建筑物拆除进一步扩展为建筑物拆除与建材回

[①] http://www.ccchina.gov.cn/archiver/ccchinacn/UpFile/Files/Default/20141010092443496133.pdf

收阶段,则还需要考虑可回收建材运送至二次加工场地和废旧建材二次加工两方面的额外碳排放。将"用原材料生产同等数量建材所产生的碳排放量"减去上述两项之和,得到的结果即为下一项目节省下来的"负碳排放"。

在竹镇林场(盘山林场)职工异地安置房02栋项目中,负碳排放量计算数据如表5-38所示。可见,该项目的负碳排放总量为38 016.92 kg,金属材料的初始用量和可回收量普遍高于塑料材料,其中铜材的回收系数最大,而钢材的回收量与负碳排放量最大。

表5-38 负碳排放量计算

可回收建材名称	初始用量	回收率	单位	用原材料生产同等数量产品碳排放量(kg)	运输碳排放量(kg)	再加工碳排放量(kg)	负碳排放量(kg)
铜材	0.42	0.90	t	4 143.96	2.11	1 243.19	2 898.66
UPVC水管	0.37	0.70	t	1 209.99	1.43	363.00	845.57
木材	24.89	0.75	m³	195.11	55.81	58.53	80.77
聚氯乙烯(PVC)	0.01	0.80	t	15.37	0.05	4.61	10.71
型钢	1.44	0.80	t	2 064.35	6.39	619.31	1 438.66
钢管	4.59	0.85	t	6 975.52	21.58	2 092.66	4 861.28
钢筋	55.91	0.40	t	40 007.21	123.78	12 002.16	27 881.27

5.6 本章小结

本章在论证碳排放可以逆向表征生态可持续性的基础上,选用碳排放系数法来度量建筑物的碳排放,搜集所需碳排放因子,构建建筑物生命周期碳排放的度量平台,并开展相应的案例研究。

第六章 公租房项目综合可持续性的定量评价方法[①]

6.1 基于复合生态系统理论的公租房项目可持续性系统

6.1.1 复合生态系统理论的简介

6.1.1.1 复合生态系统理论的提出与发展

在国外,复合生态系统(Complex Ecosystem)是在生态系统(Ecosystem)的基础上发展起来的。其中,"生态系统"的概念最早是由英国生态学家 Tansley 于 1935 年提出的,以表示有机物及其周围环境相互影响的一种整体系统(Valk,2014)。美国生态学家 Odum 出版的《生态学基础》及 Agee 和 Johnson 出版的《公园和野生地的生态系统管理》,将生态系统理论确立为生态学的基础理论(Odum,1953;Agee & Johnson,1988)。近年来,随着工业化、全球化、城镇化等人类发展进程的加快,全球范围内人地矛盾、生态危机等问题日益加剧,亟须从简单的自然生态系统转向考虑社会、经济、自然等子系统之间互动关系的复合生态系统视角来分析和解决问题,相关研究主要集中在以下四个方面(按成果数量由多至少):①在社会—自然生态系统方面,如 Paalvast 和 van der Velde(2014)、Maxwell 等(2015)分别探索人类活动对河口、海草等自然生态系统的影响;②在经济—自然生态系统方面,如 Kolinjivadi 等(2015)、Felardo 和 Lippitt(2016)分别探讨生态系统服务收费的目的和政策问题;③在社会—经济—自然生态系统方面,如 Knights 等(2013)、Turner 等(2014)分别探索基于生态系统管理的珊瑚礁依赖社区的治理之道、降低成本且提升海洋生态系统治理效果的人类行动集合;④在社会—经济生态

[①] 本章核心内容已经发表于《Habitat International》2016 年第 53 卷。

系统方面，如 Chien(2010)、Hyrynsalmi 等(2014)分别分析专利、移动应用等高科技生态系统的经济价值问题。

3 000 多年前，我国就形成了"观乎天文以察时变，观乎人文以化成天下"的天人合一思想，以及物质循环再生、社会协调共生和修身养性自我调节的生态观，并借此维持了数千年华夏文明的稳定(王如松和欧阳志云，2012)。20 世纪 80 年代初，马世骏和王如松发现，不仅是城市与郊区环境的协调发展和城市建设等问题，当代许多重大问题都直接或间接地受到社会体制、自然环境和经济发展状况的影响，都必须当成一个复合系统来考虑，因此提出了社会—经济—自然复合生态系统理论(马世骏和王如松，1984)。该理论主要阐述了由社会、经济和自然三个子系统组合而成的复合系统，通过保证各子系统及子系统之间的协调发展来确保系统的综合可持续发展。复合生态系统理论提出后，王如松和欧阳志云等对该理论进行了深入研究和应用，主要集中在环境保护和生态规划等方面。譬如，王如松和欧阳志云(2012)自 1987 年起，陆续将该理论用于江苏省大丰县、海南省、江苏省扬州市等地的生态规划和建设中，并建立了可持续性较强的生态发展模式。随着复合生态系统理论的发展，众多学科的研究学者也开始借鉴和应用复合生态系统理论。譬如，燕守广等(2011)利用该理论对长江三角洲地区的生态承载力进行了评价。苏纪阳等(2011)、袁方和张华(2013)分别以该理论为基础，建立了高速公路平面线性优化和城市立交选址优化设计综合评价指标体系。

总结各学者的研究发现，当前研究主要将复合生态系统理论运用在区域可持续性评价、交通道路的规划设计等具体系统领域中，但尚未运用在对社会、经济和生态等方面有重大影响的房地产项目，尤其是公租房项目领域。事实上，除住房外，公租房项目还有道路、绿化、公共服务设施(含教育、医疗卫生、文化体育、商业服务、市政公用、行政管理及其他类型设施)等其他物质空间环境，以及住户、政府管理部门、业委会、居委会、物管公司等社会经济系统，属于典型的复合生态系统。因此，应用复合生态系统理论，勾勒公租房项目的可持续性系统，并定量评价公租房项目的综合可持续性，是切实可行的。

6.1.1.2 复合生态系统的内部关系与组合要素

1) 内部关系

复合生态系统的社会、经济和自然子系统互相影响，相辅相成。经济子系统涉及生产加工、运输及供销，其中生产加工所需的物质与能源依赖自然环境的供给，消费的剩余物质返还给自然界，通过自然子系统中物理、化学与生物的再生过程，满足人类生产的需要。自然资源的供给及社会的科技水平决定着产品的数量和质量能否满足社会需求，达到供需平衡。社会子系统中的组织管理和政策法令等有效地保证了经济子系统的有序进行。经济振兴必然促进社会发展,提高人类社会的物质和精神水平,促进社会对自然环境的保护和改善。社会、经济和自然子系统的具体相互关系如图 6-1 所示(马世骏和王如松,1984)。

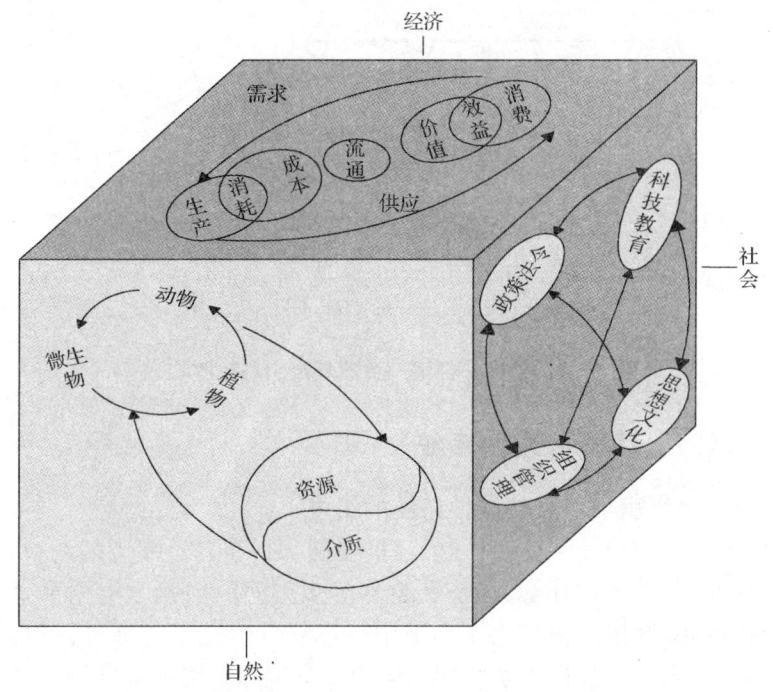

图 6-1 社会—经济—自然复合生态系统中子系统的相互关系

2) 组合要素

复合生态系统主要包括自然子系统(即人的生存环境,用水、土、空气、生物、矿产及之间的相互关系来描述)、经济子系统(即人类的物质能量代谢活动,包括生产、流通、消费、还原和调控活动)、社会子系统(由人的知识网、体制网和文化网组成)。其中,自然子系统为生物化学循环过程和以太阳能为基础的能量转换过程所主导,经济子系统由商品流和价值流主导,社会子系统由体制网和信息流主导。复合生态系统的三个子系统间通过生态流、生态场在一定的时空尺度上耦合,形成一定的生态格局和生态秩序,具体如图 6-2(王如松和欧阳志云,2012)所示。

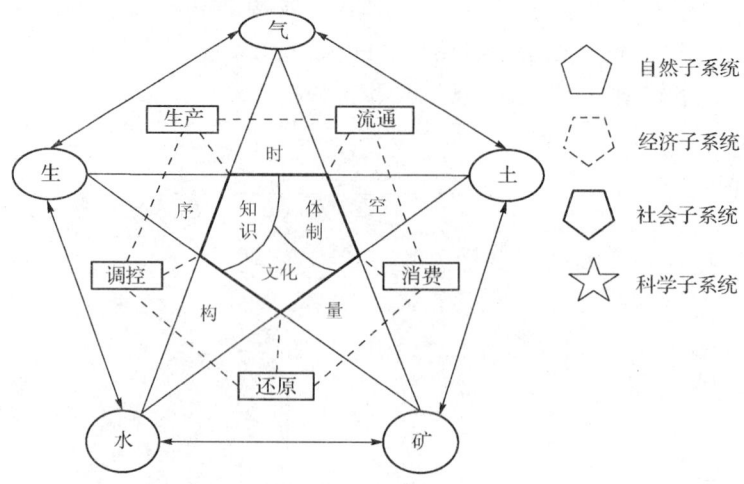

图 6-2 社会—经济—自然复合生态系统构成

6.1.2 公租房项目可持续性系统

6.1.2.1 公租房项目可持续性系统的组成

公租房项目的建设受到社会体制、经济发展水平和自然环境的约束,研究公租房项目的可持续性需考虑社会、经济和自然等多方面的因素。根据本书 2.2.3 节公租房项目可持续性概念及 6.1.1.1 节中所述复合生态系统理论,可将公租房项目的可持续性看成一个复合生态系统。运用复合生态系统理论并结合公租房项目可持续性的概念,将公租房项目可持续性系统分为社会、经济和生态三个子系统(注:科学子系统在公租房项目可持续发展过程中主要完成整个系统的信息流动,为辅助系统,本书不详细介绍)。公租房项目的可持续发展需要保证三个子系统内部的循环有序发展,其整体的可持续性由三个子系统的可持续性及子系统之间的协同程度来表征。

1) 社会子系统

为了保证公租房项目长久地获得中低收入人群的青睐,必须创造良好的生活条件、建立完善的管理运营机制和防止公租房社区贫民窟化等。因此,本书中公租房项目可持续性系统的社会子系统主要是指满足居民的物质和文化需求,减少因此而产生的社会不稳定因素,其可持续性主要通过社会和居民满意度来确定。社会子系统的组成如图 6-3 所示,主要包括居民的生活条件、科技文化教育水平和国家的政策体制(依次简称为生活、科技和政策)三个方面。

2) 经济子系统

公租房项目面临社会资本参建积极性不高和地方政府财政压力大的问题,经济合理、资金能够循环利用时才能保证公租房持续供应。因此,该子系统以公租房项目直接参与方之间的经济关系为主,其可持续性通过公租房项目运营过程中收支平衡情况来确定,组成要素包括建设单位、施工单位、住户、物管单位和政府,具体组成见图6-3。

3) 生态子系统

公租房项目可持续性系统的生态子系统描述项目对生态环境的影响,主要指公租房项目在全寿命周期的各个阶段对自然界能源和资源的不断索取及废弃物的产出。本书中生态子系统的可持续性通过项目对生态环境的影响程度来确定,主要组成元素包括能源、水资源、土地资源、绿化和建材,具体组成见图6-3。

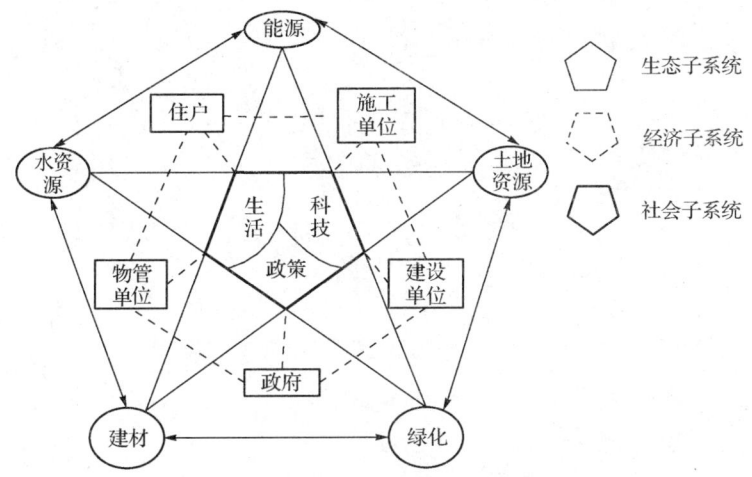

图6-3 公租房项目可持续性系统组成

6.1.2.2 公租房项目可持续性系统的耦合

1) 公租房项目可持续性系统中各子系统内部的耦合方式

公租房项目可持续性系统各子系统内部的耦合方式如图6-4所示。社会子系统由公租房项目的政策体制、科技教育和生活关系三类功能网络间错综复杂的系统关系组成,主要体现在公租房项目的居民结构、居住条件、配套设施和文化活动等方面。这几个方面耦合成社会子系统网络,公租房项目通过该网络满足居民的物质文化需求(包括良好的居住条件、完善的配套设施、丰富的文化活动和合理的居民结构等)。

公租房项目经济子系统内部的耦合关系主要指公租房项目的直接参与方(建设单位、施工单位、住户、物管单位和政府)之间的经济关系,通过简单的价值转移链来运行,如物管单位给住户提供服务、住户支付物业费给物业管理单位,建设单位为住户提供公租房、住户缴纳公租房租金等,参与方之间的具体关系如图6-4所示。

公租房项目生态子系统内部主要通过"食物链"完成运行,即公租房项目全寿命周期内不断地向自然索取,并在建造和运营过程中持续向自然界产出废弃物,进入到自然环境的循环体系中。在这条"食物链"中,自然环境扮演着生产者和分解者的双重角色,协助完成公租房项目生态子系统的循环过程,具体关系见图6-4。

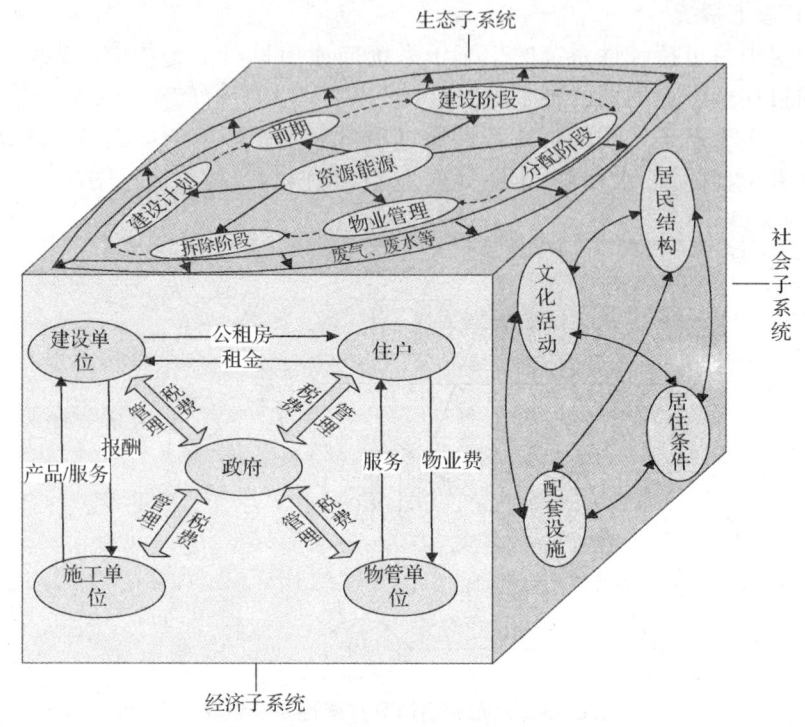

图6-4 公租房项目可持续性系统的耦合方式

2) 公租房项目可持续性系统中各子系统间的耦合方式

三个子系统之间通过物质能量转化、经济价值流动在一定的时空尺度上耦合,形成公租房项目的可持续性系统。其中,各子系统之间的耦合是通过经济子系统的五大功能实体(建设单位、施工单位、住户、物管单位和政府)作用于生态子系统的五大耦合要素(能源、水资源、土地资源、绿化和建材),促使社会子系统网络稳定发展,从而满足居民社会需求的这一过程来体现。具体的耦合关系通过物质循环、价值流动和信息流动等方式实现。

(1) 物质循环

物质循环是指人们在公租房项目建设和运营过程中,消耗能源、资源和服务,向自然界排放废弃物,并为公租房住户提供住房的过程。在此过程中,经济子系统的耦合要素作用于生态子系统,协助并促使物质循环的完成。但公租房项目可持续性系统中的物质循环是不完全(弱循环)的,即只有建造过程中产生的可循环利用物质(或可回收的废弃物)参与物质的再循环过程。譬如,在公租房项目建设过程中,只有经济子系统中施工单位的参与才能将生态子系统中的建材、土地等资源转化成住房。

(2) 价值流动

价值流动是指通过政府、建设单位和施工单位等,把物质(建材、土地、水等)转化为公租房项目、配套设施和运营管理的过程。在公租房项目前期及建设过程中,建设方首先提供资金购买建材及劳动力,将资金价值转化成建材和劳动力的价值。然后,劳动力将建材建造成公租房项目,将建材和劳动力的价值转移到公租房项目中。在管理运营阶段,公租房住户缴纳资金购买公租房项目的使用权及相应服务,物业再将获得的租金投入到公租房项目的维护及运营管理过程中。在公租房项目的全寿命周期内,价值通过上述过程不断转移。

(3) 信息流动

信息流动是指建设单位、施工单位、住户等之间的信息流动。在公租房项目可持续性系统内的相关信息要保证高效获取、存储、加工和传递。在公租房项目生命周期内,政府和建设单位需要时刻关注中低收入人群的住房需求,施工单位要掌握先进的施工技术并进行有效的组织管理等。譬如,为确保公租房项目的供需平衡,必须时刻关注中低收入群体的住房需求,才能及时将目标群体对公租房需求状况反馈到公租房项目的建设规划中;施工单位必须时刻关注新材料、新技术的应用,才能提高能源、资源利用率,改善公租房项目生态子系统的可持续性。

(4) 物质循环、价值流动、信息流动与三个子系统之间的相互关系

公租房项目的价值流动支持物质循环,也制约物质循环的发展;价值流动依赖物质循环为其提供必要的物质基础,同时也受物质循环的抑制;物质流动和价值流动系统都依赖于信息流动的畅通。譬如,公租房项目的建造需要建材、劳动力等的支持,建材、劳动力等需要通过公租房项目的建造来实现其价值的转移,建材、劳动力用量等通过信息流动相互传达。这就是生态子系统与经济子系统之间的内在联系和相互促进与抑制的关系。只有生态和经济子系统的可持续才能为社会子系统的可持续创造条件,即在生态资源向经济价值转化的过程中所产生的公租房项目能否满足住房困难群体的社会需求,决定着社会子系统的可持续性。社会子系统的可持续性决定着公租房项目是否值得继续建设。所以,物质循环和价值流动相协调,辅以信息流动的畅通,才能促进公租房项目的可持续发展。

6.1.2.3 公租房项目可持续性系统的特点

1) 不稳定性

公租房项目可持续性系统是依靠外界源源不断的能源、资源及劳动力的投入

来持续运行。为了满足社会中低收入群体的住房需求,必须增加能源、资源及劳动力的投入,但这同时会导致系统内部物质循环的不平衡发展。譬如,建造大量公租房项目需要持续不断的建材投入,若取消外界对建材的投入,公租房项目的可持续性将受到严重影响。所以,公租房项目可持续性系统是依赖于外界的不稳定系统。

2) 不平衡性

公租房项目可持续性系统区别于一般的复合生态系统,主要表现为物质流动的半循环性(即很少的物质能够参与再循环过程)。公租房项目建设阶段,投入能源和资源,产出公租房项目和废弃物(或回收的建材等)。公租房项目满足中低收入群体的住房需求,只有废弃物参与系统的再循环过程;运营管理阶段,主要体现在通过投入劳动力、能源、资源等来提高居民对公租房项目满意度的过程。所以,公租房项目全寿命周期的物质流动表现为半循环性(即不平衡性)。

3) 时动性

公租房项目的时动性主要指随着时间的推移,公租房项目可持续性系统是不断变化的,具体主要表现在两个方面:一方面是公租房项目可持续性系统包含内容的时动性。譬如,在国家政策的不断完善过程中,可能强制并详细规定住宅楼中要有完善的居民安全设施,此时在公租房项目可持续性评价系统中就应该注重或包括该指标。另一方面是公租房项目可持续性系统指标重要性的时动性。譬如,政策支持的强度可能随着私营部门逐渐参与公租房项目的建设和运营而降低。

6.2 公租房项目可持续性系统评价指标体系

6.2.1 指标体系确定的原则

为了更直观地描述公租房项目的综合可持续性,需要实现公租房项目综合可持续性的定量评价。因此,要在影响公租房项目综合可持续性的众多因素中选取最有代表性的影响因素作为评价指标。为保证评价准确性,本书将遵循以下原则进行选取。

1) 客观性原则

客观性是指根据客观实际建立公租房项目综合可持续性系统评价指标体系,正确反映出公租房项目综合可持续性系统的本质和内在规律。遵守客观性原则就要做到指标体系的全面性(不能根据片面的指标判断公租房项目的可持续性)和评价信息的真实性,防止主观臆断。

2) 系统性原则

公租房项目的可持续性涉及生态、社会和经济三个方面的可持续性。因此,要将公租房项目综合可持续性看成是一个系统,一个与自然环境、市场经济和社会生活之间有着物质、能量、信息等交换的系统。只有遵循系统性原则,才能综合考虑各方面的因素,从而准确地选取公租房项目综合可持续性的评价指标。

3) 普遍性原则

虽然公租房项目个体之间存在差异性,但公租房项目整体存在普遍性、共性。因此,在构建公租房项目可持续性系统评价指标体系时,要充分考虑公租房项目普遍存在的特性。根据公租房项目的共性构建出的公租房项目可持续性系统评价指标体系才适用于评价所有公租房项目。

4) 能动性原则

公租房项目可持续性系统是不断发展变化的,所以对其可持续性的研究也必须是动态的,而不能是静止不变的。因此,公租房项目可持续性系统评价指标体系具有动态的特征。这也是公租房项目可持续性系统评价指标体系区别于传统指标体系的一个显著特点。

5) 可操作性原则

可操作性是指公租房项目各评价指标能够量化,便于操作计算,能客观地反映公租房项目的可持续性。对于无法直接定量化的指标,可以通过定性与定量相结合的办法来对其定量化,可把无法直接定量化的指标先进行定性化之后,再对其进行量化。

6.2.2 指标体系确定方法及依据

本书采用理论与实践(即文献分析法与问卷调查法)相结合的方式确定公租房项目综合可持续性的评价指标。其中,文献分析法主要用于对近年来公租房的相关研究进行分析总结。通过查找近五年公租房项目相关文献,发现学者对公租房项目可持续性研究的数量有限。由于公租房项目和其他保障性住房项目存在诸多相同或相近的影响因素,且与普通住宅在生态可持续性方面有相同的特性,所以,为了全面搜集公租房项目可持续性相关指标,本书将查找公租房、保障性住房、绿色建筑及节能建筑文献和标准等,进而总结出相关评价指标。最后采用问卷调查法对所总结的指标做进一步的筛选和补充,根据频数统计法确定公租房项目可持续性系统的最终评价指标。

6.2.2.1 文献分析法搜集评价指标

在确定指标之前,本书先对近五年关于公租房、保障房及绿色节能建筑等文献指标进行搜集,具体如表6-1～表6-3所示。

表 6-1 公租房项目经济可持续性文献整理

序号	文献来源	研究内容
1	杜静等(2013)	融资模式、运营成本、建筑成本
2	韩林(2011)	融资模式
3	曹小琳,侯应侠(2011)	融资模式、政策支持
4	李桦等(2013)	降低建筑成本
5	冯志艳(2011)	融资模式
6	韦颜秋(2013)	融资模式
7	王利明(2011)	融资模式、政策支持
8	沈洁,谢嗣胜(2011)	融资模式
9	王英等(2012)	经济分析
10	廖海燕(2012)	融资模式、政策支持
11	颜丽娟,颜丽君(2013)	运营管理
12	曹勇(2012)	融资模式
13	郑晓丹(2012)	融资模式
14	李风(2011)	融资建设模式
15	李魏晏子(2011)	融资建设模式
16	田秋生,李嘉莉(2011)	融资建设模式
17	于雷(2013)	政策支持
18	楚道文(2011)	政策支持
19	汤磊,李德智(2012)	政策支持
20	华伟,汪歆沁(2011)	政策支持
21	胡金星,汪建强(2013)	融资建设模式
22	钟治峰(2013)	融资建设模式、政策支持
23	何寿奎(2012)	融资建设模式
24	李德智等(2012)	政策支持
25	龙开胜(2013)	政策支持
26	史英哲(2011)	融资建设模式

表 6-2　公租房项目社会可持续性文献整理

序号	文献来源	研究内容
1	李梦玄,周义(2012)	居住、就业条件、配套设施、交通条件、心理
2	李梦玄等(2013)	空间规划
3	李会(2011)	运营管理
4	李健等(2013)	空间规划
5	苏运升(2012)	可持续发展
6	贾春梅(2011)	供需情况
7	杨玲(2011)	运营管理
8	徐镭(2012)	供需情况
9	陈建先,刘悦(2012)	配套设施
10	王爱领(2013)	运营管理
11	金昊等(2012)	供需情况、租金合理
12	李云芬,王志辉(2013)	运营管理
13	陆超,庞平(2013)	配套设施、交通条件、入住人员情况(运营管理)
14	曾国安,张倩(2011)	运营管理
15	杨文华,谭术魁(2011)	配套设施、申请便利、生活条件
16	蔡功恒(2011)	运营管理
17	左停,王丽丽(2011)	政策激励
18	李海涛,侯纲(2013)	政策激励
19	华伟,贺小林(2013)	供求关系
20	高洁(2012)	居住条件
21	程大涛(2013)	政策制度激励、供求情况
22	尹海林等(2012)	空间规划
23	国家行政学院中国保障性住房研究中心课题组(2012)	运营管理
24	杜静等(2013)	运营管理、生活条件
25	曹建海(2012)	运营管理
26	高武(2011)	生活条件、配套设施、运营管理

续表

序号	文献来源	研究内容
27	贾春梅(2013)	政策激励
28	杨赞等(2013)	配套设施
29	刘志林,李劼(2010)	运营管理、合理租金、选址规划合理
30	张永岳,崔裴(2013)	运营管理
31	于雷(2013)	运营管理

表6-3 公租房项目生态可持续性文献整理

序号	文献来源	研究内容
1	刘少瑜等(2013)	建筑规划
2	万一梦等(2009)	能源节约、资源使用、室内环境、运营管理
3	胡芳芳,王元丰(2011)	能源、资源使用、运营管理
4	闫桂勇等(2013)	能源、资源、建筑环境、运营管理
5	王碧剑等(2011)	能源、环境影响
6	孙继德,李希玲(2011)	资源、能源的利用
7	王竹等(2012)	环境影响、运营管理、可再生能源利用
8	王清勤,张森(2012)	建筑规划、能源、资源、建筑材料、运营管理
9	谢飞跃等(2011)	建筑材料、能源效率
10	叶大华,胡倩(2013)	空间规划、环境、资源
11	鲍学英(2010)	建筑设计、资源、建筑材料、能源
12	王艳艳等(2013)	资源利用、环境影响
13	徐友全等(2013)	能源、资源、环境、运营管理
14	杨三超,王丛莹(2012)	地下空间开发利用、能源资源利用
15	王朝红,王建军(2012)	能源资源、运营管理
16	杨轲(2011)	运营管理、资源
17	汪四新,屈娜(2011)	优化设计
18	王玉芬,赵弘野(2013)	生态规划、运营管理
19	刘锴等(2012)	运营管理
20	丁玎等(2013)	生态规划、建筑设计、能源利用
21	邓孟仁,杨晓琳(2011)	建筑规划、资源

6.2.2.2 文献分析法总结评价指标

对表6-1～表6-3所有研究内容按公租房项目、保障房项目、绿色建筑、节能建筑要求及一般建筑分别进行整理并总结归类。以指标"财务状况"的总结为例，主要包括资金来源(融资措施)、租金收入、风险分担等。详细总结过程(即各指标含义)如表6-4所示，总结结果如表6-5所示。

表6-4 公租房项目可持续性评价指标含义

系统名称	一级指标	二级指标	指标含义
公租房项目可持续性系统	生态可持续性	设计合理	充分利用场地自然条件,考虑住宅的日照、通风和采光,卧室、起居室(厅)、厨房有很好的天然采光和自然通风
		设备节能	空调系统、照明系统、洗浴系统等
		节能材料利用	可再利用材料、可循环材料的回收和再利用,选材时考虑使用材料的可再循环使用性能
		土地资源利用	不破坏当地文物、自然水系、基本农田等,合理开发利用地下空间,合理选用废弃场地进行建设,对已被污染的废弃地进行处理并达到有关标准
		水资源利用	综合利用各种水资源、节水器具和设备,景观灌溉方式,雨水积蓄和利用等
		绿化及环境	绿地率、植被多样性、生活垃圾处理、保洁清洗措施等
	社会可持续性	就业条件	与第二、三产业贴进度、就业需求程度,就业种类多样等
		运营管理	准入退出机制、入住率、居住人群多样性、供需平衡等
		房屋性价比	人均居住面积、租金居住面积比
		居住安全性	个人隐私、防火、防盗措施
		配套设施	教育、医疗、交通、商业等
	经济可持续性	财务状况	资金来源、租金收入、风险分担等
		建筑经济措施	就近选用建筑材料,减少外立面装饰,建筑结构材料合理采用高性能混凝土、高强度钢,土建与装修工程一体化设计施工,不破坏和拆除已有的建筑构件及设施,减少不必要的景观绿化等
		政策支持	土地优惠、税收优惠、利率优惠等

表 6-5 文献分析法总结公租房项目可持续性评价指标

依据类别	类别	指标总结
依据1	公租房项目	财务状况、政策支持、房屋性价比、配套设施、设计合理、运营管理、节能材料利用、建筑经济措施、水资源利用、土地资源利用、绿化及环境、居住安全性
依据2	保障房项目	政策支持、围护结构传热系数、运营管理、财务状况、配套设施、就业条件、物业管理、设计合理、绿化及环境、土地利用、节能材料利用、建筑经济措施、设备节能、物业投标资格限定、物业监管体制健全
依据3	绿色建筑、节能建筑要求及一般建筑	节地与室外环境、土地资源利用、绿化及环境、配套设施、节能与能源利用、设备节能、节能材料利用、水资源利用、建筑经济措施、施工技术节能、运营管理、地下空间开发利用

6.2.2.3 问卷调查法筛选评价指标

为使指标选择更加准确,本书将所搜集文献涉及的指标进行总结。在调查问卷中将公租房项目可持续性评价指标体系中各指标重要程度分为四个等级:不重要(1分)、一般(2分)、重要(3分)、非常重要(4分),请专家和相关领域研究学者对其重要程度进行打分(具体问卷见附录11)。最终,通过计算各指标得分的加权平均分选取评价指标。该部分共发出问卷50份,收回有效问卷47份,受访者基本情况如图 6-5 和图 6-6 所示。

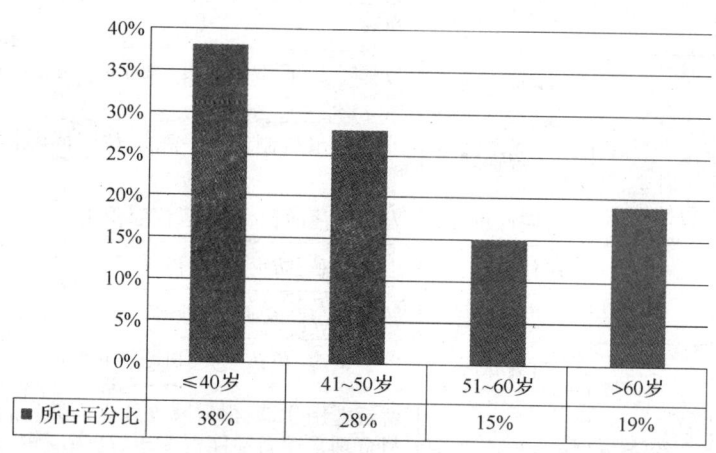

图 6-5 受访者的年龄分布

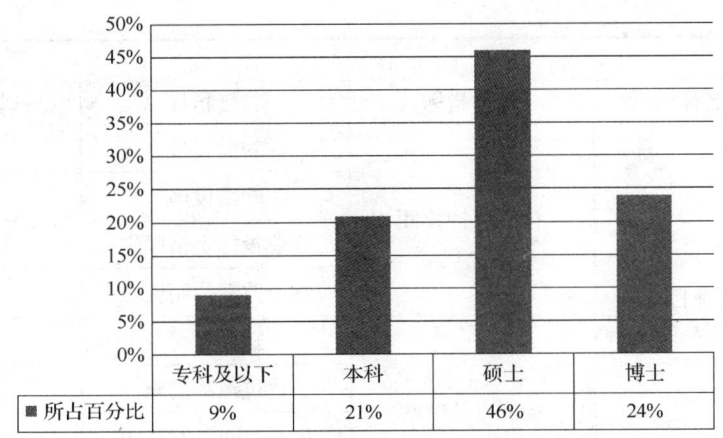

图 6-6 受访者的学历分布

对于评价指标筛选过程,以"设计合理"为例,问卷中对于该指标的打分为 4 分 26 份,3 分 18 份,2 分 2 份,1 分 1 份,故该指标加权平均分为

$$\frac{4\times26+3\times18+2\times2+1\times1}{26+18+2+1}\approx3.47$$

经统计得出各指标的加权平均分如表 6-6 所示,为了筛选更为科学合理的指标,将加权平均分小于 2.40(以指标满分的 60% 为界)的指标删除,剩余指标作为依据 4。

表 6-6 公租房项目可持续性系统评价指标调查结果汇总

系统名称	一级指标	二级指标	指标加权平均分
公租房项目可持续性系统	生态可持续性	设计合理	3.47
		绿化及环境	3.24
		围护结构传热系数	2.21
		设备节能	3.06
		施工技术节能	2.80
		节能材料利用	2.78
		土地资源利用	3.75
		水资源利用	2.93
	社会可持续性	就业条件	3.75
		房屋性价比	3.23
		运营管理	3.75
		居住安全性	3.21

续　表

系统名称	一级指标	二级指标	指标加权平均分
公租房项目可持续性系统	社会可持续性	物业管理	2.84
		配套设施	3.55
		物业投标资格限定	2.62
		物业监管体制健全	2.03
	经济可持续性	财务状况	3.47
		建筑经济措施	3.00
		地下空间开发利用	2.10
		政策支持	3.69

依据4

6.2.2.4　频数统计法确定评价指标体系

考虑到公租房项目与保障房和一般住宅存在一定的区别,在指标选取时,将对以上四个依据进行赋值。依据4是相关专家和研究学者对指标的选择,具有一定的权威性,所以赋值为4;依据1、依据2和依据3根据研究对象的相关性依次赋值为3、2、1,指标得分为四个依据相加(杨昊,2013)。所有得分小于5(得分为5时,指标至少在两个依据中出现)的指标剔除,得分大于或等于5的为本书确定的公租房项目可持续性评价指标体系中的评价指标,具体如表6-7所示。

因篇幅有限,本书以"设计合理"和"物业投标资格限定"为例,计算指标得分:"设计合理"在依据4、依据1、依据2中均出现,而未在依据3中出现,所以得分为4+3+2+0=9,所以,该指标保留;"物业投标资格限定"仅在依据2中出现,所以得分为0+0+2+0=2,所以,该指标删除。

表6-7　公租房项目可持续性评价指标体系

系统名称	一级指标	二级指标	得分
公租房项目可持续性系统	生态可持续性	设计合理	9
		设备节能	7
		节能材料利用	10
		土地资源利用	10
		水资源利用	8
		绿化及环境	7

续 表

系统名称	一级指标	二级指标	得分
公租房项目可持续性系统	社会可持续性	就业条件	6
		房屋性价比	7
		运营管理	10
		居住安全性	7
		配套设施	10
	经济可持续性	财务状况	9
		建筑经济措施	10
		政策支持	9

6.2.3 指标体系合理性判断

为了保证所选评价指标与公租房项目可持续性系统之间相互统一的关系，本节需要对所确定指标与三个子系统之间的关系进行分析，判断所选指标是否能够合理评价各子系统的可持续性。

1）生态可持续性指标

书中 6.1.2 节描述的租房项目可持续性系统中，生态子系统由能源、水资源、土地资源、建材和绿化五个要素组成，所选取的生态可持续性评价指标恰能与之一一对应。另外，只有在设计合理的情况下，才能保证能源和自然资源的充分利用。所以，设计合理为公租房项目生态可持续性评价的一个前提。

2）社会可持续性指标

根据本书 6.1.2 节所述，公租房项目可持续性系统的社会子系统包括生活、科技和政策三个方面。表 6-7 选取的指标中，室内环境及居住安全性恰能描述居民的生活条件，政策主要包括对运营管理和配套设施的支持，而居住安全性、运营管理和配套设施的评价也能反映出科技水平对公租房项目的影响。

3）经济可持续性指标

文中 6.1.2 节指出经济子系统中的价值流在政府、建设单位、施工单位、物管单位和住户之间流动，所以在评价指标选取时应考虑到各参与方之间的共性和共同关注的方面。在所选的评价指标中，财务状况是各参与方关注的重点内容，建筑经济措施是政府、建设单位、施工单位共同关注的方面，而政策支持（包括租金补贴、利率优惠等）是政府需要综合考虑，也是其他参与方密切关注的一点。所以这三个指标能较为全面地反映出公租房项目经济可持续性。

4) 指标与系统之间的对应关系

公租房项目可持续性系统主要通过物质流动、价值流动、信息流动等完成运行,所选指标能够很好地反映公租房项目的运行过程。譬如,节能材料、土地资源、水资源等的利用参与物质流动,通过建设方、施工方等的介入转化成公租房项目的价值流动过程。信息流动主要包括根据社会需求规划设计公租房项目,新节能技术、新材料的利用等。所以,要保证公租房项目的可持续性需信息流动的畅通。反之,各指标也是通过对物质流动、价值流动和信息流动等的影响进而影响公租房项目的可持续性。

根据以上分析可知,所选取的公租房项目可持续性系统评价指标可以较好地表征前文中公租房项目可持续性系统的耦合元素,能够科学描述各子系统的可持续性,指标选取具有科学性、代表性和合理性。

6.3 公租房项目综合可持续性的定量评价模型

6.3.1 评价方法的选取

本书 6.2.2 节通过文献分析法及问卷调查法等选取了公租房项目可持续性评价指标,但对各指标的相对重要程度缺乏更直观的判断,难以定量分析公租房项目的综合可持续性。因此,需要选取定量分析方法,进而构建定量评价模型,以便对公租房项目可持续性进行定量评价。目前,比较常用的指标定量分析方法主要有价值分析法、层次分析法(Analytic Hierarchy Process,简称 AHP)、网络分析法(Analytic Network Process,简称 ANP)、神经网络评价法等(杨轲,2011)。本书评价方法的选取要依据公租房项目可持续性系统的具体特点而定,为此需要对几种常用定量分析方法进行对比分析,详见表 6-8。

表 6-8 常用指标定量分析方法的比较

定量分析方法	优点	缺点	适用范围
价值分析法	把研究对象分为关键的少数和次要的多数,并把关键的少数作为主要研究对象,提高了效率	忽略了指标之间的层次和递进性,在数据量化时说服力不够	主要应用于并选对象功能与成本权重的计算
层次分析法	可将问题分解成递阶层次结构;人的主观判断数量化	不能反映考虑层次元素之间的反馈和相互支配作用	主要用于多指标体系的指标权重确定以及多方案的选择(层次结构之间互不影响,只受垂直关系的元素控制)

续　表

定量分析方法	优点	缺点	适用范围
网络分析法	可将问题分解成递阶层次结构；人的主观判断数量化；能够反映考虑层次元素之间的反馈和相互支配作用	元素之间相互影响复杂，指标权重数据处理比较繁琐	既存在递阶层次结构，又存在内部循环相互支配的层次结构，而且层次结构内部还存在依赖性和反馈性的情况
神经网络评价法	能够建立"学习"的模型，并能将经验性知识积累和充分利用，从而使求出的最佳解与实际值之间的误差最小化	对于多指标的处理较繁琐	主要应用于单一指标权重的确定

由上文 6.2.2.3 中确定的公租房项目可持续性评价指标可知，公租房项目可持续性系统的表征指标具有多样性，每个子系统的影响元素都是非单一的。而且，子系统内部及各个元素之间相互依赖、相互影响，一个元素的改变会引起其他元素甚至系统可持续性的改变。另外，公租房项目可持续性评价体系中一级指标与二级指标之间以及平行指标层内部会存在相互循环影响的过程。所以，该影响指标体系是一个互相依存、反馈的网络结构，如图 6-7 所示。其中，生态、社会和经济子系统一级指标分别用 A、B 和 C 表示，二级指标分别用 A1～A6、B1～B5 和 C1～C3 来表示，各指标的具体含义见表 6-9 所示。

再由表 6-8 中各评价方法的优缺点和适用范围对比可知，ANP 能反映出公租房项目可持续系统的上述特点，因此，本书将选用 ANP 对公租房项目可持续性进行定量分析。

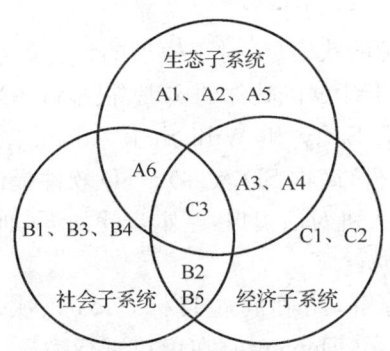

图 6-7　公租房项目可持续性系统指标体系关系图

表 6-9　公租房项目可持续性评价指标表示方法

影响系统	一级指标及表示方法	二级指标及表示方法
公租房项目可持续性系统	生态可持续性 A	设计合理 A1、设备节能 A2、节能材料利用 A3、土地资源利用 A4、水资源利用 A5、绿化及环境 A6
	社会可持续性 B	就业条件 B1、房屋性价比 B2、运营管理 B3、居住安全性 B4、配套设施 B5
	经济可持续性 C	财务状况 C1、建筑经济措施 C2、政策支持 C3

6.3.2 ANP 法及其支持软件

6.3.2.1 ANP 法及支持软件简介

近年来，AHP 法在系统决策问题中得到了广泛应用。AHP 法的核心是将系统划分层次且只考虑上层元素对下层元素的支配作用，同一层次中的元素被认为是彼此独立的。这种递阶层次结构虽然给处理系统问题带来了方便，但同时也限制了它在复杂决策问题中的应用。譬如，在许多实际问题中，层次结构内部元素往往是相互依存的，低层次对高层次元素亦有反馈作用。因此，美国著名运筹学家 T. L. Satty 教授于 1996 年在 AHP 法的基础上，提出了 ANP 法。ANP 适用于各层次内部元素相互依存、低层元素对高层元素亦有支配作用、类似于网络结构的系统。它确定权重的一个重要步骤就是在一个准则下，元素进行两两比较，运用优势度（一个元素在元素组中的地位与作用）来体现系统各元素之间的相互作用关系，实现方式有两种。一种是元素间相互独立时，采用直接优势度（即给定一个准则，两元素对该准则的重要程度进行比较）。另一种是，当元素间相互依存时，采用间接优势度（即给出一个准则，两元素在该准则下对第三个元素的影响程度进行比较）。

由于 ANP 模型是一种网状模型，对于模型的计算如超矩阵、极限超矩阵的计算等尤为复杂。若不借助于计算机软件的实现，很难将 ANP 模型应用到实际决策问题中。因此，Rozann W. Satty 和 William J. Adams 在 2003 年推出了 Super Decision 软件（超级决策软件，简称 SD 软件）。SD 软件提供了可以计算任何 ANP 模型的强大功能和良好的人机对话窗口，基本步骤如下（刘睿等，2003）：

1）对决策问题进行分析

将一个复杂的问题分解，明确问题目标（Goal）、次准则（Criteria）、元素组（Cluster）和内部的影响元素（Element），在窗口进行输入。在每个次准则之下，可分别构造包含众多元素的元素组网络。计算机可将任何一个 ANP 模型在程序中表示出来。

2) 构建元素之间的相互关系

按支配关系将各个元素组和元素聚类形成网状结构,确定元素组之间和元素之间的关系,主要判断元素层次是否内部独立,是否有依存和反馈关系存在。按照判断对分析结果进行输入,构成两两对比矩阵。

3) 计算分析部分

根据上述输入,SD 软件可系统构造超矩阵、加权超矩阵、极限超矩阵,最终可直接输出综合优势度。

SD 软件将 ANP 计算过程程序化,为 ANP 在各个领域的使用推广奠定了坚实的应用基础。譬如,李玉钦(2007)在分析水电工程风险特点和风险分析研究现状的基础上,提出了基于 ANP 的水电工程风险分析方法,有效地反映风险因素之间的相互影响关系,发现工程项目所面临的关键风险因素。刘晓峰等(2007)将 ANP 法用于物流回收模式选择评价,从经济、技术和社会三方面考虑,提出了基于 ANP 法的评价选择模型,解决了逆向物流回收模式选择问题。袁萍和王玫(2010)运用 ANP 法构建儿童玩具设计的评价指标体系,解决了儿童玩具设计方案选择和改进问题。毕然等(2008)根据信息化人才的特点,以思想品质、生命周期和能力为基本准则构建了 ANP 评价模型,为用人单位对人才的选用和员工自身发展的定位提供了依据。

6.3.2.2 ANP 法评价过程

1) 构建层次结构

理清结构层次之间的关系是网络分析法评价中最重要的一步,因为后续一系列的评价都是基于已经建立好的层次结构关系的。理清层次结构就是将复杂的问题逐步分解,形成控制层(包括问题目标层、准则层)、网络层。处于目标层(最高层)的元素一般只有一个,即为分析问题预定的目标或理想的结果。控制层中各准则只受目标元素支配。网络层中的元素受控制层支配,元素之间可以存在完全或不完全支配的关系,形成所谓的网络。譬如,控制层中有一个目标和 4 个相互独立的准则(分别为 $P_1, \cdots, P_4$),控制层中有 5 各受控制层支配的元素组(分别为 $C_1, \cdots, C_5$),则网络图如图 6-8 所示。其中,元素组 C_1 与 C_2 之间的连线表示 C_1

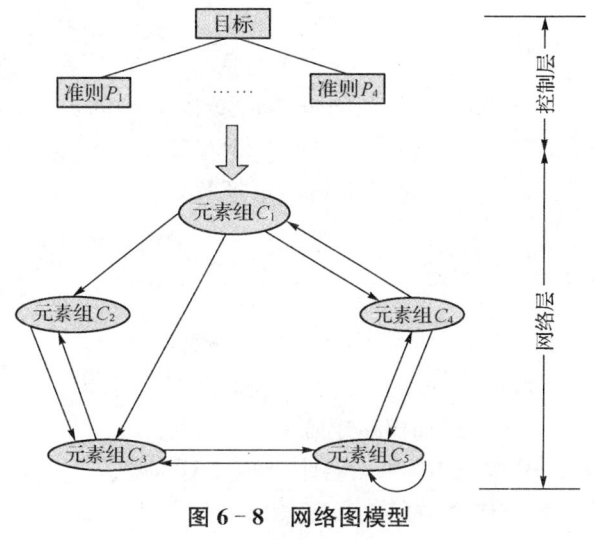

图 6-8 网络图模型

中的元素对 C_2 产生影响；元素组 C_5 中的弧形箭头表示，该元素组之间的元素相互影响。

2) 确定判断矩阵

在网络分析法中，各元素间的相互关系用网络结构的超矩阵表示。设 P_1，P_2，$\cdots$，P_n 为控制层中元素，C_1，C_2，$\cdots$，C_N 为网络层中元素组，e_{i1}，e_{i2}，$\cdots$，e_{in} ($i=1$，2，$\cdots$，N) 为元素组 C_i 中的元素，以控制层 P_s ($s=1,2,\cdots,m$) 为准则，以元素组 C_j 中元素 e_{jl} 为次准则，采用间接优势度对元素组 C_i 中的元素 e_{in} 进行两两比较，即构造出判断矩阵，具体如表 6-10 所示。

表 6-10　P_s 准则下两两比较矩阵

e_{jl}	e_{i1}	e_{i2}	$\cdots$	e_{in}	归一化特征向量
e_{i1}					$W_{i1}^{(jl)}$
e_{i2}					$W_{i2}^{(jl)}$
$\cdots$					$\cdots$
e_{in}					$W_{in}^{(jl)}$

3) 确定相同准则下的超矩阵

由表 6-10 中的两两比较矩阵，按照 ANP 中权重向量的求解方法计算排序向量，记为 $(W_{i1}^{(j1)}, W_{i2}^{(j1)}, \cdots, W_{in}^{(j1)})^T$，记为 W_{ij}，可得

$$W_{ij} = \begin{bmatrix} W_{i1}^{j1}, W_{i1}^{j2}, \cdots, W_{i1}^{jn} \\ W_{i2}^{j1}, W_{i2}^{j2}, \cdots, W_{i2}^{jn} \\ \cdots \\ W_{in}^{j1}, W_{in}^{j2}, \cdots, W_{in}^{jn} \end{bmatrix} \tag{6-1}$$

W_{ij} 矩阵中的列向量是元素组 C_i 中的 e_{i1}，e_{i2}，$\cdots$，e_{in} 对 C_j 中的 e_{j1}，e_{j2}，$\cdots$，e_{jn} 影响程度的排序向量（无影响、相互独立的元素之间 $W_{ij}=0$）。经过元素间的逐一对比，得出在 P_s 准则下的超矩阵 W（超矩阵个数由准则数决定）如公式(6-2)所示：

$$W = \begin{bmatrix} W_{11}, W_{12}, \cdots, W_{1N} \\ W_{21}, W_{22}, \cdots, W_{2N} \\ \cdots \\ W_{N1}, W_{N2}, \cdots, W_{NN} \end{bmatrix} \tag{6-2}$$

4) 构造加权超矩阵

W 矩阵中，虽然各个子矩阵 W_{NN} 是在同一准则下两两比较而得，是归一化的。但整个 W 矩阵的加权超矩阵每一列中有 N 个子矩阵，是在不同的准则下得到的，

因此不是归一化的。需要以 P_s 为准则,对 P_s 下各组元素对次准则 $C_j(j=1,2,\cdots,N)$ 的影响程度进行比较,得到排序向量(归一化特征向量) $(a_{1j},a_{2j},\cdots,a_{Nj})^{\mathrm{T}}$(不受 C_j 支配的元素排序向量为零)。由此得出加权矩阵 $\boldsymbol{A}$。

$$\boldsymbol{A} = \begin{bmatrix} a_{11},a_{12},\cdots,a_{1N} \\ a_{21},a_{22},\cdots,a_{2N} \\ \cdots \\ a_{N1},a_{N2},\cdots,a_{NN} \end{bmatrix} \tag{6-3}$$

5) 计算加权超矩阵

根据加权矩阵对超矩阵 $\boldsymbol{W}$ 的元素进行加权,即 $\overline{\boldsymbol{W}}=\boldsymbol{A}\boldsymbol{W}$,得:

$$\overline{\boldsymbol{W}} = \begin{bmatrix} a_{11}\boldsymbol{W}_{11},a_{12}\boldsymbol{W}_{12},\cdots,a_{1N}\boldsymbol{W}_{1N} \\ a_{21}\boldsymbol{W}_{21},a_{22}\boldsymbol{W}_{22},\cdots,a_{2N}\boldsymbol{W}_{2N} \\ \cdots \\ a_{N1}\boldsymbol{W}_{N1},a_{N2}\boldsymbol{W}_{N2},\cdots,a_{NN}\boldsymbol{W}_{NN} \end{bmatrix} \tag{6-4}$$

加权超矩阵 $\overline{\boldsymbol{W}}$ 中元素为 $\overline{\boldsymbol{W}}_{ij}$,表达的是元素 i 对元素 j 的一步优势度(即在一个准则下比较得到的权重)。对于大部分网络分析法的网络结构系统来说,系统中已不存在或者不再明显存在对整体起支配作用的单个元素或者最高层次,一步优势度不能反映出整体的情况。因此,需要考虑整体的极限相对排序量 $(\overline{\boldsymbol{W}}^{\infty})$。

设 $\overline{\boldsymbol{W}}$ 是系统的加权超矩阵,记 $\overline{\boldsymbol{W}}$ 的 k 次幂为 $\overline{\boldsymbol{W}}^{k}=(\overline{\boldsymbol{W}}_{ij}^{k})$,则 $\overline{\boldsymbol{W}}_{ij}^{1}=\overline{\boldsymbol{W}}_{ij}$,$\overline{\boldsymbol{W}}_{ij}^{2}=\sum_{m=1}^{N}\overline{\boldsymbol{W}}_{im}^{1}\overline{\boldsymbol{W}}_{mj}^{2}$。一般地,元素 i 对元素 j 的 k 步优势度则可以表示 $\overline{\boldsymbol{W}}_{ij}^{k}=\sum_{m=1}^{N}\overline{\boldsymbol{W}}_{im}^{1}\overline{\boldsymbol{W}}_{mj}^{k-1}$;当 k 趋近于无穷时,若 $\overline{\boldsymbol{W}}^{k}$ 存在,则 $\overline{\boldsymbol{W}}^{\infty}=\lim_{k\to\infty}\overline{\boldsymbol{W}}^{k}$,此时 $\overline{\boldsymbol{W}}^{\infty}$ 中的列向量就是 P_s 准则下各元素的极限相对排序向量,进而得出元素的权重。

6.3.3 基于 ANP 法的公租房项目综合可持续性评价模型

6.3.3.1 网络分析模型构建

根据本章的研究目标,确定公租房项目可持续性为公租房项目可持续性评价模型的总目标。依据 6.1.2 节确定的公租房项目可持续性系统和 6.2.2 节确定的公租房项目可持续性系统评价指标体系,确定次准则为三个子系统的可持续性,元素为各子系统的影响指标。网络层中每个子系统的影响指标为一个元素组,具体 ANP 图如图 6-9 所示。

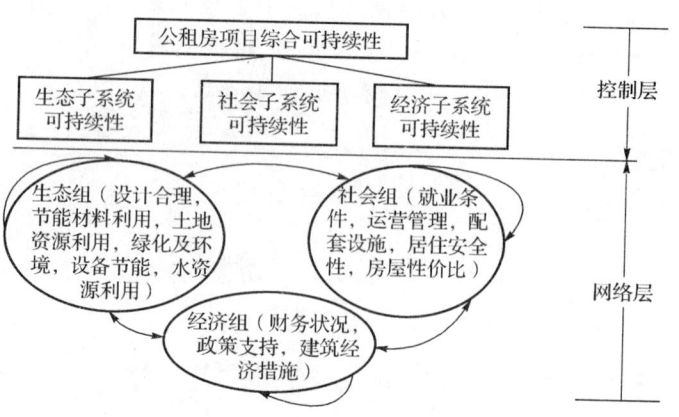

图 6-9 公租房项目可持续性网络图

6.3.3.2 影响指标权重确定

公租房项目可持续性影响指标之间的影响是多方面、多层次的。譬如,网络层中良好的运营管理会对控制层中公租房项目的社会可持续性产生影响,进而影响公租房项目的综合可持续性。元素组内部完善的配套设施和较高的居住安全性能促进高效的运营管理,反之亦然。所以,元素与次准则之间不同层级的权重进行综合,才是研究目标所需的权重,即在保证公租房项目可持续性的总准则下,指标 i 对其可持续性系统的影响。

以指标 i "设计合理" 为例,计算该指标对于公租房项目可持续性的影响 W。首先,要计算该指标在元素组内部的权重,应为在次准则"生态可持续性"下,元素组内部进行两两比较的权重 W_{ij};其次,要计算出在准则"公租房项目可持续性"下,各次准则的权重 W_i,指标 i 对公租房项目的最终影响权重 $W = W_i \cdot W_{ij}$。结合 6.3.2 中所述 SD 软件的应用,公租房项目综合可持续性影响指标的权重计算过程如下。

1) 分析并构建公租房项目可持续性系统 ANP 模型

以图 6-9 中所述的公租房项目可持续性 ANP 模型为基础,在 SD 软件中构建公租房项目可持续性系统的 ANP 模型。控制层中的目标(即准则)为"公租房项目可持续性",次准则为公租房项目可持续性系统中三个子系统的可持续性,即"生态可持续性""社会可持续性"和"经济可持续性"。网络层为三个子系统的影响因素组,如"设计合理""设备节能""配套设施""建筑经济措施"等,具体如图 6-10 所示。

第六章 公租房项目综合可持续性的定量评价方法

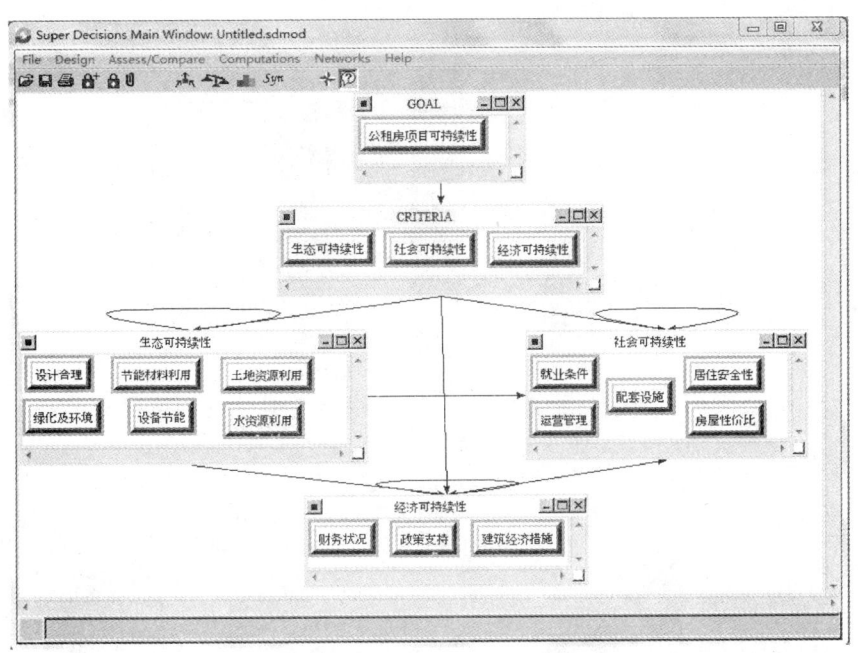

图 6-10 SD 中公租房项目可持续性系统的 ANP 模型

2) 计算指标权重

本书中各次准则和影响指标权重采用调查问卷法进行确定。本次调查通过乐调查网进行，该问卷网址为"http://www.lediaocha.com/pc/s/usdqco"。问卷中各次准则及指标间的相对重要性采用 1～9 标度法，详见附录12。将该问卷在网上发放给相关专家和研究学者，根据 50 份有效问卷(截至 2014 年 10 月 2 日调查问卷共完成 54 份，其中 4 份数据的一致性检验不合格，即为无效问卷)，受访者基本情况如下(图 6-11～图 6-16)所述。

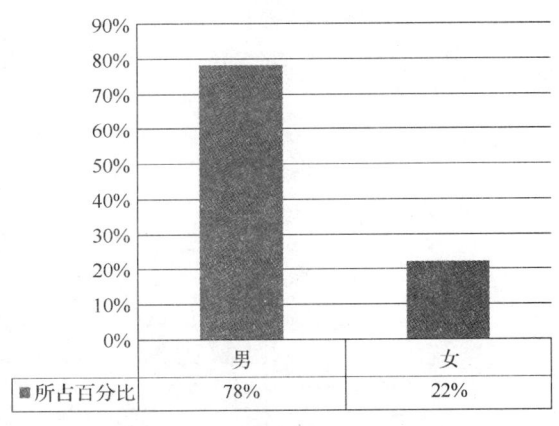

图 6-11 受访者的性别分布

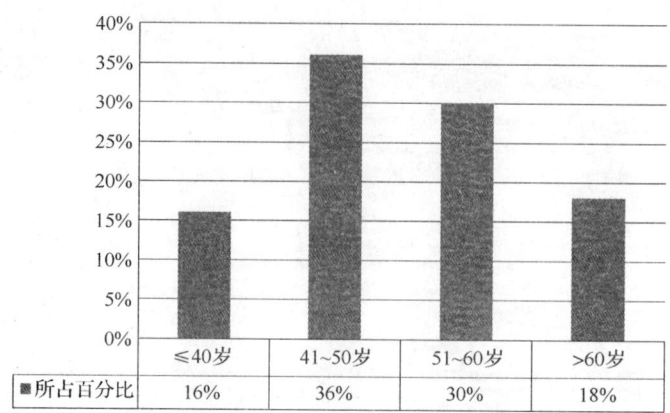

图6-12　受访者的年龄分布

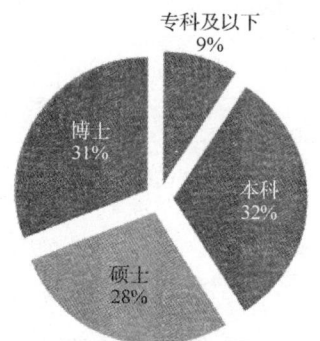

图6-13　受访者的学历分布

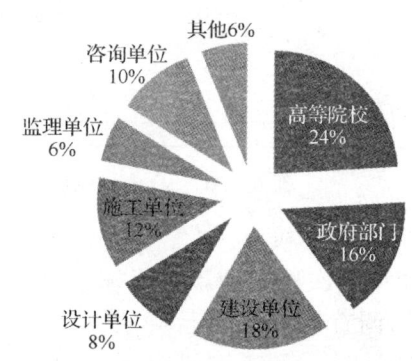

图6-14　受访者工作单位情况

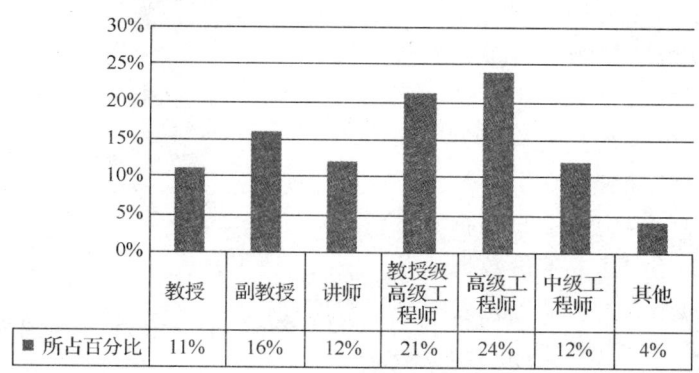

图6-15　受访者职称情况

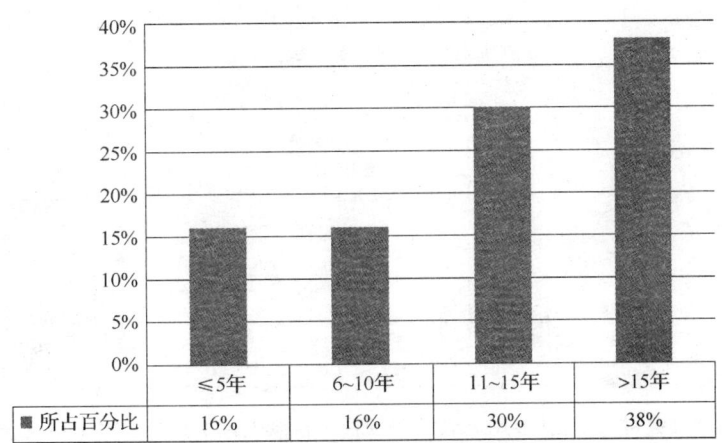

图 6-16　受访者工作年限情况

将 50 份有效问卷逐一输入 SD 软件,通过检查"Results"一栏中数据的非一致性指标值来确定受访专家和学者的评价一致性。一般规定,当非一致性指标值 CR 大于 0.1 时,认为输入错误或者比较存在失误,需要进行重新比较;反之,数据有效。以第 1 份有效问卷为例,在生态可持续准则下,各指标的一致性检验结果为 0.0737。因此,该评分表数据有效,各指标权重也相应得出,详见图 6-17。类似地,在社会和经济可持续性准则下,相应指标的权重如图 6-18、图 6-19 所示。在公租房项目可持续性准则下,各次准则的权重如图 6-20 所示。

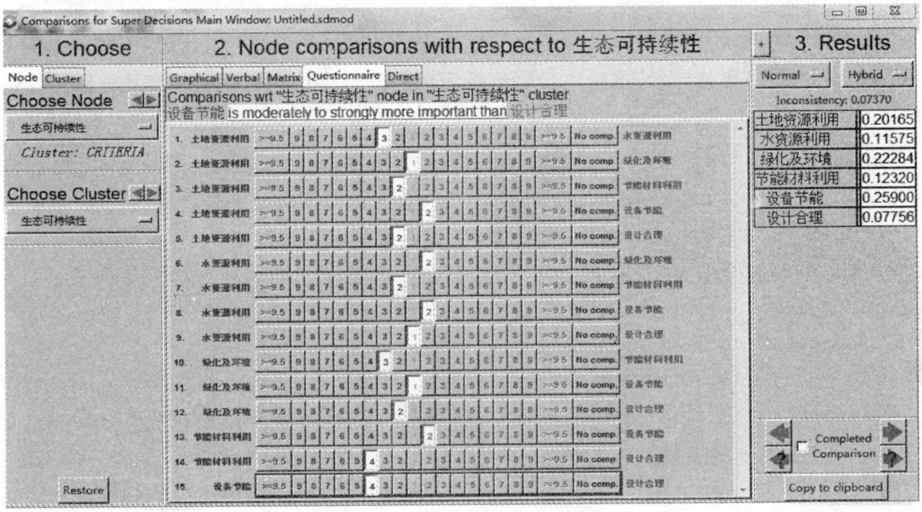

图 6-17　"生态可持续性"准则下公租房项目可持续性评价指标权重确定及一致性检验

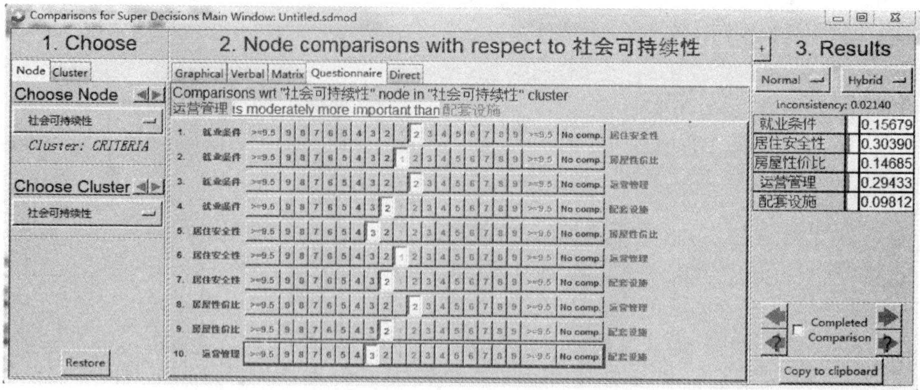

图 6-18 "社会可持续性"准则下公租房项目可持续性评价指标权重确定及一致性检验

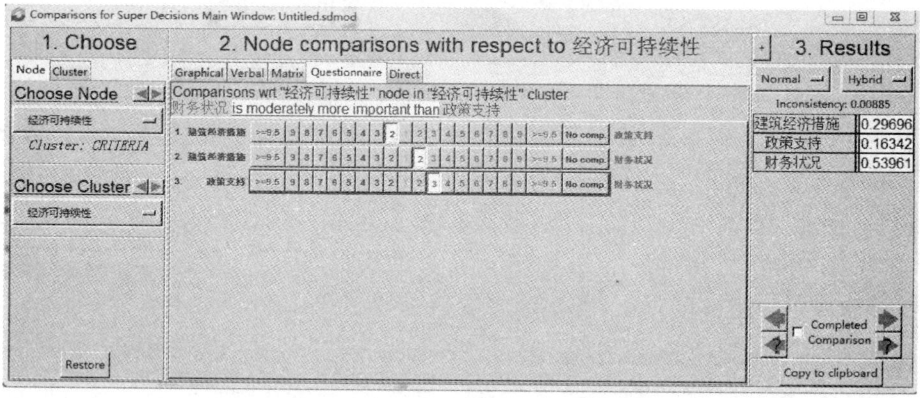

图 6-19 "经济可持续性"准则下公租房项目可持续性评价指标权重确定及一致性检验

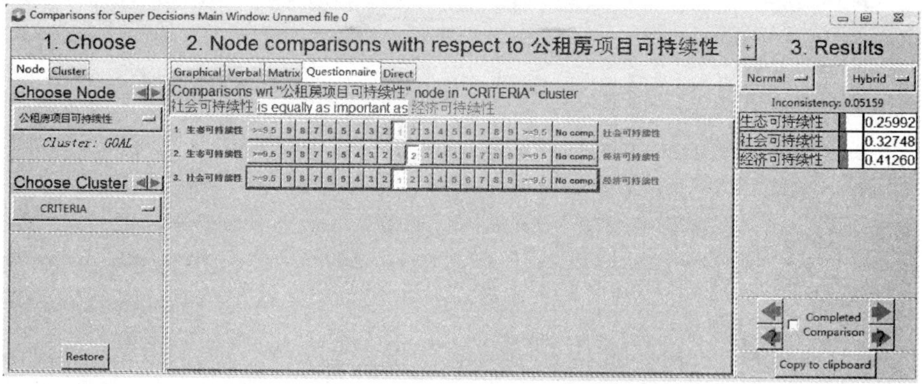

图 6-20 "公租房项目可持续性"准则下各次准则权重确定及一致性检

由于篇幅有限,每一份问卷的处理、判断及计算过程将不一一演示,其中,权重 W_i、W_{ij} 及 W 的计算过程如下所示。

以次准则"生态可持续性 i"在目标"公租房项目可持续性"下的权重计算为例。记第 m 份问卷中,该次准则的权重为 $Q_m(m=1\sim50)$,则在总准则下,该次准则的权重 W_i 为

$$W_i = \frac{\sum_1^m Q_m}{50} \qquad (6-5)$$

以评价指标"土地资源利用 j"为例,"在生态可持续性 i"为准则下的权重计算为例。记第 n 份问卷中,该指标的权重为 $Q_n(n=1\sim50)$,则在次准则 i 下,指标 j 的权重 W_{ij} 为

$$W_{ij} = \frac{\sum_1^n Q_n}{50} \qquad (6-6)$$

指标 j 在该公租房项目可持续性系统中的最终权重 W 为

$$W = W_i \cdot W_{ij} \qquad (6-7)$$

本书将50份问卷中各次准则及指标权重的计算结果汇总如表6-11~表6-14所示。

3) 计算各指标综合权重

如公式(6-7)所示,各指标对公租房项目可持续性影响程度的最终权重由各次准则权重及各指标对次准则影响权重的乘积确定,如表6-15所示。

表6-11 公租房项目可持续性评价指标权重表

目标	次准则		指标		综合权重	权重排名
	名称	权重 W_i	名称	权重 W_{ij}	$W = W_i \cdot W_{ij}$	
综合可持续性	生态可持续性	0.385 2	土地资源利用	0.160 7	0.061 9	10
			水资源利用	0.177 5	0.068 4	8
			绿化及环境	0.148 2	0.057 1	12
			节能材料利用	0.118 6	0.045 7	14
			设备节能	0.192 6	0.074 2	6
			设计合理	0.202 4	0.078 0	4
	社会可持续性	0.349 3	就业条件	0.159 8	0.055 8	13
			居住安全性	0.209 4	0.073 1	7
			房屋性价比	0.221 7	0.077 4	5
			运营管理	0.240 9	0.084 1	2
			配套设施	0.168 2	0.058 7	11
	经济可持续性	0.265 5	建筑经济措施	0.256 5	0.068 1	9
			政策支持	0.316 2	0.084 0	3
			财务状况	0.427 3	0.113 5	1

表6-12 公租房项目可持续性次准则权重调查结果统计表

名称序号	1	2	3	4	5	6	7	8	9	10	计算结果(W_i)
生态可持续性权重	0.1397	0.6491	0.7334	0.6694	0.5936	0.3875	0.5278	0.4000	0.3108	0.2493	生态可持续性：0.3852
社会可持续性权重	0.3325	0.2790	0.1991	0.2426	0.1571	0.4433	0.3325	0.4000	0.4934	0.5936	社会可持续性：0.3493
经济可持续性权重	0.5278	0.0719	0.0675	0.0879	0.2493	0.1692	0.1396	0.2000	0.1958	0.1571	经济可持续性：0.2655
CR	0.0516	0.0624	0.0904	0.0068	0.0516	0.0147	0.0516	0.0000	0.0516	0.0516	
名称序号	11	12	13	14	15	16	17	18	19	20	
生态可持续性权重	0.3333	0.4126	0.4433	0.1634	0.1958	0.3196	0.3875	0.2318	0.2971	0.4934	
社会可持续性权重	0.3333	0.3275	0.1692	0.2970	0.3108	0.5584	0.4433	0.5842	0.5396	0.3108	
经济可持续性权重	0.3333	0.2599	0.3875	0.5396	0.4934	0.1220	0.1692	0.1840	0.1634	0.1958	
CR	0.0000	0.0516	0.0147	0.0089	0.0516	0.0176	0.0147	0.0516	0.0089	0.0516	
名称序号	21	22	23	24	25	26	27	28	29	30	
生态可持续性权重	0.5278	0.3333	0.4126	0.2684	0.5000	0.2385	0.1692	0.4126	0.6483	0.1958	
社会可持续性权重	0.1396	0.3333	0.2599	0.6144	0.2500	0.6250	0.4433	0.2599	0.1220	0.3108	
经济可持续性权重	0.3325	0.3333	0.3275	0.1172	0.2500	0.1365	0.3875	0.3275	0.2297	0.4934	
CR	0.0516	0.0000	0.0516	0.0707	0.0000	0.0176	0.0147	0.0516	0.0036	0.0516	
名称序号	31	32	33	34	35	36	37	38	39	40	
生态可持续性权重	0.5278	0.4000	0.1634	0.1958	0.3196	0.4742	0.4979	0.2500	0.7334	0.6250	
社会可持续性权重	0.1396	0.4000	0.2970	0.3108	0.5584	0.1494	0.1352	0.2500	0.1991	0.2385	
经济可持续性权重	0.3325	0.2000	0.5396	0.4934	0.1220	0.3764	0.3664	0.5000	0.0675	0.1365	
CR	0.0516	0.0000	0.0516	0.0516	0.0176	0.0516	0.0904	0.0000	0.0036	0.0176	
名称序号	41	42	43	44	45	46	47	48	49	50	
生态可持续性权重	0.5499	0.6483	0.5714	0.6483	0.0855	0.1220	0.0855	0.1220	0.4979	0.0974	
社会可持续性权重	0.2098	0.1220	0.1429	0.1220	0.7855	0.5584	0.7855	0.6483	0.1352	0.5695	
经济可持续性权重	0.2403	0.2297	0.2857	0.2297	0.1293	0.3196	0.1293	0.2297	0.3669	0.3331	
CR	0.0147	0.0036	0.0000	0.0036	0.0735	0.0176	0.0735	0.0036	0.0904	0.0237	

表6-13 公租房项目生态可持续性影响指标权重调查结果统计表

名称序号	1	2	3	4	5	6	7	8	9	10	计算结果(W_{ij})
土地资源利用权重	0.166 7	0.183 8	0.193 6	0.086 1	0.160 2	0.112 7	0.141 0	0.201 6	0.116 8	0.227 1	土地资源利用：0.160 7
水资源利用权重	0.166 7	0.340 0	0.379 4	0.261 3	0.063 9	0.330 3	0.191 0	0.115 8	0.162 6	0.056 9	水资源利用：0.177 5
绿化及环境权重	0.166 7	0.096 2	0.083 3	0.120 6	0.079 8	0.055 7	0.067 0	0.222 8	0.261 5	0.161 0	绿化及环境：0.148 2
节能材料利用权重	0.166 7	0.050 6	0.036 6	0.044 7	0.255 4	0.100 6	0.097 5	0.123 2	0.070 9	0.069 8	节能材料利用：0.118 6
设备节能权重	0.166 7	0.079 3	0.056 0	0.086 8	0.303 6	0.206 4	0.303 9	0.259 0	0.141 2	0.154 6	设备节能：0.192 6
设计合理权重	0.166 7	0.250 1	0.251 0	0.400 4	0.137 1	0.194 2	0.199 7	0.076 7	0.247 1	0.330 5	设计合理：0.202 4
CR	0.000 0	0.086 4	0.091 5	0.068 1	0.082 6	0.084 2	0.080 4	0.073 7	0.097 4	0.082 6	

名称序号	11	12	13	14	15	16	17	18	19	20	
土地资源利用权重	0.103 1	0.101 8	0.069 4	0.072 9	0.073 7	0.072 4	0.072 3	0.242 2	0.177 4	0.200 7	
水资源利用权重	0.071 0	0.090 1	0.201 8	0.209 2	0.211 2	0.207 9	0.214 7	0.170 3	0.091 7	0.109 8	
绿化及环境权重	0.215 5	0.212 2	0.183 3	0.189 0	0.181 7	0.152 0	0.180 2	0.145 5	0.104 3	0.097 7	
节能材料利用权重	0.084 2	0.056 8	0.048 9	0.051 6	0.054 4	0.053 0	0.077 2	0.080 8	0.320 9	0.261 8	
设备节能权重	0.297 6	0.303 3	0.271 3	0.210 6	0.212 1	0.257 1	0.220 9	0.178 1	0.131 9	0.137 5	
设计合理权重	0.228 6	0.235 8	0.225 2	0.266 7	0.266 9	0.257 6	0.234 7	0.183 2	0.173 9	0.192 5	
CR	0.091 0	0.055 0	0.063 7	0.028 2	0.028 7	0.040 6	0.089 3	0.083 6	0.058 7	0.051 6	

名称序号	21	22	23	24	25	26	27	28	29	30	
土地资源利用权重	0.183 5	0.183 7	0.182 2	0.136 4	0.136 0	0.134 5	0.126 9	0.250 1	0.269 3	0.213 3	
水资源利用权重	0.198 8	0.212 1	0.203 4	0.159 2	0.131 4	0.171 7	0.218 5	0.170 5	0.167 8	0.110 7	
绿化及环境权重	0.093 7	0.096 4	0.099 6	0.287 8	0.284 2	0.285 2	0.291 4	0.213 5	0.214 6	0.167 6	

续表

名称序号	31	32	33	34	35	36	37	38	39	40	计算结果(W_{ij})
土地资源利用权重	0.1848	0.1613	0.1773	0.1791	0.2496	0.1461	0.1413	0.1439	0.1364	0.1428	土地资源利用：0.1607
水资源利用权重	0.2153	0.1882	0.1665	0.1212	0.1219	0.1926	0.1860	0.1922	0.1821	0.2044	水资源利用：0.1775
绿化及环境权重	0.1380	0.1066	0.1101	0.1464	0.1470	0.0893	0.0924	0.0944	0.1040	0.1032	绿化及环境：0.1482
节能材料利用权重	0.0820	0.0831	0.0841	0.0846	0.0727	0.0707	0.0568	0.0581	0.0831	0.0986	节能材料利用：0.1186
设备节能权重	0.1350	0.2660	0.2685	0.2699	0.2162	0.2822	0.2235	0.2950	0.2579	0.2283	设备节能：0.1926
设计合理权重	0.2449	0.1949	0.1935	0.1988	0.1926	0.2191	0.3002	0.2164	0.2365	0.2226	设计合理：0.2024
CR	0.0955	0.0830	0.0716	0.0657	0.0830	0.0966	0.0952	0.0745	0.0585	0.0823	

名称序号	41	42	43	44	45	46	47	48	49	50
土地资源利用权重	0.1774	0.1364	0.1835	0.1364	0.1822	0.1667	0.2007	0.1837	0.2360	0.1774
水资源利用权重	0.0917	0.1592	0.1988	0.1821	0.2034	0.1667	0.1098	0.2121	0.3004	0.0917
绿化及环境权重	0.1043	0.2878	0.0937	0.1040	0.0996	0.1667	0.0977	0.0964	0.1124	0.1043
节能材料利用权重	0.3209	0.1037	0.1723	0.0831	0.1335	0.1667	0.2618	0.1763	0.0872	0.3209
设备节能权重	0.1319	0.1656	0.1389	0.2579	0.1949	0.1667	0.1375	0.1425	0.1318	0.1319
设计合理权重	0.1739	0.1474	0.2128	0.2365	0.1864	0.1667	0.1925	0.1895	0.1322	0.1739
CR	0.0587	0.0678	0.0924	0.0585	0.0801	0.0000	0.0516	0.0675	0.0618	0.0587

254

表6-14 公租房项目社会可持续性影响指标权重调查结果统计表

名称序号	1	2	3	4	5	6	7	8	9	10	计算结果(W_{ij})
就业条件权重	0.1568	0.1846	0.2521	0.2320	0.2486	0.2290	0.1616	0.1204	0.2857	0.2240	就业条件：0.1598
居住安全性权重	0.3039	0.2716	0.2702	0.2867	0.2802	0.1749	0.2519	0.2831	0.2058	0.2040	居住安全性：0.2094
房屋性价比权重	0.1469	0.1493	0.1558	0.2252	0.1765	0.2556	0.2531	0.2119	0.1624	0.2256	房屋性价比：0.2217
运营管理权重	0.2943	0.2974	0.2165	0.1543	0.1885	0.2513	0.2462	0.2529	0.2457	0.2494	运营管理：0.2409
配套设施权重	0.0981	0.0971	0.1054	0.1017	0.1062	0.0892	0.0872	0.1316	0.1004	0.0970	配套设施：0.1682
CR	0.0214	0.0310	0.0544	0.0924	0.0465	0.0784	0.0990	0.0696	0.0312	0.0678	
名称序号	11	12	13	14	15	16	17	18	19	20	
就业条件权重	0.1697	0.1267	0.1922	0.1488	0.1523	0.1733	0.1457	0.1485	0.1506	0.1430	
居住安全性权重	0.1453	0.1875	0.1926	0.1953	0.1693	0.1767	0.1710	0.1671	0.1670	0.2298	
房屋性价比权重	0.2012	0.1959	0.1433	0.1640	0.1616	0.1624	0.1623	0.1642	0.1384	0.2740	
运营管理权重	0.1991	0.2007	0.1836	0.2630	0.2943	0.2918	0.3247	0.2531	0.2487	0.2519	
配套设施权重	0.2847	0.2892	0.2882	0.2289	0.2225	0.1959	0.1956	0.2670	0.2954	0.1014	
CR	0.0710	0.0532	0.0987	0.0661	0.0623	0.0583	0.0356	0.0710	0.0582	0.0690	
名称序号	21	22	23	24	25	26	27	28	29	30	
就业条件权重	0.1948	0.2528	0.2516	0.2201	0.2000	0.1188	0.1122	0.1185	0.1167	0.1123	
居住安全性权重	0.1823	0.1842	0.2043	0.2631	0.2000	0.1907	0.2257	0.2128	0.1919	0.1531	
房屋性价比权重	0.2688	0.2601	0.2937	0.2631	0.2000	0.1946	0.1680	0.2193	0.2437	0.3001	
运营管理权重	0.2483	0.1911	0.1382	0.1423	0.2000	0.2780	0.2737	0.3056	0.3033	0.2923	

续 表

名称序号	31	32	33	34	35	36	37	38	39	40	计算结果(W_{ij})
就业条件权重	0.1367	0.1372	0.0918	0.0946	0.1335	0.1520	0.2042	0.1071	0.1293	0.1490	就业条件：0.1598
居住安全性权重	0.1528	0.1107	0.1436	0.3943	0.3446	0.2793	0.2803	0.3360	0.2970	0.1078	居住安全性：0.2094
房屋性价比权重	0.2712	0.2744	0.3035	0.2044	0.2416	0.2510	0.1981	0.2204	0.2205	0.2705	房屋性价比：0.2217
运营管理权重	0.2938	0.2651	0.2539	0.1634	0.1326	0.1496	0.1396	0.1788	0.1850	0.2831	运营管理：0.2409
配套设施权重	0.1454	0.2126	0.2073	0.1433	0.1476	0.1686	0.1778	0.1578	0.1680	0.1896	配套设施：0.1682
CR	0.0780	0.0502	0.0507	0.0203	0.0678	0.0583	0.0957	0.0567	0.0661	0.0776	

名称序号	41	42	43	44	45	46	47	48	49	50
就业条件权重	0.1188	0.1372	0.1185	0.1767	0.1901	0.1367	0.1123	0.0918	0.1122	0.1167
居住安全性权重	0.1907	0.1107	0.2128	0.0942	0.2068	0.1528	0.1531	0.1436	0.2257	0.1919
房屋性价比权重	0.1946	0.2744	0.2193	0.3120	0.2029	0.2712	0.3001	0.3035	0.1680	0.2437
运营管理权重	0.2780	0.2651	0.3056	0.2244	0.2294	0.2938	0.2923	0.2539	0.2737	0.3033
配套设施权重	0.2178	0.2126	0.1438	0.1928	0.1708	0.1454	0.1422	0.2074	0.2204	0.1444
CR	0.0307	0.0502	0.0479	0.0660	0.0582	0.0780	0.0442	0.0507	0.0664	0.0389

表6-15 公租房项目经济可持续性影响指标权重调查结果统计表

名称序号	1	2	3	4	5	6	7	8	9	10	计算结果(W_{ij})
建筑经济措施权重	0.333 3	0.085 2	0.108 8	0.292 6	0.559 1	0.262 8	0.200 0	0.297 0	0.240 3	0.195 8	建筑经济措施: 0.256 5
政策支持权重	0.333 3	0.785 5	0.728 6	0.066 8	0.352 2	0.078 6	0.073 4	0.163 4	0.549 9	0.310 8	政策支持: 0.316 2
财务状况权重	0.333 3	0.129 3	0.162 6	0.640 6	0.088 7	0.658 6	0.726 7	0.539 6	0.209 8	0.493 4	财务状况: 0.427 3
CR	0.000 0	0.073 5	0.082 4	0.096 1	0.051 6	0.031 1	0.008 9	0.008 9	0.014 7	0.051 6	
名称序号	11	12	13	14	15	16	17	18	19	20	
建筑经济措施权重	0.493 4	0.122 0	0.549 9	0.085 2	0.357 5	0.666 7	0.625 0	0.122 0	0.332 5	0.569 5	
政策支持权重	0.195 8	0.648 3	0.209 8	0.644 2	0.075 1	0.166 7	0.238 5	0.558 4	0.139 6	0.333 1	
财务状况权重	0.310 8	0.229 7	0.240 3	0.270 6	0.567 5	0.166 7	0.136 5	0.319 6	0.527 8	0.097 4	
CR	0.051 6	0.003 6	0.014 7	0.051 6	0.051 6	0.000 0	0.017 6	0.017 6	0.051 6	0.023 7	
名称序号	21	22	23	24	25	26	27	28	29	30	
建筑经济措施权重	0.310 8	0.139 6	0.172 1	0.310 8	0.208 1	0.238 5	0.209 8	0.297 0	0.139 6	0.149 4	
政策支持权重	0.195 8	0.332 5	0.102 0	0.195 8	0.131 1	0.625 0	0.240 3	0.163 4	0.332 5	0.376 4	
财务状况权重	0.493 4	0.527 8	0.725 8	0.493 4	0.660 8	0.136 5	0.549 9	0.539 6	0.527 8	0.474 2	
CR	0.051 6	0.051 6	0.027 1	0.051 6	0.051 6	0.017 6	0.014 7	0.008 9	0.051 6	0.051 6	
名称序号	31	32	33	34	35	36	37	38	39	40	
建筑经济措施权重	0.111 1	0.122 0	0.109 5	0.259 9	0.319 6	0.297 0	0.250 0	0.443 3	0.539 6	0.240 3	
政策支持权重	0.444 4	0.648 3	0.309 0	0.327 5	0.122 0	0.163 4	0.250 0	0.169 2	0.163 4	0.209 8	
财务状况权重	0.444 4	0.229 7	0.581 6	0.412 6	0.558 4	0.539 6	0.500 0	0.387 5	0.297 0	0.549 9	
CR	0.000 0	0.003 6	0.003 0	0.051 6	0.017 5	0.008 9	0.000 0	0.014 7	0.008 9	0.014 7	
名称序号	41	42	43	44	45	46	47	48	49	50	
建筑经济措施权重	0.155 0	0.310 8	0.332 5	0.108 8	0.357 5	0.111 1	0.122 0	0.104 8	0.208 1	0.122 0	
政策支持权重	0.135 4	0.195 8	0.139 6	0.728 6	0.075 1	0.444 4	0.558 4	0.396 1	0.131 1	0.558 4	
财务状况权重	0.709 6	0.493 4	0.527 8	0.162 6	0.567 5	0.444 4	0.319 6	0.499 1	0.660 8	0.319 6	
CR	0.010 4	0.051 6	0.051 6	0.082 4	0.051 6	0.000 0	0.017 6	0.051 6	0.051 6	0.017 6	

6.3.3.3 影响指标分析

1) 子系统内部指标权重分析

由表 6-15 中各指标调查权重可以发现,各子系统中指标对次准则的影响程度不尽相同。由于影响程度较高的指标对提高子系统的可持续性意义重大,因此由 W_{ij} 可以看出,提高生态子系统可持续性最有效的方法是加强设计的合理性、使用节能设备设施、高效的水资源利用;提高社会子系统可持续性最有效的方法是规范和加强运营管理、提高房屋性价比和居住安全性;提高经济子系统可持续性最有效的方法是改善财务状况、多渠道融资建设。

2) 次准则权重分析

如表 6-11 所示,公租房项目可持续性系统的三个次准则中,生态可持续性所占权重最大,社会可持续性次之,说明生态和社会的可持续性最应该被重视。经济可持续性权重较低,但经济子系统内部的影响指标权重较高。这说明公租房项目的可持续依赖良好的财务状况和国家政策的有力支持,与 6.1.2 中提出的各子系统之间相互影响和制约的关系相吻合。

3) 重要指标分析

为了对提高公租房项目可持续性提出合理的建议,需要明确对公租房项目可持续性影响较大的重要指标。观察表 6-11 公租房项目可持续性系统评价指标的权重,难以对重要指标权重的阈值(即临界值)进行界定。因此,可借助 SPSS 软件进行数据处理。SPSS 软件的数据处理功能强大,是世界上最有影响力的三大统计软件之一。目前在我国的社会科学、自然科学的各个领域发挥了巨大作用。同时,还可以应用于经济学、数学、统计学、物流管理、生物学、心理学、地理学、医疗卫生、体育、农业、林业、商业等各个领域。由于公租房项目可持续性影响指标权重是一维变量,可基于数据间距离采用组间联接法选择聚类分析,获得重要指标权重的树状聚类分析谱系图如图 6-21 所示。

由图 6-21 可以看出,根据权重可将评价指标归为三类,第一类为"财务状况";第二类包括"政策支持""运营管理""房屋性价比"和"设计合理";第三类包括"水资源利用""设备节能""居住安全性""建筑经济措施""绿化及环境""就业条件""配套设施""土地资源利用""节能材料利用"。权重较大的指标对公租房项目的可持续性影响较大。在项目建设前期,可通过改善重要指标的得分来大幅提高公租房项目的可持续性。因此,基于成本效益最大化原则,结合指标权重的的树状聚类分析谱系图,选取权重最大的第一、二类的指标作为重要指标,即"财务状况""政策支持""运营管理""房屋性价比"和"设计合理"为公租房项目可持续性系统评价的重要指标。

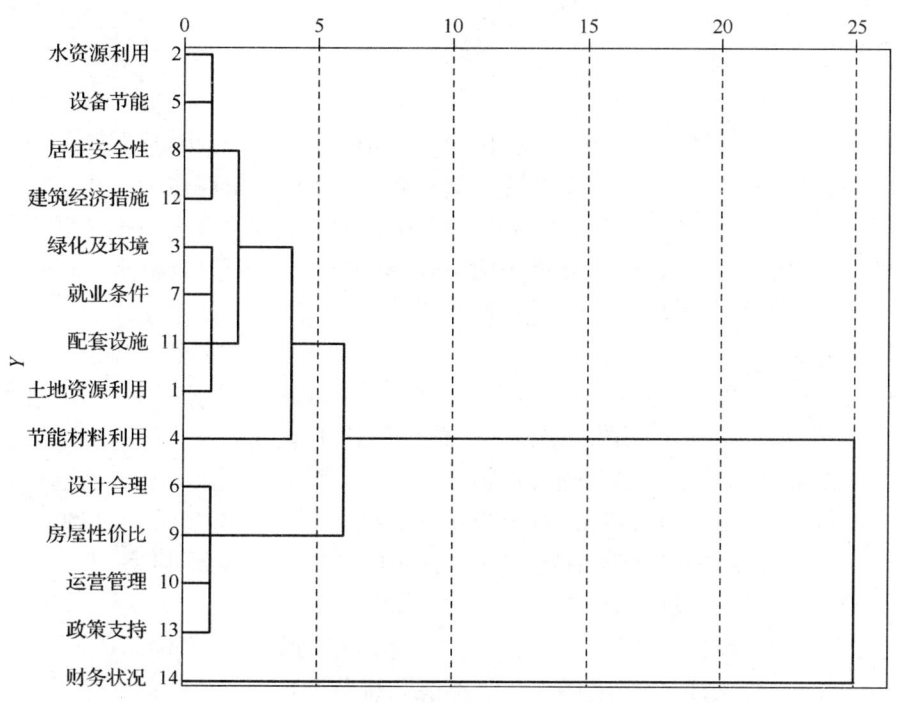

图 6-21 公租房项目可持续性系统评价指标聚类分析图

4) 指标权重综合分析

调研结果显示,财务状况、房屋性价比、政策支持等指标权重较高。从专家打分具体情况来看,高校科研人员认为公租房属于公益性质项目,更应注重节能材料、设备、土地资源等的利用和配套设施、运营管理等方面,实践工作者(设计、咨询、建设和施工等单位工作人员)则更强调财务状况等公益属性较低的指标。由图6-14 所示的受访者分布可知,高等院校工作者所占比例仅四分之一,而实践工作者所占比例较大。所以,可以发现调研呈现的结果与受访对象的分布具有一致性,从而解释了财务状况、房屋性价比、政策支持等指标权重较高的原因。

6.3.4 指标评分标准及评价结果分级

6.3.4.1 各指标评分标准

为方便运用公租房项目综合可持续性定量评价模型,需对各评价指标进行量化。本节将参照《全国和谐社区建设示范社区指导标准》、《公共建筑节能设计标准》(GB 50189—2005)、《绿色建筑评价标准》(GB/T 50378—2014)、《民用建筑节能设计标准》(JGJ 26—2010)等标准,逐项制定各个指标的评分标准。每个指标评分划分为五个等级(好、较好、一般、较差、差),此处借鉴五级满意度与十级评分的对应关系(卢明,2007),将五个等级分别取值为"好"为90～100,"较好"为80～89,"一般"为40～79,"较差"为30～39,"差"为0～29。

1) 设计合理

好:充分利用场地自然条件,公租房项目体形和周围建筑相协调;很好地考虑了日照、通风和采光,并根据需要设置了遮阳设施;每套公租房住宅至少有1个居住空间能获得冬季日照,卧室、起居室(厅)有很好的天然采光和自然通风。

较好:利用场地自然条件,公租房项目体形和周围建筑相协调;考虑了住宅的日照、通风和采光,并根据需要设置了遮阳设施;每套公租房住宅至少有1个居住空间能获得冬季日照,卧室、起居室(厅)有较好的天然采光和自然通风。

一般:部分利用场地自然条件,公租房项目的体形和周围建筑相协调;考虑了住宅的日照、通风和采光,并根据需要设置了遮阳设施;每套公租房住宅至少有1个居住空间能获得冬季日照,卧室、起居室(厅)有一般的天然采光和自然通风。

较差:部分利用场地自然条件,公租房项目的体形和周围建筑相协调;考虑了住宅的日照、通风和采光;部分住宅居住空间不能获得冬季日照,卧室、起居室(厅)的天然采光和自然通风情况较差。

差:未利用场地自然条件,公租房项目的体形和周围建筑不协调;考虑了住宅的日照、通风和采光;部分住宅居住空间不能获得冬季日照,卧室、起居室(厅)的天然采光和自然通风情况较差。

2) 设备节能

好:空调系统有分室分户温度控制措施,空调设备符合国家标准《公共建筑节能设计标准》(GB 50189—2005)中的相关规定;公共场所和部位的照明采用高效光源、高效灯具和低损耗镇流器等附件,并采取其他节能控制措施,在所有自然采光的区域设置定时或光电控制;根据当地气候和自然资源条件充分利用太阳能、地热能等可再生能源。

较好:空调系统有分室分户温度控制措施,空调设备符合国家标准《公共建筑节能设计标准》(GB 50189—2005)中的相关规定;公共场所和部位的照明采用高效光源、高效灯具和低损耗镇流器等附件,在自然采光的区域设置定时或光电控制;根据当地气候和自然资源条件较充分利用太阳能、地热能等可再生能源。

一般:空调系统有分室分户温度控制措施;公共场所和部位的照明采用高效光源、高效灯具和低损耗镇流器等附件,有自然采光的区域设置定时或光电控制;根据当地气候和自然资源条件合理利用太阳能、地热能等可再生能源。

较差:空调系统无分室分户温度控制措施;公共场所和部位的照明采用高效光源、高效灯具和低损耗镇流器等附件,未在有自然采光的区域设置定时或光电控制;未根据当地气候和自然资源条件充分利用太阳能、地热能等可再生能源。

差：空调系统无分室分户温度控制措施；未考虑公共场所和部位的照明节能和自然采光处节能措施；极少利用太阳能、地热能等可再生能源。

3）节能材料利用

好：在公租房项目的设计选材时，考虑使用材料的可再循环使用性能，可再循环材料使用量占所用建筑材料总量的比例高于绿色建筑标准（10%）；在保证性能的前提下，使用可再循环建筑材料，其用量占同类建筑材料的比例高于绿色建筑标准（30%）。

较好：在公租房项目的设计选材时考虑使用材料的可再循环使用性能，可再循环材料使用量占所用建筑材料总量的比例达到绿色建筑标准；在保证性能的前提下，使用可再循环建筑材料，其用量占同类建筑材料的比例达到绿色建筑标准。

一般：公租房项目的设计选材时，使用部分环保材料（或能够循环利用的材料），其余建筑材料的选择满足国家规定的相关标准。

较差：公租房项目的设计选材时，未采用环保材料，建筑材料的选择满足国家规定的相关标准。

差：公租房项目的设计选材时，未采用环保材料，有部分建筑材料的选择不满足国家规定的相关标准。

4）土地资源利用

好：公租房项目的场地建设不破坏当地文物、自然水系、基本农田等；充分利用尚可使用的旧建筑；合理开发利用地下空间；合理选用废弃场地进行建设；对已被污染的废弃地，进行处理并达到有关标准。

较好：公租房项目的场地建设不破坏当地文物、自然水系、基本农田等；部分利用尚可使用的旧建筑；合理开发利用地下空间；对已被污染的废弃地，进行处理并达到有关标准。

一般：公租房项目的场地建设不破坏当地文物、自然水系、基本农田等；部分利用尚可使用的旧建筑；合理开发利用地下空间。

较差：公租房项目的场地建设对当地文物、自然水系或基本农田等有一定破坏；未利用尚可使用的旧建筑；未合理开发利用地下空间。

差：公租房项目的场地建设破坏当地文物、自然水系或基本农田等；未利用尚可使用的旧建筑；未合理开发利用地下空间。

5）水资源利用

好：综合利用各种水资源；充分采用节水器具和设备，景观灌溉采用高效灌溉方式，降雨量大的缺水地区，有相应的雨水积蓄和利用方案；景观水不采用市政用水和自备地下水井供水。

较好：采用节水器具和设备；景观灌溉采用高效灌溉方式；降雨量大的缺水地

区,有相应的雨水积蓄和利用方案。

一般:景观灌溉采用高效灌溉方式;降雨量大的缺水地区,有相应的雨水积蓄和利用方案。

较差:景观灌溉采用低效灌溉方式;降雨量大的缺水地区,有相应的雨水积蓄和利用方案。

差:景观灌溉采用低效灌溉方式;降雨量大的缺水地区,无雨水积蓄和利用方案。

6) 绿化及环境

好:住区的绿地率高于绿色建筑标准(30%);公租房项目物业资格限定为一级;室内环境舒适。

较好:住区的绿地率不低于绿色建筑标准(30%);公租房项目物业资格限定为一级;室内环境较舒适。

一般:住区的绿地率略低于绿色建筑标准(30%);物业资格限定为一级;室内环境一般。

较差:住区的绿地率以国家规定的最低要求为准;物业资格无限制;室内环境较差。

差:住区的绿地率低于国家规定的最低标准;物业资格无限制;室内环境差。

7) 就业条件

好:第二、三产业在公租房项目的周边高度集中,所提供岗位对学历、性别和年龄需求多样,公租房住户能够选择性地就业。

较好:第二、三产业在公租房项目的周边比较集中,所提供岗位对学历、性别和年龄需求多样,能够满足公租房住户的就业。

一般:第二、三产业在公租房项目的周边相对集中,所提供岗位对学历、性别和年龄需求多样,能够满足大多数公租房住户的就业。

较差:第二、三产业在公租房项目的周边比较分散,所提供岗位对学历、性别和年龄需求单一,能够满足部分公租房住户的就业。

差:第二、三产业在公租房项目的周边较少,所提供岗位对学历、性别和年龄需求单一,能够满足小部分公租房住户的就业。

8) 房屋性价比

好:人均居住面积较大,居住条件较好,能够很好地满足公租房居民的日常需求;符合公租房申请条件的住户能够接受房租水平。

较好:人均居住面积较大,人均居住面积高于国家或地区规定的最低标准,居住条件一般,能够满足公租房居民的日常需求;符合公租房申请条件的住户能够接受房租水平。

一般：人均居住面积高于国家或地区规定的最低标准，居住条件一般，能够满足公租房居民的日常需求；符合公租房申请条件的住户能够接受房租水平。

较差：人均居住面积满足国家或地区规定的最低标准，居住条件一般；居民支付租金需要政府补贴。

差：人均居住面积低于国家或地区规定的最低标准，居住条件较差；居民支付租金需要政府补贴。

9）运营管理

好：准入退出机制和监管体制健全；居住人群多样；供需平衡。

较好：准入退出机制和监管体制较健全；居住人群多样；供需基本平衡。

一般：准入退出机制或监管体制有待完善；居住人群多样；供需基本平衡。

较差：准入退出机制和监管体制较差；居住人群单一；供需基本平衡。

差：准入退出机制和监管体制较差；居住人群单一；供需不平衡。

10）居住安全性

好：公租房项目的住宅区有保安室，24小时保安巡逻，社区内有完善的安保设施；安全出口位置及个数符合设计要求；楼梯间及前室的门向疏散方向开启；有很好的防火防盗措施。

较好：公租房项目的住宅区有保安室，24小时保安巡逻，社区内有部分安保设施；安全出口位置及个数符合设计要求；楼梯间及前室的门向疏散方向开启；有较好的防火防盗措施。

一般：公租房项目的住宅区有保安室，安全出口位置及个数符合设计要求，楼梯间及前室的门向疏散方向开启，有一般的防火防盗措施。

较差：公租房项目的部分住宅区未设置保安室，安全出口位置及个数符合设计要求，楼梯间及前室的门向疏散方向开启，防火防盗措施较差。

差：公租房项目的住宅区无保安室，安全出口位置及个数符合设计要求，楼梯间及前室的门向疏散方向开启，无足够的防火防盗措施。

11）配套设施

好：公租房项目的配套设施健全；合理采用综合建筑并与周边地区共享；方便居民充分利用公共交通网络。

较好：公租房项目的配套设施健全；方便居民利用公共交通网络。

一般：公租房项目的配套设施满足居民的基本生活需求；方便居民利用公共交通网络。

较差：公租房项目的配套设施不能满足个别居民的需求；不利于居民利用公共交通网络。

差：公租房项目的配套设施不能满足大部分居民的需求；不利于居民利用公共

交通网络。

12）财务状况

好：公租房项目资金来源多样化，出资比例合理；风险分担机制健全。

较好：公租房项目资金来源多样化，出资比例较合理；项目风险分担合理。

一般：公租房项目资金大部分由政府补贴；风险分担基本合理。

较差：公租房项目资金大部分由政府补贴；风险主要由政府承担。

差：公租房项目资金完全靠政府补贴；风险完全由政府承担。

13）建筑经济措施

好：公租房项目造型要素简约，无装饰性构件；施工现场近距离（500 km 以内）生产的建筑材料重量占建筑材料总量的比例高于 60%（《绿色建筑评价标准》GB/T 50378—2014）；建筑结构材料合理采用高性能混凝土、高强度钢；土建与装修工程一体化设计施工，不破坏和拆除已有的建筑构件及设施。

较好：公租房项目造型要素简约，极少装饰性构件；施工现场近距离生产的建筑材料重量占建筑材料总量的比例不低于 60%（《绿色建筑评价标准》GB/T 50378—2014）；建筑结构材料合理采用高性能混凝土、高强度钢；土建与装修工程一体化设计施工，不破坏和拆除已有的建筑构件及设施。

一般：公租房项目造型要素简约，较少装饰性构件；施工现场近距离生产的建筑材料重量占建筑材料总量的比例不低于 50%（《绿色建筑评价标准》GB/T 50378—2014，一星标准）；建筑结构材料合理采用高性能混凝土、高强度钢；土建与装修工程一体化设计施工，不破坏和拆除已有的建筑构件及设施。

较差：公租房项目造型包含装饰性构件；施工现场近距离生产的建筑材料重量占建筑材料总量的比例低于 50%；建筑结构材料未合理采用高性能混凝土、高强度钢；土建与装修工程一体化设计施工，破坏或拆除部分已有的建筑构件及设施。

差：公租房项目造型包含大量装饰性构件；施工现场近距离生产的建筑材料使用率远低于总量的 50%；建筑结构材料未合理采用高性能混凝土、高强度钢；土建与装修工程分离设计施工，破坏或拆除已有的建筑构件及设施。

14）政策支持

好：存在土地优惠、税收优惠、利率优惠、租金补贴等；优惠幅度较大。

较好：存在土地优惠、税收优惠、利率优惠、租金补贴等；优惠幅度适中。

一般：存在土地优惠、税收优惠、利率优惠、租金补贴中的大部分优惠政策；优惠幅度适中。

较差：存在土地优惠、税收优惠、利率优惠、租金补贴中的小部分优惠政策；优惠幅度较小。

差：没有任何政策优惠。

6.3.4.2 项目评价及结果分析

令公租房项目综合可持续性的最终得分为 F,项目指标得分为 B_i,指标权重为 W_i,则各指标最终得分为

$$F = \sum F_i = \sum B_i \times W_i \qquad (6-8)$$

为保证结果与指标评价等级相呼应,本书中公租房项目综合可持续性的评价结果也分为五个等级(好、较好、一般、较差、差),其中各等级的分数及含义如下:

好:$90 \leqslant F \leqslant 100$,说明公租房项目综合可持续性非常高,充分做到节能减排、生活环境好、居民满意度高、运营管理高效等,在生态、社会和经济方面都存在很高的可持续性。

较好:$80 \leqslant F < 90$,说明公租房项目综合可持续性良好,做到节能减排、生活环境较好、居民满意度较高、运营管理效率较高等,在生态、社会和经济方面都存在较高的可持续性。

一般:$40 \leqslant F < 80$,说明公租房项目综合可持续性一般,项目采取部分节能减排措施,生活环境、居民满意度和运营管理效率一般等,在生态、社会和经济方面的可持续性一般。

较差:$30 \leqslant F < 40$,说明公租房项目综合可持续性较差,采用了部分节能减排措施、生活环境较差、居民满意度不高、运营管理效率偏低等,在生态、社会和经济方面都存在较差的可持续性。

差:$F < 30$,说明公租房项目综合可持续性差,对环境产生负面影响较大、生活环境居民不满意、运营管理存在较多问题等,在生态、社会和经济方面都不具有持续性。

此外,为了避免重要指标得分很低,但其他指标得分很高,导致最终评价得分较高的错误判断情形,在得出公租房项目总体评价得分的同时,还要综合考虑到6.3.3.2节所述的重要指标(即"财务状况""政策支持""运营管理""房屋性价比""设计合理")的得分情况。

为保证评价的合理性,重要指标的得分不得低于该指标在对应评级的得分。公租房项目可持续性评价的最终结果必须结合上述模型的最终得分和重要指标的评价等级进行确定。譬如,评价结果为"一般"时,各个重要指标得分均应在40以上。当重要指标得分低于该指标在相应评级的得分时,将对评价结果进行降级(降级具体情况以重要指标所在等级为准)。譬如,政策不支持公租房项目的建设,但其他所有指标均得分较高,但此时公租房项目可持续性应为"差",即降级到重要指标的相应"差"等级。

6.4 案例分析

6.4.1 项目概况

6.4.1.1 项目总体概述

为了验证前文构建公租房项目可持续性系统的合理性和公租房项目综合可持续性评价模型的适用性,本书选取南京岱山保障房片区中的公租房项目进行实证分析。其中,岱山保障房项目及其中公租房项目的基本情况如前文3.5.1所述。需要补充说明的是,岱山公租房项目总建筑面积约 197 568 m^2,共包括 8 栋公租房及一个地下车库。公租房全部为公寓式住宅,共计 3 534 套,分为 6 个标准户型(A1、A2、B1、B2、Q1、Q2),户型平面图如图 6-22 所示。项目由绿城集团承建,于2011 年 3 月 1 日开工,2013 年 12 月竣工,全部为精装修交付。公租房项目配套设施与整个保障房项目共同规划设计和使用。

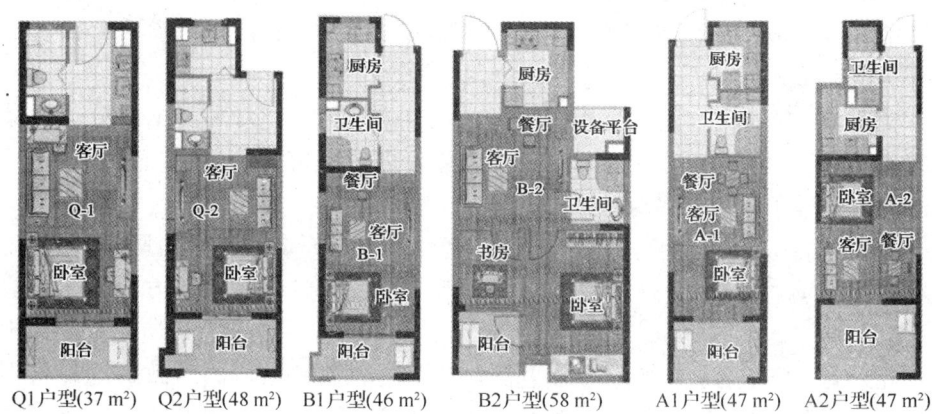

图 6-22 公租房项目户型图

6.4.1.2 项目具体情况

1) 设计方面

公租房项目的设计充分利用了岱山的自然条件,外观结合周边地势环境设计;室内采用中空塑钢窗,不仅可以充分利用自然采光,更可起到良好的保温、隔热、降噪效果;每套住宅居住空间至少有一个满足日照标准的要求;卧室、起居室、书房、厨房、卫生间等均设置外窗(含必要遮阳设施),有良好的采光和自然通风。

2) 设备节能

该项目空调系统由各家自行控制;每户均采用阳台壁挂式太阳能热水器(集热

方式为太阳能集热器和水箱之间定温温差循环,系统为闭式承压系统),集中集热分户储热形式;大厅、楼梯间等自然采光情况较好的区域采用定时照明系统,充分利用了可再生资源,降低运行能耗。

3) 节能材料利用

围护结构的外墙、梁柱、屋面均采用聚氨酯复合材料进行外保温;地下室外墙外侧采用聚苯保温板防水保护层,其余建筑材料以国家相关标准为准。

4) 土地资源利用

该项目按照建设规划合理利用废弃场地,建筑垃圾及时进行清理;未破坏当地文物,未对自然水系等造成污染;充分利用了规划用地周围的建筑及配套设施;地下室都设计为平战结合,即平时为车库、配套设备用房,战时做人防,充分利用地下空间。

5) 水资源利用

本项目设置了雨水回收系统,对雨水收集、净化,再用于绿化、冲洗道路等,环保,节约水资源,减少运行费用;景观灌溉采用节水量较大的喷灌。

6) 绿化及环境

公租房项目的绿化率为40.93%,景观中乔木、灌木、地被多层复合运用,给小区住户创造了良好的生活环境;为保证项目运营阶段的居住环境,该公租房项目的物业招标资格限定为一级;该公租房地下设备用房均设置隔音墙,有效降低设备运转噪音对住户的影响,室内环境舒适。

7) 就业条件

根据百度地图和对公租房项目走访可知,距离该项目 5 km 范围内,有酒店饭店类 36 家,娱乐场所 18 家,停车场、加油站、服务站、洗车店等共 46 家。该公租房项目规划区内也设有商业区、农贸市场、卫生服务站等,为居民提供了部分就业机会。

8) 房屋性价比

该项目中,住宅类的公租房项目人均面积为 15 m^2,租金以《南京市公租房租金标准》为准,该项目主要针对中低收入住房困难群体,租金为 8 元/(m^2·月),由租户全数上交,租补分离(根据宁价服〔2013〕101 号文件确定);居住条件较好,配套设施齐全,能够很好地满足居民的日常需求。

9) 运营管理

该公租房项目全部为公寓类项目,由南京安居保障房建设发展有限公司负责运营管理。符合申请条件的家庭或个人可直接提出申请,首次签约收缴半年租金另加与半年租金相同费用的租赁保证金,后期每半年收缴一次租金。公租房管理严格按《南京市公租房管理办法》(详见附录 13)实施,符合规定的申请人可以享受政策支持,按照远低于市场的租赁价格租房。但公租房承租户如果出现附录13中第五部分规定的情形(如转借、转租等),都要被取消承租资格。

10) 居住安全性

该项目配备电子围栏系统、小区监控系统、出入门禁系统、电子巡更等,电子围栏以阻挡为主,报警为辅,电压为安全电压,不会对人身造成伤害,加强了小区内治安环境管理。小区内实现人车分流,24小时保安值守巡更等。项目按建筑要求配有消防系统,住宅内设有火灾探测器、手动报警按钮、消防专用电话等,且配套设施中建有消防站,保证消防安全。在每个住户的厨房内设置独立式可燃气体报警设备,安全出口等设置符合国家相关规定。

11) 配套设施

该项目设有商业区、体育场、社区卫生服务中心、与周边地区共享学校等设施,配套设施比较周全,能较好地满足居民的日常需求。

12) 财务状况

该项目建设资金主要来源有三部分:政府拨款(15%)、银行贷款(20%)、参建方自筹(65%),建设过程中由南京安居保障房建设发展有限公司和南京市审计局进行跟踪审计;项目风险由政府、银行和参建方共同承担。

13) 建筑经济措施

建筑造型要素简约,极少装饰性构件;建筑材料在经济性原则下就近选用,本地建材比例达60%左右;建筑结构材料合理采用高性能混凝土、高强度钢;土建与装修工程一体化设计施工,未破坏和拆除已有的建筑构件及设施。

14) 政策支持

该公租房项目用地全部由政府划拨;建设资金贷款利率不超过基准利率;只缴纳营业税及附加,其他一概无需缴纳;租金补贴按南京市相关标准执行(直接补贴租户,实行租补分离),具体情况详见附录13《南京市公租房管理办法》部分。

6.4.2 项目评价

6.4.2.1 各指标分析及得分

1) 指标分析

(1) 设计合理:该公租房项目在自然条件利用、建筑外形、采光通风等方面均达到6.3.4.1节中"设计合理"指标评分标准的最高水平,该项得分为100。

(2) 设备节能:该项目充分利用了太阳能;空调分户控制,公共区域采用了定时照明设施,但无其他节能设备。根据6.3.4.1节中各指标评分标准,该项得分为70。

(3) 节能材料利用:该项目除了采用了高品质环保型材料聚苯保温板和能够

循环利用的聚氨酯复合材料外，其他相关建筑材料以国家规定最低要求为准。根据6.3.4.1节中各指标评分标准，虽然环保材料种类较少，但围护结构及梁、柱等均全部采用，故所占比例较大。所以，该项得分为60。

（4）土地资源利用：该项目充分利用了土地资源，满足6.3.4.1节中该指标评分的最高标准，故该项得分为100。

（5）水资源利用：本项目设置了雨水回收系统，景观灌溉方式高效，但家庭用水（如卫浴用水等）未进行节水考虑。根据6.3.4.1节中各指标评分标准，该项得分为70。

（6）绿化及环境：该项目绿地率高于绿色建筑标准，根据6.3.4.1节中各指标评分标准，该项各方面均满足最高标准，故得分为100。

（7）就业条件：该项目周围第二、三产业种类和数量较多，能满足大部分居民就业；但对学历要求普遍偏低，对于高学历居民来说，就业条件较差。根据6.3.4.1节中各指标评分标准，该项得分为80。

（8）房屋性价比：公租房项目租金不得高于该地段同类房屋租金的70%（具体详见附件3），居民能够自行支付；居住条件较好，该项目人均居住面积（15 m²）远远大于北京、上海等限定的标准（5 m²）。根据6.3.4.1节中各指标评分标准，该项得分为100。

（9）运营管理：关于该公租房项目运营管理，南京有较为完善的准入退出机制（详见附录13）。公租房项目规划区内设有近三分之一的商品房，保证居住人群的多样性，防止贫民窟化，但缺乏相应的监管体系。根据6.3.4.1节中该指标评分标准，该项得分为80。

（10）居住安全性：该项目安全设施齐全，满足6.3.4.1节中该指标评分的最高标准，故该项得分为100。

（11）配套设施：该项目交通设施、商业设施、运动设施、教育设施、卫生设施等配备齐全，合理利用周围设施，满足居民的基本需求，且交通便利。根据6.3.4.1节中该指标评分标准，该项得分为100。

（12）财务状况：该项目充分利用了各参建方资金和银行低利率的优惠，只包含小部分资金由政府直接拨款；风险分担合理。但该项目只确定了部分风险责任方，未制定完善的分险分担机制，故根据6.3.4.1节中该指标评分标准，该项得分为80。

（13）建筑经济措施：该项目建筑造型朴素、简约，极少装饰性构件；建筑材料就近选用等，根据6.3.4.1节中该指标评分标准，该项得分为80。

（14）政策支持：税收优惠、土地优惠和利率优惠较大，租金补贴机制健全。根据6.3.4.1节中该指标评分标准，该项得分为100。

2) 得分汇总

汇总前述得分,岱山项目各指标的可持续性结果如表6-16所示。

表6-16 岱山项目各指标可持续性得分汇总表

系统名称	一级指标	二级指标	评价得分(B_i)
公租房项目可持续性系统	生态可持续性	设计合理	100
		设备节能	70
		节能材料利用	60
		土地资源利用	100
		水资源利用	70
		绿化及环境	100
	社会可持续性	就业条件	80
		房屋性价比	100
		运营管理	80
		居住安全性	100
		配套设施	100
	经济可持续性	财务状况	80
		建筑经济措施	80
		政策支持	100

6.4.2.2 项目可持续性的综合得分

根据前文6.3.4中公租房项目可持续性指标得分的计算方法依次计算各指标得分,具体分值如表6-17所示。

表6-17 岱山项目可持续性指标及综合得分

系统名称	一级指标	二级指标	评价得分B_i	指标权重W_i	项目指标得分 $F_i = B_i \cdot W_i$
公租房项目可持续性系统	生态可持续性	土地资源利用	100	0.0619	6.19
		水资源利用	70	0.0684	4.79
		绿化及环境	100	0.0571	5.71
		节能材料利用	60	0.0457	2.74
		设备节能	70	0.0742	5.19
		设计合理	100	0.0780	7.80

续表

系统名称	一级指标	二级指标	评价得分 B_i	指标权重 W_i	项目指标得分 $F_i = B_i \cdot W_i$
公租房项目可持续性系统	社会可持续性	就业条件	80	0.055 8	4.46
		居住安全性	100	0.073 1	7.31
		房屋性价比	100	0.077 4	7.74
		运营管理	80	0.084 1	6.73
		配套设施	100	0.058 7	5.87
	经济可持续性	建筑经济措施	80	0.068 1	5.45
		政策支持	100	0.084 0	8.40
		财务状况	80	0.113 5	9.08
综合得分			$F = 87.46$		

6.4.3 结果分析

1) 评价结果分析

从表 6-17 可以看出,岱山保障房片区公租房项目的可持续性得分 $F=87.46$。由前文 6.3.4 节中公租房项目可持续性等级划分标准可知,$F=87.11$ 属于 $80 \leqslant F < 90$ 区间,所以该公租房项目的可持续性等级为"较好"。另如前文 6.3.4 节所述,对于公租房项目可持续性评价结果的确定,还需要同时满足各重要指标("设计合理""房屋性价比""运营管理""政策支持"和"财务状况")得分 F_i 不应低于"较好"标准,即 $F_i \geqslant F_满 \times 80\%$。

以"设计合理 i"为例,当公租房项目可持续性评价结果为"较好"时,$F_i \geqslant F_满 \times 80\%$,即

$$F_满 = 100 \times W_{ij} = 100 \times 0.078\ 0 = 7.8$$
$$F_i \geqslant F_满 \times 80\% = 7.8 \times 80\% = 6.24$$

南京岱山公租房项目的该指标得分为 7.8>6.24。该重要指标符合岱山公租房项目可持续性的整体评价结果,即不需要因此而对整体评级进行降级处理。

类似的,其余重要指标("房屋性价比""运营管理""政策支持"和"财务状况")得分依次不应低于 6.20、6.73、6.72、9.08。为直观地看出各重要指标得分是否对公租房项目可持续性的整体评价造成影响,本书将各指标的实际得分与对应公租房项目可持续性评价等级为"较好"时各指标相应的最低分制成雷达图,具体如图 6-23 所示。从图中可以发现,岱山公租房项目各重要指标得分均高于根据评价标准计算出的最低分。综上所述,岱山公租房项目可持续性评价为"较好"。也就是

该项目做到了节能减排、生活环境较好、居民满意度较高、管理运营效率较高等，在生态、社会和经济方面都具有较高可持续性。

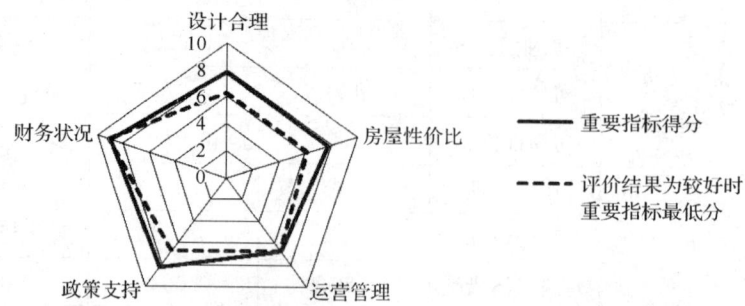

图 6-23　岱山项目可持续性重要指标得分与相应等级指标最低分雷达图

2) 各子系统得分分析

公租房项目的整体可持续性是由生态、社会和经济三个子系统的可持续性决定的，相应地可以通过改善单个子系统的可持续性来提高公租房项目的整体可持续性。因此，需要明确各子系统的具体得分情况。本书中各子系统得分为该子系统内各指标得分之和。以"经济子系统"为例，其可持续性为建筑经济措施 F_{12}、财务状况 F_{13} 和政策支持 F_{14} 三个得分之和，即

$$F_{经济} = F_{12} + F_{13} + F_{14} = 5.45 + 8.40 + 9.08 = 22.93$$

由表 6-17 可知，由于各子系统所占权重不同，无法直接比较。因此，为了能直接判断岱山公租房项目三个子系统可持续性的高低，可以将三个子系统的得分换算成百分制。以"经济子系统"为例，具体如下：

$$F_{经济满} = W_i \times 100 = 0.2655 \times 100 = 26.55$$

$$F'_{经济} = (F_{经济}/F_{经济满}) \times 100 = (22.93/26.55) \times 100 = 86.37$$

类似地，可以计算出公租房项目生态和社会子系统的百分制得分，汇总结果如表 6-18 所示。从表中可以看出，岱山公租房项目社会子系统可持续性最高，经济子系统次之，生态子系统的可持续性最低。因此，应该通过改善可持续性相对较低的生态子系统和经济子系统来提高岱山项目的整体可持续性。

表 6-18　公租房项目可持续性系统各子系统百分制得分表

名　称	子系统得分	子系统满分	子系统百分制得分
生态可持续性	32.42	38.52	84.16
社会可持续性	32.11	34.93	91.93
经济可持续性	22.93	26.55	86.37

3) 指标得分分析

公租房项目整体可持续性是由生态、社会和经济三个子系统的可持续性决定的,而各子系统的可持续性是由子系统内各指标的可持续性决定的。因此,只有明确各指标得分,比较各指标与对应满分之间的差距,才能为提高公租房项目可持续性提出针对性建议。以"财务状况 j"为例对指标得分进行分析,该指标满分为 $F_{j满}$,指标得分与指标满分之间的差距为 ΔF,计算过程如下:

$$F_{j满} = 100 \times W_j = 100 \times 0.1135 = 11.35$$
$$\Delta F = F_{j满} - F_j = 11.35 - 9.08 = 2.27$$

类似的,该项目其他各指标得分与对应指标满分之间差距汇总如图 6-24 的雷达图所示(实线与虚线之间的距离)。从图中可以看出岱山项目中的"财务状况""水资源利用"和"设备节能"指标与对应指标满分差距较大,通过改善这三个指标能够较大程度改善岱山公租房项目整体可持续性。所以,增加资金来源、制定合理的各参建方风险分担机制、加强水资源和节能设备的利用等对提高该公租房项目的可持续性最有效。

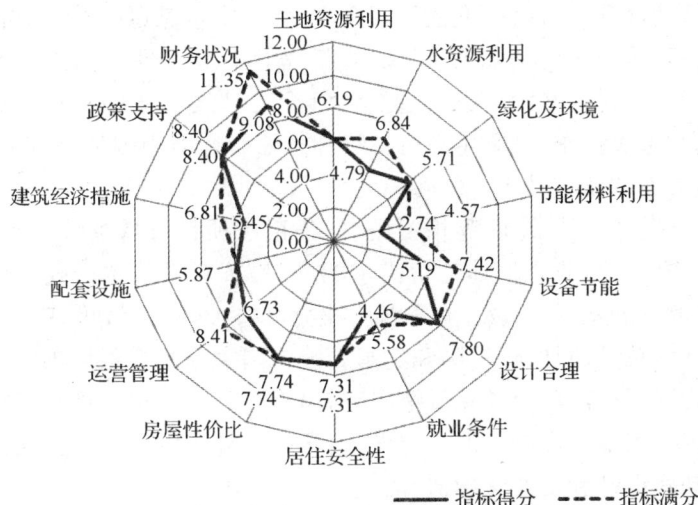

图 6-24 岱山项目各指标可持续性得分与指标满分雷达图

6.5 本章小结

本章基于复合生态系统理论,建立公租房项目可持续性系统,确定公租房项目可持续性的评价指标体系和定量评价模型,并开展相应的案例分析。

第七章 结论与展望

7.1 主要结论

（1）国际上公租房的相关概念比较多，如公租房、公共住房、社会住房、社会租赁住房、可支付住房等，其可持续性方面研究成果可分为生态可持续性、经济可持续性、社会可持续性和综合可持续性等四个方面，其中生态可持续性方面的研究成果较多。相对而言，公租房是我国保障房的新鲜事物，融资形式、成本分析、相关融资政策研究等经济可持续性相关研究较多，社会可持续性集中在对公租房项目出现的社会问题和解决措施方面，生态可持续性方面研究多为因地制宜的节能策略，综合可持续性方面的研究较少。

（2）基于公租房、可持续性等相关概念，公租房项目可持续性被定义为"公租房项目在满足当代中低收入群体住房需求的同时，不对后代中低收入群体的住房需求造成危害的发展水平"。然后，分别从社会可持续性、经济可持续性和生态可持续性三个角度，总结新加坡、英国和美国等三个国家提高公租房项目可持续性的策略，并结合我国公租房项目的建设情况，提出提高我国公租房项目可持续性的对策建议，包括将公租房与商品房混合建设、引导多方社会力量参与公租房的建设和管理、采用被动式设计和工业化建造等。

（3）明确以社会风险逆向表征公租房项目的社会可持续性后，将公租房项目的社会风险定义为公租房项目的建设运营各环节在社会、经济、环境和文化等方面存在的对社会和居民影响面大、持续时间长并容易导致较大社会冲突或社会危机的可能性，建立公租房项目社会风险评价指标体系，应用可拓物元理论建构公租房项目社会风险前摄性定量评价模型，并对岱山公租房项目进行案例研究，探寻相应的提升路径。

（4）明确以扩展净现值表征公租房项目经济可持续性后，总结公租房项目现行建设模式存在弊端，调查得出房地产开发企业为代表的社会资本参建公租房项目的利益驱动和阻碍因素，提出"建设—拥有—经营（BOO）"的新型公租房建管模式，识别其蕴含的延迟、扩张、收缩等期权，计算此模式下公租房项目的期权溢价，与传统现金流折现法得到净现值相加，得到BOO模式下投资公租房项目的扩展净现值，并利用假设开发法，对岱山保障房片区的公租房项目进行案例研究，探寻提升公租房项目扩展净现值的杠杆作用点。

（5）明确以碳排放逆向表征公租房项目的生态可持续性后，总结国内外碳排放方法的优缺点，选用碳排放系数法度量建筑物生命周期（含建材生产阶段、建材运输阶段、建筑施工阶段、运营与维护阶段、拆除与建材回收阶段）的碳排放，搜集能源、建材、交通运输和机械设备等相关碳排放因子，并应用SQLite 3.0数据库系统、Qt 4.7界面设计系统、NLPIR汉语分析系统等软件技术，建构建筑物生命周期碳排放度量的软件平台，对某保障房项目进行案例研究，为低碳建筑的设计和决策提供智能工具。

（6）论证公租房项目为复合生态系统后，基于社会可持续性、经济可持续性和生态可持续性的研究成果，应用复合生态系统理论，建立包含社会子系统、经济子系统和生态子系统的公租房项目可持续性系统，分析其运作机制和耦合机理，通过文献分析法和问卷调查法建立公租房项目综合可持续性的评价指标体系（含3个一级指标和14个二级指标），应用网络分析法（ANP）构建公租房项目综合可持续性的定量评价模型，并对岱山公租房项目进行案例研究，提出提升该公租房项目综合可持续性的对策建议。

7.2　主要创新

在国家自然科学基金（71301024）的资助下，本书的作者团队开展了公租房项目可持续性定量评价方法的系统性研究，在《Building and Environment》《Habitat International》《城市发展研究》《城市问题》《现代城市研究》《工程管理学报》《建筑经济》等国内外期刊发表10余篇学术论文，表明相关研究成果的创新性已经得到同行认可。总体而言，本书的创新点主要包括：

（1）定义公租房项目可持续性的概念；

（2）建构基于物元可拓理论的公租房项目社会风险定量评价模型；

（3）建构基于实物期权理论的公租房项目投资价值定量评估模型；

（4）设计基于碳排放系数法的建筑物生命周期碳排放度量软件平台；

（5）建构基于复合生态系统理论的公租房项目综合可持续性测度模型。

7.3 未来展望

虽然如前所述,本书在公租房项目可持续性定量评价方面取得了诸多成果,但是未来可向以下两个方面进行拓展:

(1) 向保障房社区层面扩展。在我国,大多数的公租房项目不是单独建设,而是作为保障房社区的一个组成部分存在,其社会、经济和生态等方面受保障房社区的影响比较大,因此建议未来开展保障房社区可持续性的定量评价,探寻提升路径。

(2) 开展横向和纵向的比较研究。一方面,将某一地区的公租房与商品房、国内与发达国家公租房的可持续性进行多重横向比较,为提升公租房项目可持续性提供借鉴;另一方面,如本书 3.5.3 节部分,对公租房项目可持续性的前摄性评价结果和运行阶段实际情况进行纵向的比较研究,以检验和优化前摄性评价模型,为指导新的公租房项目建设管理提供支撑。

附录

附录1　公租房项目社会风险评价指标体系调查问卷

尊敬的先生/女士：

　　您好！

　　我是东南大学土木工程学院的硕士研究生。作为我国保障性住房的发展方向，公租房存在的社会风险具有种类多、影响范围广的特点。为了能准确评价公租房的社会风险水平以最终实现对公租房项目的管控，现在需要您从下表中选择若干典型的公租房项目社会风险评价指标。本问卷将各指标重要性程度分为四个等级：不重要(0分)，一般(1分)，重要(2分)，非常重要(3分)。请您根据自身对各评价指标的认识以及对公租房项目社会风险的理解，在指标的对应分值上打"√"。若所列指标中未包括您认为重要的选项，请将您认为重要的指标补充到表格最后的"其他"项，并对指标打分。谢谢您的合作！

基本信息

1. 您的年龄：
    - A. 25周岁及以下
    - B. 26～35周岁
    - C. 36～45周岁
    - D. 46～55周岁
    - E. 55周岁以上
2. 您的最高学历：
    - A. 大专及以下
    - B. 本科
    - C. 硕士
    - D. 博士
3. 您所代表的角色：
    - A. 政府部门
    - B. 房地产开发企业
    - C. 施工单位
    - D. 材料供应单位
    - E. 保障对象
    - F. 社会公众
4. 您的工作年限：

A. 5年及以下　　　　　B. 6~10年　　　　　C. 11~15年
D. 16年及以上

公租房项目社会风险评价指标打分

备注：(1) 公租房社会风险：公租房项目的建设运营各环节在社会、经济、环境和文化方面存在的对社会和居民影响面大、持续时间长并容易导致较大社会冲突或社会危机的可能性。

(2) 公租房项目社会风险评价指标：公租房项目在建设运行过程中，可能会引发社会冲突或社会危机的原因。

目标层	一级指标	二级指标	指标打分			
			0	1	2	3
公租房项目社会风险评价指标(1)	经济	(1) 征地拆迁补偿标准 (补偿标准的高低决定了被拆迁居民是否同意拆迁，是否会与政府产生冲突，进而产生社会风险)				
		(2) 政府对拆迁群众的安置方案 (安置方案情况的好坏直接影响到被拆迁居民的意愿和积极性，从而可能会造成社会冲突)				
		(3) 公租房项目对土地利用率的影响 (土地利用率过高会导致公租房项目建设过于密集，影响入住居民的生活舒适度，进而可能爆发社会矛盾)				
		(4) 保障对象的生活成本 (公租房项目通常建设偏远，保障对象可能面临工作距离较远、交通不便等情况，从而导致生活成本增加，最终造成保障对象的不满，产生社会风险)				
		(5) 保障对象收入情况 (保障对象的居住地点往往会影响他们对工作的选择，进而影响到他们的收入情况。若收入因此降低，则会造成保障对象对公租房的不满，进而可能产生社会风险)				
		(6) 保障对象和周边群众的收入差距 (收入差距过大会导致保障对象的心理不平衡，进而可能引发两个群体的社会冲突)				
		(7) 对周边群众就业机会的影响 (公租房项目吸引众多流动人口的入住，势必会占据周边的就业机会，使得周边群众原本的就业状况受到影响，因而造成社会冲突)				
		(8) 保障对象和周边群众的生活水平差异度 (与收入差距类似，生活水平的差距也可能会引起两个群体的矛盾)				
		(9) 相关服务价格上涨情况 (公租房项目会带来众多流动人口，从而会导致周边一些产品服务价格上涨，势必会引起原居住群众的不满，进而可能造成社会冲突)				
		(10) 保障对象的上班成本 (公租房项目位置若与保障对象的工作地点距离较远，则可能会引起保障对象的不满，进而产生社会冲突)				

续 表

目标层	一级指标	二级指标	指标打分			
			0	1	2	3
公租房项目社会风险评价指标(1)	社会	(1) 公租房项目的规划选址 (公租房项目的规划选址决定了保障对象日后工作、生活的便利程度,也决定了社会冲突产生的可能性)				
		(2) 公租房周边的交通状况 (交通状况影响到保障对象和周边居民的出行便利度,从而也会影响到社会冲突的产生)				
		(3) 基础设施完善度 (基础设施完善度反映了生活资源分配情况,影响保障对象和周边居民的生活便利度,进而会影响社会冲突的发生率)				
		(4) 社会治安情况 (社会治安水平的高低也会影响到社会冲突的发生率,进而影响到公租房项目社会风险水平)				
		(5) 建设公租房时的施工安全性 (公租房项目的施工安全性对周边居民的生活影响很大,直接会影响到周边居民对项目的满意度,进而影响社会冲突的发生率)				
		(6) 公租房质量 (若公租房质量较差,会直接造成保障对象对公租房的不满,这种情绪会影响到他们的生活和工作,进而可能造成一定的社会冲突的发生,产生社会风险)				
		(7) 媒体舆论导向性 (无论是对保障对象还是周边居民,媒体舆论的观点都会影响到他们对公租房的接受程度,若媒体舆论对公租房项目持反对态度,则势必会引起众多利益相关者之间冲突的发生)				
		(8) 社区交际资源变化情况 (公租房项目的建设会使得周边居民和保障对象的交际范围、对象产生变化,在一定程度上也可能会造成社会风险)				
		(9) 社会公平状况 (公租房项目的建设考验着政府对整个城市范围内资源分配的公正程度,若偏远地区的资源分配不足则会引起保障对象的不满,体现出社会的不公正,进而可能产生社会风险问题)				
		(10) 公租房小区物业服务质量 (小区物业服务质量影响着保障对象对公租房项目的满意度,进而会影响社会冲突的发生率)				
		(11) 公租房周边流动人口增长率 (公租房项目的建设带来了众多的流动人口,势必对当地的社会治安会造成一定影响,保障对象与周边居民的冲突率也会上升)				
		(12) 居民融合度 (保障对象能否很好地融入到周边居民的生活中,决定了他们之间社会冲突的发生情况,进而影响社会风险水平)				

续表

目标层	一级指标	二级指标	指标打分			
			0	1	2	3
公租房项目社会风险评价指标(1)	环境	(1) 人均绿地占有率 (公租房项目的保障性质决定了居住的舒适性势必会有一定的影响。人均绿地占有率过低会影响到保障对象的生活舒适度和对社会的满意度,进而影响社会冲突的发生率)				
		(2) 地质沉降 (公租房项目的建设可能会引起周边范围内的地质产生沉降,从而引起周边居民的不满,导致社会冲突的发生)				
		(3) 空气质量 (人口的急剧增加势必会对空气质量造成影响,从而引起保障对象和周边居民的不满,最终产生社会冲突)				
		(4) 水资源影响 (人口的急剧增加可能会使水资源受到污染,也可能引起水资源短缺,这些都可能造成社会冲突)				
		(5) 噪声影响 (无论是公租房的建设还是之后流动人口的增加,其产生的噪声问题势必会对周边居民的生活造成影响,进而引发社会冲突,形成社会风险)				
		(6) 水土流失 (公租房项目的建设可能会破坏一定的植被和绿化,造成水土流失,使周边居民的生活环境受到影响,引发社会冲突)				
		(7) 生态环境影响 (公租房的建设和流动人口的增加都会在一定程度上破坏周边的生态环境,引起周边居民的不满,产生社会冲突)				
	文化	(1) 风俗习惯差异度 (保障对象和周边居民在风俗习惯方面的差异性会影响到双方的生活,从而可能造成社会冲突)				
		(2) 原居住区文化破坏度 (流动人口的涌入势必会破坏原居住区的文化,引起周边居民的不满,进而可能造成社会冲突)				
		(3) 文化教育差异度 (一般而言,公租房保障对象的文化教育程度普遍偏低,势必会与周边居民在生活方面存在一定的差距和矛盾,这些都可能会引发社会冲突)				
	其他					

再次感谢您的合作,谢谢!

附录2　公租房项目社会风险评价指标相对重要性评分表

尊敬的先生/女士：

　　您好！

　　我是东南大学土木工程学院的硕士研究生。作为我国保障性住房的发展方向，公租房存在的社会风险具有种类多、影响范围广的特点，其大小对居民和城市具有重要影响。本问卷将对其影响指标的权重进行调查（指标具体含义详见问卷附件），以便对公租房项目社会风险水平进行科学、合理、准确的评价。我们向您保证有关调查资料只用于科学研究，绝对不会透漏任何个人信息。如您希望对调研结果有进一步的了解，请您在填写完问卷后留下邮箱，以便将结果发送给您，谢谢！

　　祝身体健康、工作顺利！

基本信息

1. 您的年龄：
    A. 25 周岁及以下　　　　B. 26～35 周岁　　　　C. 36～45 周岁
    D. 46～55 周岁　　　　　E. 55 周岁以上
2. 您的最高学历：
    A. 大专及以下　　　　　B. 本科　　　　　　　C. 硕士
    D. 博士
3. 您的工作单位：
    A. 政府部门　　　　　　B. 高等院校　　　　　C. 房地产开发企业
    D. 施工单位　　　　　　E. 咨询单位　　　　　F. 其他
4. 您的职称：
    A. 教授　　　　　　　　B. 副教授　　　　　　C. 讲师
    D. 工程师　　　　　　　E. 学生　　　　　　　F. 其他
5. 您的工作年限：
    A. 5 年及以下　　　　　B. 6～10 年　　　　　C. 11～15 年
    D. 16 年及以上

注：评分标准如下表所示：

评分标度	意义	备注
1	两者同等重要	2、4、6、8为判断中值,倒数的含义与表中意义相反;本问卷调查表格中横向指标代表"前者",纵向代表"后者";表格左上角是指标相互比较的前提,即在该前提下进行"前者"与"后者"之间的相对重要性比较(各指标所表示的含义详见问卷最后的附表)
3	前者比后者稍重要	
5	前者比后者重要	
7	前者比后者重要得多	
9	前者比后者绝对重要	

表1　公租房项目社会风险影响因素的相对重要性比较

公租房项目社会风险	经济风险	社会风险	环境风险	文化风险
经济风险	1			
社会风险		1		
环境风险			1	
文化风险				1

表2　公租房项目中经济风险指标的相对重要性比较

经济风险	征地拆迁补偿标准	拆迁群众安置方案	保障对象生活成本	保障对象收入变化情况	就业机会	相关服务价格上涨情况	保障对象上班成本
征地拆迁补偿标准	1						
拆迁群众安置方案		1					
保障对象生活成本			1				
保障对象收入变化情况				1			
就业机会					1		
相关服务价格上涨情况						1	
保障对象上班成本							1

表3 公租房项目中社会风险指标的相对重要性比较

社会风险	规划选址	交通状况	基础设施完善度	社会治安情况	施工安全性	住房质量	社会公平状况	物业服务质量	流动人口增长率	居民融合度
规划选址	1									
交通状况		1								
基础设施完善度			1							
社会治安情况				1						
施工安全性					1					
住房质量						1				
社会公平状况							1			
物业服务质量								1		
流动人口增长率									1	
居民融合度										1

表4 公租房项目中环境风险指标的相对重要性比较

环境风险	空气质量	水资源影响	噪声影响	生态环境影响
空气质量	1			
水资源影响		1		
噪声影响			1	
生态环境影响				1

表5 公租房项目中文化风险指标的相对重要性比较

文化风险	风俗习惯差异度	原居住区文化破坏度	文化教育差异度
风俗习惯差异度	1		
原居住区文化破坏度		1	
文化教育差异度			1

附表(各指标含义如下表所示)

目标层	一级指标	二级指标	指标解释
公租房项目社会风险评价指标	经济	(1) 征地拆迁补偿标准	补偿标准的高低决定了被拆迁居民是否同意拆迁,是否会与政府产生冲突,进而产生社会风险
		(2) 拆迁群众安置方案	安置方案情况的好坏直接会影响到被拆迁居民的意愿和积极性,从而可能会造成社会冲突
		(3) 保障对象生活成本	公租房项目通常建设偏远,保障对象可能面临工作距离较远、交通不便等情况,从而导致生活成本增加,最终造成保障对象的不满,产生社会风险
		(4) 保障对象收入变化情况	保障对象的居住地点往往会影响他们对工作的选择,进而影响到他们的收入情况。若收入因此降低,则会造成保障对象对公租房的不满,进而可能产生社会风险
		(5) 就业机会	公租房项目吸引众多流动人口的入住,势必会占据周边的就业机会,使得周边群众原本的就业状况受到影响,因而造成社会冲突
		(6) 相关服务价格上涨情况	公租房项目会带来众多流动人口,从而会导致周边一些产品服务价格上涨,势必会引起原居住群众的不满,进而可能造成社会冲突
		(7) 保障对象上班成本	公租房项目位置若与保障对象的工作地点距离较远,则可能会引起保障对象的不满,进而产生社会冲突
	社会	(1) 规划选址	公租房项目的规划选址决定了保障对象日后工作、生活的便利程度,也决定了社会冲突产生的可能性
		(2) 交通状况	交通状况影响到保障对象和周边居民的出行便利度,从而也会影响到社会冲突的产生
		(3) 基础设施完善度	基础设施完善度反映了生活资源分配情况,影响保障对象和周边居民的生活便利度,进而会影响社会冲突的发生率
		(4) 社会治安情况	社会治安水平的高低也会影响到社会冲突的发生率,进而影响到公租房项目社会风险水平
		(5) 施工安全性	公租房项目的施工安全性对周边居民的生活影响很大,直接会影响到周边居民对项目的满意度,进而影响社会冲突的发生率
		(6) 住房质量	若公租房质量较差,会直接造成保障对象对公租房的不满,这种情绪会影响到他们的生活和工作,进而可能造成一定的社会冲突的发生,产生社会风险
		(7) 社会公平状况	公租房项目的建设考验着政府对整个城市范围内资源分配的公正程度,若偏远地区的资源分配不足则会引起保障对象的不满,体现出社会的不公正,进而可能产生社会风险问题

续 表

目标层	一级指标	二级指标	指标解释
公租房项目社会风险评价指标	社会	(8) 物业服务质量	小区物业服务质量影响着保障对象对公租房项目的满意度,进而会影响社会冲突的发生率
		(9) 流动人口增长率	公租房项目的建设带来了众多的流动人口,势必对当地的社会治安会造成一定影响,保障对象与周边居民的冲突率也会上升
		(10) 居民融合度	保障对象能否很好地融入到周边居民的生活中,决定了他们之间社会冲突的发生情况,进而影响社会风险水平
	环境	(1) 空气质量	人口的急剧增加势必会对空气质量造成影响,从而引起保障对象和周边居民的不满,最终产生社会冲突
		(2) 水资源影响	人口的急剧增加可能会使水资源受到污染,也可能引起水资源短缺,这些都可能造成社会冲突
		(3) 噪声影响	无论是公租房的建设还是之后流动人口的增加,其产生的噪声问题势必会对周边居民的生活造成影响,进而引发社会冲突,形成社会风险
		(4) 生态环境影响	公租房的建设和流动人口的增加都会在一定程度上破坏周边的生态环境,引起周边居民的不满,产生社会冲突
	文化	(1) 风俗习惯差异度	保障对象和周边居民在风俗习惯方面的差异性会影响到双方的生活,从而可能造成社会冲突
		(2) 原居住区文化破坏度	流动人口的涌入势必会破坏原居住区的文化,引起周边居民的不满,进而可能造成社会冲突
		(3) 文化教育差异度	一般而言,公租房保障对象的文化教育程度普遍偏低,势必会与周边居民在生活方面存在一定的差距和矛盾,这些都可能会引发社会冲突

请尽快提交问卷,再次感谢您的支持与合作,谢谢!

附录 3　公租房项目社会风险特征值相对重要性评分表

尊敬的先生/女士:

您好!

我是东南大学土木工程学院的硕士研究生。作为我国保障性住房的发展方向,公租房存在的社会风险具有种类多、影响范围广的特点。对于这些社会风险,可以通过"发生概率""损失程度""处理难易性"三个特征值来描述。本问卷拟对这三个特征值的重要性大小进行调查，以便为后续的研究提供合理、准确的数据支撑，因此需要您根据自己对这三个特征值的认识及评分标准对它们的重要性进行比较。我们向您保证有关调查资料只用于科学研究，绝对不会透漏任何个人信息。如您希望对调研结果有进一步的了解，请您在填写完问卷后留下邮箱，以便将结果发送给您，谢谢！祝身体健康、工作顺利！

基本信息

1. 您的年龄：
   A. 25 周岁及以下　　B. 26～35 周岁　　C. 36～45 周岁
   D. 46～55 周岁　　E. 55 周岁以上

2. 您的最高学历：
   A. 大专及以下　　B. 本科　　C. 硕士
   D. 博士

3. 您的职称：
   A. 教授　　B. 副教授　　C. 讲师
   D. 研究生

注：评分标准如下表所示：

评分标度	意义	备注
1	两者同等重要	2、4、6、8 为判断中值，倒数的含义与表中意义相反；本问卷调查表格中横向指标代表"前者"，纵向代表"后者"；表格左上角是指标相互比较的前提，即在该前提下进行"前者"与"后者"之间的相对重要性比较（各指标所表示的含义详见问卷最后的附表）
3	前者比后者稍重要	
5	前者比后者重要	
7	前者比后者重要得多	
9	前者比后者绝对重要	

公租房项目社会风险特征值的相对重要性比较

社会风险特征值	发生概率	损失程度	处理难易性
发生概率	1		
损失程度		1	
处理难易性			1

附录4　企业参建公租房建设的利益驱动与阻碍因素调查表

尊敬的＿＿＿先生/女士：

您好！很高兴将我们的研究工作与阁下进行交流，并希望得到支持。本课题研究小组(江苏省社科联课题：面向中低收入人群的江苏省公共租赁住房社会化供给研究，11SB-061)正在进行一项关于基于"三方满意"的江苏社会化供给公租房的租金定价模型的研究。希望本研究能够为政府提供有意义的研究成果，使之能够合理地确定公租房的租金。并且希望通过此次问卷，能了解企业参与公租房建设的利益驱动以及阻碍因素，依据此给政府提供相应的政策建议，从而吸引更广泛的房地产企业的加入。我们承诺本次调查的成果只用于科学研究，并且绝对不会透露您的个人信息和公司信息。

说明

本问卷共列出8个关于公租房的问题。请根据您的管理经验和判断做出回答，关于您的信息请在表格内点击选择即可。

A. 背景资料

1. 请问您工作的单位性质是：
   ☐政府部门；☐房地产公司；☐咨询机构；☐高校/研究机构；
   ☐建筑公司；☐其他

2. 请问您的职称是：
   ☐初级；☐中级；☐副高；☐高级

3. 请问您工作经验：
   ☐5年以下；☐6～10年；☐11～15年；☐16～20年；☐20年以上

4. 请问您所在的单位是否参与过公租房的建设？
   ☐是；☐否

5. 请问您所在的单位是否参加过保障房的建设？
   ☐是；☐否

6. 您认为公租房的合理投资回报率应为：
   ☐3%以下；☐3%～5%；☐5%～8%；☐8%～10%；☐10%以上

7. 您认为公租房的合理投资回收期应为：
   ☐5年以内；☐5～10年；☐10～15年；☐15～20年；☐20～30年；

☐ 30~50 年; ☐ 50 年以上

8. 您认为公租房的月租金应为市场租金的：

☐ 30%以下; ☐ 30%~50%; ☐ 50%~60%; ☐ 60%~80%;

☐ 80%~100%

B. 企业参与公租房建设的利益驱动以及阻碍因素打分表

1—很不重要　5—很重要

利益驱动因素	打分				
1. 建设经营过程成本较低（不需要花大力气做市调、定位、营销以及审批较易等）	1☐	2☐	3☐	4☐	5☐
2. 廉价甚至免费获得土地供应	1☐	2☐	3☐	4☐	5☐
3. 低价获得其他商业用地	1☐	2☐	3☐	4☐	5☐
4. 没有政策风险，享受政策优惠	1☐	2☐	3☐	4☐	5☐
5. 获得比较稳定的业务来源	1☐	2☐	3☐	4☐	5☐
6. 通过一二级联动获得二级开发权	1☐	2☐	3☐	4☐	5☐
7. 改变土地的用途（工业用地变性住宅用地获利）	1☐	2☐	3☐	4☐	5☐
8. 维持与地方政府比较好的关系，以便日后的发展	1☐	2☐	3☐	4☐	5☐
9. 预期产生更高的间接收益（经营性的附属设施，配建商品房等）	1☐	2☐	3☐	4☐	5☐
10. 提高公司的市场占有率和社会影响力	1☐	2☐	3☐	4☐	5☐
11. 改进公司的技术水平	1☐	2☐	3☐	4☐	5☐
12. 获得较多的融资渠道	1☐	2☐	3☐	4☐	5☐
13. 市场不明朗，规避风险，维系企业的生存能力	1☐	2☐	3☐	4☐	5☐
阻碍因素					
1. 直接收益太低	1☐	2☐	3☐	4☐	5☐
2. 资金回收期太长	1☐	2☐	3☐	4☐	5☐
3. 收益率有可能比预期的回报率更低	1☐	2☐	3☐	4☐	5☐
4. 受政府的约束太多	1☐	2☐	3☐	4☐	5☐
5. 可能和政府有内部或外部因素的冲突	1☐	2☐	3☐	4☐	5☐
6. 政府的"爽约"风险	1☐	2☐	3☐	4☐	5☐
7. 企业成本管控难以把握	1☐	2☐	3☐	4☐	5☐
8. 公租房经营管理制度不明朗	1☐	2☐	3☐	4☐	5☐
9. 市场上缺乏公租房成熟的盈利模式	1☐	2☐	3☐	4☐	5☐
10. 政府回购期不明确的风险	1☐	2☐	3☐	4☐	5☐

改善哪些条件之后可能会增加企业加入公租房建设的信心：
_____

非常感谢您抽出宝贵的时间来接受这次问卷调查，如果您能将您的意见一个月内回复至本邮箱（xiaochan8827@163,com），我们将不胜感激！如果您对我们的研究成果感兴趣，我们将会将调查的研究结果尽快地寄一份给您参考。再次感谢您的关注和参与。

附录5 借款还本付息表

(单位:万元)

序号	项目名称	年份									
		2014	2015	2016	2017	2018	2019	2020	2021	2022	2023
1	借款还本付息	—	—	—	—	—	—	—	—	—	—
1.1	年初借款累计	0	27 330.60	31 327.91	29 531.26	27 607.95	25 140.27	22 498.62	19 221.08	15 712.47	11 461.88
1.2	本年借款	26 400.00	2 000.00	0.00	0.00	0.00	0.00	0.00	0.00	0.00	0.00
1.3	本年应计利息	930.60	1 997.31	2 208.62	2 081.95	1 946.36	1 772.39	1 586.15	1 355.09	1 107.73	808.06
1.4	年底偿还利息	—	—	2 208.62	2 081.95	1 946.36	1 772.39	1 586.15	1 355.09	1 107.73	808.06
1.5	年底偿还本金	—	—	1 796.65	1 923.31	2 467.68	2 641.65	3 277.54	3 508.61	4 250.58	4 550.25
2	归还本金来源	—	—	—	−136.39	407.98	581.95	1 217.84	1 448.91	2 190.88	2 490.55
2.1	未分配利润	—	—	−263.05	−136.39	407.98	581.95	1 217.84	1 448.91	2 190.88	2 490.55
2.2	折旧费	—	—	2 059.70	2 059.70	2 059.70	2 059.70	2 059.70	2 059.70	2 059.70	2 059.70
3	偿还本金后余额	—	—	0.00	0.00	0.00	0.00	0.00	0.00	0.00	0.00

序号	项目名称	年份									
		2024	2025	2026	2027	2028	2029	2030	2031	2032	2033
1	借款还本付息	—	—	—	—	—	—	—	—	—	—
1.1	年初借款累计	6 911.63	1 999.82	−3 206.33	−9 233.18	−15 621.18	−22 951.58	—	—	—	—
1.2	本年借款	0.00	0.00	0.00	0.00	0.00	0.00	0.00	0.00	0.00	0.00

续 表

序号	项目名称	年份									
		2024	2025	2026	2027	2028	2029	2030	2031	2032	2033
1.3	本年应计利息	487.27	140.99	−226.05	−650.94	−1 101.29	−1 618.09	0.00	0.00	0.00	0.00
1.4	年底偿还利息	487.27	140.99	−226.05	−650.94	−1 101.29	−1 618.09	0.00	0.00	0.00	0.00
1.5	年底偿还本金	4 911.81	5 206.15	6 026.85	6 388.01	7 330.39	−22 951.58	0.00	5 772.31	6 280.13	6 280.13
2	归还本金来源	4 911.81	5 206.15	6 026.85	6 388.01	7 330.39	−235.97	5 772.31	5 772.31	6 280.13	6 280.13
2.1	未分配利润	2 852.11	3 146.45	3 967.15	4 328.30	5 270.69	−2 295.67	3 712.61	3 712.61	4 220.43	4 220.43
2.2	折旧费	2 059.70	2 059.70	2 059.70	2 059.70	2 059.70	2 059.70	2 059.70	2 059.70	2 059.70	2 059.70
3	偿还本金后余额	0.00	0.00	0.00	0.00	0.00	22 715.61	5 772.31	5 772.31	6 280.13	6 280.13

序号	项目名称	年份									
		2034	2035	2036	2037	2038	2039	2040	2041	2042	2043	2044
1	借款还本付息	—	—	—	—	—	—	—	—	—	—	—
1.1	年初借款累计	0.00	0.00	0.00	0.00	0.00	0.00	0.00	0.00	0.00	0.00	0.00
1.2	本年借款	0.00	0.00	0.00	0.00	0.00	0.00	0.00	0.00	0.00	0.00	0.00
1.3	本年应计利息	0.00	0.00	0.00	0.00	0.00	0.00	0.00	0.00	0.00	0.00	0.00
1.4	年底偿还利息	0.00	0.00	0.00	0.00	0.00	0.00	0.00	0.00	0.00	0.00	0.00
1.5	年底偿还本金	0.00	0.00	0.00	0.00	0.00	0.00	0.00	0.00	0.00	0.00	0.00
2	归还本金来源	6 838.74	6 838.74	7 453.21	7 453.21	8 129.13	8 129.13	8 872.63	8 872.63	9 690.49	9 690.49	10 590.14
2.1	未分配利润	4 779.04	4 779.04	5 393.51	5 393.51	6 069.43	6 069.43	6 812.93	6 812.93	7 630.79	7 630.79	8 530.44

续表

序号	项目名称	年份										
		2034	2035	2036	2037	2038	2039	2040	2041	2042	2043	2044
2.2	折旧费	2 059.70	2 059.70	2 059.70	2 059.70	2 059.70	2 059.70	2 059.70	2 059.70	2 059.70	2 059.70	2 059.70
3	偿还本金后余额	6 838.74	6 838.74	7 453.21	7 453.21	8 129.13	8 129.13	8 872.63	8 872.63	9 690.49	9 690.49	10 590.14

续表

序号	项目名称	年份										
		2045	2046	2047	2048	2049	2050	2051	2052	2053	2054	2055
1	借款还本付息	—	—	—	—	—	—	—	—	—	—	—
1.1	年初借款累计	0.00	0.00	0.00	0.00	0.00	0.00	0.00	0.00	0.00	0.00	0.00
1.2	本年借款	0.00	0.00	0.00	0.00	0.00	0.00	0.00	0.00	0.00	0.00	0.00
1.3	本年应计利息	0.00	0.00	0.00	0.00	0.00	0.00	0.00	0.00	0.00	0.00	0.00
1.4	年底偿还利息	0.00	0.00	0.00	0.00	0.00	0.00	0.00	0.00	0.00	0.00	0.00
1.5	年底偿还本金	0.00	0.00	0.00	0.00	0.00	0.00	0.00	0.00	0.00	0.00	0.00
2	归还本金来源	10 590.14	11 579.75	11 579.75	12 668.32	12 668.32	13 865.74	13 865.74	15 182.91	15 182.91	16 631.80	16 631.80
2.1	未分配利润	8 530.44	9 520.05	9 520.05	10 608.61	10 608.61	11 806.04	11 806.04	13 123.21	13 123.21	14 572.10	14 572.10
2.2	折旧费	2 059.70	2 059.70	2 059.70	2 059.70	2 059.70	2 059.70	2 059.70	2 059.70	2 059.70	2 059.70	2 059.70
3	偿还本金后余额	10 590.14	11 579.75	11 579.75	12 668.32	12 668.32	13 865.74	13 865.74	15 182.91	15 182.91	16 631.80	16 631.80

附录 6 项目进度计划表

序号	项目	2014 2月-12月	2015 1月-12月	2016 1月
1	前期准备	4月-5月		
2	土建施工	6月-12月	1月-11月	
3	设备采购		5月-7月	
4	设备安装		8月-10月	
5	装饰工程		8月-10月	
6	设备调试		11月-12月	
7	竣工交付并使用			1月

附录 7 全部投资财务现金流量表

(单位:万元)

序号	项目	合计	年份									
			2014	2015	2016	2017	2018	2019	2020	2021	2022	2023
1	现金流入	488 731.50	0.00	0.00	4 228.68	4 228.68	4 651.55	4 651.55	5 116.70	5 116.70	5 628.37	5 628.37
1.1	租金收入	484 395.29	0.00	0.00	4 228.68	4 228.68	4 651.55	4 651.55	5 116.70	5 116.70	5 628.37	5 628.37
1.2	回收固定资产余值	4 336.21										

续 表

序号	项目	合计	年份									
			2014	2015	2016	2017	2018	2019	2020	2021	2022	2023
2	现金流出	106 166.16	51 144.16	35 580.08	223.42	223.42	237.51	237.51	253.01	253.01	270.06	270.06
2.1	建设投资	86 724.24	51 144.16	35 580.08	0.00	0.00	0.00	0.00	0.00	0.00	0.00	0.00
2.2	经营成本	3 300.00	0.00	0.00	82.50	82.50	82.50	82.50	82.50	82.50	82.50	82.50
2.3	经营税金	16 141.92	0.00	0.00	140.92	140.92	155.01	155.01	170.51	170.51	187.56	187.56
3	净现金流量	385 865.34	−51 144.16	−35 580.08	4 087.76	4 087.76	4 496.54	4 496.54	4 946.19	4 946.19	5 440.81	5 440.81
	累计现金流量	—	−51 144.16	−86 724.24	−82 636.48	−78 548.72	−74 052.18	−69 555.63	−64 609.44	−59 663.25	−54 222.43	−48 781.62
4	折现净现金流量 ($i = 10.00\%$)	−23 694.88	−46 326.23	−29 192.33	3 037.94	2 751.75	2 741.78	2 483.50	2 474.50	2 241.40	2 233.28	2 022.89
	累计折现净现金流量	—	−46 326.23	−75 518.57	−72 480.63	−69 728.88	−66 987.09	−64 503.59	−62 029.09	−59 787.70	−57 554.42	−55 531.53

序号	项目	年份										
		2024	2025	2026	2027	2028	2029	2030	2031	2032	2033	2034
		11	12	13	14	15	16	17	18	19	20	21
1	现金流入	6 191.21	6 191.21	6 810.33	6 810.33	7 491.36	7 491.36	8 240.50	8 240.50	9 064.55	9 064.55	9 971.01
1.1	租金收入	6 191.21	6 191.21	6 810.33	6 810.33	7 491.36	7 491.36	8 240.50	8 240.50	9 064.55	9 064.55	9 971.01
1.2	回收固定资产余值	288.82	288.82	309.45	309.45	332.14	332.14	357.11	357.11	384.57	384.57	414.77
2	现金流出	0.00	0.00	0.00	0.00	0.00	0.00	0.00	0.00	0.00	0.00	0.00
2.1	建设投资	0.00	0.00	0.00	0.00	0.00	0.00	0.00	0.00	0.00	0.00	0.00
2.2	经营成本											

续 表

序号	项目	年份										
		2024	2025	2026	2027	2028	2029	2030	2031	2032	2033	2034
2.3	经营税金	82.50	82.50	82.50	82.50	82.50	82.50	82.50	82.50	82.50	82.50	82.50
3	净现金流量	206.32	206.32	226.95	226.95	249.64	249.64	274.61	274.61	302.07	302.07	332.27
	累计净现金流量	5 984.90	5 984.90	6 583.38	6 583.38	7 241.72	7 241.72	7 965.90	7 965.90	8 762.49	8 762.49	9 638.73
4	折现现金流量($i=10.00\%$)	-42 796.72	-36 811.83	-30 228.44	-23 645.06	-16 403.33	-9 161.61	-1 195.71	6 770.18	15 532.67	24 295.15	33 933.89
	累计折现净现金流量	2 015.56	1 825.69	1 819.08	1 647.72	1 641.75	1 487.09	1 481.70	1 342.12	1 337.26	1 211.28	1 206.89

序号	项目	年份										
		2035	2036	2037	2038	2039	2040	2041	2042	2043	2044	2045
		22	23	24	25	26	27	28	29	30	31	32
1	现金流入	9 971.01	10 968.11	10 968.11	12 064.92	12 064.92	13 271.41	13 271.41	14 598.55	14 598.55	16 058.41	16 058.41
1.1	租金收入	9 971.01	10 968.11	10 968.11	12 064.92	12 064.92	13 271.41	13 271.41	14 598.55	14 598.55	16 058.41	16 058.41
1.2	回收固定资产余值											617.63
2	现金流出	414.77	448.00	448.00	484.55	484.55	524.75	524.75	568.98	568.98	617.63	0.00
2.1	建设投资	0.00	0.00	0.00	0.00	0.00	0.00	0.00	0.00	0.00	0.00	0.00
2.2	经营成本	82.50	82.50	82.50	82.50	82.50	82.50	82.50	82.50	82.50	82.50	82.50
2.3	经营税金	332.27	365.50	365.50	402.05	402.05	442.25	442.25	486.48	486.48	535.13	535.13
3	净现金流量	9 638.73	10 602.61	10 602.61	11 662.87	11 662.87	12 829.15	12 829.15	14 112.07	14 112.07	15 523.28	15 523.28

续表

序号	项目	年份										
		2035	2036	2037	2038	2039	2040	2041	2042	2043	2044	2045
4	折现净现金流量 ($i=10.00\%$)	1 093.20	1 089.24	986.63	983.06	890.45	887.22	803.64	800.73	725.30	722.67	654.60
	累计折现净现金流量	43 572.62	54 175.23	64 777.83	76 440.70	88 103.57	100 932.72	113 761.88	127 873.95	141 986.02	157 509.30	173 032.57

序号	项目	年份									
		2046	2047	2048	2049	2050	2051	2052	2053	2054	2055
		33	34	35	36	37	38	39	40	41	42
1	现金流入	17 664.25	17 664.25	19 430.67	19 430.67	21 373.74	21 373.74	23 511.11	23 511.11	25 862.22	30 198.43
1.1	租金收入	17 664.25	17 664.25	19 430.67	19 430.67	21 373.74	21 373.74	23 511.11	23 511.11	25 862.22	25 862.22
1.2	回收固定资产余值										4 336.21
2	现金流出	671.14	671.14	730.00	730.00	794.76	794.76	865.98	865.98	944.33	944.33
2.1	建设投资	0.00	0.00	0.00	0.00	0.00	0.00	0.00	0.00	0.00	0.00
2.2	经营成本	82.50	82.50	82.50	82.50	82.50	82.50	82.50	82.50	82.50	82.50
2.3	经营税金	588.64	588.64	647.50	647.50	712.26	712.26	783.48	783.48	861.83	861.83
3	净现金流量	17 075.60	17 075.60	18 783.17	18 783.17	20 661.48	20 661.48	22 727.63	22 727.63	25 000.39	29 336.61
4	折现净现金流量 ($i=10.00\%$)	652.22	590.78	588.64	533.19	531.26	481.21	479.47	434.30	432.73	459.95
	累计折现净现金流量	190 108.18	207 183.78	225 966.95	244 750.11	265 411.60	286 073.08	308 800.71	331 528.34	356 528.73	385 865.34

计算指标	
内部收益率(FIRR)	7.93%
财务净现值(FNPV)	−23 694.88
静态投资回收期(年)	31.55
动态投资回收期(年)	不能回收
基准收益率(%)	10.00%

附录8 经营税金表

（单位：万元）

序号	项目	合计	年份									
			2016	2017	2018	2019	2020	2021	2022	2023	2024	2025
1	住房租金收入	351 897.60	3 072.00	3 072.00	3 379.20	3 379.20	3 717.12	3 717.12	4 088.83	4 088.83	4 497.71	4 497.71
2	商铺租金收入	132 497.69	1 156.68	1 156.68	1 272.35	1 272.35	1 399.58	1 399.58	1 539.54	1 539.54	1 693.49	1 693.495
3	与交易有关的税费	58 601.08	535.97	535.97	585.82	585.82	640.65	640.65	700.97	700.97	767.32	767.32
3.1	营业税	24 219.76	211.43	211.43	232.58	232.58	255.84	255.84	281.42	281.42	309.56	309.56
3.2	城市维护建设税	1 695.38	14.80	14.80	16.28	16.28	17.91	17.91	19.70	19.70	21.67	21.67
3.3	教育费附加	726.59	6.34	6.34	6.98	6.98	7.68	7.68	8.44	8.44	9.29	9.29
3.4	土地使用税	1 499.31	37.48	37.48	37.48	37.48	37.48	37.48	37.48	37.48	37.48	37.48
3.5	房产税(居住)	14 075.90	122.88	122.88	135.17	135.17	148.68	148.68	163.55	163.55	179.91	179.91

续 表

序号	项目	合计	2016	2017	2018	2019	年份 2020	2021	2022	2023	2024	2025
3.6	房产税(经营)	15 899.72	138.80	138.80	152.68	152.68	167.95	167.95	184.74	184.74	203.22	203.22
3.7	印花税	242.20	2.11	2.11	2.33	2.33	2.56	2.56	2.81	2.81	3.10	3.10
3.8	交易服务费	242.20	2.11	2.11	2.33	2.33	2.56	2.56	2.81	2.81	3.10	3.10
4	所得税	82 551.98	0.00	0.00	0.00	0.00	0.00	0.00	0.00	0.00	0.00	0.00

序号	项目	2026	2027	2028	2029	年份 2030	2031	2032	2033	2034	2035
1	住房租金收入	4 947.48	4 947.48	5 442.23	5 442.23	5 986.45	5 986.45	6 585.10	6 585.10	7 243.61	7 243.61
2	商铺租金收入	1 862.84	1 862.84	2 049.12	2 049.12	2 254.04	2 254.04	2 479.44	2 479.44	2 727.39	2 727.39
3	与交易有关的税费	840.30	840.30	920.58	920.58	1 008.89	1 008.89	1 106.04	1 106.04	1 212.89	1 212.89
3.1	营业税	340.52	340.52	374.57	374.57	412.03	412.03	453.23	453.23	498.55	498.55
3.2	城市维护建设税	23.84	23.84	26.22	26.22	28.84	28.84	31.73	31.73	34.90	34.90
3.3	教育费附加	10.22	10.22	11.24	11.24	12.36	12.36	13.60	13.60	14.96	14.96
3.4	土地使用税	37.48	37.48	37.48	37.48	37.48	37.48	37.48	37.48	37.48	37.48
3.5	房产税(居住)	197.90	197.90	217.69	217.69	239.46	239.46	263.40	263.40	289.74	289.74
3.6	房产税(经营)	223.54	223.54	245.90	245.90	270.49	270.49	297.53	297.53	327.29	327.29
3.7	印花税	3.41	3.41	3.75	3.75	4.12	4.12	4.53	4.53	4.99	4.99
3.8	交易服务费	3.41	3.41	3.75	3.75	4.12	4.12	4.53	4.53	4.99	4.99
4	所得税	2 026	2 027	2 028	2 029	2 030	2 031	2 032	2 033	2 034	2 035

续表

序号	项目	年份									
		2036	2037	2038	2039	2040	2041	2042	2043	2044	2045
1	住房租金收入	7 967.97	7 967.97	8 764.77	8 764.77	9 641.25	9 641.25	10 605.37	10 605.37	11 665.94	11 665.91
2	商铺租金收入	3 000.13	3 000.13	3 300.14	3 300.14	3 630.15	3 630.15	3 993.17	3 993.17	4 392.49	4 392.49
3	与交易有关的税费	1 330.43	1 330.43	1 459.73	1 459.73	1 601.95	1 601.95	1 758.40	1 758.40	1 930.49	1 930.49
3.1	营业税	548.41	548.41	603.25	603.25	663.57	663.57	729.93	729.93	802.92	802.92
3.2	城市维护建设税	38.39	38.39	42.23	42.23	46.45	46.45	51.09	51.09	56.20	56.20
3.3	教育费附加	16.45	16.45	18.10	18.10	19.91	19.91	21.90	21.90	24.09	24.09
3.4	土地使用税	37.48	37.48	37.48	37.48	37.48	37.48	37.48	37.48	37.48	37.48
3.5	房产税(居住)	318.72	318.72	350.59	350.59	385.65	385.65	424.22	424.22	466.64	466.64
3.6	房产税(经营)	360.02	360.02	396.02	396.02	435.62	435.62	479.18	479.18	527.10	527.10
3.7	印花税	5.48	5.48	6.03	6.03	6.64	6.64	7.30	7.30	8.03	8.03
3.8	交易服务费	5.48	5.48	6.03	6.03	6.64	6.64	7.30	7.30	8.03	8.03
4	所得税	2 036	2 037	2 038	2 039	2 040	2 041	2 042	2 043	2 044	2 045

序号	项目	年份									
		2046	2047	2048	2049	2050	2051	2052	2053	2054	2055
1	住房租金收入	12 832.506 38	12 832.506 38	14 115.757 01	14 115.757 01	15 527.332 72	15 527.332 72	17 080.065 99	17 080.065 99	18 788.072 59	18 788.072 59
2	商铺租金收入	4 831.739 413	4 831.739 413	5 314.913 354	5 314.913 354	5 846.404 689	5 846.404 689	6 431.045 158	6 431.045 158	7 074.149 674	7 074.149 674
3	与交易有关的税费	2 119.79	2 119.79	2 328.02	2 328.02	2 557.07	2 557.07	2 809.03	2 809.03	3 086.19	3 086.19
3.1	营业税	883.21	883.21	971.53	971.53	1 068.69	1 068.69	1 175.56	1 175.56	1 293.11	1 293.11

续表

序号	项目	年份									
		2046	2047	2048	2049	2050	2051	2052	2053	2054	2055
3.2	城市维护建设税	61.82	61.82	68.01	68.01	74.81	74.81	82.29	82.29	90.52	90.52
3.3	教育费附加	26.50	26.50	29.15	29.15	32.06	32.06	35.27	35.27	38.79	38.79
3.4	土地使用税	37.48	37.48	37.48	37.48	37.48	37.48	37.48	37.48	37.48	37.48
3.5	房产税(居住)	513.30	513.30	564.63	564.63	621.09	621.09	683.20	683.20	751.52	751.52
3.6	房产税(经营)	579.81	579.81	637.79	637.79	701.57	701.57	771.73	771.73	848.90	848.90
3.7	印花税	8.83	8.83	9.72	9.72	10.69	10.69	11.76	11.76	12.93	12.93
3.8	交易服务费	8.83	8.83	9.72	9.72	10.69	10.69	11.76	11.76	12.93	12.93
4	所得税	3 350.56	3 350.56	3 740.11	3 740.11	4 168.62	4 168.62	4 639.97	4 639.97	5 158.46	5 158.46

附录 9 损益表

(单位:万元)

序号	项目	2026	2027	2028	2029	2030	2031	2032	2033	2034	2035	2036	2037
1	经营收入	6 810.33	6 810.33	7 491.36	7 491.36	8 240.50	8 240.50	9 064.55	9 064.55	9 971.01	9 971.01	10 968.11	10 968.11
2	总成本	1 916.15	1 491.26	1 491.26	1 040.91	524.11	2 142.20	2 142.20	2 142.20	2 142.20	2 142.20	2 142.20	2 142.20
3	经营税金	840.30	840.30	920.58	920.58	1 008.89	1 008.89	1 106.04	1 106.04	1 212.89	1 212.89	1 330.43	1 330.43
4	利润总额	4 053.87	4 478.77	5 529.87	6 046.67	6 046.67	5 089.41	5 816.31	5 816.31	6 615.91	6 615.91	7 495.47	7 495.47
5	累计利润	14 308.82	18 787.59	24 317.46	30 364.13	35 453.54	40 542.94	46 359.26	—	—	—	—	—

续 表

序号	项目	2026	2027	2028	2029	2030	2031	2032	2033	2034	2035	2036	2037
5	所得税	0.00	0.00	0.00	0.00	0.00	0.00	11 589.81	1 454.08	1 653.98	1 653.98	1 873.87	1 873.87
6	税后利润	4 053.87	4 478.77	5 529.87	6 046.67	5 089.41	5 089.41	−5 773.50	4 362.24	4 961.94	4 961.94	5 621.61	5 621.61
7	盈余公积金	405.39	447.88	552.99	604.67	508.94	508.94	−577.35	436.22	496.19	496.19	562.16	562.16
8	公益金	202.69	223.94	276.49	302.33	254.47	254.47	−288.67	218.11	248.10	248.10	281.08	281.08
9	未分配利润	4 053.87	4 478.77	5 529.87	6 046.67	5 089.41	5 089.41	−5 773.50	4 362.24	4 961.94	4 961.94	5 621.61	5 621.61

序号	项目	2038	2039	2040	2041	2042	2043	2044	2045	2046	2047	2048	2049
1	经营收入	12 064.92	13 271.41	13 271.41	13 271.41	14 598.55	14 598.55	16 058.41	16 058.41	17 664.25	17 664.25	19 430.67	19 430.67
2	总成本	2 142.20	2 142.20	2 142.20	2 142.20	2 142.20	2 142.20	2 142.20	2 142.20	2 142.20	2 142.20	2 142.20	2 142.20
3	经营税金	1 459.73	1 459.73	1 601.95	1 601.95	1 758.40	1 758.40	1 930.49	1 930.49	2 119.79	2 119.79	2 328.02	2 328.02
4	利润总额	8 462.99	8 462.99	9 527.26	9 527.26	10 697.95	10 697.95	11 985.72	11 985.72	13 402.26	13 402.26	14 960.45	14 960.45
	累计利润	—	—	—	—	—	—	—	—	—	—	—	—
5	所得税	2 115.75	2 115.75	2 381.81	2 381.81	2 674.49	2 674.49	2 996.43	2 996.43	3 350.56	3 350.56	3 740.11	3 740.11
6	税后利润	6 347.24	6 347.24	7 145.44	7 145.44	8 023.46	8 023.46	8 989.29	8 989.29	10 051.69	10 051.69	11 220.34	11 220.34
7	盈余公积金	634.72	634.72	714.54	714.54	802.35	802.35	898.93	898.93	1 005.17	1 005.17	1 122.03	1 122.03
8	公益金	317.36	317.36	357.27	357.27	401.17	401.17	449.46	449.46	502.58	502.58	561.02	561.02
9	未分配利润	6 347.24	6 347.24	7 145.44	7 145.44	8 023.46	8 023.46	8 989.29	8 989.29	10 051.69	10 051.69	11 220.34	11 220.34

序号	项目	2050	2051	2052	2053	2054	2055
1	经营收入	21 373.74	21 373.74	23 511.11	23 511.11	25 862.22	25 862.22
2	总成本	2 142.20	2 142.20	2 142.20	2 142.20	2 142.20	2 142.20
3	经营税金	2 557.07	2 557.07	2 809.03	2 809.03	3 086.19	3 086.19
4	利润总额	16 674.46	16 674.46	18 559.88	18 559.88	20 633.83	20 633.83
5	累计利润	—	—	—	—	—	—
6	所得税	4 168.62	4 168.62	4 639.97	4 639.97	5 158.46	5 158.46
7	税后利润	12 505.85	12 505.85	13 919.91	13 919.91	15 475.38	15 475.38
8	盈余公积金	1 250.58	1 250.58	1 391.99	1 391.99	1 547.54	1 547.54
9	公益金	625.29	625.29	696.00	696.00	773.77	773.77
	未分配利润	12 505.85	12 505.85	13 919.91	13 919.91	15 475.38	15 475.38

附录10 总成本估算表

(单位：万元)

序号	项目名称	年份										
		2014	2015	2016	2017	2018	2019	2020	2021	2022	2023	2024
1	经营成本	—	—	82.5	82.5	82.5	82.5	82.5	82.5	82.5	82.5	82.5
2	折旧费	—	—	2 059.70	2 059.70	2 059.70	2 059.70	2 059.70	2 059.70	2 059.70	2 059.70	2 059.70
3	财务费用	—	—	2 208.62	2 081.95	1 946.36	1 772.39	1 586.15	1 355.09	1 107.73	808.06	487.27
4	总成本合计(1+2+3)	—	—	4 350.82	4 224.15	4 088.56	3 914.59	3 728.35	3 497.29	3 249.93	2 950.26	2 629.47

续 表

序号	项目名称	年份										
		2025	2026	2027	2028	2029	2030	2031	2032	2033	2034	2035
1	经营成本	82.5	82.5	82.5	82.5	82.5	82.5	82.5	82.5	82.5	82.5	82.5
2	折旧费	2 059.70	2 059.70	2 059.70	2 059.70	2 059.70	2 059.70	2 059.70	2 059.70	2 059.70	2 059.70	2 059.70
3	财务费用	−226.05	−650.94	−1 101.29	−1 618.09	0.00	0.00	0.00	0.00	0.00	0.00	−226.05
4	总成本合计 (1+2+3)	1 916.15	1 491.26	1 040.91	524.11	2 142.20	2 142.20	2 142.20	2 142.20	2 142.20	2 142.20	1 916.15

序号	项目名称	年份										
		2036	2037	2038	2039	2040	2041	2042	2043	2044	2045	2046
1	经营成本	82.5	82.5	82.5	82.5	82.5	82.5	82.5	82.5	82.5	82.5	82.5
2	折旧费	2 059.70	2 059.70	2 059.70	2 059.70	2 059.70	2 059.70	2 059.70	2 059.70	2 059.70	2 059.70	2 059.70
3	财务费用	0.00	0.00	0.00	0.00	0.00	0.00	0.00	0.00	0.00	0.00	0.00
4	总成本合计 (1+2+3)	2 142.20	2 142.20	2 142.20	2 142.20	2 142.20	2 142.20	2 142.20	2 142.20	2 142.20	2 142.20	2 142.20

序号	项目名称	年份									
		2047	2048	2049	2050	2051	2052	2053	2054	2055	
1	经营成本	82.5	82.5	82.5	82.5	82.5	82.5	82.5	82.5	82.5	
2	折旧费	2 059.70	2 059.70	2 059.70	2 059.70	2 059.70	2 059.70	2 059.70	2 059.70	2 059.70	
3	财务费用	0.00	0.00	0.00	0.00	0.00	0.00	0.00	0.00	0.00	
4	总成本合计 (1+2+3)	2 142.20	2 142.20	2 142.20	2 142.20	2 142.20	2 142.20	2 142.20	2 142.20	2 142.20	

附录 11　公租房项目可持续性评价指标体系调查问卷

尊敬的专家：

　　您好！

　　我是东南大学土木工程学院建设与房地产研究所的硕士研究生。由于公租房项目是我国保障性住房的发展方向，其可持续性影响深远。本问卷将对评价其可持续性的影响指标进行筛选，以便合理地建立公租房项目可持续性评价体系，为进一步提高其可持续性提供理论依据和科学支持。我们向您保证有关调查资料只用于科学研究，如您希望对调研结果有进一步的了解，请您在填写完问卷后留下邮箱，以便将结果发送给您，谢谢！

东南大学建设与房地产研究所

　　公租房项目可持续性评价指标体系中各指标重要程度分为四个等级：不重要（1 分），一般（2 分），重要（3 分），非常重要（4 分）。请根据您的看法在对应分值下画"√"。若所列指标中不包括您认为重要的选项，请将您认为重要的指标补充到表格最后的"其他"项，并对指标打分，谢谢。

系统名称	一级指标	二级指标	指标打分			
			1 分	2 分	3 分	4 分
公租房项目可持续系统	生态可持续	设计合理				
		绿化及环境				
		围护结构传热系数				
		设备节能				
		施工技术节能				
		节能材料利用				
		土地资源利用				
		水资源利用				
	社会可持续	就业条件				
		人均居住面积				
		室内环境				
		运营管理				
		居住安全性				

续表

系统名称	一级指标	二级指标	指标打分			
			1分	2分	3分	4分
公租房项目可持续系统	社会可持续	房租收入比				
		物业管理				
		配套设施				
		物业投标资格限定				
		物业监管体制健全				
	经济可持续	财务状况				
		建筑经济措施				
		地下空间开发利用				
		政策支持				
	其他					

附录12 公租房项目可持续性评价指标相对重要性调查问卷

尊敬的专家:

您好!

我是东南大学土木工程学院建设与房地产研究所的硕士研究生。由于公租房项目是我国保障性住房的发展方向,其可持续性影响深远。本问卷将对其可持续性影响指标的权重进行调查(指标具体含义详见问卷附表),以便对公租房项目可持续性进行科学、合理、准确的评价,为进一步提高其可持续性提供理论依据和科学支持。我们向您保证有关调查资料只用于科学研究,并且绝对不会透漏任何个人信息。如您希望对调研结果有进一步的了解,请您在填写完问卷后留下邮箱,以便将结果发送给您,谢谢! 祝身体健康、工作顺利!

东南大学建设与房地产研究所

基本信息

T1. 您的年龄是:

    A. 25周岁以下   B. 26~35周岁   C. 36~45周岁

    D. 46~55周岁   E. 56周岁以上

T2. 您的工作单位是:

A. 高等院校　　　　　B. 政府部门　　　　　C. 房地产开发企业
D. 建设单位　　　　　E. 设计单位　　　　　F. 施工单位
G. 监理单位　　　　　H. 咨询单位　　　　　I. 其他

T3. 您的最高学历是：
A. 大专及以下　　　　B. 本科　　　　　　　C. 硕士
D. 博士

T4. 您的职称是：
A. 教授　　　　　　　B. 副教授　　　　　　C. 讲师
D. 助教　　　　　　　E. 教授级高级工程师　F. 高级工程师
G. 中级工程师　　　　H. 助理工程师　　　　I. 其他

T5. 您的工作年限是：
A. 5 年以下　　　　　B. 6～10 年　　　　　C. 11～15 年
D. 16 年以上

注：评分标准如下表所示：

评分标度	意义	备注
1	两者同等重要	2、4、6、8 为判断中值，倒数的含义与表中意义相反；问卷中左上角指标为相互比较前提，在该前提下，横向表示前者，纵向表示后者。（各指标所表示的含义详见问卷最后的附表）
3	前者比后者稍重要	
5	前者比后者重要	
7	前者比后者重要得多	
9	前者比后者绝对重要	

表 1　各次准则对综合可持续性影响程度的比较

综合可持续性	生态可持续	社会可持续	经济可持续
生态可持续	1		
社会可持续		1	
经济可持续			1

表 2　各指标对生态可持续性影响程度的比较

生态可持续性	设计合理	设备节能	节能材料利用	土地资源利用	水资源利用	绿化及环境
设计合理	1					
设备节能		1				
节能材料利用			1			

续　表

生态可持续性	设计合理	设备节能	节能材料利用	土地资源利用	水资源利用	绿化及环境
土地资源利用				1		
水资源利用					1	
绿化及环境						1

表3　各指标对社会可持续性影响程度的比较

社会可持续性	就业条件	运营管理	居住安全性	配套设施	房屋性价比
就业条件	1				
运营管理		1			
居住安全性			1		
配套设施				1	
房屋性价比					1

表4　各指标对经济可持续性影响程度的比较

经济可持续性	财务状况	建筑经济措施	政策支持
财务状况	1		
建筑经济措施		1	
政策支持			1

附表（各指标含义如下表所示）

系统名称	次准则	评价指标	指标含义
公租房项目可持续系统	生态可持续(6)	设计合理	充分利用场地自然条件，考虑住宅的日照、通风和采光，卧室、起居室(厅)、厨房有很好的天然采光和自然通风
		设备节能	空调系统、照明系统、洗浴系统等
		节能材料利用	利用可再利用材料、可循环材料回收和再利用，选材时考虑使用材料的可再循环使用性能
		土地资源利用	不破坏当地文物、自然水系、基本农田等；合理开发利用地下空间；合理选用废弃场地进行建设；对已被污染的废弃地，进行处理并达到有关标准
		水资源利用	综合利用各种水资源、节水器具和设备、景观灌溉方式、雨水积蓄和利用等
		绿化及环境	绿地率、植被多样性、生活垃圾处理、保洁清洗措施等

续表

系统名称	次准则	评价指标	指标含义
公租房项目可持续系统	社会可持续(5)	就业条件	与第二、三产业贴进度，就业需求程度，就业种类多样等
		运营管理	准入退出机制、入住率、居住人群多样性、供需平衡等
		房屋性价比	人均居住面积、租金居住面积比
		居住安全性	个人隐私、防火、防盗措施
		配套设施	教育、医疗、交通、商业等
	经济可持续(3)	财务状况	资金来源、租金收入、风险分担等
		建筑经济措施	就近选用建筑材料，减少外立面装饰，建筑结构材料合理采用高性能混凝土、高强度钢，土建与装修工程一体化设计施工，不破坏和拆除已有的建筑构件及设施，减少不必要的景观绿化等
		政策支持	土地优惠、税收优惠、利率优惠等

请尽快提交问卷，再次感谢您的支持与合作，谢谢！

东南大学建设与房地产研究所陈艳超 njcyc2012@163.com

附录 13　南京市公租房管理办法（宁政发〔2011〕209 号）

第一章　总　则

第一条　为加快公共租赁住房建设，规范公共租赁住房管理，完善住房保障体系，根据国家有关规定及《江苏省公共租赁住房管理办法》，结合本市实际，制定本办法。

第二条　本市玄武区、白下区、秦淮区、建邺区、鼓楼区、下关区、栖霞区、雨花台区行政区域内的公共租赁住房的规划、建设、租赁和管理，适用本办法。

第三条　本办法所称公共租赁住房，是指政府投资或者提供政策支持，限定户型面积和租金水平，供给城市中等偏下收入住房困难家庭、新就业人员和外来务工人员租住的保障性住房。

本办法所称城市中等偏下收入住房困难家庭，是指本市行政区域范围内，家庭人均年收入低于上年度人均可支配收入的 80%、人均住房面积在保障标准以下的家庭。

本办法所称新就业人员,是指自大中专院校毕业不满5年,在本市有稳定职业的从业人员。

本办法所称外来务工人员,是指在本市有稳定职业、非本市户籍的从业人员。

凡引进的各类人才,可申请承租定向公共租赁住房,具体办法另行制定。

第四条 公共租赁住房工作应遵循"政府主导、社会参与、市场运作、循序渐进"的原则,发挥好政府在制度建设、政策支持等方面的主导作用,注重引入市场机制,积极引导、鼓励社会力量参与公共租赁住房投资建设,有计划、分层次解决保障对象的住房困难。

第五条 建立和实行公共租赁住房申请、审核、公示、轮候保障和退出等制度,确保公共租赁住房的分配和管理公开、公平与公正。

第六条 南京市住房和城乡建设委员会是本市公共租赁住房的行政主管部门,负责组织公共租赁住房的统筹建设、监督管理工作;市住房保障办公室负责公共租赁住房的日常管理工作;市发改委负责新建公共租赁住房项目核准审批工作;财政部门负责政府投资的公共租赁住房建设资金的筹集、管理工作;规划部门负责公共租赁住房选址、规划等工作;国土部门负责建设项目用地保障等工作;民政部门负责城市中等偏下收入住房困难家庭申请对象的收入审查工作;税务部门负责建设与运营中相关税收优惠政策的落实;价格管理部门负责制定公共租赁住房的租金价格标准;公安部门负责流动人口管理等工作;监察部门负责公共租赁住房建设、运营的全程监督工作;各区县政府、产业园区(工业园区)负责组织本区域内公共租赁住房的建设管理工作,并配合市级公共租赁住房建设和管理。

第二章 政策支持

第七条 公共租赁住房建设涉及的行政事业性收费和政府性基金,参照经济适用住房和廉租住房的优惠政策执行。

第八条 公共租赁住房建设用地纳入年度土地供应计划,实行计划单列、专地专供。

政府投资建设的公共租赁住房,建设用地实行行政划拨,并在土地供应计划和申报年度用地计划中单独列出优先安排。非政府投资建设的公共租赁住房,建设用地采取出让、租赁或作价入股等有偿方式供地,并将所建公共租赁住房的套型、建设标准和设施配套条件等作为土地供应的前置条件予以明确。

第九条 公共租赁住房实行谁投资、谁所有,投资者权益可以依法转让,但转让后原土地和房屋的性质、用途不得改变。

第十条 鼓励房地产企业参与公共租赁住房投资和建设。房地产企业投资建设的小户型普通商品住房,建成后可由政府承租,作为公共租赁住房。

政府承租普通商品住房作为公共租赁住房期满后，如不续租则房源归还房地产企业上市交易。在政府承租期内，政府对承租的普通商品住房，按市场租金标准适当补差，资金在住房保障资金中列支。

第十一条　根据国家和省政府相关规定，对公共租赁住房的建设和运营给予税收优惠。公共租赁住房建设期间用地及建成后占地免征城镇土地使用税，对公共租赁住房经营管理单位建造公共租赁住房涉及的印花税予以免征。在其他住房项目中配建的公共租赁住房，依据政府部门出具的相关材料，可按公共租赁住房建筑面积占总建筑面积的比例免征建造、管理公共租赁住房涉及的城镇土地使用税和印花税。

购买住房作为公共租赁住房的，免征契税、印花税。对公共租赁住房租赁双方签订租赁协议涉及的印花税予以免征。

企事业单位、社会团体以及其他组织转让旧房作为公共租赁住房房源，且增值额未超过扣除项目金额20％的，免征土地增值税；捐赠住房作为公共租赁住房，符合税收法律法规规定的，捐赠支出在年度利润总额12％以内的部分，准予在计算应纳税所得额时扣除。

对经营公共租赁住房所取得的租金收入，免征营业税、房产税。

第三章　规划建设和房源筹集

第十二条　市政府负责制定本地区公共租赁住房发展规划和年度实施计划，由市住房保障行政主管部门向社会公布。

第十三条　公共租赁住房建设和房源筹集应当符合公共租赁住房发展规划及年度实施计划。

新建公共租赁住房采取集中建设或者混合建设相结合的方式。市政府可以在住房土地出让时，要约收购普通商品住房作为公共租赁住房。

公共租赁住房建设分为住宅和宿舍两类。

第十四条　市、区政府建立长期稳定的公共租赁住房保障资金筹措渠道。政府投资建设的公共租赁住房保障资金主要包括：

（一）市、区财政年度预算安排的保障性安居工程保障资金；

（二）住房公积金增值收益中计提的廉租住房保障资金；

（三）土地出让净收益中安排的不低于10％的廉租住房保障资金；

（四）上级财政补助的公共租赁住房保障资金；

（五）符合国家规定的住房公积金贷款；

（六）商业银行贷款；

（七）在规划的公共租赁住房地块配套开发商品房所获收益；

（八）公共租赁住房的租金收入和配建的经营性物业租赁收入；
（九）社会捐赠的资金；
（十）其他符合国家规定的资金。

第十五条　政府筹措的公共租赁住房保障资金实行专款专用，专项用于新建、改建、购买和租赁公共租赁住房。

第十六条　经政府批准同意的，通过住房公积金贷款、商业银行贷款筹措的政府投资的公共租赁住房建设资金，可以由同级财政从今后年度归集的公共租赁住房保障资金中列支偿还。

第十七条　政府投资建设的公共租赁住房租金收入按照政府非税收入收缴管理制度的规定，实行收支两条线管理。租金收入专项用于偿还政府投资建设的公共租赁住房贷款及公共租赁住房的维护、管理等支出。

第十八条　公共租赁住房房源主要包括：
（一）政府投资新建、改建、购买、租赁的住房；
（二）各类开发区、产业园区投资新建、改建、购买、租赁的住房；
（三）企业事业单位、社会团体和其他组织投资新建、改建的住房；
（四）商品房项目中配建的公共租赁住房；
（五）退出或者闲置的廉租住房、经济适用住房；
（六）闲置的直管公房；
（七）社会捐赠的住房；
（八）其他可以用于公共租赁住房的房源。

第十九条　公共租赁住房应当按照有关规定办理公共租赁房屋产权登记，但不得办理分户产权证。

第二十条　公共租赁住房及其用地不得转变用途，不得分割登记，不得分户转让。

第二十一条　任何单位不得以出租公共租赁住房等名义变相进行实物分房。不得擅自利用农村集体建设用地、企业工业用地兴建公共租赁住房。

外来务工人员集中的大型企业、新就业人员较多的高等院校等单位，在符合土地利用总体规划和城乡总体规划确定的土地用途前提下，经市政府批准，可以利用自有土地新建、改建、扩建公共租赁住房，或者改造现有闲置房作为公共租赁住房，所需资金由建设单位自主筹集。

第四章　申请和审核

第二十二条　城市中等偏下收入住房困难家庭申请承租公共租赁住房，应当同时具备下列条件：

（一）具有本市市区常住户口满5年；

（二）家庭人均年收入低于上年度市区人均可支配收入的80%；

（三）人均住房建筑面积在保障标准以下。

年满三十五周岁的单身人员可以作为独立家庭进行申请。

住房保障标准和收入标准由市住房保障行政主管部门会同有关部门制定或调整，报市政府批准后公布执行。

申请家庭收入及住房面积按下列标准认定：

（一）申请公共租赁住房，除申请人及配偶以外，下列家庭成员可作为分摊家庭收入的人口：

1. 与申请人或配偶具有法定赡养、抚养、扶养关系并共同生活的人员；

2. 正在服义务兵役的子女；

3. 在外地读书的未婚子女。

（二）除申请人及配偶外，下列人员可以作为分摊家庭住房建筑面积的人口：

1. 共同居住且他处无住房的直系亲属；

2. 正在服义务兵役的子女；

3. 在外地读书的未婚子女；

4. 原同户籍的劳教或服刑人员。

（三）下列房屋应当认定为申请人家庭的住房：

1. 家庭成员的私有房屋；

2. 家庭成员承租的公有房屋；

3. 现住房为父母或者子女的房屋；

4. 因离婚不满2年失去的自有或共有的住房（含承租公有住房）；

5. 家庭成员转让或被拆迁不满5年，其原自有、共有的住房（含承租公有住房）；

6. 依合同尚未交付的房屋。

第二十三条　城市中等偏下收入住房困难家庭承租公共租赁住房申请审核程序：

（一）由户主或其配偶向户籍所在地的街道办事处提出书面申请，并按要求提交下列材料：

1. 承租公共租赁住房申请书；

2. 家庭收入情况的证明材料；

3. 家庭住房状况的证明材料；

4. 家庭成员身份证和户口簿及需提交的其他材料。

（二）街道办事处应当自收到申请材料之日起15个工作日内，完成对申请人的家庭住房、收入、人口等情况的核查,提出初审意见,由社区居民委员会组织评议,并在社区内公示10日。经公示无异议或异议不成立的,由街道办事处将申请材料、初审意见和公示情况一并报送区住房保障办公室。

(三)区住房保障办公室应当自收到材料之日起的10个工作日内完成对申请人家庭住房状况的审核,并通知区民政部门对其中住房状况符合保障条件的申请人的家庭收入进行审核。

(四)区民政部门应当自收到移交材料之日起的10个工作日内就申请人的家庭收入是否符合规定条件提出审核意见并反馈区住房保障办公室。特殊情况可适当延期。区住房保障办公室接到反馈意见后应将全部材料及时报送市住房保障办公室。

(五)市住房保障办公室对区住房保障办公室报送的审核材料进行复核,对其中符合规定条件的登报公示10日。公示期满无异议或异议不成立的,批准其申请。

经批准的申请人与公共租赁住房管理单位签订公共租赁住房租赁合同。

经审核,不符合规定条件的,按照审核程序由审核部门书面通知申请人,并说明理由。

第二十四条 新就业人员申请承租公共租赁住房,应当同时具备下列条件:

(一)大中专院校毕业当月起计算未满五年;

(二)劳动合同或聘用合同规范、完备,并有稳定收入;

(三)在本市正常缴存社会保险和住房公积金;

(四)本人(含配偶)在本市无私有房产,未租住公有住房。

第二十五条 新就业人员承租公共租赁住房申请审核程序:

(一)申请人向用人单位提交申请书及下列证明材料:

1. 申请人和共同承租家庭成员的身份证;

2. 户口簿或者其他居住证明;

3. 劳动合同或者聘用合同;

4. 大中专院校毕业证书;

5. 婚姻状况证明及所需的其他材料。

(二)用人单位对申请人提供的有关证书真实性进行初审,并连同分配方案在本单位公示10日。

(三)用人单位按公示的方案安排公共租赁住房,并办理相关手续。用人单位应当将申请人的申请材料、分配方案、分配情况等报送市住房保障办公室备案。

(四)市政府重点发展、无条件筹建公共租赁住房、按时足额为职工缴存住房公积金、人数具备一定规模、纳税达到一定额度的单位,其新就业人员可以申请政府投资建设的公共租赁住房。具体条件由市住房保障行政主管部门会同规划、国土、财政、工商、税务、住房公积金等部门制定。

经审核后批准承租政府建设的公共租赁住房的，由市住房保障行政主管部门与用人单位签订房源供应合同，用人单位分配给符合条件的申请人，并将承租公共租赁住房申请人的相关材料报市住房保障办公室备案。

第二十六条 外来务工人员申请承租公共租赁住房，应同时具备下列条件：

（一）签订了劳动合同或聘用合同；

（二）有固定收入并有支付能力的证明；

（三）在本市连续五年缴纳社会保险；

（四）本人及配偶在本市无私有产权房，未租住公有住房。

第二十七条 外来务工人员申请承租公共租赁住房的审核程序：

（一）向用人单位提交申请书及下列证明材料：

1. 申请人和共同承租家庭成员的身份证；

2. 户口簿或者其他居住证明；

3. 劳动合同或者聘用合同；

4. 婚姻状况证明；

5. 所需的其他材料。

（二）用人单位对申请人提供的有关证书真实性进行审核，并在本单位公示10日。

（三）经公示无异议或者异议不成立的，用人单位按经公示的分配方案安排公共租赁住房，并办理相关手续。同时将申请人的申请材料、公示情况、分配方案等报送市住房保障办公室备案。

外来务工人员承租用人单位的公共租赁住房，应结合劳动合同中的用工期限约定租期。

（四）在本市务工期间获得市级以上劳动模范称号、市级以上共青团组织授予的"新长征突击手"或"杰出青年"称号、职工职业技能竞赛活动市级以上技术能手称号或竞赛综合成绩前三名、取得技师以上职业资格证书或高级工资格证书且在本市连续缴纳社会保险满 2 年、在本市工作并连续缴纳社会保险达 10 年以上的外来务工人员，经市政府认定后，可承租政府投资建设的公共租赁住房。

第二十八条 有下列情形之一的，不得享受公共租赁住房保障：

（一）在本市已经领取拆迁安置补偿金 5 年以内的；

（二）户籍系以购买商品房或二手房方式迁入本市的；

（三）正在享受住房保障政策的；

（四）市政府规定的其他情形。

新就业人员、外来务工人员有下列情形之一的,不得享受公共租赁住房保障:

(一)申请之日起前5年内在本市有房产转让行为的;

(二)本人或者配偶、未成年子女在本市有私有产权房屋的;

(三)本人或者配偶已经租住公有住房的;

(四)申请人父母、子女或申请人配偶的父母在本市拥有2套(含)以上住房且人均住房建筑面积达到35平方米以上的。

第五章 租赁和管理

第二十九条 市政府根据本市经济社会发展水平、人均可支配收入水平和住房状况,确定城市中等偏下收入住房困难标准和收入线标准,适时调整并向社会公布。

第三十条 供应城市中等偏下收入住房困难家庭的公共租赁住房以成套住宅为主,供应新就业人员、外来务工人员的公共租赁住房以宿舍为主。具体配租标准由市住房保障行政主管部门另行制定。

第三十一条 公共租赁住房装修应满足基本生活需求,具体装修标准由市住房保障行政主管部门会同有关部门制定,报市政府批准。

第三十二条 政府投资建设的公共租赁住房的供应实行多渠道、轮候制、就近安置。

轮候批次以市住房保障行政主管部门核准的时间顺序确定,优先安排符合配租条件的市级以上劳模,荣立三等功以上的转业、复员、退伍军人等特殊人群家庭。

轮候期间,申请人的申请条件发生变化的,应及时向所在区住房保障办公室报告。经重新审核确认不符合保障条件的,市住房保障办公室将撤销原批准决定。

选房工作应当由市、区住房保障办公室组织,以摇号等随机方式确定,所选房号不得更换。

第三十三条 由开发区、产业园区等单位自建的公共租赁住房,可依照本办法规定根据本单位实际制定相应的承租标准,并将配租方案、分配结果报送市住房保障办公室备案。

有剩余房源的,可以交由市住房保障行政主管部门调剂租赁给其他符合公共租赁住房保障条件的对象。

第三十四条 市住房保障行政主管部门负责制定公共租赁住房合同。申请租赁政府投资建设的公共租赁住房的,申请人应与公共租赁住房管理单位共同签订公共租赁住房租赁合同,新就业人员和外来务工人员作为承租人的,用人单位为合同履行的担保人。

第三十五条 申请人不接受配租的房源、不签订公共租赁住房合同、不按规定时间办理入住手续的,视为弃权。弃权后,2年内不得再次申请公共租赁住房。

第三十六条 城市中等偏下收入住房困难家庭,初次承租公共租赁住房的期限为5年,租金标准(含物业费,下同)不高于同类房屋同地段市场租金的70%,承租人应按6个月租金标准交纳保证金。政府供应的公共租赁住房的租金标准,由市住房保障行政主管部门会同市物价局制定,并定期调整公布。

初次承租期满后,承租人续租的,应于租赁期满3个月前向市住房保障办公室提出申请,符合保障条件准予续租的重新签订书面合同。

新就业人员初次承租期为3年。单位投资的公共租赁住房承租期应与用工期相适应,租金标准由所在单位确定,但不得高于同地段市场同类房屋租金的70%。

第三十七条 公共租赁住房的租赁合同、租赁证不作为户口迁移、拆迁征收的依据。

第三十八条 承租人因保管不善造成房屋或设施毁损、灭失的,应当依合同约定承担赔偿责任。

第三十九条 城市中等偏下收入住房困难家庭在承租期内,不再符合市政府公布的住房困难标准或者收入线标准的,应当按规定及时退出公共租赁住房。退出确有困难的,经市公共租赁住房管理部门同意,可以申请最长不超过6个月的延长租住期。延长期内,按同区域同类住房市场价格收取租金。

新就业人员和外来务工人员在承租期内,在本市行政区域内已购买住房、另行承租房屋或者不在本市行政区域(指本办法第二条所称范围)内就业的,应当按规定及时退出公共租赁住房。

第四十条 政府投资建设的公共租赁住房产权由政府指定的机构所有,产权人组建或选聘专业物业服务企业承担小区物业管理工作。

产权人组建或委托的房屋管理机构负责公共租赁住房的租金收取、房屋使用、维护和住房安全情况检查,并对物业服务企业工作进行指导监督。

第四十一条 承租人有下列情形之一的,出租人可以解除公共租赁住房租赁合同:

(一)转借、转租公共租赁住房的;

(二)改变承租的公共租赁住房居住用途的;

(三)无正当理由连续3个月以上未在承租的公共租赁住房内居住的;

(四)连续3个月或累计6个月拖欠租金经催告后仍不缴纳的;

(五)获得其他形式政策性住房保障的;

(六)违反物业管理公约拒不整改的;

(七)依照租赁合同应当解除的。

第四十二条 承租人有第四十一条行为之一被解除合同仍超期居住的,退房后5年内,均不得再次承租公共租赁住房。

第六章 法律责任

第四十三条 公共租赁住房申请人以欺骗等不正当手段获得公共租赁住房申请资格的,一经查实,市住房保障行政主管部门应立即取消其申请资格;已经承租公共租赁住房的,由市住房保障行政主管部门责令其退回,并按照市场租金标准计缴承租期的租金。经催告后仍未退回的,按同区域同类房屋住房市场租金的1.5倍计缴使用费。

公共租赁住房申请人有前述行为的,依法记入个人诚信记录,自被取消资格或者责令退回之日起5年内不得申请住房保障。

承租公共租赁住房有转借、转租行为的,由市住房保障行政主管部门责成出租人终止租赁合同,责令其退出公共租赁住房,并按照市场租金标准计缴承租期的租金,同时依法记入个人诚信记录,不得再享受任何方式的住房保障。

用人单位出具虚假证明材料的,由市住房保障行政主管部门处以500元以上1 000元以下的罚款,并依法记入企业诚信记录。

第四十四条 违反本办法第二十一条规定,以出租公共租赁住房等名义进行实物分房的,由市住房保障行政主管部门责令限期改正。涉嫌犯罪的,移送司法机关处理。

第四十五条 承租人有本办法第四十一条、第四十二条、第四十三条规定情形之一且未主动退出或者退回公共租赁住房的,由市住房保障行政主管部门责令其退出或者退回。逾期未退出或退回的,由市住房保障行政主管部门依法申请人民法院强制执行。

第四十六条 市住房保障行政主管部门及有关部门的工作人员或者市住房保障实施机构的工作人员,在公共租赁住房保障工作中滥用职权、徇私舞弊、玩忽职守的,由其任免机关或者监察机关依法给予处分。涉嫌犯罪的,移送司法机关处理。

第七章 附 则

第四十七条 江宁区、浦口区、六合区、溧水县、高淳县,可参照本办法制定具体实施细则,报市住房和城乡建设委员会备案。

第四十八条 本办法自2011年12月1日起施行。

参考文献

[1] Abdul-Aziz A R, Kassim P S J. Objectives, success and failure factors of housing public-private partnerships in Malaysia [J]. Habitat International, 2011,35(1):150-157.

[2] Agee J K, Johnson D. Ecosystem management for parks and wilderness[M]. Seattle, USA: University of Washington Press, 1988.

[3] Alex F. Housing Policy in the United States[M]. London: Routledge Inc., 2011:157-237.

[4] Aratani Y. Public housing revisited: Racial differences, housing assistance, and socioeconomic attainment among low-income families [J]. Social Science, 2010,39(6):1108-1125.

[5] Arku G. Housing policy changes in Ghana in the 1990s [J]. Housing Studies, 2009,24(2):261-272.

[6] Bahaj A S, James P A B. Urban energy generation: The added value of photovoltaics in social housing [J]. Renewable and Sustainable Energy Reviews, 2007, 11(9):2121-2136.

[7] Bird S, Hernández D. Policy options for the split incentive: Increasing energy efficiency for low-income renters[J]. Energy Policy, 2012, 48:506-514.

[8] Black F, Scholes M. The pricing of options and corporate liabilities[J]. The Journal of Political Economy, 1973, 81(3):637-654.

[9] Bossink B A G. The interorganizational innovation processes of sustainable building: A Dutch case of joint building innovation in sustainability [J]. Building and Environment, 2007, 42(12):4086-4092.

[10] Carter K, Chris F. Sustainable development policy perceptions and practice in the UK social housing sector [J]. Construction Management and Economics,

2007,25(4):399-408.

[11] Chen G Q,Chen H,Chen Z M,et al. Low-carbon building assessment and multi-scale input-output analysis[J]. Communications in Nonlinear Science and Numerical Simulation,2011,16(1):583-595.

[12] Chen J,Stephens M,Man Yanyun. The Future of Public Housing:Ongoing Trends in the East and the West[M]. Heidelberg:Springer-Verlag Berlin Heidelberg,2013:181-193.

[13] Chien C V. From arms race to marketplace:The complex patent ecosystem and its implications for the patent system [J]. Hastings Law Journal,2010, 62(2):297-355.

[14] Chikamoto T,Kobayashi Y,Enomoto J. Investigation of the amount change of the energy used by the equipment repair and the consciousness change in rebuilding and renovation of public rental housings [J]. AIJ Journal of Technology,2013,19(41):243-248.

[15] Coimbra J,Almeida M. Challenges and benefits of building sustainable cooperative housing [J]. Building and Environment,2013,62:9-17.

[16] Cooper H L,Hunter-Jones J,Kelley M E,et al. The aftermath of public housing relocations:Relationships between changes in local socioeconomic conditions and depressive symptoms in a cohort of adult relocaters[J]. Journal of Urban Health-Bulletin of the New York Academy of Medicine, 2014,91(2):223-241.

[17] Cox J C,Ross S A,Rubinstein M. Option pricing:A simplified approach[J]. Journal of Financial Economics,1979,7:229-263.

[18] Dakwale V A,Ralegaonkar R V. Review of carbon emission through buildings:Threats,causes and solution[J]. International Journal of Low-Carbon Technologies,2012,7(2):143-148.

[19] David M,Alan M. Housing policy in the UK [M]. London:Palgrave Macmillan,2006:129-133.

[20] De Matteis M,Frazzoni C,Olivetti M L. Sustainable requalification of social housing a case study in Rome[R]. Orlando,FL,United states:American Solar Energy Society,2005.

[21] Deng,L. The cost-effectiveness of the low-income housing tax credit relative to vouchers:evidence from six metropolitan areas[J]. Housing Policy Debate, 2005,16(3/4):469-511.

[22] Dodoo A, Gustavsson L, Sathre R. Carbon implications of end-of-life management of building materials[J]. Resources, Conservation and Recycling,2009,53(5):276-286.

[23] Dubina D, Ungureanu V, Ciutina A, et al. Structures and architecture[M]. Timisoara,Romania:Polytechnic University of Timisoara,2010:1341-1348.

[24] Felardo J, Lippitt C D. Spatial forest valuation: The role of location in determining attitudes toward payment for ecosystem services policies[J]. Forest Policy and Economics,2016,62:158-167.

[25] Fraser J C, Burns A B, Bazuin J T, et al. HOPE VI, colonization, and the production of difference[J]. Urban Affairs Review,2013,49(4):525-556.

[26] Ganapati S. Enabling housing cooperatives: Policy lessons from Sweden, India and the United States[J]. International Journal of Urban and Regional Research,2010,34(2):365-380.

[27] Gerilla G P, Teknomo K, Hokao K. An environmental assessment of wood and steel reinforced concrete housing construction[J]. Building and Environment,2007,42(7):2778-2784.

[28] Goulart J M A, Carvalho M C R, Santos F A. Sustainable and appropriate technologies in social housing: The potential of rammed earth techniques[J]. International Journal for Housing Science,2011,35(1):1-9.

[29] Green Prospects Asia. Greening of Singapore's public housing[R]. Singapore:Briomedia Green Pte Ltd,2012.

[30] Griffiths E, Tita G. Homicide in and around public housing: Is public housing a hotbed, a magnet, or a generator of violence for the surrounding community?[J]. Social Problems,2009,56(3):474-493.

[31] Gustavsson L, Joelsson A, Sathre R. Life cycle primary energy use and carbon emission of an eight-storey wood-framed apartment building[J]. Energy and Buildings,2010,42(2):230-242.

[32] Ha S K. Social housing estates and sustainable community development in South Korea[J]. Habitat International,2008,32(3):349-363.

[33] Hanlon J. Success by design: HOPE VI, new urbanism, and the neoliberal transformation of public housing in the United States[J]. Environment and Planning A,2010,42(1):80-98.

[34] Herbst A. An assessment of South African housing co-operatives-The case of Ilinge Labahlali housing co-operative, Nyanga, Cape Town[D].

Stellenbosch, South Africa: Stellenbosch University, 2010.

[35] Hoppe T. Adoption of innovative energy systems in social housing: Lessons from eight large-scale renovation projects in the Netherlands [J]. Energy Policy, 2012, 51(26): 791 - 801.

[36] Hyrynsalmi S, Seppanen M, Suominen A. Sources of value in application ecosystems [J]. Journal of Systems and Software, 2014, 96: 61 - 72.

[37] Ibem E O. The contribution of public-private partnerships (PPPs) to improving accessibility of low-income earners to housing in southern Nigeria [J]. Journal of Housing and the Built Environment, 2011, 26(2): 201 - 217.

[38] Ibem E O, Aduwo E B. Assessment of residential satisfaction in public housing in Ogun State, Nigeria[J]. Habitat International, 2013, 40: 163 - 175.

[39] Jenkins D P. The value of retrofitting carbon-saving measures into fuel poor social housing [J]. Energy Policy, 2010, 38(2): 832 - 839.

[40] Johann E. Wohnungspolitik[M]. Tubingen: Mohr Siebeck, 2002: 29 - 30.

[41] Knights A M, Koss R S, Robinson L A. Identifying common pressure pathways from a complex network of human activities to support ecosystem-based management [J]. Ecological Applications, 2013, 23(4): 755 - 765.

[42] Kolinjivadi V, Grant A, Adamowski J, et al. Juggling multiple dimensions in a complex socio-ecosystem: The issue of targeting in payments for ecosystem services [J]. Geoforum, 2015, 58: 1 - 13.

[43] Langevin J, Gurian P L, Wen J. Reducing energy consumption in low income public housing: Interviewing residents about energy behaviors [J]. Applied Energy, 2013, 102(3): 1358 - 1370.

[44] Lawal M, Alwi S R W, Manan Z A. A systematic method for cost-effective carbon emission reduction in buildings[J]. Journal of Applied Sciences, 2012, 12(11): 1186 - 1190.

[45] Lemanski C. The impact of residential desegregation on social integration: Evidence from a South African neighbourhood [J]. Geoforum, 2006, 37(3): 417 - 435.

[46] Li D Z, Chen H X, Hui E C M, et al. A methodology for estimating the life-cycle carbon efficiency of a residential building[J]. Building and Environment, 2013, 59: 448 - 455.

[47] Liu M, Qian F, Zhan X. Calculation model for energy carbon emission of

building material transportation[C]. Henan,China:IEEE Computer Society, 2010.

[48] Maxwell P S,Pitt K A,Olds A D,et al. Identifying habitats at risk:simple models can reveal complex ecosystem dynamics[J]. Ecological Applications, 2015,25(2):573-587.

[49] McClure K. The low-income housing tax credit program goes mainstream and moves to the suburbs[J]. Housing Policy Debate,2006,17(3):419-446.

[50] McCormick N J, Joseph M L, Chaskin R J. The new stigma of relocated public housing residents: Challenges to social identity in mixed-income developments [J]. City & Community,2012,11(3):285-308.

[51] McManus A,Gaterell M R,Coates L E. The potential of the Code for Sustainable Homes to deliver genuine 'sustainable energy' in the UK social housing sector[J]. Energy Policy,2010,38(4):2013-2019.

[52] Mohamed N S,Darus Z M D. The issue of environmental and sustainability in affordable housing design[R]. Tenerife,SPAIN:WSEAS,2009.

[53] Mohit M A,Ibrahim M,Rashid Y R. Assessment of residential satisfaction in newly designed public low-cost housing in Kuala Lumpur, Malaysia [J]. Habitat International,2010,34(1):18-27.

[54] Monk S,Tang C,Whitehead C. What does the literature tell us about the social and economic impact of housing? [R]. Edinburgh:Cambridge Centre for Housing and Planning Research,2010.

[55] Muazu J,Oktay D. Challenges and prospects for affordable and sustainable housing:The case of Yola,Nigeria [J]. Open House International,2011,36 (3):108-118.

[56] Norris M,Coates D. Private sector provision of social housing:An assessment of recent Irish experiments [J]. Public Money & Management,2010,30(1): 19-26.

[57] Odum E P. Fundamentals of Ecology[M]. Philadelphia:Saunders,1953.

[58] Paalvast P,van der Velde G. Long term anthropogenic changes and ecosystem service consequences in the northern part of the complex Rhine-Meuse estuarine system [J]. Ocean & Costal Management,2014,92:50-64.

[59] Patulny R V,Morris A. Questioning the need for social mix:The implications of friendship diversity amongst Australian social housing tenants [J]. Urban Studies,2012,49(15):3365-3384.

[60] Paulsen J S, Rosa M S. A life cycle energy analysis of social housing in Brazil: Case study for the program My House My Life [J]. Energy and Buildings, 2013, 57(14): 95 – 102.

[61] Popkin S J, Katz B, Cunningham M K, et al. A decade of HOPE VI: Research findings and policy challenges [R]. Washington D. C. : Urban Institute & The Brookings Institution, 2004.

[62] Power A. Social inequality, disadvantaged neighbourhoods and transport deprivation: an assessment of the historical influence of housing policies [J]. Journal of Transport Geography, 2012, 21(1): 39 – 48.

[63] Radhi H, Sharples S. Global warming implications of facade parameters: A life cycle assessment of residential buildings in Bahrain [J]. Environmental Impact Assessment Review, 2013, 38: 99 – 108.

[64] Reeves A, Simon T, Paul F. Modelling the potential to achieve deep carbon emission cuts in existing UK social housing: The case of Peabody [J]. Energy Policy, 2010, 38(8): 4241 – 4251.

[65] Richard Forbes. Code for Sustainable Homes: An evaluation of low carbon dwellings [D]. Scotland: University of Strathclyde, 2007: 9 – 27.

[66] Rossi B, Marique A, Reiter S. Life-cycle assessment of residential buildings in three different European locations, case study [J]. Building and Environment, 2012, 51: 402 – 407.

[67] Saynajoki A, Heinonen J, Junnila S. A scenario analysis of the life cycle greenhouse gas emissions of a new residential area [J]. Environmental Research Letters, 2012, 7(3): 34 – 45.

[68] Schwartz A E, McCabe B J, Ellen I G, et al. Public schools, public housing: The education of children living in public housing [J]. Urban Affairs, 2010, 46(1): 68 – 89.

[69] Sedhain K. The potential of mutual-aid housing cooperatives to meet the housing need of urban poor in Nepal [D]. Lund, Sweden: Lund University, 2005.

[70] Sharifi A, Murayama A. A critical review of seven selected neighborhood sustainability assessment tools [J]. Environmental Impact Assessment Review, 2013, 38: 73 – 87.

[71] Shepherd K. Green build for social housing [J]. Renewable Energy Focus, 2009, 10(6): 48 – 50.

[72] Sim L L. Public housing and ethnic integration in Singapore [J]. Habitat

International,2003,27(2):293-307.

[73] Sink T, Ceh B. Relocation of urban poor in Chicago: HOPE VI policy outcomes[J]. Geoforum,2011(42):71-82.

[74] Stephens M. The future of public housing[M]. Berlin Heidelberg:Springer, 2013:199-213.

[75] Teo E A Lin, Lin Guangming. Determination of strategic adaptation actions for public housing in Singapore[J]. Building and Environment,2011,46(7): 1480-1488.

[76] Trigeogris L. Real Options: Managerial Flexibility and Strategy in Resource Allocation[M]. Cambridge,USA:The MIT Press,1996.

[77] Turner R A,Fitzsimmons C,Forster J,et al. Measuring good governance for complex ecosystems: Perceptions of coral reef-dependent communities in the Caribbean [J]. Global Environmental Change-Human and Policy Dimensions,2014,29:105-117.

[78] Urmi S. Government intervention and public-private partnerships in housing delivery in Kolkata [J]. Habitat International,2006,30(3):448-461.

[79] Valença M M,Bonates M F. The trajectory of social housing policy in Brazil: From the national housing bank to the ministry of the cities[J]. Habitat International,2010,34(2):165-173.

[80] Valk A G V D. From formation to ecosystem: Tansley's response to Clements' climax [J]. Journal of the History of Biology,2014,47(2):293-321.

[81] Vanegas J A. A Transdisciplinary, transinstitutional and transnational integrative framework for high quality and performance, affordable, and sustainable housing [J]. International Journal for Housing Science,2012,36 (2):73-82.

[82] Vivian W Tam. On the effectiveness in implementing a waste-management-plan method in construction [J]. Waste Management, 2008, 28(6): 1072-1080.

[83] Walker S L,Lowery D,Theobald K. Low-carbon retrofits in social housing: Interaction with occupant behavior [J]. Energy Research & Social Science, 2014,2:102-114.

[84] Wallbaum H,Ostermeyer Y,Salzer C,et al. Indicator based sustainability assessment tool for affordable housing construction technologies [J]. Ecological Indicators,2012,18(5):353-364.

[85] Wang Jun. The developmental state in the global hegemony of neoliberalism: A new strategy for public housing in Singapore[J]. Cities, 2012, 29(6):369-378.

[86] Wong Maisy. Estimating ethnic preferences using ethnic housing quotas in Singapore[J]. Review of Economics Studies, 2013, 80(3):1178-1214.

[87] Zabalza Bribian I, Aranda Uson A, Scarpellini S. Life cycle assessment in buildings: State-of-the-art and simplified LCA methodology as a complement for building certification[J]. Building and Environment, 2009, 44(12):2510-2520.

[88] 白建国. 电网建设项目可持续性评价模型与应用研究[D]. 北京:华北电力大学, 2012.

[89] 鲍学英, 王恩茂, 王琳, 等. 基于灰色理论的节能住宅方案评价研究[J]. 工程管理学报, 2010(4):398-401.

[90] 毕然, 魏津瑜, 刘曰波. 基于网络分析法的信息化人才评价研究[J]. 情报杂志, 2008(1):32-34.

[91] 蔡功恒. 破解保障房建设"三被"迷局[J]. 经济研究参考, 2011(66):28-29.

[92] 蔡晓东, 蔡晓钰, 陈忠. 房地产投资的实物期权理论研究回顾与述评[J]. 管理工程学报, 2006(3):108-112.

[93] 曹建海. 保障房建设的可持续探讨[J]. 现代城市研究, 2012(5):27-28.

[94] 曹培引. 公租房社区向贫民窟转化的防范及对策研究[D]. 重庆:重庆大学, 2012.

[95] 曹小琳, 侯应侠. BOT模式在我国公租房建设中的应用研究[J]. 工程管理学报, 2011(5):570-574.

[96] 曹勇. 关于以市场化金融模式支持公租房建设的建议[J]. 武汉金融, 2012(10):24-26.

[97] 陈晨. 政府投资建设项目利益相关方关系网络的构建与分析[D]. 济南:山东大学, 2011.

[98] 陈德强, 黄晓峰. 基于实物期权理论的房地产投资决策研究[J]. 合作经济与科技, 2011(10):64-66.

[99] 陈芳. 公租房制度立法的完善及创新——基于部分省市立法文本及实践的分析[D]. 重庆:西南政法大学, 2013.

[100] 陈花军. 房地产投资项目的实物期权决策方法研究[D]. 西安:西安建筑科技大学, 2010.

[101] 陈建先, 刘悦. 公租房社区幼儿免费教育的路径及机制创新——以重庆公租房示范社区"民心佳园"为例[J]. 学前教育研究, 2012(7):17-21.

[102] 陈莉莉. 浅析重庆公租房模式[EB/OL]. http://www.studa.net/jinrong/

110817/1145077-2. html,2011.

[103] 陈天杰. 成都市建筑垃圾减排及资源化利用研究[D]. 成都:西南交通大学,2014.

[104] 陈喜平,李旺兴,邱仕麟. 电解铝行业二氧化碳排放研究[J]. 轻金属,2012(7):33-36.

[105] 陈远章. 转型期中国突发事件社会风险管理研究[D]. 长沙:中南大学,2009.

[106] 程大涛. 住房用地二元体制下地方政府建设保障房动力机制研究[J]. 浙江学刊,2013(4):149-157.

[107] 程书波,郭曼丽. 重大工程项目社会稳定风险评估探析[C]. 呼和浩特:中国灾害防御协会风险分析专业委员会第六届年会,2014:133-138.

[108] 楚道文. 论房产税与住房保障[J]. 广西社会科学,2011(7):64-67.

[109] 崔江涛. 世纪之交的美国公共住房政策[D]. 石家庄:河北师范大学,2012.

[110] 崔晶,Jon S T Quah. 新加坡公共住房和人口控制政策[J]. 东南亚纵横,2011(1):44-48.

[111] 崔鹏,李德智,等. 住宅建筑全寿命周期生态效率度量方法研究[J]. 建筑经济,2013(11):96-99.

[112] 邓孟仁,杨晓琳. 基于岭南地区的保障性住区绿色规划研究[J]. 价值工程,2011(34):77-78.

[113] 邓志文,黎剑华,陈静娟. 我国闪速炼铜厂的清洁生产[J]. 有色金属(冶炼部分),2006(3):16-18.

[114] 丁玎,王崇杰,邹苒,等. 济南地区保障性住房节能设计——以文庄片区公租房为例[J]. 山东建筑大学学报,2013(3):250-273.

[115] 董坤涛. 基于钢筋混凝土结构的建筑物二氧化碳排放研究[D]. 青岛:青岛理工大学,2011.

[116] 杜静,赵小玲,李德智,等. 我国公租房主要建设模式的比较与评价[J]. 现代管理科学,2013(7):88-90.

[117] 冯志艳. 房地产投资信托基金在我国公租房建设中的应用[J]. 改革与战略,2011(10):162-164.

[118] 盖国凤,丁莉. 基于PPP模式的保障性住房建设体系[J]. 财经问题研究,2013(10):97-102.

[119] 甘琳,申立银,傅鸿源. 基于可持续发展的基础设施项目评价指标体系的研究[J]. 土木工程学报,2009(11):133-138.

[120] 高洁. 浙江省公租房问题的调查与思考[J]. 浙江社会科学,2012(2):146-150.

[121] 高武. 保障房品质缺陷的反思与对策[J]. 中国经贸导刊,2011(21):81-82.

[122] 高长元,王晓明,李红霞.高技术虚拟企业风险的可拓物元评估模型[J].哈尔滨理工大学学报,2011(5):118-121.

[123] 古俣宽隆,由田茂一,加藤幸浩.落叶松人工林圆木生产的生命周期清单分析[C].京都:第3届日本LCA学会研究发表会讲演要旨集,2008.

[124] 谷立静.基于生命周期评价的中国建筑行业环境影响研究[D].北京:清华大学,2009.

[125] 郭子雪,李小彦.考虑价值漏损的研发项目实物期权定价模型[J].计算机工程与应用,2012(36):245-248.

[126] 国家行政学院中国保障性住房研究中心课题组.租赁型保障房退出机制研究[J].经济研究参考,2012(44):29-32.

[127] 韩林.ABS融资引入公租房建设的适用性研究[J].合作经济与科技,2011(6):62-64.

[128] 韩明霞,孙启宏,等.中国火法铜冶炼污染物排放情景分析[J].环境科学与管理,2009(12):40-44.

[129] 韩娱,李德智,李启明.国内公共租赁住房利益相关者研究综述[J].工程管理学报,2015(2):121-125.

[130] 郝千婷,黄明祥,包刚.碳排放核算方法概述与比较研究[J].中国环境管理,2011(4):51-55.

[131] 何德文,黄真谛.基于模糊综合评价法的重大工程项目社会风险评价[J].统计与决策,2013(10):53-56.

[132] 何琴,王洪涛,等.涂料生命周期评价的研究及开发[J].涂料工业,2011(5):1-5.

[133] 何寿奎.社会资金参与公租房建设利益协调机制探讨[J].现代经济探讨,2012(4):5-8.

[134] 侯景新,刘莹.美国"精明增长"战略对北京郊区新城建设的启示[J].生态经济,2010(5):163-167.

[135] 胡芳芳,王元丰.中国绿色住宅评价标准和英国可持续住宅标准的比较[J].建筑科学,2011(2):8-13.

[136] 胡金星,汪建强,等.社会资本参与公共租赁住房建设、运营与管理:荷兰模式与启示[J].城市发展研究,2013,20(4):60.

[137] 胡晓龙,王雪珍.大城市夹心层群体租房可支付能力分析——基于"剩余收入法"[J].社会科学家,2012(10):63-77.

[138] 华伟,贺小林.新型内生城镇化进程中的保障房建设与城中村改造[J].江西社会科学,2013(10):198-203.

[139] 华伟,汪歆沁.求解住房保障资金难题[J].探索与争鸣,2011(10):59-61.
[140] 华瑶,周雨.逻辑框架法在电网建设项目后评价中的应用[J].工业技术经济,2011(1):97-102.
[141] 黄志甲.建筑物能量系统生命周期评价模型与案例研究[D].上海:同济大学,2003.
[142] 惠丝思.英国可负担住宅设计发展新趋势及其启示——英国"住宅设计奖"获奖作品解析[J].华中建筑,2013(1):13-17.
[143] 纪颖波.新加坡工业化住宅发展对我国的借鉴和启示[J].改革与战略,2011,27(7):182-184.
[144] 贾春梅.保障房有效供给不足的原因分析和政策建议[J].现代管理科学,2013(12):77-79.
[145] 贾春梅.地方政府行为规制与保障房有效供给[J].上海立信会计学院学报,2011(6):72-77.
[146] 贾康,孙洁.运用PPP机制提供廉租房和公租房的建议[J].中国财政,2011(15):43-45.
[147] 贾飒飒,等.可拓综合评判模型在工程风险评价中的应用[J].重庆交通学院学报,2006,25(2):125-131.
[148] 菅聪聪.可持续发展视角下公共租赁住房供给与后期管理研究[D].北京:北京林业大学,2014.
[149] 蒋焕.工程建设项目社会风险形成机制及防控策略研究[D].成都:西南石油大学,2014.
[150] 金昊,潘文亮,王飞,等.基于供求平衡分析的上海公租房发展对策研究[J].改革与战略,2012(10):117-120.
[151] 乐云,崇丹,曹冬平.基于社会网络分析方法的建设项目组织研究[J].建筑经济,2010(8):34-38.
[152] 黎礼刚,李凌云,等.护岸工程材料综合能耗和碳排放计算及评价[J].人民长江,2012(7):50-55.
[153] 李兵,李云霞,等.建筑施工碳排放测算模型研究[J].土木建筑工程信息技术,2011(2):5-10.
[154] 李春林.房地产项目风险的可拓评判和管理分析[D].北京:北京交通大学,2008.
[155] 李道明.公共租赁房成本分析与控制[D].济南:山东大学,2011.
[156] 李德智,陈红霞,黄祖冠,等.我国社会资本参建公租房的激励政策及其优化研究[J].现代管理科学,2012(3):43-45.

[157] 李凤.看浙江如何投放保障房用地[J].中国土地,2011(10):22-23.
[158] 李海涛,侯纲.我国公租房的发展困境[J].经济研究参考,2013(30):34-35.
[159] 李桦,宋兵,张文丽,等.北京市公租房室内标准化和产业化体系研究[J].建筑学报,2013(4):92-99.
[160] 李寰.黄石市公共租赁住房建设运营模式研究[D].武汉:华中师范大学,2012.
[161] 李会.保障房应首要保障公平[J].经济研究参考,2011(42):29-29.
[162] 李季.基于实物期权的基础设施投资决策研究[D].长沙:中南大学,2012.
[163] 李建硕.重庆主城区廉租房节能设计策略[D].重庆:重庆大学,2009.
[164] 李健,陆伟,刘代云,等.大城市边缘地区保障性住房规划布局研究——以大连市泉水经济适用房、公租房为例[J].华中建筑,2013(1):123-126.
[165] 李莉,王旭.美国公共住房政策的演变与启示[J].东南学术,2007(5):48-53.
[166] 李莉.美国公共住房政策的演变[D].厦门:厦门大学,2008.
[167] 李莉.美国公共住房政策演变述评[J].史学理论研究,2010(1):113-124,160.
[168] 李梦玄,周义,胡培,等.保障房社区居民居住—就业空间失配福利损失研究[J].城市发展研究,2013(10):63-68.
[169] 李梦玄,周义.保障房建设的社会福利效应测度和实证研究[J].中南财经政法大学学报,2012(5):29-140.
[170] 李强.高速公路工程建设项目风险管理研究[D].济南:山东大学,2007.
[171] 李魏晏子.建立可持续发展的保障房融资模式[J].上海国资,2011(7):83-84.
[172] 李晓寒.公租房代建项目核心利益相关者行为研究[D].长春:吉林大学,2013.
[173] 李兴福,徐鹤.基于GaBi软件的钢材生命周期评价[J].环境保护与循环经济,2009(6):15-18.
[174] 李玉钦.基于网络分析法(ANP)的水电工程风险分析方法研究[D].天津:天津大学,2007.
[175] 李云芬,王志辉.健全我国公租房准入机制的思考——以昆明市为例[J].云南行政学院学报,2013(2):121-124.
[176] 李兆坚.我国城镇住宅空调生命周期能耗与资源消耗研究[D].北京:清华大学,2007.
[177] 梁聪智.我国钢铁行业碳足迹与碳排放影响因素分析[D].秦皇岛:燕山大学,2012.
[178] 梁丹琦,房继寒.基于利益相关者的公共建设项目社会参与模型——以保障房建设为例[J].领导科学,2012(17):18-21.
[179] 梁佳媛,许增福.模糊综合评价方法在MD膜驱油项目后评价中的应用[J].

价值工程,2011(5):214-216.
[180] 廖海燕.公租房土地供给及融资模式的个案研究[J].经济纵横,2012(3):77-80.
[181] 林素刚.对公共租赁住房遇冷现象的研究——基于上海、南京、武汉、郑州四地的数据分析[J].价格理论与实践,2012(7):21-22.
[182] 刘朝马.住房保障政策:英国经验及启示[J].城市问题,2007(3):91-99.
[183] 刘佳琳.模糊统计决策理论基础上的大型工程项目风险评估方法研究[D].长春:吉林大学,2013.
[184] 刘健.房地产开发投资的模糊实物期权决策模型构建和应用研究[D].天津:天津大学,2010.
[185] 刘静.独立后的新加坡住房政策体系研究[D].南京:南京大学,2012.
[186] 刘军.整体网分析讲义:UCINET软件实用指南[M].上海:格致出版社,2009.
[187] 刘锴,孙小慧,刘宁,等.保障性住房低碳管理的体制创新研究[J].价值工程,2012(27):108-110.
[188] 刘莉莉.浅析美国精明增长——一种值得我国借鉴的城市发展模式[C]//2006中国城市规划年会.规划50年——2006中国城市规划年会论文集(上册).广东广州:中国城市规划学会,2006:577-579.
[189] 刘念雄,汪静,李嵘.中国城市住区CO_2排放量计算方法[J].清华大学学报:自然科学版,2009(9):1433-1436.
[190] 刘然.基于西安小气候特点的保障性住房节能对策研究——从住区规划和建筑设计的层面探讨[D].西安:西安建筑科技大学,2010.
[191] 刘睿,余建星,孙宏才,等.基于ANP的超级决策软件介绍及其应用[J].系统工程理论与实践,2003(8):141-143.
[192] 刘睿劼,张智慧,周璐.防水材料生命周期环境影响的比较研究[J].环境污染与防治,2011(12):103-106.
[193] 刘少瑜,林萍英,秦浩,等.香港《可持续建筑设计指引》剖析及应用[J].建筑学报,2013(7):65-69.
[194] 刘卫军.论工程项目风险的识别及分析[J].山西财经大学学报,2012,34(3):200.
[195] 刘小琼.商业地产项目价值的实物期权评价研究[D].重庆:重庆大学,2010.
[196] 刘晓峰,陈通,柳锦铭,等.基于网络分析法的逆向物流回收模式选择评价[J].电子科技大学学报:社科版,2007(9):32-35.
[197] 刘星光,董晓峰,王冰冰.英国生态城镇规划内容体系与特征分析——以三个典型生态城镇规划为例[J].城市发展研究,2014,21(6):33-38.
[198] 刘兴智.项目治理社会网络风险分析方法研究[D].济南:山东大学,2011.

[199] 刘勋涛,靳剑辉. 实物期权理论在房地产价值评估中的应用[J]. 中国资产评估,2011(6):32-35.

[200] 刘杨. 基于SG-MA-ISPA模型的区域可持续发展评价研究[D]. 重庆:重庆大学,2012.

[201] 刘渊. 我国公共租赁房政策公平性问题研究——以深圳市为例[D]. 南宁:广西大学,2012.

[202] 刘志林,李劼. 公租房政策:基本模式、政策转型及其借鉴意义[J]. 现代城市研究,2010(10):21-26.

[203] 柳德荣. 美国住房税收政策及其效应分析[J]. 科学经济社会,2010(2):34-37.

[204] 龙开胜. 增加保障房用地有效供给的对策[J]. 经济纵横,2013(10):39-42.

[205] 龙惟定,张改景,等. 低碳建筑的评价指标初探[J]. 暖通空调,2010(3):6-11.

[206] 卢明. 广州电信呼叫中心顾客满意度实证研究[D]. 广州:广东工业大学,2007.

[207] 鲁皓,张宗益. 考虑价值漏损的风险投资项目实物期权定价方法[J]. 决策参考,2011(4):54-56.

[208] 陆超,庞平. 居住隔离现象的内在机制探索与对策研究——法国大型社会住宅建设对中国大型保障房建设的启示[J]. 城市规划,2013(6):52-56.

[209] 罗时朋,张松. 基于逻辑框架法的水电工程社会影响后评价[J]. 武汉理工大学学报,2009(15):69-72.

[210] 罗智星,杨柳,等. 建筑材料CO_2排放计算方法及其减排策略研究[J]. 建筑科学,2011(4):1-8.

[211] 吕萍,胡欢欢,郭淑苹. 政府投资项目利益相关者分类实证研究[J]. 工程管理学报,2013(1):39-43.

[212] 马世骏,王如松. 社会—经济—自然复合生态系统[J]. 生态学报,1984(1):1-9.

[213] 马玉莲,忻仕海. 碳足迹评价方法学在PVC产品中的应用[J]. 氯碱工业,2011(1):1-6.

[214] 马泽发. 美国公共住房的发展及经验借鉴[J]. 中国房地产,2012(1):77-80.

[215] 孟培,林俞. REITs运用于中国公租房建设的难点分析与对策建议[J]. 时代金融,2012(6):73.

[216] 牛建宏. 城市住宅,不能承受的年限之"短"[N]. 中国建设报,2004-10-22.

[217] 牛静,扈文秀,穆庆榜,等. 基于实物期权的基础设施投资担保负担测度及其风险管理研究[J]. 管理评论,2012,24(8):11-20.

[218] 欧璐. 浅谈工程项目的社会稳定风险[J]. 企业技术开发,2012,31(8):19-20.

[219] 欧阳婉毅. 我国住房保障制度研究及美国经验借鉴[D]. 武汉:武汉科技大

学,2009.

[220] 潘家华,周宏春.可持续发展理论与中国21世纪议程[M].北京:气象出版社,2001.

[221] 彭军霞,赵宇波,等.建筑陶瓷碳计量与优化模型研究[J].环境科学,2012(2):665-672.

[222] 彭小兵,符桂清.公租房新型社区治理机制研究[J].中国市场,2012(20):47-53.

[223] 齐彩云.基于实物期权的高速公路建设项目估值研究[D].咸阳:西北农林科技大学,2011.

[224] 钱明辉.项目管理[M].北京:中华工商联合出版社,2001.

[225] 秦萍."美国模式"公共住房制度及其对我国的启示[J].行政与法,2013(11):36-40.

[226] 阮于斌.房地产开发投资的实物期权决策模型构建和应用研究[D].杭州:浙江大学,2007.

[227] 尚春静,储成龙,张智慧.不同结构建筑生命周期的碳排放比较[J].建筑科学,2011(12):66-70.

[228] 尚建选,王立杰,甘建平.电石法和煤基乙烯法PVC碳排放分析[J].煤炭转化,2011(1):74-77.

[229] 沈洁,谢嗣胜.公租房融资模式研究[J].经济问题探索,2011(1):87-93.

[230] 沈小庆.医院建设项目风险评价与控制研究[D].杭州:浙江大学,2014.

[231] 沈志英.公共租赁住房商业运作模式的探索和研究[D].上海:上海交通大学,2011.

[232] 石梦怡.重大建设项目社会稳定风险评估研究[D].长春:吉林建筑大学,2014.

[233] 史英哲.指数关联债券——城市公租房建设融资的途径探索[J].城市发展研究,2011(7):114-118.

[234] 舒欢,李露凡.基于WSR重大工程项目社会风险评价指标体系研究[J].项目管理技术,2013,11(4):26-30.

[235] 宋涛.城中村改造项目的风险管理[D].济南:山东建筑大学,2014.

[236] 宋祥来.住房保障视角下的房地产税改革策略研究[J].城市发展研究,2011,18(3):27-31.

[237] 苏纪阳,韩昆国,陈采霞,等.复合生态系统理念下高速公路平面线形优化设计综合评价指标体系的探讨[J].北方交通,2011(6):55-58.

[238] 苏运升,高岩,常强,等.大规模定制的保障房住区系统设计——深圳2011"一百万"保障房设计竞赛综合类金奖方案:易·度[J].建筑学报,2012(5):

13-19.

[239] 孙鸿,侯小伟.美国第六希望计划与公共住房改造[J].河北师范大学学报:哲学社会科学版,2010(5):128-133.

[240] 孙华.网络结构对项目利益相关者角色分类的影响[J].项目管理技术,2011,9(7):13-16.

[241] 孙继德,李希玲.工业厂房绿色建筑评价的关键指标[J].价值工程,2011(30):41-42.

[242] 汤磊,李德智.面向无缝衔接的公共租赁住房租金政策研究——以上海、北京为例[J].现代管理科学,2012(8):107-109

[243] 汤正涛.成都"荷花1号"商住项目可行性研究[D].成都:电子科技大学,2005.

[244] 唐天啸.发达国家公共住房政策的比较研究[D].长沙:湖南师范大学,2014:6-24.

[245] 田彬彬,徐向阳,等.基于生命周期的产品碳足迹评价与核算分析[J].中国环境管理,2012(1):21-26.

[246] 田红磊.低碳经济视角下平板玻璃行业可持续发展研究[D].天津:天津理工大学,2011.

[247] 田秋生,李嘉莉.解决公租房建设融资问题的一揽子方法[J].南方金融,2011(5):71-74.

[248] 万一梦,徐蓉,黄涛.我国绿色建筑评价标准与美国 LEED 比较分析[J].建筑科学,2009(8):6-8.

[249] 汪建强.对英国保障性住房起源的研究与思考[J].山东工商学院学报,2010,24(1):90-95.

[250] 汪静.中国城市住区生命周期 CO_2 排放量计算与分析[D].北京:清华大学,2009.

[251] 汪四新,屈娜.某保障性住房绿色建筑结构设计与评价[J].建筑技术,2011(1):27-31.

[252] 王爱领.基于改进的 Vague-Topsis 方法的公租房轮候排序评价研究[J].郑州大学学报:理学版,2013(3):115-119.

[253] 王碧剑,余蓉,岳鸿,等.低碳时代建筑业的可持续发展研究[J].价值工程,2011(26):6-7.

[254] 王彩萍.公共租赁住房的多元化建设模式研究[D].太原:太原科技大学,2012.

[255] 王朝红,王建军.英国《可持续住宅标准》介绍与思考[J].新建筑,2012(4):

46-51.

[256] 王红野. 我国保障房建设存在的风险及对策建议[J]. 中国房地产,2011(11):71-74.

[257] 王琨. 公租房建设运行的企业参与模式研究[J]. 建筑经济,2012(10):32-36.

[258] 王利明,刘方强,代建生. 公共租赁房BOT融资模式的博弈决策分析[J]. 经济问题探索,2011(9):42-45.

[259] 王亮. 工程项目的社会风险机理研究[D]. 成都:西南交通大学,2011.

[260] 王亮. 基于社会网络的工程项目利益相关者影响力评价研究[D]. 芜湖:安徽工程大学,2013.

[261] 王林,付维维. 公租房租户全周期租房成本及租房决策研究[J]. 重庆大学学报:社会科学版,2014(1):37-44.

[262] 王林. 公租房空置风险分析及防范措施——以重庆市为例[J]. 社会科学家,2014(12):45-52.

[263] 王龙. 基于可拓理论的商业地产项目开发风险评价研究[D]. 重庆:重庆大学,2013.

[264] 王清勤,张淼. 国家标准《节能建筑评价标准》简介[J]. 暖通空调,2012(5):19-22.

[265] 王如松,欧阳志云. 社会—经济—自然复合生态系统与可持续发展[J]. 领域进展,2012(27):357-365.

[266] 王蕊. 建设项目利益相关者协调管理研究[D]. 长沙:中南大学,2008.

[267] 王涛,冯蕾,等. 实物期权在房地产投资中的动态运用——兼论利率调整与限购令的影响[J]. 财会通讯,2011(35):10-12.

[268] 王霞. 住宅建筑生命周期碳排放研究[D]. 天津:天津大学,2012.

[269] 王新燕. 考虑价值漏损的实物期权在林业产权投资项目中的应用[J]. 经济师,2012(1):81-82.

[270] 王艳艳,任宏,王洪波,等. 基于熵权与TOPSIS法的节能建筑方案评价研究[J]. 山东建筑大学学报,2013(4):313-317.

[271] 王英,钟清,顾湘,等. 公租房体系运行资金来源问题研究[J]. 重庆大学学报(社会科学版),2012,(4):16-22.

[272] 王玉芬,赵弘野. 浅析城市保障性住区的低碳规划——基于智慧低碳城市的研究[J]. 现代城市研究,2013(5):110-120.

[273] 王兆宇. 英国住房保障政策的历史、体系与借鉴[J]. 城市发展研究,2013,19(12):134-139.

[274] 王竹,贺勇,魏秦,等. 关于绿色建筑评价的思考[J]. 浙江大学学报:工学版,

2002(6):659-663.

[275] 韦颜秋,游锡火,马明,等.封闭性金融体系与租赁型保障房融资——来自美国 LIHTC 的经验[J].城市发展研究,2013(6):135-140.

[276] 魏丹青,赵建安,金迁致.水泥生产碳排放测算的国内外方法比较及借鉴[J].资源科学,2012(6):1152-1159.

[277] 魏亚南.基于实物期权的基础设施项目投资决策方法应用研究——S 市地铁项目为例[D].哈尔滨:哈尔滨工业大学,2012.

[278] 吴鸿亮.改进的逻辑框架法在电网项目后评价中的应用[J].电网与清洁能源,2011,27(10):4-12.

[279] 吴伟,林磊.从"希望六"计划解读美国公共住房政策[J].国际城市规划,2010(3):70-75.

[280] 吴仲兵.政府投资代建制项目监管体系研究[D].北京:北京交通大学,2013.

[281] 夏永胜.基于逻辑框架法的政府公共项目绩效评价研究[D].厦门:厦门大学,2008.

[282] 夏志伟,杨茜.重庆公租房住区社会问题分析及设计对策思考[J].住宅科技,2012,32(7):16-20.

[283] 肖君,赵平,刘睿.建筑保温板生命周期环境影响研究[J].安全与环境学报,2013(1):138-141.

[284] 谢飞跃,刘巍,刘有姿,等.基于 Vague 集模糊理论的节能住宅方案评价研究[J].建筑节能,2011(5):56-58.

[285] 谢亮.基于物元可拓论的工程总承包项目风险管理研究[D].天津:天津大学,2012.

[286] 徐军玲,谢胜华.英国公共租赁住房发展的政策演变及其启示[J].湖北社会科学,2012(6):57-60.

[287] 徐镭.公租房混合供应模式——实施层面战略的构建[J].城市发展研究,2012(8):54-59.

[288] 徐芊.基于可拓学的房地产项目投资决策阶段风险管理[D].长沙:中南大学,2008.

[289] 徐小凤.保障性住房融资问题研究[D].成都:西南财经大学,2012:32-35.

[290] 徐友全,张世洋,刘丽.绿色住宅三维评价模型和评价方法研究[J].工程管理学报,2013(5):54-58.

[291] 闫桂勇,于军琪,高婧,等.大型公共建筑可持续性评价指标体系及指标权重研究[J].甘肃科学学报,2013(2):123-127.

[292] 闫建.公租房社区服务满意度探讨——基于重庆市六大公租房社区千份问

卷的实证数据分析[J]. 理论探索,2014(3):78-81.

[293] 闫妍,朱晓武. 英美公共住房制度对我国的启示[C]. 第四届(2009)中国管理学年会——城市与区域管理分会场论文集. 北京:中国管理现代化研究会,2009:64-72.

[294] 颜丽娟,颜丽君. 公租房租金定价机制探析——以北京市为例[J]. 中国经贸导刊,2013(17):51-53.

[295] 晏姿,岳静宜,郝生跃. 保障性住房综合评价体系构建研究——基于核心利益相关者视角[J]. 工程管理学报,2014,28(6):129-133.

[296] 燕守广,沈渭寿,邹长新,等. 长江三角洲地区复合生态系统生态承载力研究[J]. 生态与农村环境学报,2010(6):529-533.

[297] 阳建华,史津. 天津地区公租房保温节能设计优化研究[J]. 天津建设科技,2012(2):1-2.

[298] 杨海彬. PPP模式在贵阳市廉租房建设中的探索应用分析[J]. 价值工程,2012,31:101-103.

[299] 杨昊. 保障性住房项目社会影响后评价研究[D]. 南京:东南大学,2013.

[300] 杨辉,郭兴忠,等. 我国建筑陶瓷的发展现状及节能减排[J]. 中国陶瓷工业,2009(2):20-23.

[301] 杨洁. 我国公共租赁住房法律制度研究[D]. 重庆:重庆大学,2012.

[302] 杨轲. 重庆公租房可持续性评价体系研究[D]. 重庆:重庆大学,2011.

[303] 杨琳,罗鄂湘. 重大工程项目社会风险评价指标体系研究[J]. 科技与管理,2010(2):43-46.

[304] 杨玲. 对完善重庆市公租房管理的思考[J]. 现代城市研究,2011(9):81-85.

[305] 杨三超,王丛莹. 绿色住宅小区评价指标体系的建立[J]. 建筑节能,2012(3):66-69.

[306] 杨文华,谭术魁. 农民工公租房需求意愿影响因素的实证分析[J]. 经济与管理,2011(11):89-93.

[307] 杨勇平,杨志平,等. 中国火力发电能耗状况及展望[J]. 中国电机工程学报,2013(23):1-11.

[308] 杨赞,沈彦皓. 保障性住房融资的国际经验借鉴:政府作用[J]. 现代城市研究,2010,25(9):7-12.

[309] 杨赞,张蔚,易成栋,等. 公租房的可支付性和可达性研究:以北京为例[J]. 城市发展研究,2013(10):69-74.

[310] 杨兆奇. 重庆公共租赁房住区生态设计研究[D]. 重庆:重庆大学,2011.

[311] 杨中华. 基于Qt/Embedded的SQLite数据库研究及应用[D]. 成都:西华大

学,2008.

[312] 姚程成.武汉市公共租赁住房管理机制研究[D].武汉:湖北大学,2012.

[313] 姚栋.保障性住房的绿色趋势——3个美国案例的研究与思考[J].建筑学报,2011(2):104-109.

[314] 叶大华,胡倩.基于低碳生态详细规划的绿色建筑指标体系[J].城市规划,2013(1):31-39.

[315] 一鸣.廉租房:法国房价的稳定剂[J].中州建设,2012(6):75.

[316] 易乔.广州市"万汇楼"开放式廉租住房研究[D].广州:华南理工大学,2010.

[317] 尹海林,郑嘉轩,孙银,等.住有所居,民生为先——天津公租房规划建设实证研究[J].城市规划,2012(5):13-19.

[318] 于雷.如何破解保障房建设难题[J].中国土地,2013(5):50-51.

[319] 于萍,陈效逑,马禄义.住宅建筑生命周期碳排放研究综述[J].建筑科学,2011(4):9-12.

[320] 俞海勇,王琼,等.基于全寿命周期的预拌混凝土碳排放计算模型研究[J].粉煤灰,2011(6):42-46.

[321] 袁方,张华.复合生态系统理念下城市立交选址优化综合评价指标体系探析[J].交通标准化,2013(6):98-101.

[322] 袁萍,王玫.基于网络分析法的儿童玩具设计评价研究[J].包装工程,2010(24):40-43.

[323] 翟盛楠.基于利益相关者的保障性住房建设投资策略研究[D].长春:东北师范大学,2012.

[324] 曾广圆,杨建新,等.火法炼铜能耗与碳排放情景分析——基于生命周期的视角[J].中国人口·资源与环境,2012(4):46-50.

[325] 曾国安,张倩.论发展公共租赁住房的必要性、当前定位及未来方向[J].山东社会科学,2011(2):79-85.

[326] 曾珍,邱道持,李凤,等.基于改进引力模型的公租房空间布局适宜性评价——以重庆主城9区为例[J].中国土地科学,2014(1):52-59.

[327] 张阿玲,申威.车用替代燃料生命周期分析[M].北京:清华大学出版社,2008.

[328] 张华平.NLPIR汉语分词系统[EB/OL].http://ictclas.nlpir.org/docs,2014.

[329] 张剑波.环境材料导论[M].北京:北京大学出版社,2008.

[330] 张琦.重庆公租房建设中利益相关方的质量控制研究[D].重庆:重庆大学,2012.

[331] 张秦.科学发展观视域下的区域可持续发展能力研究[D].内蒙古:内蒙古大学,2013.

[332] 张庆宇. 超高层建筑消防安全综合评价体系应用研究[D]. 上海:华东理工大学,2014.

[333] 张时聪,徐伟,孙德宇. 建筑物碳排放计算方法的确定与应用范围的研究[J]. 建筑科学,2013(2):35-41.

[334] 张涛,姜裕华,等. 建筑中常用的能源与材料的碳排放因子[J]. 中国建设信息,2010(23):58-59.

[335] 张涛,吴佳洁,乐云. 建筑材料全寿命期CO_2排放量计算方法[J]. 工程管理学报,2012(1):23-26.

[336] 张万金. 整合节能技术的模块化公租房设计[D]. 南京:南京大学,2012.

[337] 张文超,肖益民,韩青苗. 基于施工图的建筑建造阶段碳计算方法初探[J]. 建筑热能通风空调,2012(1):28-31.

[338] 张昕. 新加坡公共住宅政策对我国保障性住房建设的启示[J]. 价格理论与实践,2011(7):73-74.

[339] 张耀凯. 政企合作开发公租房项目运作模式的研究——以广州万科万汇楼项目为例[D]. 西安:西安交通大学,2009.

[340] 张永岳,崔裴. 将廉租房与公租房并轨,创新租赁型保障房管理模式[J]. 科学发展,2013(11):101-103.

[341] 张永岳,谢福泉. 房地产企业参建保障房的利益驱动和主要风险[J]. 科学发展,2011(11):63-67.

[342] 张宇. 保障性住房政府规制利益相关者行为分析[J]. 土木工程学报,2011(44):230-233.

[343] 张钰坤. 租赁型保障房建设配建模式风险与对策研究[D]. 武汉:华中师范大学,2014.

[344] 张智慧,尚春静,钱坤. 建筑生命周期碳排放评价[J]. 建筑经济,2010(2):44-46.

[345] 赵杰,张开瑞,张波,等. 公共租赁住房项目建设生态环境影响评价——以济南市西蒋峪片区为例[J]. 中国人口·资源与环境,2011(S1):337-339.

[346] 赵建安,魏丹青. 中国水泥生产碳排放系数测算典型研究[J]. 资源科学,2013(4):800-808.

[347] 赵文哲. 奶牛规模化养殖的可持续性评价研究[D]. 内蒙古:内蒙古大学,2014.

[348] 郑思齐,张英杰."十二五"期间保障房建设如何"保障"——基于地方政府策略选择的分析[J]. 探索与争鸣,2013(4):66-71.

[349] 郑晓丹,袁竞峰,李启明. 基于PPP模式的公租房项目资金运作方式研究[J]. 工程管理学报,2012(4):108-113.

[350] 钟治峰. 社会资本参与公租房建设的实证研究——以合肥市公租房项目为

例[J].城市发展研究,2013(4):29-32.
[351] 周文彬.转型时期中国社会风险评估指标体系研究[D].武汉:华中师范大学,2007.
[352] 周新军.交通运输业能耗现状及未来走势分析[J].中外能源,2010(7):9-18.
[353] 朱海霞.工程项目的社会稳定风险因素分析[D].成都:西南交通大学,2012.
[354] 卓佳,孙宇.英国社会住房的政策特征与实践启示[J].城乡建设,2013(8):87-89.
[355] 左停,王丽丽.人口流动背景下我国中心城市的公租房建设[J].中国行政管理,2011(6):28-31.